The Silver Wings

the Local Society and Cultural Changes

in China (1920—1990)

[增订本]

银翅

中国的地方社会与文化变迁

(1920—1990)

庄孔韶 著

生活·讀書·新知 三联书店 生活書店出版有限公司

图书在版编目（CIP）数据

银翅：中国的地方社会与文化变迁（1920—1990）/ 庄孔韶著 .—增订本 .— 北京：生活书店出版有限公司，2016.6（2024.3 重印）
ISBN 978-7-80768-087-1

Ⅰ.①银… Ⅱ.①庄… Ⅲ.①福建省－地方史－研究
Ⅳ.① K295.7

中国版本图书馆 CIP 数据核字 (2015) 第 078616 号

图书策划　杨震林
责任编辑　肖　严　廉　勇
装帧设计　罗　洪
责任印制　孙　明
出版发行　生活書店出版有限公司
　　　　　（北京市东城区美术馆东街 22 号）
邮　　编　100010
经　　销　新华书店
印　　刷　天津睿和印艺科技有限公司
版　　次　2016 年 6 月北京第 1 版
　　　　　2024 年 3 月北京第 11 次印刷
开　　本　635 毫米 ×965 毫米 1/16　印张 30.75
字　　数　427 千字　图 7 幅
印　　数　36,001-39,000 册
定　　价　48.00 元
（印装查询：010-64052612　邮购查询：010-84010542）

《金翼》作者林耀华先生和《银翅》作者庄孔韶教授合影

“金翼之家”房址，庄孔韶摄于 1999 年

黄村谷地，庄孔韶摄于 1986 年

黄村“金翼之家”晾晒的银耳，右立者为林耀华先生的侄子荣昌（《银翅》中荣香之原型），庄孔韶摄于 1986 年

庄孔韶在“金翼之家”小哥（林耀华先生）的出生住房观看银耳的生长情况，这间房当时被辟为银耳培养间，吴丰营摄于 1986 年

扛送嫁妆进黄村，庄孔韶摄于 1987 年

湖口游神插香，庄孔韶摄于 1989 年

目　录

再版前言

《银翅》的中文版首发于1996年（台湾桂冠书局），其最初写作可追溯至1989—1990年，而后在华盛顿大学人类学系博士后期间（1990—1992）续写、修订并完成，它属于改革开放后呈现的第一批讨论中国社会与文化的著作之一。

20多年来，中国乡村人类学和历史学过从甚密，最大特点是点和面的研究都得以深化。那么，回过头来又如何面对“儒学教化”（the Confucian project）的老题目呢？“中国化模型”（the sinicization model或直言不讳的“汉化模型”）讲的是儒学怎样如墨渍弥散式地进入传统帝国的边缘社群，完成一统天下的梦想；笔者主要思考的则是“帝国”从上到下如何传递儒家理念，从而实现“濡化”与“德化”的内在社群问题。和早期人类学考察相对孤立与无文字部落社会的不同之处是，面对“中华帝国”有必要深度关注文字载体与农本社群的长期交互作用模式，即儒家理念何以长久地大面积“过化”，以此在方法论意义上思考该如何研究中国。

本书的田野工作与书斋分析正是强调早已先在的儒学理念如何“为哲学家所发明、政治家所强化、教育家和乡土文人传播，并最终由农人所实践”，这是一个动态的、携带着传承与应变的中国文化过程，也是田野反观法的观察基础。由文字一统引申的儒学理念和农本社群结合，笔者并没有单一倚重西方学术圈着力强调的权力的支配性视角，而是把儒学的“理念先在”意义容纳进“中国化模型”之中并使之转向。似乎唯物主义和功能主义都回避或忽略了这一点。

学术同行也注意到近年来关于中心—边缘的深度点状研究，应该说，被认为是“去中国化”的某些研究议题实质上难能可贵地凸显了大面积“中国化”历史过程中可以预见和难以预见的文化涵化效应。

当然，这本书也回答了金翼之家何以跨越时空再次成功“察机”，[①]以银耳科技作为家族主义的新动力，冲击三十年重农主义的藩篱，率先窜出“平衡”的系统，开启新农村之路。

笔者强调，最后一章是想把田野中文化的直觉发现“抛”给经典研究的哲学家，意在找到中国古代文献的深厚哲理的落脚点，以及增加剖析文化直觉的群体性和场景性田野实践。显然，说到人类学家的亲历和体认，文化的直觉是一个不能在论文中忽略和放弃的人际的精灵，尽管我们只能小心地梳理它难以捉摸的思维历程。

感谢三联生活书店的积极支持，能够在我的导师林耀华先生1944年原始版《金翼》中译本面世的同时，让其学术性续本《银翅》得以再度刊行。

庄孔韶

2014年10月16日

---

① 庄孔韶，《金翼家族百年过程的学术研究要义》，见庄孔韶《行旅悟道》，北京大学出版社，2009年，第86—140页。

林耀华序

我已经40多年没有回《金翼》故事里的黄村故乡了。庄孔韶博士说，起初他透过我的《金翼》首次认识了福建乡镇社会的过去；如今我则从他的学术性续本《银翅》很快发现我家乡变迁中一脉相承的历史关联性。我始终相信，人类学对当代中国文化本质的研究不能脱离上述分析的基础。不过，人类学家是否能在田野工作中认识这一点，则是另外的问题。

最近十余年，大陆学生、学者有机会出国学习和进修，了解主要来自欧美的人类学理论，受益不少；又，由于他们有不平静社会进程及其教训的体验，于是他们乐于采纳吸收、消化、修正和创新的社会科学学习态度，其落脚点是人类学、本土化的问题。在这方面，一些台湾的学者也有类似见解。关于中国的田野研究作品，不但应在形式上是人类学的，而且是人类学赞成的，即提供一个文化的视野——相同的与不尽相同的文化的体验和文化的展示，其中当然包含不容忽视的方法论问题，乃至人类学作品写作构成的文化特征。因此，东西两半球不同文字学术圈之间的作品交流是必要的。庄博士的《银翅》就是这样的一部重要著作。

不仅如此，庄博士和他的一个摄制小组还在福建闽江边拍摄了《端午节》，记录了地方农家生活、龙舟竞渡和游神场景，（我再次看到了童稚时熟悉的小镇风貌，那就是《金翼》里描述过的！）我想，无论是该片的普及版还是学术版，都适于配合《金翼》《银翅》成为一个系列作品，使读者方便了解中国地方社会百年变迁的多重领域。

记得十年前听取庄博士向我报告阅读《金翼》的心得时，我看出他重访黄村所在乡镇的意向，他还和我约时间核对书中众多地名与人名更改前的真实称谓。后来他真的制订了调查和写作计划，我鼓励他，每次从福建调查回京，他都来我的书房与我一同切磋。直到最近几年他在美国做博士后研究，我们也一直有信件交往。现在，庄博士所花的时间和心血没有白费，我衷心地祝贺他的《银翅》中文版问世以及他在发展中国人类学上的贡献。

1995 年 1 月 27 日于北京

黄树民荐言

这是一部观察入微、文笔细腻、叙事长远的反思性民族志（reflexive ethnography）。庄孔韶教授回溯其导师林耀华于20世纪30年代在闽东一个乡间“黄村”的田野调查，依其所著《金翼》一书对黄、张两个家族在上一世纪前期的发展，探索其兴衰轮替的各种内、外部因素。在前书翔实的历史资料基础上，庄教授的大作《银翅》可说是《金翼》的续篇。庄教授在本书中借探寻黄、张两家族后裔在近年的转变与发展，来归纳、分析近百年来中国农村社会现代化历程中所面临的变与不变。这包括民国时期的新文化运动、中共建政后的社会主义现代化、人民公社与“文化大革命”、改革开放后市场机制运转等，对当代中国农村家族、宗族、民间信仰、儒家伦理等各层社会文化面向深浅不一的影响。除引用闽东农村第一手社会史数据外，庄教授更系统回顾当代西方人类学重要理论发展，与台湾学界对中国农村现代化所提出的见解与假设，糅合于一堂。对有意了解当代中国现代化过程中，何以会出现如此坎坷多难困境的研究者，应可在本书中寻得满意的答案。

台湾“中研院”院士　黄树民

2014 年 8 月 15 日

作者导言

1984年，林耀华教授把他的英文著作《金翼》(*The Golden Wing*, *A Sociological Study of Chinese Familism*, by Lin Yueh Hwa, Kegan Paul, London, 1948) 借给我阅读，他细腻的人类学、社会学观察深深打动了我。《金翼》在1944年和1948年首先用英文在美国和英国出版，现在已有了两个中文译本（宋和译本，桂冠图书公司，台湾，1977；庄孔韶、林宗成译本，三联书店，北京，1989；香港，1991）。该书为学术著作，却使用了小说的形式，林师以中国福建省闽江边乡村的两个农人家族兴衰为线索，描写和分析了19世纪末至20世纪30年代地方农业、商业、船运、政治、法律、教育、宗教、宗族家族以及民俗等多方面的社会文化生活。该书被当时著名人类学家费斯(Raymond Firth)赞誉为："如竹叶一般，它简朴的形式下却隐藏着高度的艺术。"《金翼》与一般小说不同之处在于全书最后一章为学术总结，告诉读者人类学、社会学是如何发现农民生活变迁的原因。然而自1936年、1937年林先生写作《金翼》前的最后两次田野调查，距今已逾半个世纪，其间社会沧桑与人事迁移，黄村及其所在县镇发生了哪些变化呢？人类学如何提供新的乡土民族志并发现进一步的解释性理论和方法论呢？这是笔者后来重访"金翼"黄村时经常思考的问题。

1986年至1989年，我5次访问了《金翼》一书描写的同一县镇，追踪金翼之家的后裔和书中尚存者，访谈400余人。在累积一年两个月的实地调查后，开始我的《银翅——中国的地方社会与文化变迁（1920—1990）》之撰写。笔者发现，20世纪中叶以后，金翼之家在相当长时间内失去了广泛的社会联系。如果本书仅循着东林家后代人物关系，展开续本的构架将会受到相当的局限，于是改为以金翼之家后辈生活经历与地方县镇众多人物事件相互穿插的社区过程研究，尤其强调田野工作与中国哲学、历史文献、人物思想、政治过程与文化行为的关联分析。现在，这部《银翅》对《金翼》而言，已非一般性故事续本的设计，也没有采纳英语学术圈通行的“标准”论文的单一写法，而是使它成为一部由浅入深的随笔、民族志、分析与论证等方法合一的学术作品。

重访金翼黄村的随笔首先给关心东林后人的读者提供了一些新的信息，实际上，这也是中国文人喜欢的引子。为了做些历史的补充，我追述了金翼之家的族源、玉田县的土地制和租佃制，对田赋过程做了人类学观察。当我触及人类学关于基层社会结构的题目时，不仅可以看到清代末期和民国初期，福建乡镇社会实际延续下来的旧绅阶层与新绅之分化；而且发现了在人类学中一直被忽略的军人角色，这使我得到一个“汉堡包”——有军人卷入的中国乡镇县社会的层位结构之论述。

黄村土地改革纪实，包含了群众大会、划分阶级和志司之死的过程，阐明了1949年革命前后的县乡社会结构之区别。通过人类学考察，我注意到在激烈的阶级原则下，旧的文化协调方式仍微弱地存在着，文化关联并非全然消失。互助组时期农人的热情没有在合作化时期继续保持下去，在本质上并不是过高估计农民合作的积极性，而是集体化的构想及其实施未能与农人的思维、乡村制度与文化相协调，人类自愿原则未能得到尊重，个人利益未能在一种经济联合体中得到照顾，然而一种表面的合作积极性却掩盖了政治的迫力。我把人民公社运动称之为后一张鲁社会大实验，涉及毛泽东人民公社思想渊源及其脉络的扩大分析，包括人民公社进程和它的严重后果，并与中央政策过程相结合加以说明。那时社会组织的特征和上下层沟通的蚌状结构是乌托邦社会改造思想推行与盲从的基础。笔者有兴趣继续讨论中国乡村社区在“文化大革命”中的社会位置，对思想和政策文献之梳理表明，“文化大革命”的政治与权力之争主要是在城市，乡村不过是一个附属地带。 农村基层的“路线斗争与夺权”仅仅是上层角力的一个下层延续。应该重视的学术问题是：毛泽东及其拥护者如何在“文化大革命”中，重新贯彻在20世纪初未曾实施的岳麓山新村计划，以及在1958年“大跃进”和人民公社时期失败了的乡村社会改造理论。

在未曾间断的政治运动中，农人生存方式的调节是巧妙进行的。笔者提供了金翼之家、黄村乃至玉田县新生计、银耳等食用菌在民间培植与推广的社会过程，民族志反映了福建地方文化两大特征之相互谐调，以及地方农人绕过“极左”政策压抑而发展新生计的才智。随后，人民公社体制向以家庭为单位的生产责任制之适应性转换，可视为政治对文化的妥协，即承认文化的连续性和否定文化中断的可能性。邓小平的生产责任制的确使农人获得了恢复和发展生计的机会。笔者以与各类人士的访谈记录分析和夹叙夹议的形式，反映出生产责任制在黄村的实施过程、农产品价格“双轨制”转型时期的乡村社会过程、新稻种推广的上下级事务过程，也反映出在细碎土地上实行农业现代化的艰难以及乡镇发展的利益之争。然而，福建地方农人的确在一个政策宽松的时期出色地安排了自己的生态农业，同时也在盼望乡镇市场经济和社会结构之新改观。

曾参与过明河船运和省城、县镇商业活动的金翼之家，在20世纪50年代的公私合营与后来漫长的集体化时期也有颇多变故。这使我有兴趣继续了解明河码头社会群体的生活方式以及他们在流通领域中的作用，并尝试对县以下之财政税收诸流通环节的运转做人类学分析。可以看到，旧流通体制危机之症结出于其组织形式、干部队伍、流通程序和法制。笔者希望透过粮食和土产的税收过程提供社会团体与农人利益关系的分析。

本书以三个较长的章节讨论宗族、房和家族问题。以古今史料与田野观察阐明中国人祭祖的根本原理是理念而非功利，与财产继承无关。设祭产、写族谱、宗族形式与组织，乃至伦理教化都是强化宗族血缘团体的措施。当代中国宗族族群认同及其先在的理念仍超乎功利的目的，乡村循礼亦总是表现出鲜明的宗族与房的族群关系原则。笔者还乐于讨论房与宗族的结构关系、宗族精神与自我实现的相互依赖性。应该说人口再生产和宗祧理念是中国亲属团体过程中永动的源泉。世代父子宗祧继承的这一中国人宗族家族文化价值观为哲学家所发明、政治家所强化、教育家和乡土文人所传播，最终由基层人民所实践，从而成为中国人族群的重要精神支柱与行为准则。宗族、房和家族作为亲属团体的不同形态，均是亲属关系生物性与人伦哲学及社会秩序整合的结果，这促使笔者不仅注意到中国宗族和房的变化特征，还注意到一些流行的家族形态变体。在随后的家族问题分析中，笔者认定，在中国准一组合家族分布地区，使用目前诸人文社会学科通行的家族术语如核心（nuclear）、主干（stem）、扩大和组合（extended and joint）家族，虽说可以提供若干时间断面各类家族构成及其变迁趋势，但在家族成员关系上以及动态的、具有很大变通性的家族联结结构则需要做文化上的进一步解说。

笔者分三个历史年份（1953年、1975年和1986年）讨论金翼之家及其所在大黄村的家族形态变迁。前革命时期高出生、高死亡、低增长的人口状况在20世纪50年代初开始改观，传统生育文化观念与土地改革后农家生计改善以及推广新法接生相结合，促进了人口增长。然而，通过1953年的户籍分析，笔者惊奇地发现单身家族（single family）一直占相当比率地存在着。这一社会现象其实是社区环境与文化规矩互动的不幸结果，同时，其他类家族也表现为形态上的发育不全和残破。随着合作化和人民公社集体经济的发展，发育不全和残破的各类家族逐渐成长起来。平均主义的“大锅饭”政策为中国人多子理念和这一类型家族人口的膨胀提供了再实现的条件，呈现了一个由平均主义的社区体制、人口增长难于制止和农业经济低度发展的循环圈。于是我们看到了大黄村各类家族发育之明显改观。生产责任制与家族生计单位吻合的新政策促进了个体经济发展的积极性，同时也促进了农人成就大家族的愿望。黄村家族结构的40年变迁反映了这一趋向，由于计划生育政策与农人生育愿望相背离，于是超生、瞒报、漏报人口成了农人生活的应对方式，随之出现的结果还有男女比例失调，以及诸家族形制之膨胀比一般公布的统计数字更为显著。笔者还看到，地方农人在可选择多种组合形式的一些生计活动中，总是乐于将其纳入家族主义的安排。

当我们把史料记录和现今存在的家族形态相关联，会发现一些曾被注意和未被注意的大家族存在与维持的若干原因，仍值得做新的讨论和检视，例如性爱限制便是其一。同时，笔者也尝试提供福建农人家族分化的两类常见过程及其地方性差异。至于人们对家族形态的选择，既是各地中国人理解保持家族主义、父子联系原则的反映，又是地方家族结构变通与家族关系协调的产物。笔者建议把大陆和台湾存在或分别存在的轮值（meal rotation）、反哺（back-feed）和联邦(federal）三类家族合称为中国式准一组合家族（chinese quasi-joint family)，一方面说明目前准一组合家族形态成为研究中国家族结合方式古今关联与变迁的重点，一方面也是试图与学术界常用家族术语：核心、主干、扩大和组合家族系列相协调，而后面这几类家族术语均不能套用于若干中国家族的变通形态之中。显然，占用了相当篇幅讨论关于中国式准一组合家族形态成因、结构特征及其演化（已出现对少数民族族群的影响）是有价值的。此外，所涉及的传统中国宗家主义原则和法律进程的关系，无疑是中国社会转型研究的一个兴趣所在，笔者对金翼之家后辈房产纠纷的历史原委、珍贵法律文献的对照以及实地事件与人物的深度采访，意在给读者一个中国人家族纠纷过程的活生生画面。

道教和民间信仰在福建地方有广泛的影响，黄村所在的乡镇刚好处于陈靖姑女神信仰发生地。笔者对该信仰的产生、传播及其大小信仰圈层活动和它对地方民俗与人生过程的影响，做了尽可能详尽的描述和分析。我们所看到的是，以大小宫庙为中心的信仰圈和道士、师公道场的游走活动圈并不一定重合，自然村界与行政村界并不具有局限的意义。信仰的诸圈层的概念，基本上是宗教过程上的，而主要不是组织上的。因为中国民众信仰的主旨历来偏重于家族与个人的生命意义，陈靖姑信仰圈提供给进香农人对人生与世界的解释系统，从而达成思想上的寄托，却不能给整个社区及其民众提供一个持久的社会组织系统。我们还会看到，地方农人如何老练地调度宗教和科学这“两辆不会碰撞的车”，使二者冲突各得其所地得到功能上的整合。笔者在田野调查中发现了几个不同类型的道士活动特征，从而认识到由宫观道士和正一派、闾山派住家道士、师公等连接起来的从高层到基层相互认同的道教系统，具有其层次过渡和转换的细密性与互补性。道教在很大程度上没有脱离俗世的乡土依恋，把天道和人性融合在一起，并协调于普遍的中国人解释系统，因而，道教在基层社会至今具有永久的生命力。而地方佛教与寺院则不同，入寺者和一般民众之间表现了相当的思想与仪式隔阂，只有观光性质的佛寺进香活动的盛大与辉煌之形，却没有如道教、民间信仰对农民生活强烈渗透之实。

把思想史料、地方志分析和人类学田野工作相结合，考察中国传统儒学及其制度的实践性，这一做法可以说相当引人兴味。如果说孔子只是试图整理和继承西周体制文德，奔走倡导，那么，朱熹则是将政治、伦理、哲学紧密纳入正规与非正规教育形式之中，有目的、有意识和卓有成效地传播理学思想并使其制度化、民俗化。黄村和玉田民间实况表明，儒学价值观具有深厚的环境与人文基础，历史上儒学成功的传布以及循吏、乡村文人的文化责任感，有力地、不停顿地推动着思想对制度的影响以及高层文化与基层文化之间的相互沟通，从而总是可以找到其关联的文化持续性。还有，儒道思想都成功地贯通于中国精英—通俗文化两个层面。笔者在福建熟识的乡村“先生”——就是这类活跃的文化媒人——他们人数众多，从古至今一直是上下层文化（或偏下层）关联和儒道交接的合适中间人，他们吸附儒道之不同社会理念，使之整合于自身，再巧妙地导入与融合于民间礼俗与信仰中。乡村大众处世哲学中，一些流行的格言谚语反映了民众简化、变通或扭曲儒学本意的适应性生活需要。显然，由哲理到经世致用的过程中，精英文化和大众文化的转换是以各不相同的结果呈现的。

笔者指出了外来基督教文化项目的两期过程。第一期过程中，外国传教士既扮演了布道者的角色（起初借助了炮舰政治），又是近现代新学的传播者，他们促使中国传统文化发生了分化。第二期过程中，外国传教士被中国教牧人员取而代之，无神论处于社会文化的中心地位，而基督教、道教和佛教均相当孤立地存在于社会活动之一隅且受到政治的压迫。“文化大革命”后，人们对心理和精神创伤之修复，以及对政治之不信任，导致了包括基督教在内的宗教“复兴”，乡镇基督教出现了自组的“星期家庭聚会”。人类学一方面寻找宗教信奉之社会文化原因，一方面探讨基督教文化项目在新的历史时期的宣道理论及其实践。基督教宣道之所成或者乡村教徒与民间信仰生活之隔阂，仍然反映了至今存在的跨文化协调性和文化竞对的不同状态。

借助黄村所在县镇的一个平面示意图，可以比较直观地做出社区社会与文化的解说。在中国城乡连续体的底端，宗族、姓氏团体的血缘与地域观念具有持久的传统。上至政治文化下至宗族文化，都对集市、镇和城市的形成和发展起着制约作用。商业和市场行为实质上经常表现为一种文化的经济。还有，城镇的产生有其政治、文化、军事和经济的诸种原因，但政治文化不时促成或约束城镇功能的选择，县城则提供了地方姓氏集团角逐及其利益协调的最后的舞台。笔者以地方渔政会议实例说明省、地区、县、镇和村地方权力组织和个人关系的运作过程，提出类蛛网式社会结构的解释模式和新均衡论。该模式和理论并不太过于抽象，其中，中心点原则以及层级性关联的构架、网状结构之破损修复功能与韧性是相当明显的。团体在网络中之运作往往并不受意识形态和已认可的组织原则之牵制，而呈现出极大的变通性。并因社会之不流动性造成盘根错节的网状片断，易衍生历史性矛盾。在目标与利益变动的过程中，团体易于重组。在20世纪80年代凸显出来的市场经济原则开始嵌入类蛛网结构。网络中力的格局变化是不得已的，该网络时而出现不均衡、不安定状态，以及显示破损、修补和编织的、力求片段与整体达成整合与平衡的过程。

笔者对比了中国和早期现代欧洲的文化结构差异，以及本书关于中国文化过程的实例论述，提出了中国文化的反观法（the look-back method），特别应用于以田野工作为重心的中国人类学。中国文化作为一个一直未被打乱的宇宙观，其思想、知识制度与行为系统总有可寻的传承线索。高层文化与基层文化之间的历史性传递及其关联过程，提供了人类学田野工作反向观察与寻找文化解释的基础；作为主流之一的儒家文化一统天下目标达成千余年，政治、道德、教育、礼制相互渗透且合为一体，主要表现为单向从高层输导至基层，故反观法的文化理解具有优先考虑田野工作方法的地位。文化的层化分析只不过是为了方便找到文化关联的线索，然而并不排除上下文化过程中的互补性及变异性的观察，如民俗信条与儒家思想的差别与偏离，均离不开反观法对高层经典、理念和制度性要义的参照性比较。可以认为中国文化是一个存在主体成分并具有兼容性、关联性和变异性的整合过程，因此，反观法总可以为基层大众文化意识及其行为提供解释与鉴别的途径，从而避免在中国人类学撰述中出现单纯田野行为判断之缺陷。

中国文化的直觉主义（cultural intuitionism）是在逻辑的、功能的、经验的、分析的、文献的以及统计的等研究方式外，容易忽略但十分重要的直觉观察与直觉理解的方法论。笔者力求做扩大的讨论，以阐明中国哲学中的直觉主义传统，包括道德的直觉、人伦相对性直觉，以及作为一种转换的文化直觉的群体特征与场合性特征。关于文化直觉的人类学解说还涉及写作与阅读的直觉、文化直觉的社会性记录和教育过程的直觉，笔者对此做了隐喻与直觉的详细解释。笔者认为，人类学家应有文化的直觉能力，这包括对有明确涵义的符号和对不明确的隐喻的理解。因此，文化可以认为是超时空的符号与隐喻的关联。在文化的直觉产生之前，在纷繁的信息成分互动过程中，有时会呈现由暗示与隐喻构成的无数“中间站”现象，逻辑的与直觉的思维都要整合主体所感受到的或明或暗的信息。在古今传承的伦理与组织性文化中，传统道德哲学与文化制度模塑了一般性文化意识和直觉思维定势。对个人来讲，长期的文化训练与生活体验才能导致良好的破隐能力与文化直觉能力，这一直觉能力恰恰是从中国文化的整体性思维传统中建立的。因此，在中国文化中，这种场合的类同性直觉思维，是人类学家做田野访谈和调查时，以及处理所得到的各种资料时不可缺少的认知能力之一。

至于《银翅》这部书的写法，我当然注意了人类学理论中携带的该学科发源地的文化思维特性。因此，笔者在考察中国社会文化时，主要探索那些与中国文化整体思维相协调的人类学理论，或在运用一些人类学理论的同时，试图发现其跨文化的适宜性或其被修正和被质疑的原因。人类学重视文化的相对意义，那么就应避免人类学理论在不同文化的机械套用。每当撰写文化时，笔者注意的是一个时代人类学理论与方法论如何尝试导入一种特定的文化并能转换出新思想，否则，若不能洞悉一种文化思维的轨迹，便会发生失败的观察和虚假数字的“证明”与“解答”，这实际存有一个撰写文化的比较与选择问题。

《银翅》采纳了多种写法杂然前陈的构架，有的章节我使用中国文人随笔和民族志形式，有的章节以叙述为主，穿插即时的人物对话，当然也采纳人类学界流行的“标准的”论文格式，不过有时在一章之内的不同小节容纳了完全不同的写法。在随笔民族志穿插学术分析时，可以感受到现代人类学的意义和影响，但当论述中杂以情景对话时，则尽量揭示书中人物在中国文化中的自我以及文化意识与隐喻的贯通。我了解语言学的一般逻辑思维方式，但也了解“文化的逻辑”如何影响思想、认知、推理、言谈和行为的程序。于是在适宜的章节，我有时采纳在一章结尾之处使用类似 Conclusion 的规范的论文写作法。这似乎是面临一大堆读不完的教授指定读物的研究生最喜欢的写法，但实际上代表了一种文化思维的范式。然而在有的章节把解释与结论放在需要仔细阅读方能寻获的某个段落中，因为中国人从高中起作论说文和杂文，语文老师就希望学生概括的文章结论位置最好不要太呆板和“太白”，以及应留有回味余地。中国老师的这种指导，我宁可认为是一种写作上的文化模塑，我乐于借助一些适宜的论题，把这种文化方式带到以英文写作为主的世界人类学学术圈，愿意把在某些情况下、需要言不尽意的中国式写作文化及其思维方式、与无论如何也要清晰立论的不同的写作文化原则交替使用。这是由于我承认文化展示和文化撰写中不同原则的不同之需，一种文化中总会有如汽车说明书那样，零件和结构清楚地得到描述的部分；也总会有如朦胧的中国泼墨写意山水那样，只用语言和文字无法全然解意的部分，尤其是因为，中国人的文化直觉是传统文人哲学与大众思维中颇为稳定的组成部分。此外，笔者没有采纳西文论著常规，把方法论放在最前面一章去试图提携全书；也不认为简单地人为预设某一个理论的要点，就可以统领一个宏大的文化体系，因为有时这种方式容易使作者在取舍田野素材时简单化，或有太明显的偏爱。我只是试图把不同的认知方式有机地结合起来，运用在人类学研究中，这包括做出能加以证实和书写出来的逻辑结论，也尝试提供难以复述与书写的文化思维与文化体验的某些关联的过程。其尽可能陈述之本身还具有提示读者文化意识、无意识与文化直觉发生的作用。因此，提供读者清晰的结论和提供呈现文化直觉的隐喻与暗示过程，这在人类学中都是有意义的。

尽管本书只是关于福建古田县村镇的田野工作，却在多处使用中国和中国人措辞，这大致相当于冯姝娣（Judith Farquhar）的“取向的方式”（way of orientation）①，虽然它不是整个现代中国的历史，却对理解中国文化的关联性（context）起到有益的取向的作用。② 在写作过程中，笔者始终关注文化哲学与行为方式、书本知识与田野工作、历史与现实、整体与局部、上层与基层之间的关联的解释。剩下的疑问是：逻辑的、实证的方法和直觉的思维过程能够在撰写文化时得到统一吗？这是会引起学术界深切注意和持久讨论的一个重要课题。

本书的田野工作与写作修改过程先后得到香港霍英东教育基金会研究基金（首度社会学基金，1988—1990），美国华盛顿大学(Univer-

---

① Judith Farquhar, *Appetites: Food and Sex in Post-Socialist China*, London: Duke University Press, 2002, pp. 10-11.

② 此自然段为本书英文译本添加．并添加至2015年版修订版中。

sity of Washington，Seattle）杰克逊国际研究学院切斯特·弗里茨博士后研究基金（Chester Frets Foundation，1990—1992）和该学院中国研究所及华盛顿大学人类学系的资助，谨致以衷心感谢。

华盛顿大学人类学系主任郝瑞教授（Stevan Harrell）和我有多年的交情，我们在人类学诗歌和影视作品上有真诚的合作。在笔者访美期间，我们讨论的问题是多方面的，包括诗中的文化隐喻以及风靡今日学术界的、关于族群特性（ethnicity）在跨文化写作中的理解问题。对《银翅》的长篇手稿，郝瑞教授提出了诸多细致入微的宝贵意见和建议。花费许多时间阅读手稿并详加评注的还有美国加州大学圣迭戈分校的人类学教授 David Jorden 先生，热心提供评价和见解的有美国杜克大学（Duke University）人类学教授 Ralph Litzinger 先生。呈送本书全部手稿过目的有华盛顿大学杰克逊国际研究学院中国研究所前所长陈学霖教授，尤其是台湾“中研院”李亦园院士、杨国枢教授、庄英章教授和台湾大学心理系的余德慧教授，他们热心向桂冠图书公司推荐此书。中央民族大学民族学系的张海洋教授和潘守永博士也细读手稿校正。 花费时间阅读部分章节提供建议的还有美国历史学教授 E. J. Perry 女士、中国台湾“中研院”的许木柱教授、日本关西大学的石田浩教授以及北京师范大学历史系的赵世瑜教授。

特别要提到西雅图的 Haward Xie 教授，他读了《银翅》手稿后告诉我，决定将其译成英文，使我十分感动。在 1994 年之前的三年间，他在教学之余兢兢业业地从事英译工作，因他有在中国大陆多年生活的经历，他对本书中涉及的社会生活细部无疑会有准确的理解和恰当的英语翻译选择。没有他的积极努力，这部作品的翻译常常会使人望而却步，然而他持之以恒地推进他的业余翻译进程。当初未曾预料的是，他在英译过程中发现的问题大大有助于我修改中文本的内容。我诚挚地感谢他多年不懈的努力，现在我们是以共同的愿望期待《银翅》中文版和英文版的编审和出版工作完成。

曾经专修历史的内人赵小莲，阅读了全部中英文稿。从 1989 年起，她一直协助我的写作和输入电脑工作。我的确在许多章节接受了她的质疑和修改意见。尤其她非常支持我在逻辑与实证性写作的同时，容纳中国文化写作上的“随心所欲”和表达难以文字说明的文化直觉过程。她赞同的古今文化关联性观察法正是日后在长江三峡淹没区文化调查的方法论基石之一。上星期我因事飞芝加哥，是她对《银翅》中文三校稿做了最后编排，从西雅图寄往台北桂冠图书公司。我已通过长途电话并在这里感激她多年的心血和不可替代的协助。

中文稿的注释和参考书目校对是由博士研究生张有春先生做的，他还手绘了多幅图表；华盛顿大学社会学系的杨忆军博士在电脑制图和统计上给予了诸多帮助，谨向他们的辛勤劳动致意。

金翼黄村和湖口社区的吴同营和林忠诗先生是我在福建田野工作中有力的向导，他们的地方与乡土知识使我由衷钦佩，许多章节的叙述和讨论都直接受益于这些杰出的乡土文人。我们都是抱着使地方乡镇农人的生活更加美好的愿望而共同投入调研工作的，而且他们对我拍摄金翼社区的《端午节》影视片也给予了积极的和有效的帮助。还有在田野工作中相识的陈直聪、陈景明、林世兴、郑作鎏等四百余地方人士曾给我多方面的支持，笔者一直铭记在心，感谢之至。

最后，我要再次感谢林耀华教授。从笔者的田野工作到写作完成，林师的建议一直具有指导性，而且没有他在几十年前杰出的研究成果，我则不容易发现一个人类学惯时性调研的重要机会。林师《金翼》的重要价值促使我从1985年起转向汉人社会的研究，而先前关于少数民族的知识成了不同族群文化比较研究与学术思想转换的基础。《金翼》是林师青年时调查、写作，中年时正式发表的一部有世界性影响的作品，他以得心应手的编排与叙述，表达了当年他无拘无束的和独立的观察，这正是今日人类学撰写时需要继续遵循的学术精神。

谢谢所有帮助过我的朋友。

庄孔韶

于美国　西雅图—芝加哥

1996年2月15日至2月22日

第一章[①]

重访金翼黄村

在中国，郊区和山地的公共汽车车体一般比城市的窄些，这主要是考虑适应大多数不甚宽阔的公路。像云贵高原一样，福建的公路大都只有两部客车的宽度，有时须礼让方可交错通过。

我乘坐的车挤满了人。福玉公路直接通向玉田县城，大约要走6小时，挥手上车的路人收费略高些，时而还可以听到讨价还价的声音。和城里不同，长途车司机也兼售票，他们有娴熟的驾驶技术，所以我知道，在山区工作最好不要临时租用小轿车，因为只有专线公共汽车的安全性最高，小车虽舒适却不安全。

车开至白沙供应站——一个铁路岔口，不得不停下来，以等待福厦列车通过。小姑娘们立即围拢车厢递上甘蔗，这是一种很粗的紫皮甘蔗，水分多且甜，有不少人买。我发现这里人吃橙不用刀，在橙上挖一个小洞，用双手来回捏挤，然后吸食饱满的橙汁。记得运到北方的橙，因天气干燥水分丧失很多，故北方人都是用刀切成四瓣食用，可知生活方式都是各有道理的。

沿途多见松、竹、橄榄和杂样木本、草本植物，山田、水田不少，其耕作水准优于云南省的旱地而远不及江浙的水田。由于化学肥料已推行多年，田野中仅偶见传统木构粪棚。你可以看到旧式木与砖

---

① 根据人类学撰写惯例，本书出现的人名地名多已做更改。

或泥坯合壁的两面坡民居，路过山村时，新建红砖两层楼民居的数量多少可以断定这里家庭生计的概况。如果想研究建筑文化，可以不夸张地说，你应该在福建南北走一趟，其类型之多，令人眼花缭乱。

接近玉田县城，是一人工水库，以一县而言，气势可谓磅礴，水库边山侧露出砖红色土断层，是当年开凿的痕迹。一位大嚼甘蔗的同车人告诉我，旧玉田县城已在 1958 年水库建成时沉入水底。这时我才感受到《金翼》（林耀华，1977）中的玉田旧城的确已成了历史的记载，我要去的已是 50 年前不曾有的新城。

玉田新城距福州不过 146 公里，迫近它时可见县南边松台上吉祥寺塔矗立，这是宋太平兴国四年（979）所建，1958 年修水库时迁于此地。由县城中心十字街引出的两条不垂直的街道，过于狭窄、拥挤，行人和车辆几乎是并肩缓行。显然，当年新城的设计者未能充分估计到人口与社会发展的强劲势头。

玉田人是好客的。白安武先生负责接待我，当我说明来意后，他说："既来之，则安之，不必急着下乡，何况还没有打听清楚嘛！到我们玉田，一要看我们玉田水库，二要看我们的银耳培育。"我无可奈何，主人一片心意，恭敬不如从命了。

他说的也许对，当你读过旧县志一类的材料，那脑海中的印象大概至多是民国二三十年间的记录，时过境迁，物是人非，新的背景材料当是必不可少的。

驱车至苏吉乡东北部水湾亭地方，我参观了玉田电站。那是一座深入地下、在宽大空间中的电站地下厂房，设备并不先进。一级电站为 20 世纪 50 年代苏联专家在华时修建，设备有明显的俄式风格，亦有不少机器已更换为国产。而二、三、四级电站，基本是中国人的杰作。中央控制室的许多年轻有为的专家们热情为我介绍，称整个电站年平均发电量超过 10 亿度。

"这些设备已经用了 30 年。"

"还可用多久？"

"100 年没问题，当然我们也不时有更新。"

我了解他们当中有不少是玉田的知识分子、新一代的科学家、专家，难怪玉田人奔波海外，返乡时节必来水电站，一睹地下电站的宏大气魄和玉田才子们的风采。

走出电站，沿水库环绕，浩渺的人工湖中绿岛错落。白先生告诉我，湖面有 37 平方公里，地下水道落差 120 米，方能引至水湾亭发电。

水库建筑方位迫近原处在山野一侧的古老极乐寺和弥勒寺，现代僧众或许少了一些寂静，但却多了明洁之水的清新！

人类学思考的是：这宏伟的工程与浩大的移民运动如何运作？

“当年共移民 8019 户，43 154 人。”白先生说。

“占地多少？”

“库区淹没面积再加上移民基建和公路改道，占地共 4200 余亩。这一概念的实际含义是玉田旧城，以及平潭、永安两区包括 4 街 12 乡的 59 个自然村全部沉没水底。”

描述到此，告诉你，后面还有一些水下的故事讲给你听。因为水库建设后消失了 30 多个地名，如今人们还记得并创造了不少新的传说，这一巨大的事业带给人类学家许多思考的机会。

返回城关的路上，我们参观了几户农家。当我从福建人民居堂屋向后面两侧观望，发现不少房间已辟为银耳培养室。屋里湿热、昏暗的灯下，一排排生长架就如同北京图书馆里巨人的宽体书架，不过每一层都有用塑料布裹好的一排排筒状棉籽壳，木屑培养基比超市里的青岛火腿肠略长，雪白的银耳像一朵朵白菊花从培养基上绽开，甚是好看。也有一些农人改育香菇，这一当地性的全民生产活动竟然在十余年间不胫而走，改变了玉田人传统的乡村生活。

水库和银耳无疑是玉田人的骄傲，但又有很多由此衍生的忧虑，世界上的事就是如此，有得也有失。白先生的导游实在是有益的，我将考虑的是：我要去的黄村是在何种程度上卷入了玉田人所经历的大事之中？

玉田县地势北高南低，秋夜的新城很冷，只好穿上厚厚的毛衣。

第二天，白先生终于为我找来一份玉田县地图，虽然地名不全，仍很宝贵。随他来的还有薛何仪先生，据说薛先生十分熟悉当地环境，有“玉田通”和“活地图”之美称。

“你要找哪里，先生?”

“湖口黄村。”

“要说黄村，我还不敢肯定，而湖口则并不难找。只不过湖口的繁华时代已过，所以连地图上都不注明了。”

“请……”

“这要从玉田人谈起。玉田人长在山峦谷地之中世代务农，那么他们的粮食总要运出去换些日用品，像盐呀、油呀。所以在 30 年代就修了一条路，可以把玉田与闽江连接起来，这样，玉田人与外界才有联系的可能。这条路叫玉湖公路。”

“还有别的叫法吗?”

“有，叫西路。”他一边在地图上指点一边道。

我恍然大悟。这就是《金翼》中也是现实生活中真实的西路。

另一条出路是到水口，叫南路，由于南路没有标准公路，只是小路，所以西路历来比南路重要。

“西路终点并未标明湖口，而是荷洋啊，这是为什么?”

“当年陈文先生集资修筑玉湖西路时，看准了它的商业重要性，所以西路的建设推进了湖口旧镇的繁荣。从那里运出大米和玉田特产红曲、酱油，运进咸鱼、盐和洋油。但湖口码头有个缺点，公路不能直通码头边，总需脚夫背运一段路，于是后来西路便延长至荷洋。谁知湖口和荷洋间桥梁老被洪水冲断，一度又被迫重返湖口码头进出。直至 1957 年西路收归国有，铁路修通后，荷洋的地位才一下子上升，成了水路、公路、铁路的理想交汇点，跟着，加固了桥梁，西路终于到达荷洋。”

“即是‘湖口落，荷洋兴’?”

“对。”

“黄村的黄姓人今天在何处呢?”

“黄姓为玉田第二大姓，两万多人。由于族源不一，你能知道你找的黄姓排行，我便告知你它的位置。”

“我只知其中四代排行孝，友，荣（仁），芳。”

“那么，上四代定是文，章，华（志），国；再接上你的孝，友，荣，芳，我可以断定，这一支黄姓族人如今在西路上的木阁。我想，黄村无疑会在木阁附近。”

我钦佩薛先生的乡土知识，是他的信息催促我不能在玉田县城逗留太久。

第二天，我立即搭车登上西路的行程。从北向南，沿途仍是起伏的山峦，偶有盘山路，但见不到云南山地那般垂直千尺的山涧，所以没有使旅客体验到濒临生死边缘的刺激。

竹丛秀丽，蕉叶蓊郁，柑和柿丸点缀在草坡和岗上，像绿帷幕上装饰的红灯。

路面没有柏油，南北行驶的卡车，驮着大包大包的棉籽壳和银耳，一来一去，扬起阵阵尘埃，使路边茂盛的菅草蒙上一层厚厚的灰。

大约一个小时的路，你就可以得到这个印象：西路上家家种香菇，晾银耳，这已是玉田农人的重要生计活动。在车上远望，路边远近不时有成片成片的银耳在阳光下晾晒，耀人眼目。

我在木阁处下车，这是一个橄榄状的山谷，谷地上是一块块细碎的稻田，西路和一条小溪几乎平行地由北向南穿过谷地。两旁近山连着远山，《金翼》开篇中描述的密林已被橘园取代，究竟是岁月流淌了啊！

可惜《金翼》的作者从20世纪50年代以后再也没有来过黄村，倘若先生也站在今日西路的大道上，会是何种心情呢？

喜遂还乡志，优游不计程；双柑及斗酒，远处听鹂声。

这是我在车上想起的我最喜欢的一首诗，作者是五代南唐的玉田人徐仁椿。古人以出游远行、携酒听鹂作为暂离尘嚣、排除狭隘意识、捕捉作诗灵气和真义的好办法。人类学的田野工作绝无这般悠闲，但他们同是在寻找一个新鲜的别一番世界，去发现自己的灵气和真义。

凭自己对《金翼》黄村谷地方位与描述的理解，我确信此刻脚下便是我远游的目的地——黄村。

初来此地，那种急切追寻《金翼》往事的心情怎么也压抑不住。黄村与金翼之家，湖口旧镇与荷洋新镇，对我无一不具有强烈的吸引力。

我的向导黄宏诗先生同意先陪我走走，熟悉一下黄村社区环境，这对我在北京制订的田野研究计划有很大的帮助。

村长谢丰营30多岁，瘦削，有点腼腆，我一开始就叫他小谢。小谢说老黄（宏诗）虽然是学农技的，在镇农技站工作，但他的儒道和民俗知识很渊博。的确，额头有点秃的老黄喜欢穿中山服，整整齐齐，说话有条理，好引经据典，农技小报办得不错，我很喜欢和他共事。

从村委会出来，我们三人沿西路向南走，左边是枯水期的小溪，卵石裸露，女人们三三两两地聚在一起，足踏大卵石，一边槌打衣服，一边闲扯着什么，不时传来嬉笑声。“河的对面是木阁村和林洋村，我们这一边有前洋村和黄村。还有，前面小河转弯处是新村。”小谢介绍了一番，“噢，山顶上还有个马山村，我们这6个自然村合成一个行政区。”

除了马山村外，山谷里的几个小村的民居已快连接起来。这在一定意义上讲，金翼黄村再也不能算是一个独姓村了。

远望黄村，红砖新房建起了不少幢，讲究一些的，外墙上还抹上一层白灰泥，以示美观，钱不多的家庭只有抹泥草了。

站在林洋桥侧，我忽然看到黄村边缘一民居转角矗立着塔楼，这是与众不同的。绕到后面仍有一塔楼，这是该村唯一的建筑类型，已是金翼之家房址无疑。

这座民居依山而建，想当年新居落成颇有威严。数十年过后，今日的围墙上白灰层有些已剥落，偏南一面大门两侧是“文化大革命”中遗留下来的标语口号，依稀可辨，这是一种瓦顶的夯土式围墙建筑，有鹅卵石砌房基，隔潮且坚固。

走进第一层平台，《金翼》是如此描述民居格局的：

> 围场的中央有一个很大的天井，两旁各排着一列房间；这些都是书房和客房，可供客人过夜。然后有一条大石板铺成的通路通过天井，止于一个十层的石阶前；走上石阶就到达第二层平台的正厅。
>
> 正厅两旁也有两排土造房间。理论上，这些房间应该在东林和长兄东明之间分成两部分；根据传统习俗，长兄应住左厢房，而弟弟应住右厢房。（林耀华，1977，第 39—40 页）
>
> 在最主要的平台上，有些木梯可以通往楼上的仓库，这个二层楼其实就是在第三层也就是最后一层平台上，那儿有厨房和餐厅。这个二楼仓库也有边门直通第三层平台。在这个最后一层平台上，有个二十几阶石制的陡峭楼梯可一直向下通到第二层平台房子的后厅。（林耀华，1977，第 40 页）

今日的金翼民居仍是最大的。小谢告诉我，只剩下黄东明一房人的第三、四代住在里面。东林的后代变化最大，他的两个儿子三哥志山和小哥志留远离了故土，四哥志司则死去了。他的儿子荣香家在 20 世纪 50 年代初被迫迁出金翼民居，重返当年新居建成前的旧房里。现在的居住格局凌乱了，培育银耳有时占据大量空间，屋里充满了银耳培养架，弥漫着一种特有的气味。

20 世纪 50 年代初，中国基层乡村展开了一场面对面的土地改革运动，30 多岁的小谢并不了解金翼之家在这一时期的变故。

“你看，这几年荣香家又盖了新居，买了卡车，三个儿子很能干。”小谢说。

当我为他们拍照时，这一房人三代中有近 20 人住在新房里，

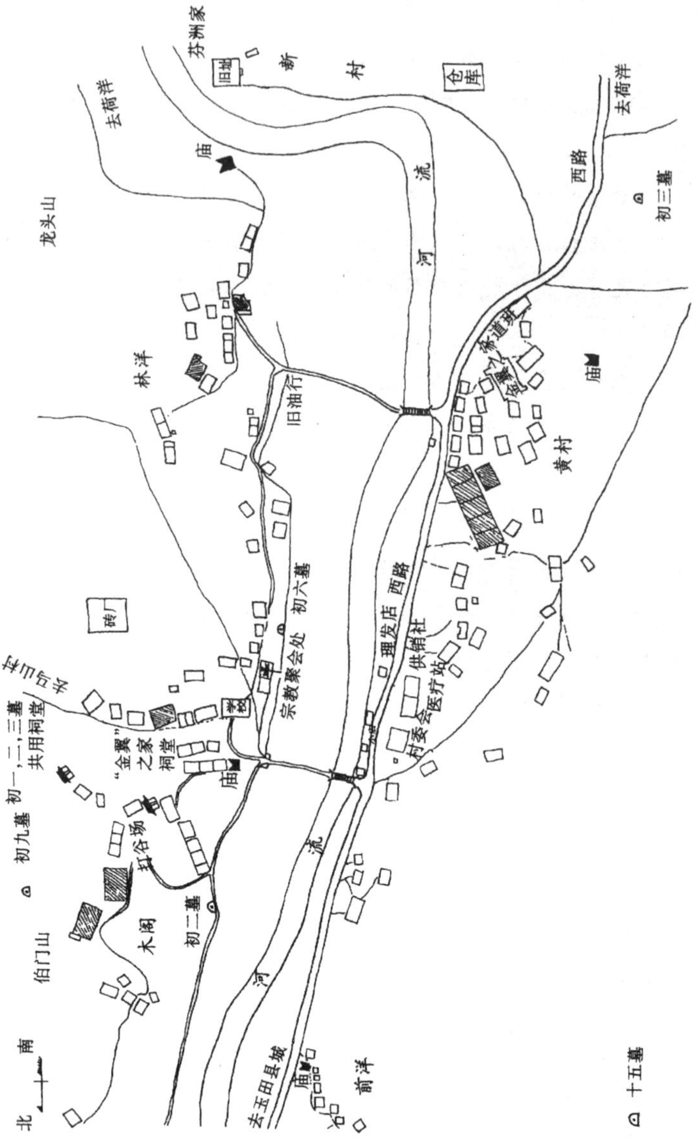

今日金翼之家所在黄村山谷社区图

房前空地上晾了大片银耳，一边停放着一部全村马力最大的拖拉机兼运货车。

金翼民居处于山谷西南角台地上，从这里峰回路转，当年恰临土匪出没的荒凉荷洋不远，故金翼建筑的设计具有明显的防御功能。

转向小河湾，我们走进新村。所谓新村不过是一幢大房子，周边是平坦且有序的杂样菜畦。男人们在远处割茭白，妇女弯着腰浇菜地。听说，每日凌晨，星星尚未散去，妇人们就要赶到镇上卖菜。

“这叫龙头山，由于新村处于最平坦的地方，小溪流转像从蛟龙口里淌唾液，风水先生说这是‘龙吐珠’的好风水。”小谢说，“但珠是什么不知道。”

“珠是稻米，过去这里只种稻，很少种菜。”老黄补充道。

“现在还讲风水吗?”

“是的，我们木阁仍少不了。木阁黄家又有了一位中年的风水先生，学问深，能写对联，到处有人请，有时外县的人都来求。”

如今新村大房子，平地上三个单元的建筑，前后一共住了 28 家，正厅高耸着一排排大木柱，中间嵌有杉木板，其木构卯榫相合，经久严丝合缝。当我给民居内部拍照时，楼上的住户们都下来张望。这时外面忽飘起蒙蒙的细雨，下地回来的一位小伙子身着蓑衣，扛一把南方典型的长柄铁锄。当我请他站在木制脱粒机前留影时，不禁使人感到传统农业中国的风貌并不完全是昨天的事啊!

这“龙吐珠”风水保佑的民居正是《金翼》中张芬洲家的旧址。我问起此事，竟没有人知道。后来才晓得，这 28 家都是 1958 年玉田库区移民，原居旧城关，善营菜蔬。可以说，倒是“龙吐珠”的风水、平地和小溪，给这些移民带来新的生机，也改变了这山谷单一稻作的历史。张家早在 50 年前便人丁零落，完全不了解这个村历史的新一代人填补了他家旧日的建筑空间。

“这里仍很发达的黄姓族人是哪里迁来此地的呢?”我问。

“南边是肯定的，但说不准在何处。你听得出黄村老一辈人的口音与玉田人不同。在他们内部老人们会讲而新人都不会了。”黄宏诗说。

“由于过去宗姓意识很强，所以语言也硬是保存了很多代。”

“族谱还有吗?”

“没有了，一户也没有了。仅有的在‘文革’中也烧毁了，只剩下代表黄姓族人房分的始祖墓地。”老黄指给我，“黄村下边是初三墓，前洋村对面是初二墓。”

“初几墓是什么意思?”

“这要以后有时间慢慢讲。我只知道黄姓族人迁来此地，先到木阁，后分房至黄村。”

我们走回头路来到木阁，那里仍留有年久失修的黄氏祠堂，抬头正上方是一块匾，上面赫然正楷大字“拔元”，并有钦命官职字样，落款及立匾人是宣统己酉年（1909）间的黄氏族人荣桐。这大概是黄氏族人最光宗耀祖的业绩了，如今空荡的厅堂内，供桌早已残破不堪，只这块匾历经沧桑而保存完好。

“这既是黄姓祖房，他姓当不得乱碰。”

“如此严重?”

“是。人们至今仍重族属，酿成事端还偶有发生。”

“我们的前面是村小学，下边便是基督教星期聚会处。”

“土地公庙每村都有吗?”

“都有。大概整个福建都一样，不知你们北方怎么样?”

“北方乡村也有，但绝没有这么高的比率。”

村委会下边桥上，医疗站、供销社、理发店、杂货店都集中在这里，几个妇女坐在道边店铺门口，一边打毛衣，一边望着陌生人。

“有个花桥吗?”

“有，是重新修建的。”

“离吃饭时间还有一会儿，我们去找找看。”我说。

“不用找，谁都知道。”小谢说。

其实我是想找那书中的木花桥，或许还留下了什么痕迹，这一点小谢和老黄并不清楚。

新的花桥宽阔且结实。离这桥不远的地方，我踏进水边草丛，终于发现了破旧桥墩。这就是《玉田县志》上写到的抗日战争中被飞机炸毁的花桥旧址。

> 当时，在黄家村上头的花桥是个要冲地带，土匪们经常在该地渡河；那里也是商贾、旅客由市区到达河口的必经之地。因此，有许多人在那儿被劫、打伤甚至打死。（林耀华，1977，第 208 页）

现在，花桥左近已无荒凉之感，土匪也早已剿尽了，我似乎了解得比黄宏诗还多，更不用说小谢了。

李月娇老太太菜烧得不错，这几年除了在其他农家吃住，她做的饭我吃得最多，她的丈夫也是黄姓族人。烧肉很肥，但“太平”蛋（鸭蛋）是要吃的，有时还要炸一下染上红色，南方的茭白和芥菜是刚从地里割的，太新鲜了！

“那么，金鸡山是哪一座？”

“在黄村后面山上，也要爬上去。夏天孩子们都喜欢爬上去乘凉。”

我为丰盛的菜肴还有玉田红曲老酒向李老太太道谢后，便与黄宏诗、小谢一同上了山。

没有爬很久，我们站在一个角度观望，确有一山貌似雉。这和《金翼》的描述颇吻合：

> 有一次，也就是那个暑假里，香凯和三哥以及三位弟弟一齐爬到屋后的山头上，香凯在山脊上仰视突然大叫道：“兄弟们！这是一处好风水呀！这座山看起来就像只金鸡，真是实至名归。它的头部在另一边，但却将它的翅膀扭转伸向你家，一定就是这个道理，你们的家才会如此欣欣向荣。让我为你们的房子取个名字，就叫‘金翼之家’吧！”（林耀华，1977，第 65 页）

如今，《金翼》的作者对金鸡山记忆清晰，在北京时，他曾对我说：“那山形状似山鸡，其翼后掠，故村人称‘金鸡别翼’，这也是我的书取名《金翼》的真实含义。”那金鸡的“羽翼”至今一动不动地掠向黄村。由于金鸡山为小哥一辈人的同学、好友香凯取名，又要爬到山顶才可望见，所以后来渐渐鲜为人知，远不如后来黄村谷地两侧抬头可见的龙头山、伯门山、芋龙岗、马山村（因有畲族）有名。那少年时代讨人喜欢的香凯，我还是不提他的真实姓名为好，保定军官学校毕业生，毕业后回到福州，未能在军中觅到职位，竟当了土匪。

记得《金翼》中写到黄氏三哥水路遭劫时，有一匪首无端放了三哥：

> 在走回岸边的路上，三哥确定了那位把他从绑架中救回来的首领，也就是他认出的熟悉声音——陈香凯，他的拜把兄弟。然而香凯竟然会变成土匪首领乃是相当令人惊讶的事。过去他也有很大的雄心呀！（林耀华，1977，第134页）

后来，这个香凯因劣迹甚多，被处极刑。

望着山谷里的黄村，金翼之家和它的晚辈的好友在前途中发生了分化。无疑这是社会历程与个人选择的不同结局。

次日是星期天，上午10时整，星期聚会处的基督徒们唱的庄严圣诗，传扬在山谷里。

这时，小谢的拖拉机来了，他花了9000元购进，马达不装消音器，伴着巨大的振动，带我们二人一同向湖口驶去。

湖口旧镇的街道是用大块岩石垒砌的，有的地方五人并肩一站就可以把路堵满，可见其窄，石块被磨去了棱角，光亮光亮的。这是码头脚夫、人力货车和旧镇的过客留下的痕迹。

小镇是冷清的。老人们在那块三角形空地边晒太阳，母猪和鸡鸭大模大样横在路上。昔日高大的铺面大门紧闭着，偶有几家人的后辈利用上辈人的遗产重操杂货买卖，也极不显眼，街面是萧条的。

从一个破损的拱形门走下去，便渐渐接近闽江河滩。天哪，远山、礁石、杂草还有曲折的江水、生锈的铁道，以及已被切断的古老水路通道，一切表明，这是一个被遗弃的码头和旧镇。

我参观了金翼之家在湖口的店铺，紧闭的大门里，仍住着三哥前妻所生的后代——少扬一家人。

少扬老人是孱弱的，据说早年肺部的毛病一直没痊愈。他讲起小时湖口镇的兴隆景象，并不是生疏的：

> 在那段日子里，由闽江沿岸的福州进口到内陆城镇的商品以盐和咸鱼为主，盐是政府专卖，但镇里的商人却可以到福州城的市场买咸鱼，卖给镇上或村里的人。相反的，村镇的人却可以将中国东南诸省的主要产物——米——供应福州城。（林耀华，1977，第7页）

少扬回忆道："几十年前黄村的父辈和农人们都是每人肩挑着两袋米，一跨上西路便向这里奔来。收获时节，西路上净是过往的脚夫，他们最后都要到我们湖口镇。我们家自己剩余的大米也要挑来在这里集中，由船沿闽江运出。福州人最喜欢吃的'湖口糯米'，就有黄村土地的贡献。"

可见当时黄村社区的农业生计完全依存于湖口镇，西路的存在奠定了它远优于水口的地位，也带来了湖口昔日的繁荣。

据说少扬是很虔诚的基督徒，但并不去教堂做礼拜。他愿意以后与我长谈，我很高兴。

老黄最熟悉的是湖口大礼堂后面谢七爷和范八爷令人毛骨悚然的彩色塑像，他边走边讲起陈靖姑的传说、正月十五的游神，以及现在女孩子如何听奶娘的话。

"何以见得？"

"这里的女孩子是没有在18岁和24岁出嫁的。"

"为什么？"

"那是奶娘的大忌年，玉田人无人不知晓啊！"

"看来你读过《闽都别记》（里人何求，1988）了。"

“何止读过，这里人都会讲上几段呢。”

“村民熟悉奶娘的临水宫，就如同福州人知道乌石山。”

看来我是需要在这里长住下去的，有兴趣的主题实在太多了。

从旧镇下去，反观湖口，依山而建杆栏民居乃是惊险之杰作，陡峭的山侧竟能立柱，可谓巧夺天工。在一全木构杆栏民居下的巨石上，仰视可见清代福州郡守李拔的题字。他曾在福州鼓山题“欲罢不能”四大字勒石，以激励人们振作精神。据说在福州马尾也有他的题词，而人们对他在此地的题词则知者寥寥。那“襘笏朝天”四字正楷石刻，已足见当年湖口地位之重要，否则大员是不会到这里来的；但另外一清代太守所题碑刻“湖口春风”，早已荡然无存[①]。历史的机缘终于使湖口的繁荣让位于荷洋。

从黄村沿西路到湖口2.8公里，大体上走了一个L形。如果把黄村谷地看作是一个研究小社区，那么，20世纪中叶前后至今，先后依存于湖口旧镇与荷洋新镇的黄村，则的确成为这个L社区的一个单位了。玉田县城作为政治与行政的中心地位是毫无疑问的，而L社区有相当的独立性，玉荷公路是方便的（每日多次班车往返），然而对黄村来说，处于26公里之外的内陆县城，远没有沿闽江先后设镇的湖口和荷洋的影响力大，特别是在经济上。因为不仅玉田县境，北部的寿宁、周宁和屏南县的出路都最终在于湖口和荷洋。仅以传统的生计方式而言，湖黄荷L社区是一个重要的农业生计圈，而这个圈在20世纪70年代因银耳生产推广才被打破，乡民们又打开了一个通向外在世界的窗口。

说着说着，车子已过最后一个弯路，沿铁路线并行直抵码头，荷洋铁路货运站和水运码头一上一下，公路站也在火车站近旁。

“你看，火车上卸下的是棉籽壳，银耳生产离不开它。”

“从哪里运来？”

---

① 今年（1999年）年初我再访湖口镇总庙，又问起这一无踪影的碑刻。经一位友人提示，我们在附近一片荒草中终于寻得半掩埋于地下的石刻，才知真正的题字是“谷满春风”。九年后重访湖口得一发现，了一心愿，令我兴奋不已。

“这一批是从河南省产棉区。”

“待运的是银耳和香菇，它们的去处可能不止一个地方了。”

闽江船基本有两类：柴油做动力的货运船和民间传统木船。这一带仍有礁石，在大礁石上立有红白相间的航标灯。由于延（平）福（州）铁路在20世纪50年代修通后几乎和闽江上下水并行，故水运的重要性相应下降。但荷洋的水路枢纽地位远远超过历史的湖口旧镇。

我们乘船在江上一游，直下水口镇方向。

沿途仍有不少暗礁。黄宏诗告诉我，30年前曾炸掉不少礁石，建立航标灯，但行船仍要有经验的本地人引路。至今还有船触礁事件的记录。

船在一转弯处，忽然消失了浪涛声，水面一片死寂，但见水的旋涡向下深卷，令人发怵。

这就是著名的金钟潭。

“这里水面落差小些，所以船可停靠。但两边是山和草莽，是容易发生土匪劫船的地方。”

“因为有退却之路？”

“是的。直到1950年，在这个地方还有过抢布匹的劫船事件。”

“闽江历史上的两大害：一是暗礁，一就是土匪打劫了。50年代清剿土匪，仅在杉口、水口一带便处决了十余人。”

水口风光绝佳，古老的水口镇和两岸山峦充满生机，黄宏诗随即提到南宋理学家朱熹①的《水口行舟》佳句：

郁郁层峦隔岸青，春山绿水去无声。

烟波一棹知何许，鶗鴂两山相对鸣。

---

① 朱熹（1130—1200），字仲晦，晚号晦翁。中国南宋理学家。庆元三年（1197）朱子为避“伪学”之难，来此地讲学，对振兴文化有重大作用，至今民俗中仍可见朱子思想之影响。该年春他从建阳考亭乘舟南下抵水口时，作《水口行舟》一诗，本书录后四句。

朱子吟出的诗境就在眼前，如一幅今日水口的天然画卷。实际上古人和今人对事业的真挚情感与乡愁有时就是借景抒发的。那么朱子的思想究竟有哪一些融合进了玉田人的民俗与文化之中呢？这是我今后要了解的。

万家灯火之时，我们返回荷洋。疍民小船的一端燃起了炊烟，年轻的母亲揭开了锅盖，有闽江的造物在其内，清风徐来，已知鱼之鲜美了。每逢夜间，船中央做渔人的床铺，这就是当年被贬称的“曲蹄”之家。当拍照的时候，还给我们的是她无忧无虑的微笑，几只鱼鹰在她身旁静静地伫立着。

荷洋镇依山傍水，山上新镇的无数灯火不很亮，显得和江上天际的星星浑然一体。

镇内街道两边的店铺一家挨一家，尤其兴隆的是饭店。喝了一碗河鳗汤，又端上闽江肥虾、烧野雉，还有香菇炒面，这对奔波一日的老黄、小谢和我是再如意不过的了。席上，山珍海味绝不亚于大城市的宴会，只是不追求形式罢了。农贸市场已收市，而小摊贩还在挑灯营业。

镇的办公楼在小山顶上，晚间的会议正布置库区移民工作，这是一项艰巨的任务，我不便打扰，反正以后有的是时间。陆井民秘书，一个活跃的年轻人，他告诉我一个惊人的消息：已确定在水口建立巨大水电站和拦河坝，到 1989 年 9 月将第一期调整水位，湖口旧镇将沉入水底，我们所在的荷洋新镇，除了山顶建筑幸免外，其余也将被水淹没。随之而来的是玉田县历史上第二次大规模移民，新的镇将迁到上水不远的皇口，在那里炸平山头建新镇。从此，不仅福建，而且整个华东都将受益于这个电站。

黄宏诗陪我到下榻处，得意地说：“你看，风水先生早就说过：‘湖口春风花落地，荷洋秋水浪翻天。’湖口、荷洋都要被淹，这是注定了的。”

言中的事自然是有的，因为世界上偶然的事又一定不是偶然的。难道不是吗？现在谁又能为皇口新镇预言呢？

幸好，黄村和周围广大乡村不会受水淹影响，在这些地区，迁镇并未能从根本上改变一个地方社区系统的运作，但倒可借助移民工作找到许多社区结构观察的机会。

黄村乃至更大范围的L社区，半个世纪以来的社会文化变迁足以吸引我留下来。从1986年以后的4年间，我有时住在荷洋的山镇上，能眼望曾潜伏着危险的金钟潭；我有时又在黄村谷地的农家旧木楼上居住，那里还遗存有一种传统文化变迁过程中最后的宁静；我在玉田县和荷洋镇街上走路的时候，不少人会向我打招呼，因为我已成为他们熟悉的人，镇里各种各样的人中都有我的朋友，他们会推心置腹地与我讨论问题，谈世间美好的事和丑陋的事。我在乡村镇的日子里，村人常来找我聊天，谈男人的事、女人的事、风俗信仰、族源乃至生意经。我也去村人家过春节、参加婚礼，我毫无特殊地坐在他们中间，随份子，吃鱼丸，喝老酒。当我离开他们的时候，我发现与我最初几个月的不同在于我已理解了他们在不同场合的谈吐、动作乃至眼神。一些信息是可以直观得到的，一些须跨越暗喻或娴熟地使用直觉才能洞悉。对于受传统文化熏陶的村人，必须通晓其集体拥有的民俗哲学与行为方式，他们的内心世界才能在参与观察者的思想中呈现。这是至关重要的。

我几乎每年都住一段时间，悄然来去，就像外出贩银耳的农人一样。当我觉得我和他们已融为一体时，我才感到时间过得很快，几个星期、几个月一下子就过去了，只有从这时起，我的人类学田野研究才有真正的价值。在村人觉得我有时比他们更了解这里的过去时，他们会显出钦佩之情，也只有这时，他们才把不对外人讲的许多“家内事”告诉我。

在黄村内外、L社区、新老镇和县城乃至福州市，我住了一年两个月，这使我有机会做文件上的查考、分析、提出问题，上上下下，一次再次来到他们中间。我得到相当多的第一手材料，连我的人类学笔记也有十多本，即使完成一部《金翼》续本，仍会有许多有价值的资料待整理和分析。

《金翼》的故事开端至今已有一个世纪的历史，几代人死去了，新人又来了。黄村社区的农人经历了许多磨炼，他们有热情和喜悦，他们有挫折和痛苦，他们有幻想和希望，他们一直是在这漫长的社区过程中摸索着向前走的。如果只是再次着眼于“金翼”之家后裔的命运而做新的叙述已远远不够了，我愿从黄村内外大社区生活中分衍出更多的线索，引申扩大、讨论与剖析，又不失其活生生的人和事。

笔者的兴趣还在于，究竟有哪些外在的和内在的政治、经济原因和文化内涵（变化的和很少变化的），曾经或正在引导和左右最近几代人的生活方式。下面我们可以讨论一下吗？

第二章
农人与田制

一、东林先祖与祭田

中国历史上因自然灾害、政治变故、战乱，还有人口增长、土地短缺以及田赋难于承受，曾引起农人有规则或无规则之迁徙。既有举族行动的，又有单家独户的移民。汉语口语中“逃荒”和“逃难”（包括战乱）已是民众十分熟悉的词语，表现断了生计之后避害趋利的行为方式。

据徐天贻统计，在福建省一地，明崇祯、清顺治、康熙、雍正的一百余年间，累计发生饥馑达33年之久（徐天贻，1928）。也是这一时期，在依山靠海的闽地，尤其是漳、泉沿海一带贫瘠土地上的农人中，卷起了东渡台湾的移民浪潮。

明代和清朝前期，曾归属泉州府而略偏于内陆（相对而言）的德化县农人，在17世纪后半叶，也不断处于灾荒饥馑之中。

康熙四年（1665）：发生饥荒。民多往戴云山掘土芮充饥，赖以全活。土芮叶圆藤萦，实似芋。（民国版《德化县志》）

康熙十五年（1676）：四月，永春，德化大水，民人死者无数，德化四山崩裂，水涌如泉，半月乃涸。（清版《永春州志》）

康熙十九年（1680）：“饥，斗米银六钱”。（民国版《德化县

志》）“米贵如珠”。（民国二十年版《龙俊郭氏族谱》）

康熙三十五年（1696）：“这年大饥”。（民国版《德化县志》）

康熙三十六年（1697）：“上年大饥，本年又饥”。

在这一不间断的饥荒年代，固守家园完全无望，德化的黄氏族人一支终迫于贫困，沿东北走向的戴云山脉迁移，但他们没有选择海路。他们的一部分，确切地说是一户人家抵鹫峰山麓，迁到玉田县今日的木阁。此后还有黄氏三支分别移居戴云山另一侧的尤溪县、闽西北光泽县和江西省南昌一带的乡村。

当第一代人黄培茂（号育秀）来到木阁村时，山谷洋田、左近台地都有了主人，先于他们定居的尚有前洋徐姓、林洋吴姓、李姓等。在这山谷北边顶上，甚至马山村人也较黄姓先到达。

移民早期人口稀少，人口和土地间形成的压力不严重，外来人租种山地只需取得信任。黄氏始迁祖一世单传，但他们胼手胝足，开发山上有主却荒芜的土地，一为获得生命延续的食物来源，一为取得原住民的好感和认可，嗣后方可立足于乡里。

在培茂亲手盖的茅草屋里，其子候麟（号日东）却连生 4 个孙儿。要知道，千百年来单靠劳力和粪肥投入的农业活动，家里男性之多少是至关重要的。

他们操着和玉田方言相差颇大的口音无法与原住民沟通，但黄氏家人吃苦耐劳的精神首先为木阁山谷的农人所感染。随之黄家人又很快学会玉田话，因为语言也能赢得信赖。但他们还是德化人，在自己家里说方言，这一习惯延续到第九、第十代人。只是近两三代人，才不通原籍方言，缓慢地与木阁的原住民融为一体。

候麟以下的四房人没有全留在山谷一边的木阁，而是留走各半，所谓走也不过是迁到山谷里靠西的斜对面。长子伯传和幼子伯鉴家搬到距木阁 800 米远的黄村，二子伯帝和三子伯企仍留在木阁。他们的后代都没有离开这个橄榄状的山谷。

如今在追溯黄村共同祖先的时候，总是以初 X 墓为标志。比如始迁祖培茂墓为初一墓，候麟墓为初二墓。这两座墓是黄村山谷共同的祖墓，第三代四房人中的伯传墓为初三墓，金翼之家后裔有别于他房的标志是初三墓。

黄村人晓得每人从属的几个墓号，从远祖到近祖，越靠近近祖，不同的房派便分散开来祭祀，现在祭祖大概要持续十二三天。初一、初二、初三墓后尚有初六墓、十五墓、初九墓和初十墓等。由墓所象征的辈分、谱系分支和房分每人都清楚，无论有无祠堂或组织的宗族。祭祖理念的第一实物象征便是祖墓。黄村山谷的祭墓活动在阴历八月初，每家依始祖至近祖每日只祭一墓，每一墓祭将集合一群人，属于黄氏宗谱树系的某一个枝杈和片断。5 里之外的湖口人也以同样方式墓祭，只不过是在清明节。虽然习惯有别，但道理如一，是宗族及其支派祭祖报本和族群认同的重要仪式。

如果将一些墓号下的族众拼接起来，便可以合成一个宗族和房的谱系。我得知黄村山谷黄姓族谱在“文化大革命”中被毁（原存金翼之家），这为学术研究增加了很多困难。后来我和黄氏男人谈起此事，发现人们对相对而言的各房墓号范畴有清楚的鉴别，我看到村人不只了解与自己相关的狭小谱系范围，而且对他房、他墓，甚至对山谷他姓的房分关系都了如指掌，这足以使我惊讶不已。当然，复原黄姓祖谱的访谈与绘制花费了我整整两个星期的时间。

“初一生初二，初二生初三，初三生初六，初六生十五，十五生初九，初九生初十。”几乎每个男人都可以背出。

“从培茂算起已有 13 代人了。”仍居湖口旧镇的金翼后人少扬说，“不过初一、初二墓后代人太多了，所以 40 年代扫墓时，祭田上收入已不够办酒席，只是分些红糖饼吃吃。”

“初几墓可以吃上一餐呢?”我问。

“初六墓。初六墓族人到墓地祭扫，分些饼，还可以吃一顿。初九、十五墓的房族实力较强，吃得比较好。”少扬说。

“吃什么呢?”

“猪肉、鲨鱼皮、米饭、三角糕、调了盐和猪油的糯米、豆腐片和红曲老酒，但祭田是为支持子孙能定期拜祖的追远之心，不在乎吃什么。”

“祭田是会累积的吗？”

“传统家礼要求每代设祭田，但实际上宗族要有一定实力，如黄氏起初只租些薄田和垦荒，这是难于设祭田的。但祭祖仪式少不了，只是简单些。祭田、祭产是按不同规矩比例提留的，只要该姓族群开始兴旺，则祭田便积累起来，不然的话就会减少。黄氏宗族到了东林的父亲和其祖父辈（初九、初十墓）已有些能力设祭田，但真正强盛时期是在东林从商后。”

“家礼原则的实现是有条件的？”

“不，是无条件的。只是家礼原则的表现不同。祭祖隆重，祭田产物多，表明宗族实力强，墓祭实际是本族人的盛会，也是认同的聚会。”

以往对朱熹的研究往往过多地注意了他的理学成分，而少于涉及在民间，特别是福建民间的巨大影响。例如与朱子相关的遗址、故事、传说、诗词在福建多所见闻，在乡塾、节日、礼俗、居所等方面也能寻到朱熹及其思想的深刻影响，他的家礼之规则曾在政治力量支持下得到推行，他的讲学之风唤起的新儒家及其追随者们身体力行，使宗族制度和家礼在南部中国产生了巨大影响。例如《朱子家礼》的祭田、墓田和诸礼法之说（虽含义与做法有异），大有传播。他规划的家礼之一是：“初立祠堂，则计见田，每龛取其二十之一，以为祭田。”（《朱子家礼》，卷一，《通礼余注》）在闽东玉田，不仅唐宋迁来居住的家族，而且晚在明清由闽南北上的族群也都恪守和朱子家礼相合的制度，在宗族发展的一定时期，提留祭产、公轮祭田等。

据调查，福建乡村土地中祭田有时占有颇大比例，例如20世纪40年代从香山到黄村9个自然村的祭田高达778.5亩。这大大超过了9个村全部312户1077人共计占有的234.48亩土地。在黄村，农人占有土地是依辈分和房分继承与分化的，逢时别立祭田，由后辈共耕以支付共同祭祖与维修墓、祠堂费用。

广义的祭田、轮田、学田由同宗族或以下各支系房族、墓号共同耕种或轮收值祭，收获用于兴塾奖学也是一个方面。几十年前黄村前小溪旁的村塾就由学田支持。

在汉族社会广为流行的“轮吃制”家族——准—组合家族（见第十二章）中，传统的类型之一是父母轮流在各房吃住，不余他田；一种是别立田土，其父自耕（或年老由诸子代耕）自养，死后便转为祭奠祖先之用田。东林家就曾有一块公共用地，其用途曾有二，一为祭祀东林父母用地，一为东林以下各房兄弟日常蔬菜、芋头、青豆子食用。大体的情况是，祭祖的原则是先在的。那些没有履行朱子提留祭田的地方社区，祭祖费用由各房均摊；留有祭田的各房则祭祖费用出自祭田，虽说朱子规定立祠堂时划祭田，实际上福建农村祭田的出现早于立祠堂和宗族组织建立之时。比较合理的解释是，墓祭是最先出现的，首要的，尽管支持墓祭的方式有地方差异，宗族提留祭田的地方社区，墓祭活动总是早于祠堂及其组织之建立。

二、社区租佃制度

祭田在中国土地制中打着深深的家族主义烙印，后面的一些章节还会涉及真正和农人生计相联系的土地租佃制，主要是表现经济关系，以及形成各地相同或相异的一套地方习惯与运作方式。金翼之家起初是租用湖口镇林家的山田、洋田，早年大哥志一、二哥志鹅、四哥志司和长工南明从事农耕，农忙时另雇短工而少长工，这是福建的风习之一。

正午时，湖口镇的地主林家果然派了一个收租人和五个工人来到黄家村。当他们到打谷机旁时，大哥赶忙放下工作迎接他们；于是他们就在打谷机旁称量这些米谷。两个工人挑着扁担走到放秤的地方，二哥和东恒则把谷子放入袋中，另一个工人则将

> 装满的袋子放到秤杆的一端，收租人则站在秤杆的旁边把左边的秤锤和右边稻谷的重量平衡，再把重量报告，大哥在记事本上写下每一袋谷的重量。他们分谷的比例是 4∶6，地主得 40%，而黄家得 60%。（林耀华，1977，第 85 页）

金翼之家和林家的分成方式一直持续到 20 世纪 40 年代末，金翼家的租佃方式属于什么类型呢？黄村山谷一带的土地租佃制度有永佃、定期佃与不定期佃，实物地租与货币地租交叉进行，因为社会不安定有时影响实物与货币之间的折算，故 20 世纪 40 年代后多行实物租。黄氏族人曾经经历过极为困难的不定期佃时期，直至 19 世纪末才转为定期佃。下面笔者以实物及分成比例说明黄村土地租佃制类别。

其一是永佃。如黄氏木阁始祖本是外来移民，起初承耕他人根面合一之田，长久以往，佃户从地主土地上分离出使用权，表现为永佃的租佃关系，不许田主自由退耕。黄氏家业一度发达，也有助于永佃与田面权持续下去，甚至在租税分成上处于较好地位。永佃契约上佃户方面立有细则，依细则收租难于额外索要。这种永佃制较重保人和佃户声誉，永佃可以导致田面权出现。这类租佃制在黄村一带比例较高，占 60%。

其二是定期佃。黄村一带的定期佃是由业主佃户双方约定好耕几年，建立契约。有的佃户要预先付给业主若干佣金，地方话叫作“带根”。方式是佃户向佃主承佃一块田，言约承耕年数，例如 5 年租期，在立约年佃户要先付抵押金若干给地主，租期届满归还。5 年间每年须向地主交租，均为谷租，如事先双方约定好谷租数（如 5 石），租期期满可换佃或续佃，只要双方立个字据便可。但此类定期租，无论年景收成好坏每年均要如数交谷租（5 石）。这类租佃关系占当地的 15%。

其三是不定期佃。不定期佃对佃户极为不利。租佃期不固定，田主便可随时抽田或换田，使佃户生计无保证。不定期佃有时甚至要预先收地租，有保人者秋后交租。为了保证租佃的连续性，农人还租以外，还常常要给田主送柴、青菜、花生、黄豆、番薯和新登场的作物。逢传统年节，还要挑饼和鸡蛋送给田主，这种情况在中国北方也常有出现，称为押租和副租（乌廷玉，1991，第95页）。黄村的不定期佃占25%。

以上诸租佃方式的共同特点是，由租户负担耕种资本。肥料、籽种、粮食等一律由佃户出，业主只管收租，为地方一贯制度。

此地稻谷分益制依田亩或收成好坏定谷租数量，共有5种：二八分（佃户占20%，业主占80%），三七、四六、五五、四六倒分（佃户60%，业主40%）。其中最高谷租占80%，最低占40%。金翼之家和业主的谷租即为倒四六分制。

黄村一带尚有一类包租制。即业主、佃户之间约定，无论丰歉必交一定数量谷租。如一块洋田承包时包租7石，则无论实际收获10石或5石，佃户均要交7石不误。这种包租制常见于外村移民者，而且履行手续时均需保人，但佃户为了找田耕不得不俱手续，景况艰难。被包租者常常需要经过多年辛苦劳作，才有可能转为较固定的租佃关系。

在玉田县，常住农人租地主土地，久佃之后逐渐得到了田面权。这样，业主的土地所有权剩余为田底权。这一变化的结果是“田根”者（玉田用语，即田面）开始分割田主的田地所有权。当“田根”者再度把土地转租给他人耕种时，“一田二主”或“一田数主”的土地制度模式便呈现出来。这种田地制曾在东南部中国乡村广为流行。如《玉田县志》早有这类田制的记载：

> 邑山田最多，其在旷野者为洋田，多苦旱，唯有陂塘者则无患，谷熟之日，估其应收之额还诸田主者曰面租，所余之谷系耕户所自得，自后耕户出钱向田主永远承耕或暂时承耕，其永远者得预估一年已所应得之租，转卖别人曰根租。此例唯乾隆季年后始有之，乾隆以前大概皆根面合掌，凡根面合掌之田递年由何人承耕听田主自由，其有根之田除积欠面根可由田主召回别耕外，

即有买卖田主亦不过问。唯遇天旱潦，耕户应先还面租，其根租之有无不计也。然根租不纳粮价，比面租尤轻，故乡民便之。至还根面两租其数目盈绌或由主佃到田分收或预收课价，则视其当时所立之契约若何，此则玉田置业之家所沿一种习惯也。

从实质上说，“田面权这一分割出的权力，包括土地使用权、部分收益权、占有权和处分权，具有了部分土地所有权的性质”。（杨国桢，1987，第47页）田主、业主登记产权，纳赋税，表明其首先附着于国家层次的权利，而土地不得外逸和族人优先收购的宗族层次权利，田主也不得逾越。当“田根”者田地再度出租后，他便成为名副其实的“二地主”“二东家”，而“二地主”的佃农才是真正实际耕种的人。

直至20世纪50年代初，根据闽东的一项田制调查手记，七保村1440.3亩皮田（指田面）中，转租的有289.65亩，占20.10%，而全村全部2418.89亩田中，就有1715.57亩皮骨分立，占全村出租土地的87.47%。黄村承租的村内外土地中属一田二主类的也占80%以上，包括金翼之家的10块田在内。据笔者在黄村山谷内外10个行政村计算，外人包括湖口镇地主在该社区的土地便有4000余亩。包括族田、公田多属一田二主性质。

湖口镇林家作为田底者，当不能不履行向国家缴纳赋税和地产登记的义务，也不能违背田底转移的乡族认可前提，这是毫无疑问的。林氏地主虽取4成谷租，但土地的直接经营权—耕种权已归田面拥有者金翼之家。黄家实际上在6成收益外，还获得转佃和典卖田面的权利，即部分土地所有权。在闽东，田底者常把向国家缴纳的土地赋税税额加以分割，地主付“大税”，二东家和佃农又分付“小税”，使国家层次的权利在田底权、田面权和实际耕作的佃农之间显示出来。

20世纪40年代战事频繁、农业凋敝，黄村土地买卖时有发生，但田底、田面一并卖绝者并不多见。有的永佃者由于某些原因，如死亡、抓丁、丧失劳力的家庭不能持续永佃权，便只有退佃；而更多见的是生计不振者，将田皮出卖，但不是卖还给业主，而是卖给另外的人，卖价一般比押佃银高些。抗日战争时期，东林的第二代人志司，由于经商赚了钱，便一度大购田面。他作为一介农人，不明白中国北方发生的许多内在变化，也不明白那个时代共产党人的社会革命思想，一意孤行，乃至20世纪50年代初因此事引发了一件震动黄村山谷的大事。

三、田赋过程

田赋一般由田主承担，湖口一带如是；但也有由业主和佃户共同承担者。湖口林家和黄村黄家属于共同支付。田赋数额是否合理，对安定民心有十分重要的意义。但事实上赋税规定牵扯到的因素很多，如不同县份、不同耕地面积与田地等级，也包括省府对诸县田赋数额的相对平衡，以及大量与土地评估有关的具体问题，一旦田赋数额规定难以承负，还会造成基层县镇争取地方利益的行动，其过程可以反映出中国社会系统的某些特征，包括上下级关系运作方式，省府、县政权、绅士、农民的不同地位，以及中国人上下沟通过程中的文化哲学与行为方式。以下是玉田县田赋问题的一个实例。

早在1935年，玉田县奉行政院下达土地陈报通令，实行土地核查，省田赋署提出“以户为经”和“以地为经”的方式（林钦辰，1986，第105—112页），省政府以节省费用选择了前者。“以户为经”的做法是各县成立土地呈报处，由农户自行填报表格，为了表示重视，一律由县长兼主任，副主任则由省派人，并由省府派监导员，具体事项的陈报员也由县甄试训练后任用。此人事安排相当直接地切入具体制内，表现省府对地方相当程度的预防心态。随后发陈报单至各户，要求按丘填报，限期上缴。结果未料及，有人以少报多，有人隐匿不报，有人擅自减低等级，甚至有人完全不加理睬。结果以户为经申报以失败告终。这反映出基层乡镇地主、宗族和隐瞒土地少报田赋者控制土地的势力相当强大。再者，以户自行申报，本无核对，战时人心动荡、物价上涨，谁肯据实呈报徒增负担？以致省府有关人士为此事引咎辞职（林钦辰，1986，第105—112页）。

“以户为经”失败后改为“以地为经”方式。即由省地政局直接组织人力测量各县田丘、绘图、编查，并责令土地所有者陈报，互以为证，由于新田丘图册足供课赋之用，并可使课赋不再受旧日沿袭粮房胥吏和宗族组织把持，省府尤为支持。依省地政局派黄裔来玉田训练编查员时所述，土地级别评定与确定税率的技术性要点是：1. 划段划界，按田丘实例编录，可防止藏匿；2. 逐个田丘评级，根据等级制订田赋表，遂成为全县征赋之依据。

上次评定后，20世纪40年代初的玉田田赋大增，在湖坡、仙桥和湖口，包括黄村山谷都感受到了田赋的压力。人们在家里和朋友发牢骚、骂街，指责某些编查员收受贿赂，如行贿者减低田赋级别，行贿者多为有钱的地主和富裕农人。1943年，在玉田做的土地清丈抽样检查，发现除了田等降低者外，一些乡的低产田、六等贫瘠山田竟评为三四等。这首先使贫苦农民受到利益损失，因为穷人的薄田占有比例较高。也有编查员失职造成的不合理结果，毗邻相似的两块田，因水源来路不同而好坏悬殊，都评成相等或相邻的等级，这是编查员变逐丘评估的规定为大片土地类推的取巧方式所致，进而影响了田主的利益。于是，绅士、地主、农人都感到此次编查对土地的压力。1945年省府派田米粮处科长郑康模和省地政局秘书王念祖来玉田核查土地册，发现山田、洋田土地等级划分的确不合理。然而省府认为虽说不合理，但若重新将玉田一个县的土地改评，十分困难，只好征求玉田地方人士同意，将三四级土地税率核减若干，使此次土地清丈后田赋总数额减少3万余元，以减轻农人不满的压力。然而玉田农人仍叫苦不迭，这是为什么？

问题在于田赋税率。据战时编辑的《玉田县志》，每年可种稻一次，副作物两次收谷在450斤以上者为一等；年可种稻一次，副作物一次，收谷400斤以上者为二等；年可种稻一次，副作物一次收谷在350斤以上者为三等；年可种稻一次，副作物一次，收谷在250斤以上者为四等；年可收谷在150斤以上者为五等；年可种稻一次或杂粮一次收量在50斤以上者为六等。(《玉田县志》，1942，第16—71页）但《玉田县田赋征收底册》上却规定，一等田每亩每年收税银0.75元，二等田0.65元，三等田0.55元，四等田0.45元，五等田0.30元，六等田0.20元（见表2-1）。这样在表面上看，一等与六等田赋每亩显然有0.55元之差，但就这两等土地收益比较，则一等田每收谷百斤收税不及0.167元，二、三、四等每亩每产百斤谷收税分别为0.163元、0.157元、0.180元，而五等田亩产百斤谷收税反为0.2元，六等田亩产收税竟至0.4元之多。玉田山田尤多为五、六等田，山田耕作工本费比洋田用得多，纯收益比洋田少，而赋税竟超出洋田一倍半之多，这就是当时田赋已经减轻一次后，贫苦农人仍感重负而不知重负在哪里的原因。

当县参议会派地方知名人士陈文和李炳月二人赴省府再次要求核减时尚未对税率加以核算，只知减三万余元后仍田赋偏高。地方士绅官员、群众希望能凭陈、李二人，特别是李先生与省府主席刘建绪有校友交谊，上情下达，易于成事。

陈先生后来回忆道："当我与李先生被推赴省府请求再减田赋时，我是心中无数，只因群众重托，不得不勉为其行。计自县城至永安（当时省府已迁永安）之日，一路沉思苦索，迄难找出请求理由。到永安几日，仍不敢进窥省府门墙提出请减田赋之事。"（陈文，1983，第4页）

一日拂晓，陈文在旅店伏案展阅玉田县土地清丈资料，发现土地税表（指《玉田县田赋征收底册》）上一等和六等田每亩田赋相差不小，似规定无不合理。然而若将六等田实际稻谷产量收益比较，每百斤稻谷税率相比，六等田田赋竟是一等田的2.4倍，陈文恍然大悟，这不就是上次田赋削减三万余元之后，农人（许多贫苦农人种山田、少洋田）仍感重负的缘由。陈文推醒李炳月，他们商讨并决定上午叩见省主席，依中国人的思维方式，已先行设计了进见假设与策略：1. 先由李炳月先生说明来意（只有炳月的关系才易获得叩见），估计再减田赋的意见难于接受，因为玉田县已减过一次。2. 陈文本人此时马上呈上县土地等级税率表，以不合理的税率陈词（这是一张有力的王牌），指明偏差，请求考虑核减。

表 2-1

等级	每亩稻田产量	田赋规定（亩）	每百斤谷收税比较
1	450 斤以上	银元 0.75	0.75 ÷ 450 ×100 =0.167 银元
2	400 斤以上	银元 0.65	0.163 银元
3	350 斤以上	银元 0.55	0.157 银元
4	250 斤以上	银元 0.45	0.18 银元
5	150 斤以上	银元 0.30	0.20 银元
6	50 斤以上	银元 0.20	0.40 银元

（资料来源：《玉田县田赋征收底册》）

然而不巧，省主席刘建绪外出，由秘书长程星龄出面。果然如陈、李所料，程星龄说："上次全省核减田赋计十余县，玉田减三万余元，为全省之冠，难于再减。"（陈文，1983，第 5 页，下同）

"我是湘西人，那里土地和闽东差不多，山田多，田赋重，也难免啊！"程星龄又说。

李炳月此时无言以对。而陈文则跟着递上县土地等级税表，指出问题所在。程星龄阅后不得不承认确实不合理。但他又说："这事由省地政局主持，你们可直接去那里，我马上会给地政局挂电话。"

程星龄一推，陈文二人便不得不前往地政局。

和秘书长一样，陈局长听申诉后亦表同情。他的确已接到省府打来的电话，但他又说："现在，局内人员正在福清出公差，待公务完成以后，让他们顺路玉田调查办理，你们看怎么样？"

陈文和李炳月无可奈何，但他们总算不负众望，他们有充分道理，然而却是心情紧张地面对上级官府，相机将不合理田赋事呈报了。一场在地方士绅、农人压力下促成的捍卫地方利益的努力表明，中国民间至官府、下级县至上级省府的沟通方式明显受地位不平等的传统人伦社会的影响，难于使民意直接通达，即使用得上特殊的人际关系，也还须婉转行事，使真理变得软弱，使田赋不均的状态不能立即中止。后来的事态表明，两位地方人士凭智慧和实据的努力，在以后的几年中都未能奏效。农人如草芥，真正损失惨重的是贫苦农人。从这一点，也可看到地方社会与上级权威地位之间事务运作中的文化特征。

从20世纪40年代初玉田田赋未能再减，时间把人们的热情逐渐降到冰点，黄村仍然要按既定的传统田赋率缴纳。陈、李两位先生的努力落空了。不仅如此，农人在20世纪40年代后期还增加了更为严重的兵源、给养摊派和高利贷的困扰，穷苦农人更惧怕业主抽田绝业。中国农人处于艰难困苦之中，除非有额外的收入，如金翼之家的成员在湖口有兴隆的店铺才能免于困境。然而农人怎样应付战时社会？那些深深维系于乡土社会的农商兼业者会萌生出与传统方式不同的思维程序吗？

四、志司买田——最后的“金翼”

金翼之家除了以其湖口生意的机缘逐渐扩展地方人际关系，还仰仗咫尺之外码头与闽江之便做咸鱼和稻米生意，才有后来的发迹。但稍有变故，便会把他们从乡村伸向小镇、县和省城的触角挡回，重新返回到土地上去。东林在经历波折和战事的冲击之后，终于悟得土地才是农人的最后归宿。即使他在诉讼案之后深得教训，也不过是认为金翼之家应有会读书写字的人，或留在身边接替自己，或入仕衣锦还乡，在地方上能有举足轻重的地位，并不希望念书的儿子去省城读中学乃至大学后在外地工作。

东林重又依恋起土地，觉得最困难的时刻，土地虽贫瘠也是亲切的。

> 东林已年逾70，他拒绝孩子们的要求离开生长的家乡。再度拿起了锄头，就像他年轻时一样，回到了田里。现在他的孙儿们都围绕在他的周围，倚赖他，听取农耕的教训，因为这些已是他们剩下来的唯一生存方式。一架敌机飞过头顶，孙儿们全都仰

头望着天空，可是老人却镇定地告诉他们道："孩子们，你们忘了把种子埋在土里！"（林耀华，1977，第 261 页）

的确，在 1940 年 5 月 4 架敌机轰炸湖口镇一带，炸毁西路黄村一侧的古代木构花桥，间或有巨石代（炸）弹击穿 3 所民居，荷洋的万寿桥也在轰炸中被毁坏。

1941 年和 1944 年，福州两度失守，被日军占领。黄村因接近湖口码头，空袭频繁时，附近的农人被迫到北边深山里投亲靠友避难。四哥志司留在湖口店铺里，不巧在一次轰炸中受了伤。为此，他不得不回到黄村，休养了很长时间。

志司复原后，继续留守湖口店铺。他一直在考虑，一场战火若把他的店铺毁于一旦，不如转而用店铺赚的钱在乡间大量购进田地。由于战事、无休止抓丁派夫和摊派加剧了农人的贫困化，致使土地买卖、高利贷和抵押越演越烈。然而对志司来说，趁机购地正逢其时。

七闽地本来地狭民稠，为生艰难。当初金翼之家人丁过盛，但田亩未增，所以这一房人中有几个劳动力的价值，实际上难于显现出来。年轻时东林常路过繁华小镇湖口，羡贸易之生息速且饶，便产生了仰贾思想，并在一定机缘中付诸实施。到他经商终成一番业绩时，并非产生不同于传统的新思维，只是表明他成功地找到了这个新的职业分流之处。在玉田县，清代就有十分之一二人口务工，十分之二三务商。（何清涟，1988，第 175 页）靠海、河边处的村民获得更多的劳力转移的便利条件。由于动乱的中国和实际上未脱离旧日土地制约束的地方社会，不能提供现代工商业恒定发展的机会，少数商贾"舍本求末"不过是权宜之计，此后无论经商景况逆顺，最终都离不开农本回复的选择。

历史上早有明眼人分析道："独有田产，不忧水火，不忧盗贼。虽有强暴之人，不能竞夺尺寸。"（张英《恒产琐言》）这就是志司为什么大宗买田的思维方式。乡村贫困化又增加了土地廉价买卖的可能性，也增加了租佃制的苛刻条件。

东林和儿辈志司以不同的方式均挑选了土地的共同归宿。商业受挫之时，东林并未指望东山再起，也不知道还有何种超越往昔的更美好的天地。外出求学的儿子现在并不能及时帮助他，而且违背他的愿望，在高中毕业后未返回自己身边，反而远走高飞。志山一度归家后也再次离开父亲到延平和福州去了。东林在失意之时，把儿孙满堂看得比金钱重要。想当初，经商赚钱不就是为了黄家家大业大、荣耀乡里吗?

这时，志留从北方寄来一封信，告诉父亲，志司不该买田地山林，因为乘人负债之危以田做抵押是不道德的。小哥深深地了解，同一个母亲生下的兄弟也会是不一样的。他在北方大城市工作和生活，由于有很多新的信息渠道，他判断和预计中国农人土地上的大变革快要开始了。

从小在乡村长大的志司不了解共产党关于解放的理论，土地扩张的喜悦使他对弟弟这一重要叮嘱没有理会。都是农人的后代，兄弟之间的思维发生了分野，了解共产党解放进程的志留还对志司兄纳妾的行为极为不满意。但就对志司而言，这或许是一种成功的象征呢！在黄村，他是抗战以后唯一娶小老婆的人。对这件事，志山以他笃信的基督教义做准绳，也坚决反对。

抗战后几年间，志司一意孤行，在乡里购得一百亩地和多片山林。在黄村谷地每个农人都知道，洋田、山田和山林是最重要的土地财富，富有的标志除了民居的大小、院落层次和装修质量外，主要是看土地多少。

店铺生意和土地上的田租收益都促使志司再去放债。1944 年到 1947 年，在黄村、湖口镇一带乃至整个玉田县都是高利贷盛行时期。

农人为田主耕田最怕田主乘人之危抽田。除还租外，不得不给田主额外送礼。然而一旦不能付租，抽田被认为是合理的。

志司一面经营店和土地，一面放债。那时期借债方式渐渐形成了一种地方习惯。农人向田主借贷主要是借粮食，这种方式大约占全部借贷的80%，也有少数借贷是用于买肥料、临时急用和遇家境窘迫之时。

第一种叫“当麦尾”，意思是“卖麦子的青苗”。一般农历腊月至第二年二月间，有些农家口粮接不上，被迫向田主借粮，要具手续找保，以麦苗抵还。譬如，借一石面粉，到麦收时须还一石五斗，而借期不过是一季作物的生长期，半年左右，要是遇到小麦登场市场时价高昂，那么农人的损失更重，这就叫“当麦尾”。要是农人没有麦苗抵押，还借不来。无疑，这是高利贷的一种形式。

第二种叫“当稻尾”，意思是“卖稻的青苗”，内容似“当麦尾”。农历三四月青黄不接时，农人向田主借米，用田上的稻苗抵押。一般是借八斗还稻谷一石二斗，先立约找保，秋天割稻时给田主挑去一石二斗谷方可把字约索回。

1947 年，黄村一带借贷利率普遍为 80%，秋收时本息付清。根据当年 270 户的一个借贷统计手稿记录，放债户占 39 户，其中地主和富农 18 户，共借出稻谷占全部放债户的 86%；而借债户 123 户，其中贫苦农人 102 户共借入稻谷约占全部借入户的 86%。

虽说所具借贷手续应写明借与还稻米的具体数字，如借一石利八斗，但民间流行的票单上实际只写“凭票支白米一石八斗整，十一月二十九日，×××立”等，这样做外人便看不出利息究竟多少，高利贷方式是极为隐蔽的。

再有甚者，土话称“牛相斗”，意思是利率百分之百，即借一石还两石。最高利息叫“牛相斗，踢一脚”，是借四斗还一石的意思，其利率竟达 150%。虽然如此，仍要有人保认俱手续。

志司从抗战以来渐渐发迹，但他利用苛刻的租佃与私人借贷方式沉溺于扩大土地之际，宗族乡村人际关系的原则他却忽略了。同时他也未能把握好时代的脉搏，完全没有预感到他自己脚下已孕育着的烈焰。

第三章

“汉堡包”结构：新绅与军人集团

人类学田野研究，最经常是一村至几村的范围，就该狭小范围而论，似乎有助于精益求精地描绘和解剖基层社会结构，但其实不尽然，视野之狭小，若不辅以他助，某些问题便不能全面透视。如同登高一样，若能逐层跃升至镇、县，甚至地区和省的级别内外观察，我们既可以为历史学家弥补基层乡村活生生的人物素材与事件过程，也为人类学的基层社会模式添加丢失的或易遗漏的成分。

一、新绅分化和农村权力角色——从草根社会谈起

20 世纪以来的几十年间，中国乡村和城市相比一直表现为相当的滞后状态，基层社会出身的众多精英人物及其事业的发展大都进入了城镇而遗忘了乡村。30 年代初，国民政府势力还未真正抵达福建乡土社会，城镇的发展是有限的，农村乡族力量仍相当强大。在闽北闽东经常可以了解到传统的乡族势力的延续，只不过其内涵发生了新的变化，与县镇政府、新兴实业商业以及军界积极结合的新绅力量十分突出。

基层乡村核心力量是宗族的祠堂组织（大独姓村）或由大族豪绅掌握的祠堂或乡村组织（多姓村）。在黄村所在的闽东，强大的宗族乡村的组织无论是否正规和健全，其祠堂会议或社区会商决策人的组成是分析乡村势力和城乡连接的着眼点。

根据笔者在闽东乡村访谈与地方档案中的归类与条件分析，族长的产生一般是由各房房长中推出辈分和年龄最高者当选，而各房房长是族长主持的宗祠会议的当然成员。族长的条件是不可变的，但宗族族长并不完全一个人说了算数，而是宗族会议和决策成员共同商议宗族内外事务。族长并无薪俸，但有特别的祭主的权力，大族中有财产实力的乡绅地主总是被邀请参加议事会议，显赫乡绅虽无族长地位，但有时能获得与族长共同祭祀之殊荣。

宗族会议成员中，在晚清时可以看到其构成有：族房长，这是血缘族群的领导者和象征；带学衔者如进士、举人、贡生、监生等来自"正途"和"异途"的绅士（Chang，Chung-li，1955，pp. 1-6，pp. 3-32）；还有退休官吏以及地主。民国以后，虽有废科举、读经以及绅士免赋的特权，然而中国城市革命与变革对乡间影响甚微，绅士阶层的地位和财富并没有根本改变，而是新与旧并存。所谓旧，是指告老还乡的前清官吏，也有清代最后一辈进士、举人、秀才和有地位之儒者，他们一般拥有财富（但不都如此），仍在乡镇社会有实力地位。20 世纪 30 年代后期的福建地方宗族会议中族房长以外仍可见宿儒、前清官吏。所谓新，还加上了早期新式学校（包括留学归来者）获学衔者、毕业生、现任官吏（含军官）回乡者，甚至现任高官在乡间的男性亲属、老者，也都享有参加宗族会议的权利和祭祀权。民国之后的宗族会议是新旧人物之混合体，即新旧学衔者、新旧官员以及由他们本人或他们的后辈卷入新兴实业商业的成功者，还有地主。

在政府体制渗透到基层的同时，乡族社会内部实际上已发生了分化。一个值得注意的现象是，20 世纪 20 至 30 年代前后，闽江以北一些地主旧绅家庭成员，在乡村拥有土地财产外，外出兼业成功，除了经营传统的钱庄、土产、烟酒业，亦有从事修路、船运和电力的新实业经营。他们从旧绅（或其第二代）中游离出，成为活跃于镇、乡和县境内外（个别与省府建立了联系）实际存在的新绅阶层，比例大约不足全部乡绅地主人数的 20%。然而，有的近商业中心城镇的乡村地区，如义序，富商、新绅人士占据了宗族会议近 1/3 的名额

（林耀华，1935，第45页），可见其崛起势力之盛大。对多数旧绅而言，至少在明清晚期帝国时期还明文规定的特权（免役免赋免丁，如免役可见《明太祖实录》，卷一百一十一）早已消失了，但他们未能卷入区域性的商会并以实业之经济力以影响政府，而新绅则在改朝换代与社会文化转型时期以城镇、商业、实业的成功，推动了他们在乡村扩张土地并占据了地方政治、商界、经济、军事组织和乡族社会中的多重重要地位。他们以乡村为基地，在县府、乡镇（与对省府而言）更能直接地扩大联络，是协调地方政府与乡族社会关系的实质上的斡旋力量。至于协调成功与否，倒是可以在执行基层公务的保长角色及其行为中看到政府和乡族社会的关系状态。要知道，社会经济衰退之时的乡族豪绅对农人不断增加的压迫和转嫁负担，加上新绅在县镇的商业、实业控制，最终与保证县府岁入相关，于是对多数缺地少地的农人来说，县府与新、旧绅地主的利益是一致的。可以说，政府势力在20世纪30年代中向福建乡村社会的推进，很大程度上依赖了新乡绅，并透过他们连接了乡族传统势力。而反过来，新绅阶层已开始参与县镇政府、商会和民团等职，一些受过现代学校教育（含国外留学）的新绅及其子弟更与省府上层各界建立了关系。这一上下会合的现象可以认为是政府渗透乡镇的初步成功，亦可以认为在政府力量向下不断加强渗透的历史大趋势下，乡族社会开始有人积极地做出适应性回应。乡镇社会接受乡绅社会角色之变异及其实力地位并非仅仅从法律规定性之改变为出发点，而是反映中国基层社会认同一个社会阶层嬗变中的历史延续性。

部分玉田商人兼地主与外国教会力量相结合，成为农人和地方儒者眼中的“异端”，与地方传统力量发生矛盾。地方教会和“耶稣”绅士力量在县镇有所增加，但并非能在乡村和民俗文化中占上风。这类绅士在乡村族政中的地位不是来源于新教教义，而是财富和社会联系。

崛起一时的高级官员、地方军阀和军人在乡村中的亲属也被邀请参加宗族会议，这是中国人巧用人际关系、网织社会势力并做力量储备的有用方式。（林耀华，1935）

很清楚，上述人物构成的地方乡族组织仍是以血缘为基础（或是主要构成部分）的族姓政治、男人政治。由于城乡结构之巨大差异，新绅并无力量改变乡族社会的传统，因此乡村社区权力人物的重要条件仍主要是大族及其房派背景、财富和土地，以及出身与权威的社会关系、旧日功名者，不过以大族出身的新兴农商兼业者——打通外界关系的这类新绅，较之旧绅分享了更多实权。旧绅一般只以土地、遗产为业，而新绅不仅有外来利润，而且与地方政要、军人集团、商业网发展了直接的联系，从而反过来加强自身在宗族和乡村社区中的力量。他们的经济实力、社会地位、成功的外在联系和土地的收益互为推动，因此，新绅阶层的特征是：在下以巩固乡村土地经营和增强本人所在族群的实力；在上则力求达成城镇实（商）业、政治、军事集团力量之整合。这样，新绅阶层不仅在县镇行政权力中心，而且在草根社会，是唯一拥有双重权力的阶层，而衰落中的旧绅势力范围常常只限于乡村。

二、乡族势力和草根社会支配过程

族姓、乡绅的研究还应联系姓氏地理。在玉田县境，20 世纪 30 至 40 年代共 18 个乡镇，周围都围拢有聚族而居的大族之人。当时 1 万人以上的有陈、黄、李三大姓，3000 人以上的有 13 个大姓。大姓中之大族，大族中之知名人士与富豪有相当的地方权势。新绅、旧绅、富豪各有其势力范围，几乎很少有不依存于乡族团体的绅士地主，包括新绅。一位曾历任乡、镇长（30 至 40 年代）的魏明先生有其观察结论：“历任县长履职视事，从来都是先登门拜访大姓豪绅，这是因为得到他们支持是顺利执行公务的基础。”其中，只有抗战初期黄澄渊县长一任例外。他杜绝与大姓豪绅往来，查办贪污官员余祖钧（玉屏镇长），拒绝吃请，而以少有的清官形象至今留在玉田人记忆中。这倒从反面证明地方大族和豪绅势力非比寻常。当余祖钧被革职后，年轻人魏明被任命代理该镇长之职，他一度不敢接受，他说：

“因为该镇地方势力庞大复杂，又是城关镇（大姓豪绅及其代言人云集此地），实难应付。”这些话是有正直心的年轻镇长欲革新政治，又觉族姓势力十分棘手的心理写照，表现了中国基层县镇政体和族体密切相关的状态。这种状态下的政府公务造成官员与地方势力的整合可以有不同之原则标准（清官与贪官）。短暂的一任县长即使可以有限地抵制地方乡族力量的扩展，也并不能本质上削弱这些力量。中国县令调动是频繁的。据笔者统计，玉田县1926至1949年24年间共有23任县长，两任暂代县长。相比之下，地方族姓势力则是永久的结合，带有盘根错节的复杂结构。这也是有时县官无论良莠均不愿久任的原因。因此，如果说中国的政治中心（偏于北方）以及大城市、省府周围不容许有宗族分权势力存在的话，那么县镇一级政权则不得不重视大姓和豪绅势力。这就是中国高层政治的权力和基层族姓力量各自分层存在的特点。

政府组织渗透至乡村宗族社会时，必然会发生力量互相交叉的问题。一般来讲，田赋征收、盐务、土地清丈、教育这类公务和专门事务，上级政府一般可以依上下社会组织系统运转起来，但必须依赖地方势力的配合。上一章涉及的田赋压力和地方官绅代表为地方田赋利益的努力是颇为充分的，然而基层人士上访省府的呈报过程却是相当地婉转，这既是政府权力存在的表现，也是中国权威主义传统的实际社会的反映。上一章存在的省府“以户为经”土地清丈过程则属相反的情况。一个重要原因是宗族、绅士地主对田亩和族田数量的强有力的把持，他们对有可能触及地主绅士利益的事情，则会采取消极对待、公然抵制或历史性的隐瞒行为。如闽省20世纪30年代田赋征收银米之亩额，较清初减少，“实因岁月遥久，鱼鳞册散失，各县经征官吏，均无各户实征底册可凭，仅凭粮书征解，粮书承征，亦只有私藏遗传之簿，按户追收，其田土坐落，亦茫然不知，故历经豪强侵占，桀黠藏匿，数额日以减少”（《闽省整顿田赋》，《中央晚报》1933年4月9日，见《地政月刊》1卷4期，1933年4月，第572—573页）。在中国北方，地方隐瞒田亩、田赋转嫁农人之事也有类似现象。（冯华德，1938，第1113—1116页）福建土地清丈中，“以户为经”，力图查清陈年不详之田亩，便在地方地主绅士带头不合作和抵制下而失败。在乡族新绅、旧绅控制的基层农村，我们从土地清丈、田赋附加税成分之确定，以及租佃制、高利贷过程观察，基本上有利于乡村大族绅士地主，其隐匿土地、拖欠田赋以及转嫁利益损失的办法很容易找到。只有在地主绅士利益与政府没有明显冲突的情况下，以他们为主导的宗族乡村力量与政府才可以合作与协调。

以下尚有一例表现乡族力量之把持。在20世纪40年代，玉田乡村学校教育基金仍一直依赖于乡族力量。以小学校教师薪金来源为例，实小（中心国民学校）和初小（国民学校）的教师月薪为90至120斤米。规定其中半数由县政府支付，半数由乡村“国教基金”供给。政府规定“国教基金”由墓田、祠堂和地方公产中筹划。一般公务程序是先由县教育科派员到乡村与族长、绅士们讨论，然后实际上是由族长绅士们议决各族、各房、各村负担数额，有的杂姓村是以“学捐”名义摊在农人田赋中。一般情况下，区区教师薪给不算大事，上下易于合作，然而并不总是一帆风顺。由于中心国民学校稀少，族人绝少有人受益，基金募捐范围大，教师不得不随同校长在方圆四五十里各村求募，然而据统计全县200多个行政村按县府规定按月、季支付教师薪金的只有罗峰、新舫等几个村，其余全部拖欠，而掌握“国教基金”收、支、管理权力的人大都是各村绅士。他们可以不执行县府按月、季支付的规定，甚至把持、中饱。（苏如凡，1985，第47页）这是国民教育与基层乡族社会配合过程中，上级规定与乡族社会实际运作的变形状态。

在玉田，只有乡族势力中的新绅阶层开始与县镇政府体制建立了广泛的联系。如湖口镇的食盐专卖，与省府盐务局是上下一心的；（林耀华，1989，第151页）湖口镇商会经常邀请绅士商议地方事务；（同上，第154页）湖口西路（“金翼”黄姓族人一方）和东路地区利益之协调主要由两个地区的绅士会商；（同上，第203页）玉田会馆在省城福州成了地方乡镇与外地商人、政府官员交往的基地；（同上，第168页）玉田县请愿团之组成是一个地方势力的集合体，有退休县长、地方武装司令、县参议员、律师、玉田商会会长、湖口富豪和湖口商界代表。（同上，第156页）上述数例早为《金翼》一书所详述，其中也反映了20世纪30年代有军人集团干预的地方新绅政权实况，并一直持续至40年代。基层乡村中一些接受过新教育的大族新绅及其子弟有相当多触角伸到政治、经济、商业、军事范围以及利益的、区域的集团中，这样，政府力量之下沉和乡族势力之跃升成为透视县镇乡村结构的良好观察点。

半个多世纪以前，一位中国学者这样描述政府和基层社会之间的关系：“当政府权力施于地主绅士身上时，该集团是抗衡政府的，常表现为维护地方与宗族的利益之争，几乎谈不上任何改革。当地主绅士权力或其代理政府权力加诸农民时，地主绅士集团与政府是一致的，并与农民对立、压迫农民。当政府权力施于农民之时，地主绅士有时取中间态度。”（史靖，1948，第161页）但这后一句的“中间态度”取决于上级政令是否影响了宗族和地主集团利益。

那个时代的作者还可以在中国乡村直接观察和领会绅士在地方社会生活中的作用。正因为如此，相同或类似的见解，如萧公权关于在国家与基层社会之间的中介作用（Hsiao Kung-Chuan，1960），乃至近来西人波特（Potter）认为地主绅士“在传统上是一个两面的缓冲集团，他们在农人和国家之间调解，并阻碍侵害他们阶级利益的改革”（Potter，S. H, & J. M. Potter，1990，p. 56），都表达了绅士存在的社会位置特征。而且绅士是一种并非完全为法律规定了的特权群体，但同时又是在中国乡镇社会被基层民众实际承认的，拥有传统权威力量的阶层。只不过应注意新绅从旧绅中分化出来，表明了绅士集团构成的动态过程。这是积极回应商业、实业发展、新旧文化（包括教育）以及社会转型的结果。

三、保长角色

在军、政、绅、乡族、农人上下交叉的链条细部，还有一种不可或缺的人物阶层，即遍布中国基层社区的保甲人员，他们在链条的夹缝中工作，一般为介乎于绅士和农人之间的平庸人物。起源于宋王安石时期的保甲制，到明清有保正、乡约为继。冯桂芬认为，基层宗族乡村与保甲制度如同“一经一纬”（冯桂芬：《校邠庐抗议》，下卷，《复宗法议》），表现了该制度在中国基层社会的实际功能。

1939 年抗日战争转入相持阶段，政府联保机构改为乡镇制度，以巩固基层，当时每个乡镇各设镇长、副镇长一人，乡镇公所立民政干事、警卫干事和经建干事。以上诸职由政府委任，分别负责公文收发、上报下达事宜、枪支弹药保管和后备兵源征集、民工民夫抽调，以及审计与财政收支。乡镇下设保长办公所，有保长、副保长各一人。保下设甲，甲长一人管 10 户。因为保有大有小，视乡村大小而定，但每保不得少于 10 甲。黄村为一保，并划归成区五大乡镇之一的湖双乡管辖（根据魏明）。从乡镇长至三类干事具体贯彻上级意旨，真正下达入村的只有保甲。保甲长由地方推举，然后由县镇认可，即从上下至保长层面是中央政府政令进入乡村最后的交错层面。保甲长承上启下的社会地位引人注目。

在福建宗族社区的宗族祭祀、迎神赛会、族政和宗族外事（乡村外事）四大职能，保甲组织多相关于后两项。这两项要事由出身平庸的乡村人物担当，何以运作？一般认为抗战及以后内战时期的保长，如同在 20 世纪 30 年代一样，“除了依附政府权力或者绅权，保长在执行公务时并没有自治的权力”，他“成为政府权力在基层社区里抓到的一个工具。这工具虽则还得受绅权的节制，可是它却具备了主要依附着政府的气焰”。（胡庆钧，1948，第 138 页）再者，保长又不得不屈从于地方势力与宗族组织（宗族发达地区），否则保长将不成其为保长。因为保长之提名不是政府委派，而是由地方村庄领袖的族长乡绅提名、由政府认可的。这一社会角色和现象的普遍存在使我们应将其“视作国家机器与地方社会的一个交接点”（黄宗智，1988，第 928 页）。

然而在频繁的战争期间，保长的夹缝地位不是好干的。谈到抗战时的保长，费孝通说：“在农村里的人和负有征兵责任的保甲长，一谈起兵役，没有不摇头的。”（费孝通，1946，第43页）摊派和征收屡次三番，“保甲人员终年催款，无暇其他，同时人民仇视保甲，动辄上控，庸懦者无以自全，狡黠者视为利薮，此种征收流弊极为普遍”（彭雨新，1945，第89页）。这是说面对复杂的上下左右关系，保长本身的地位背景和人格决定了他的社会态度，或不能自保、无可奈何，或相机渔利。的确在保甲人员中出现了一定比例的“小酷吏”，但乡族社会的族姓利益，保甲人员尚须相机予以保护或不得不顾及族群与乡土观念。在上面的军人集团、政府与乡族绅士、农人的推拉中斡旋的保长——掮客位置的人与清代相比已相当单一化。这一设置就如同中国古典的中庸哲学中，寻求对立面双方（在人间是政府与乡族社会）中介以达系统平衡的过渡性物化形态。杜赞奇所努力分辨的 entrepreneural brokerage（赢利型经纪）和 protective brokerage（保护型经纪）两类经纪模型之角色中介（Duara，1988，p. 43），其经常由一人扮演，体现不同场合的多面人现象。中国人的人际网络平衡术和传统哲学需求是一致的。乡族（或杂姓村）推举而县镇政府认可的保长当选方式本身就是协调上下级关系并为中国文化哲学和处世术（见第十五、十七章）所接受的方式。因此处于中间地位的保长正是出面整合乡族内外关系的执行人角色位置。保长之社会性表演则是沟通上下意图与利益关系、实施社会平衡术的文化行为。其面目之多变性和具体到某些保长行为方式其实都是上下关系试探性整合的反应。因此保甲层次角色再分类也远没有对20世纪30年代前后绅士集团分化的观察重要。因为保长本身无论何种表现，都不能左右大局。真正重要的是军、政官员、新绅政权的势力平衡，保长不过是一个作用有限的阀门。我曾采访过20世纪40年代黄村一带当过保甲人员的常圆先生（他先后做过小学教师、农人和警察）。他必须在政府、地方军人集团、绅士以及农人大众中不断斡旋那些社区杂事，有些则是利益和性命攸关的大事。这时期的保长常常不得不违心地或乖巧地实施人际关系的艺术与权术，在不同势力集团之间寻求平衡。湖口农人说，常圆有时打人很凶狠，但他又支应官府，逢迎地方势力，也给游击队悄悄传递消息。在为地方军阀和驻军征粮、征税、派款、抽丁和民夫时，他站在明处，而乡村豪绅等势力则在暗处。这样的夹缝人物备尝苦果，亦鱼肉人民。他们是一类极难为各层面人信任又不可缺少的中介人物。

20 世纪 30 年代，福建的政府势力较从前接近了草根社会，并有新绅阶层在县镇乡村间进行县乡关系之有力的过渡。但这本身就是政府还难于径直通过社会基层的表现，而且在这个社会转型时期，中国乡土社会齐备了积极整合外界事务的新绅力量和被推到国家和乡村社会矛盾运作前台的保长，这是不同社会阶层铺垫的连续的缓冲角色。保长及其行为特征不过是政府、军人集团和新绅与乡族关系整合状态的“晴雨表”，作为其过渡性地位，较之明清历史上同一层次的社会角色更为单一。他的斡旋上下的掮客方式是最常见的两面人或几面人的变换方式，而在这个地位低微的阶层中并非存在着影响地方传统文化秩序的泾渭分明的社会掮客类别。杜赞奇的确细致地发现了国家与地方之间的两类中介角色表现，然而常常具有混生性。我宁可将其看作是国家与地方社会之间过渡性人物职能的两面或多面反映，因为外在表现明显的两种角色类别既不可能长久单一地存在，也不为中国人际关系原则与文化哲学所接受。

四、县镇村结构内外的军人集团：一个人类学分析中被忽略的因素

在民国成立以后，连续下来的军阀时期、抗日战争和内战时期，在总共近 40 年间，无论中国南部还是北部的县镇社会舞台上都可以发现军人集团的重要作用。军人集团成分复杂，包括前革命时期的地方民团、自治军人、大小军阀以及正规军（含地方驻军）。对地方人民来说，尽管军人集团的旗号、番号在变，人员在流动，但作为一支军事力量在社区存在则是常态。军人力量之转换及其关系原则在以往的人类学社会文化研究中，很少被纳入分析的架构中。

民团一般是由地方县镇、乡族豪绅、商会组织的保卫团，旨在

保卫自己的阶层和地方的利益与安全。20 世纪 30 年代玉田县有以县绅 × × ×领导的县民团，连湖口小镇也组织了军事自卫队，以加强地方绅士、商会的势力。（林耀华，1989，第 158 页）这实际上是新绅的地方军事自卫力量，而在乡下还有各自的军事组织，表明地方民团的普遍性。据统计，20 世纪 20 至 30 年代福建 64 个县中大约有 52 个县组织了各类名目的民团（冯和法，1935，第 879 页），占县总数的 81%，并推算当时福建省全省民团总人数和省正规军人数之比为 4:5（冯和法，第 881 页），已是一支相互隶属性不强的低级武装自卫力量。民团通常的招募法是从本地农人、铺面店员、脚夫中招募、抽、派壮丁，各县民团各自为政，自筹枪支，财政支持主要来自于增收附加捐税，如田捐、茶捐和少量来自公田的收入（冯和法，第 884—886 页）。20 世纪 30 年代民团力量一再加强，主要是由于经济破败，铤而走险的农人结伙行抢构成乡族大户的威胁；土匪抢劫、自治军人和军阀割据以及面临和农人运动相结合的共产党武装力量。

为生计和为抢劫等不同目的组织起来的自治军有时与土匪难以区别，但穿军装的自治军人的动机有时是有直接的军事意图，如占据地盘、控制地方行政当局，而非单纯抢粮抢物。自治军人一旦组织起来，有时劫富济贫和民团冲突，他们擅自设卡索取税款，干扰民生。这类自治军人起初人数不多，十几人、几十人均有，如玉田崛起的钱光即是。他们或者在地方军人火并中消失，或者有发展为军阀的可能。

闽北军阀卢兴邦（安邦）和闽南军阀陈国辉，是 20 世纪 20 至 30 年代福建真正可以与省政府军抗衡的军阀力量。卢氏控制地盘包括玉田县在内的闽北、闽东 10 个县，曾由自卫军人小团体发展至玉田县军事盟主的钱光也曾依附于卢兴邦，直接控制玉田县境。“军阀最大的表现为争地盘而战，最初为军队给养与税收而争地盘，继而为争地盘而愈扩充军队，军队多则须地盘大、收税多，因为要税收多，更要地盘大，于是有循环不已的军阀混战和交战。”（胡梦华，1931，第 89 页）这些大大小小的军阀既没有社会改造的目标，也多不是民族主义者，他们在福建组成互不相容的武装集团，为土地、财富和人口（农人）互相争夺。“他们在儒家帝国崩溃与民族国家兴起之间的缝隙中控制中国。他们是中国缺乏稳固政治的产物，而且还促使这种混乱状况延长。”（Chen，Jerome，1969，p. 25）这刚好是通经便可做官的文官之路被堵塞的晚期帝国结束后，多元思想丛生，社会伦常失衡，农业经济走下坡路的时间——一个混乱的过渡阶段来临时所呈现的武力争雄时期，军阀之产生也是乡村制度和文化制度双重失衡时期的产物。武力正在此时寻求到其得以呈现的空间。这些军阀不代表大多数农人的利益，反而在令人窒息的租佃制、赋税、高利贷剥削基础上进一步掠夺农民，于中国乡村社会现代化有相当的弊害。

读者可以看到，上述不同的军人团体类别相互之间的密切联系和力量（人力）的转换。以前玉田县驻军团长钱光为例，他早年家境贫寒，赌博欠债后走投无路，在江边以假枪假炮干起劫船款生涯，后其追随者逾百人。1922 年终组成一支军事自卫军。在玉田周围三县派款收捐，与民团冲突。当时政府在福建省势力仅延及福州等几个大城市。在这些城市之外，真正的地区军事盟主是北卢南陈。钱光有少许地盘但枪支稀少，他一度以枪支配备为条件，入编军阀卢兴邦师的团长，驻防玉田县。后来，在闽地称雄的卢兴邦欲扩展势力竟攻打省府福州。在卢调兵遣将之时，钱光发现卢部陈荣标团欲借机削弱自己的力量，钱便先发制人杀了陈，并突然倒戈支持省府刘和鼎师。备战期间，卢兴邦把司令部设在黄村金翼之家，因为该民居处于山谷转弯的高地上，且在民居左右各有一碉楼。不久省府军和海军陆战队进入玉田，在离金翼之家仅 1 公里的西路花桥——一个重要的隘口和咽喉地带逼退卢兴邦。“刘卢之战”后，钱光被提升并收编为省防军旅长，后又被编入中央军省绥靖旅长。而卢本人先受国府处罚，后在冯、阎对蒋宣战后又被启用为 27 军军长，并北调出福建省。钱不久在福建“中央化”后失势退出军界。自此卢部在闽北的军阀势力才告消失，取而代之的是新的政府地方驻军。（钟大钧，1980；扬立、邱士吉，1980；陈书秀，1987，第 58—61 页，以及玉田多人口述）

上述史实所提供的第一个特点是，收编是军人力量转换的主要方式之一。卢兴邦、钱光乃至省防军、中央军，其军事组织形式不同，但使用相同的军人收编方式。收编分有条件收编和无条件收编。显然，钱光编入卢部是有条件的收编。另一种，如有时正规军、军阀占据一地后，强行收编地方民团，这一方式颇为常见。卢氏军阀和陈国辉曾分别强迫和诱骗民团收编，均为真实事例。在1930年6月11日福州《闽报》和10月10日福建《民国日报》分别做了报道。这是一种强迫性收编。总之，收编是当时军人集团人员流动、组合和分解的常态。

第二，我们可以发现和扩大讨论军人集团社会关系与行为的原则。如民团是地方大族、新旧绅士、地主、商会主办的一种武装人员集团，为了维护上述阶层和利益地位而设立。乡村民团有宗族组织的社会基础，也与村落的联合体相关。民团成员由各姓各房摊派或抽派，镇上民团则偏重地域性与商号利益之联合。民团成员尤须铺保，以保证乡镇保安的可靠性。这引起我对其他各类军人集团关系与行为原则做进一步的文化分析。

古今中外，有人群的地方就有社会关系的文化原则，然而在中国则特别发达，人际关系的艺术经营了数千年。内森（A. J. Nathan）注意到中国军阀派系与旧日"纲常"原则有关，由君臣、父子、夫妇，以及大大扩充的伦常关系，造成人员的结合与行为方式的准则。如他的关系类型识别有9类，其中"3类是归附性的，如同宗、前辈人的家庭关系和同乡关系。4类是起因性的，如一个年轻人早年经历中依环境和选择的联系而建立的关系，包括师生关系、长官部属关系、同僚和同学关系。两类完全是因参与者主动结交的，如姻亲关系、结义兄弟关系等"。（Nathan，1976，p. 50）内森分析大军阀、北洋政治中的派系关系原则，实际上也适用于低级军人集团，只是侧重有所不同。

我先指出一种非军人的土匪团体，黄村一带的土匪结合特征是：重同宗关系，重同宗、同房与异房的排行关系、同乡关系、同学关系、姻亲关系和结拜关系。玉田县地方小型军人自治集团的结合原则很接近于土匪团体。他们在劫富济贫原则上与民团冲突，但抢劫的选择性受同宗同乡观念影响，即“兔子不吃窝边草”。如钱光手下一外省人的头领，在钱不在时曾与安洋民团冲突，随后烧杀安洋村，钱得知后颇为追悔（陈书秀，1987，第 58 — 59 页），因为这个外省人犯了没有避开同乡人的乡土原则大忌。可见传统宗姓与范围大小不同的同乡群体认同仍有约束力。此外，20 世纪 40 年代末，钱曾利用旧日部下关系，力劝玉田、屏南两大山匪向政府投诚，也是属伦常关系（内森谓之“起因性”类别）在实际生活中的效力。我再谈到地方民团，这是政府鼓励的，是基层乡镇的保卫力量（陈正谟，1935，第 72 页），因此以公益的缘由向地方摊派税款养兵是理所当然的，但由于没有法制规定，见诸报章的相当多的民团额外收取与勒索税捐经常是以“为公”的名义进行的，因为在中国人的伦常关系中，为国为民为公是最崇高的道德。而土匪和小型军人自卫团体从不使用为“公益”的遮羞布，只在抢劫的区域选择上有限地受同宗、同乡观念约束。

在县镇一级的地方权力集团与军人集团运作方式也利用了相当多的关系原则。一个大前提是，县镇以下低级地方民团和小型游离性的军人自治团体总是慑服于地方军阀和正规军人的凌人武力，甚至县镇行政当局和地方势力集团也屈从于超县境军人集团，如卢兴邦控制包括玉田、湖口、黄村在内的闽东闽北大部分地域。一次，卢扣押玉田人香凯，玉田县组织了最有权威的请愿团体，包括退休县长、民团司令、县议员、商会会长、知名地方豪绅数十人，金翼家人作为湖口商界与地方绅士代表亦在其中。根据《金翼》一书的背景叙述以及请愿团构成、斡旋过程与答谢宴会宾客组成（林耀华，1977，第 200 — 203 页），我们很容易发现中国基层社会熟练地动用了各种关系与权威力量。首先县镇地方当局以如此强大的阵容是要买军方的“面子”，其代价是相当大的。当请愿团到卢军驻地等待接见时，高悬赞美卢的各色彩旗（虽然有的绅士心里看不起甚至厌恶这类军阀），是一地方当局和地方权势集团无可奈何地向军阀妥协的象征，实际上地方向军人霸主臣服的表示，还透过了在权威代表团内外广为运用传统中国人的家族、兄弟、同学、结拜关系和有力的军人亲信—同僚的中介，以及地方军、政、商、绅方面有力的影响。

在福建地方也有超出上述若干种纲常型的军人关系与派系结合方式。有时是以一种重大条件做交换以达成，如钱光占有有限地盘，但缺一百支枪，便以妻儿留住卢兴邦老家游柒的人质形式换取七年团长职（陈书秀，第59页）和枪支，以巩固自己的势力。但后来钱反戈一击，说明这类人为的护持关系（clientisttie）之不牢靠，其关系与中国传统的结“义”也相距甚远。在闽北从卢兴邦到基层军人，基本是缺少文化的土匪—农人出身，故高深的儒家思想，如“仁爱”“利之于民”“天下为公”说教对其行为方式的约束不多，而且也不闻不问那个时代在城市传播的关于民族主义、反帝、爱国主义和社会改造的意识，这些无法无天的军人集团只相信武装和兵士的威力而征战，受害者总是农人。地区平稳时期，在军人内部以及他们与地方的关系上，还会看到儒家若干类“纲常”原则的运用，但在争夺地盘的战事中，“纲常”影响大概是相当有限的。民谚道“秀才遇到兵，有理说不清”，是因为“兵就是力，秀才的理如没有别的更大的力做后盾，岂止是‘说不清’，而且愈说愈变得没有理。秀才碰兵，如卵击石”（全慰天，1948，第96—97页），“纲常”之理、公平之理也会消失了。民谚道“好男不当兵，好铁不打钉”，在一定意义上也是说明旧日兵依仗枪和武力对人民危害的一贯形象，因为中国军人以力压人可以不顾忌任何伦常传统。

以上所述，县镇村层级的基层军人集团的结合方式及其行为方式，仍然可以发现对同宗、同乡关系的认同，或以此认同的口实来解释或开脱自己的行为。内森罗列的派系关系若干类型的确实际存在，然而军人之间以及军人与地方的非伦常的、赤裸裸的利害关系运作和武力压迫运作也颇为常见。像中国历史上真正表现的那样（不完全如书本上所解释的），人事结合与人际关系的“纲常”之道（甚至中国哲学的精髓之中庸之道）总是在残酷的军事征战和权力搏斗之前或之后表现得最多，而在战事期间则主要是力量之抗衡，纲常的文化原则只是作为谋划的方式出现的。

五、军人集团和农人生计

20 世纪前半叶，中国在相当长时间内没有统一的军队及其管理系统。1921 至 1928 年间大小军阀宰割地方，共发动 140 次以上省内和省际战争；（陈志让，1979，第 3 页）1927 至 1930 年 4 年间每年有 10 个省以上处于战争中。（王寅生，1931）有人认为实际上超过此数，如 1930 年一年便有包括福建在内的 16 个省在战事中。（章有义，1957，第 2 页）20 世纪初至 1948 年，福建省玉田县、湖口镇和黄村人共经历过有军阀和正规军卷入的较大战事两次（1930 年和 1933 年）。地方军人集团火并和各类枪械攻击在 1932 至 1937 年和 1944 至 1948 年几乎年年存在。

唐代诗人杜甫《石壕吏》中有“有吏夜捉人”和“急应河阳役”之句，大概是较早时代中国抓丁和兵差的记录，到清代亦仍“兵差要务，随到随驰”。20 世纪 30 年代战事频繁的黄河流域农人承担兵差的县份高达 87.12%。（冯和法，1934，第 364 页）福建 64 个县亦有 32 个县有兵差。（冯和法，1934，第 363 页表格）如果我们考虑低级军人集团的兵差及各种额外负担，那么福建则有 52 个县须供应给养。20 世纪 30 年代初报刊载：“军人兵差除骡夫、挑夫、兵丁、钱币不算外，就所派征实物来说已经差不多有 100 种，甚至化妆品、海洛英、女人也要地方人民供给。”（冯和法，1934，第 361 页）抗战开始以后，中国军队形式上趋于一致调动，但实际上各省军人收编的派系亲疏、装备、管理不一，尤其重要的一点是不仅过境军队，而且军队驻防地区，自筹军饷的中国军人方式并没有完全中止。20 世纪上半叶，各类军人集团必须自行设法获得全部或部分日常军需，军人集团或者使用武力使地方势力屈服，或者只凭武力事实本身便获得了与地方的不平等结合，这一切都是为了军饷、给养、人力和兵源。除必要军需外，军人集团还切入民政，截留税收，增辟新捐税种类乃至公开劫夺，全国各地均有类似现象。（吕平登，1936，第111—115页；波多野善大，1973，第282页）自筹军需和兵差由地方协济种下了侵害民生的祸根。

20世纪30年代县地方民团、保卫团的经费来源为丁粮契税、田亩税、户口捐、茶捐等。（彭雨新，1945，第50页）如闽东宁德县丁粮每石附加两元，粮米每石附加一元。（福州《闽报》，1930年2月7日）各地民团任意设卡收捐，在闽侯收巡洋谷租，在玉田全县收田捐，在玉田县水口沿岸则收船工团费，在宁德县收茶捐。（冯和法，1935，第884—886页）在粮食运销过程中，福建粮食捐税少不了保卫团捐。（巫宝三、张之毅，1938，第60页）福建茶叶在路运过程中，驻军和民团均卷入征收，"闽茶每一竹篓装茶25斤，自建宁陆路沿途经过关卡、驻军、民团、额保专等等之保护费、挑运费，每箱须大洋30元。茶叶成本仅25元，又须再加6角，才运到汕头，水路须20余日。而日本之台湾茶可由台湾二日水程直运至汕，且无杂税以及种种保护费，价格低廉，汕茶的销路遂被夺去了"。（孙晓村，1934，第228页）因为此类截夺地方税捐的军人集团行径不断被揭露，以致30年代有关人员在向省府提请"撤销苛捐杂税"条中特别提及"各地驻军任意截留税收"的问题。（王孝泉，1936，第72—73页）更有甚者，为了扩大军饷和不义之财，地方军人集团甚至强迫农人种植鸦片，福建省对不种者课懒怠捐，1932年8月省防军第三旅副旅长何显祖勒莆仙东沙乡烟苗捐4万元，竟攻打焚杀入村（许达生，1933，第7页），可见军人集团祸民之蛮横。这时期正值由20世纪30年代初开始的"五卅"反帝运动和民族主义运动高潮，然而却完全不能中止和影响福建地方军人、军阀集团的相互内战和掠夺农人。

这里我再谈到抗日战争中和战后的军人和农人。抗战初期，玉田县人组织了抗敌后援分会、民间剧团演出及宣传抗日。农人踊跃捐赠钱、棉衣、布鞋给出征战士，法帮全县便捐了3万余元。第二年在西路上欢送全县200名青壮年奔赴抗日前线。金翼之家东林买了毛巾、肥皂、牙刷各种日用品慰劳出征士兵。至1939年战事转入相持阶段，政府联保机构改为乡镇保甲制以巩固基层，定期的兵源征募由保甲人员具体实施。

然而军队与农人的关系很快又变得相当紧张。曾任湖双乡副乡长（黄村所在乡）的魏明和几位老人家亲历那一时期基层社会工作，提供了相当具体的征兵情节：

“玉田人民是有爱国心的，抗战初期，自动报名上前线杀敌立功者，大有人在。不过久而久之，看到壮丁缺食少穿，遭受官长打骂，疾病不得治疗而大量死亡的情况之后，不觉心寒，于是大家就纷纷逃避。在黄澄渊县长任内争取适龄壮丁抽签应征的办法还是比较合理的。以后一些乡镇因征集不到兵源，就到处出现‘抓壮丁’‘买壮丁’‘卖壮丁’，人心惶惶，不可终日。起初一年征募一次，后改为一季度一次，最后一年十几次都有。一些乡镇人员趁机勒索也是有的。”（根据魏明、刘文周）

“听说金翼之家后辈也贡献了两位军人？”

“是的，那是光复前不久的事。”

“1945 年抽丁年龄为 20 岁。战后不打日本人，壮丁年龄反倒降为 17 岁。乡长、保长的亲戚不会被抓丁。我们农人到 17、18 岁就害怕，晚上跑到山里睡觉，下雨就到粪棚和野地里睡觉，或者小的睡、老的放哨。黄村李来泰被抓丁到安徽省，后脱逃靠乞讨度日，辗转几年才摸回福建故乡。现在他住在山顶上放牛度日，不愿谈起他自己流浪的日子，偶有知情老人知道他的身世。”（根据刘文周）

“1946 年生意有了，但丁还要抓。我有一次到皇口砍柴，24 天挣了 100 斤米。我挑到家里刚休息一下，有人通知我到保长家开会，说 18 至 25 岁每人出大米 70 斤，25 至 35 岁出 50 斤，35 至 45 岁出 30 斤可免抓丁。于是我和我兄弟二人一共交了 100 斤米，躲了抓丁却糊不了口。”（根据刘文周）

“皇口是 70 军军部，湖口驻了一个连，每天开进西路黄村一带。一边看到军部派兵抓丁派款索粮，一边看到游击队贴出的‘反对抓丁派款’，‘惩罚军、警、政人员’的标语。”（根据游先、吴青、林泽银、潘益仁）

以上都是前基层乡镇工作人员和历经战争的老年农人回忆，表明军人集团与农人之间的紧张关系，乃至仇恨。笔者又找到前革命时期高层研究人员当时对如何防止兵役舞弊的警告性文章，也历数兵源征集的普遍病症类型：

> 当今一般病态，综合之不外三端：一发生于壮丁本身者，壮丁中签不愿出征，而逃避贿赂买丁顶替等；二发生于乡保甲人员者，如徇私包庇，以致拉丁抵数，或藉端讹诈等；三发生于接兵部队者，偶有不肖之徒勒索馈赠，苟有不遂，则藉词挑剔，拒不接受，甚至故延时日，或不规定交拨地点，以加重送丁伙食路费等。凡此种种，防不胜防，如不积极解决，影响役政之推行，至为巨大。(沈鹏，1947，第 42—43 页)

可见募兵过程中之弊端，老百姓、学者乃至高层人士都已觉察和注目。

在力役和军粮供应上，玉田人魏明继续说明了玉田县乃至以下湖双乡、黄村的实情。他先后谈到切断公路的民力使用、军粮供应与民夫问题。

切断公路问题。当时地方驻军陈孔达常驻皇口富豪家，他命令破坏从旧县城至湖口的公路，由副官林洸负责监督。县长接到军部命令立即召集乡镇长开会商讨摊派农民民工，在场各乡镇长议论纷纷，但副官采取高压手段，大家只好遵照执行。这段公路的破坏工作，经过半年才完成。这么一来，把一条好端端的经过十多年艰苦奋斗才建设起来的宽为 7 米的坚实路面变成一条弯弯曲曲、宽不到 80 厘米的羊肠小道。当时玉福、玉瓯公路也一样遭到破坏。这时日寇远在他地，破坏的结果没有给他们带来任何不利，却给自己的民间运输造成不少困难。另外据说，当时有关军方拟向玉田县当局请求一笔“粮饷”，以充“军用”，玉田当局以“财力有限，民力有余”回绝，不料军方一怒之下，竟勒令破坏公路，使玉田民力遭受

重大损失。(根据魏明)

供应驻军。"当时驻扎在我县各乡镇的驻军比比皆是，要按日供应他们粮食、食油、肉类、豆类、蔬菜以及稻草、麦皮等马匹饲料，数量之多、时间之久都是空前的。这些物资都是照平价付款，而当时钞票不值钱，实际上与无代价供应差不多。抗战时期，玉田人民的生活已经很困难了，再加上这重重负担，真是被压得喘不过气来。"(根据魏明)

民夫问题。"不论是过境军队，还是常驻军队，当时向各乡镇要多少民夫就得给多少民夫，不得打折扣，否则以'贻误军机，军法论处'。有的军队竟然持枪强迫，百姓只好忍气吞声，勉为其难了。各乡镇尤以交通要冲，如玉屏镇（城关）、湖双乡（湖口和西路上黄村山谷内外诸村）、杉洋首当其冲。据不完全统计，这三个乡镇，每个18至50岁的男劳力，每年负担民夫工平均在20天以上。有的一去就是十几天，有时民夫被抓去当壮丁。当时主张'有钱出钱，有力出力'，但一次两次之后，大家都不胜负担，最后只能按保摊派下去，而保长又把数目分摊到每户头上。"（根据魏明）

实际上前革命时期的军人集团力量与农人的关系的大气候全国是一致的。随军事上节节失利，政府经济与军事一样达到不可收拾的地步。1945年的物价指数，较1937年高出约2500倍。抗战胜利后，经济益发衰退，1946年的国民总收入较1934年尚低8%，而1948年的物价指数又较1945年高出1110倍。(Feuerwerker，1968，p. 8，p. 60）据统计，农民在战前每亩田赋与各种附加税在内约合1.5—2斗粮，战后增至6斗以上，江苏省竟达9.5斗。(冯正钦，1991，第131页）与此同时，由于兵源、民夫征集大增，1946年征兵50万，1948年达到100多万。(冯正钦，1991，第131页）还有相当数量的农人也逃避抓丁拉夫，农业劳力损失巨大。国民党控制区的军人压迫、地主绅士集团与乡村贫穷农人的矛盾相当激化。旧有社会系统不断显现出失衡和混乱的状态，因此任何改变和摧毁该系统的行动都会受到农人的支持。而在解放区实行的减租减息和土地改革虽说有时相当过激，但其社会效果是占人口多数的贫雇农支持和参加人民解放军，打击旧政权。这是因为：“中国农人爱他们自己的土地，但在20世纪30、40年代以后，如果没有激进的改变，他们便无法再保有它，而只有共产党给了他们这些。”（Wright，1964）而人民解放军的兵源正是由这样的成分组成，他们为分得土地摆脱高利贷、苛刻的租佃制以及军人集团对民力、财力的掠夺而支持解放军。吉丁斯（John Gittings）对比了共产党军队与军阀或国民党军队的区别是：“共产党始终如一地尝试建立军民的良好关系。”（Gittings，1969，p. 200）除此之外，解放军有前红军“支部建在连上”的军队传统，即党的意识形态指导一直深入至基层军队，这也是其他军队不可比的。这样，这支军队携带了意识形态与社会革命实践的文化项目，而且“共产党成功的一个原因就是对中国农村进行社会革命”（Wilbur，1991，p. 142），并借助军队推行这一革命宗旨至草根社会。例如解放军和地方游击队组成的土改工作队就是尝试与农民结盟，以“削弱政府在农村阶级基础”，“扩大其在穷人中的支持，这需要对传统农村社会结构做决定性的进攻”。（Wilbur，1991，p. 142）阶级的教育把军队中农人士兵和地方农人朴素的改善生活的愿望纳入社会革命的政治目标上，显然是拥有政治文化基因的、得到农人拥护的军队，战胜了旧日缺少思想文化与意识形态动力的，又为乡村农人生计带来麻烦和困苦的军队，并终止了濒临崩溃的乡村经济与政治制度。

本章叙述军人集团卷入地方事务过程，可知民国以后几乎相连的军阀时期、抗日战争和内战时期，中国乡镇县基层社会的运作与各类军人集团均有直接关系。当人类学家研究表面平静的乡村社区时，人们眼中政府行政权力系统与基层乡村社会的关系一直是观察重点，但实际上这一社会系统内外总有军人集团干预，所谓“和平”的社会总被“武装”着（全慰天，1948，第96页），然而我们的研究对象的确是一个与军人结合的和被军人推拉的社会制度。

军人集团与地方当局结合的前提是什么？是养兵和征战的资源。如陈志让所说，作为地方军事盟主的“各个军事领袖必须在不同程度上自筹军饷，于是不得不干涉民政……钱多半来自农业，所以土地和农民变成了私人军队必须控制及必须争夺的对象。私人的军队也必须控制一个区域的民政系统，才能从那个区域中取得养兵所需的资料”（陈志让，1979，第2页）。那么，玉田军人集团在军阀时期、抗战和内战时期与地方结合上有什么特征呢？军阀和自治军人团体的地域性与乡土性决定了其控制县镇政权采取武力威慑原则和不可回避地利用传统族群原则与人际“纲常”原则，但这后一原则不一定总是起作用，非常的军事需求指令有时凌驾于上述文化标尺之上。到了20世纪40年代的地方驻军，则一直处于备战与战事中（抗战时日本人未抵达玉田）。上文所显示的玉田地方驻军势力虽未与地方县镇政权直接结合，其武力之行使亦远在地方县镇当局之上，甚至玉田县长也不得不为军人招之即来。玉田驻军军部设于皇口，许多派夫、军饷之指令在这里发出，俨然“超级县令”。而且其他过路军队亦可以“军人第一”指令县镇行政当局代为募兵与摊派军饷，极大地干扰了县镇行政与民生。

如是，县镇行政当局面临着两种关系的运作。一方面是行政体制中的县镇层级与基层乡族社会的整合关系，是政府体制渗透到基层与宗族和村结构之整合过程，这是政治学、历史学和人类学关心的老题目；另一方面是县镇行政当局和基层乡族社会必须同样面对一支具有人员流动性，但却是一种常态的军事势力集团的关系。这是一个被忽略的新题目。对于后者，单一的“纲常”与人伦文化原则已不敷使用，而是必须交互运用传统的文化原则（以维持与军人集团关系和势力的平衡）和武力下的经济关系原则（即承认县镇行政当局管辖的地盘为军方财力、人力和物力的供应源泉）。这几乎是一个不可怠慢的军事资源基地。这样的军人集团参与的社区系统具有条件性的运作之性质。玉田县镇政权、大族绅士地主与军人集团的合作，随军人集团力量之变动而有阶段性。军阀时期，军人集团之地方构成性决定他们与乡土社会不可割断的人际关系较统一调动的正规军为多，前者更多地卷入了地方社会生活中。这表明军人一边用武力，一边巧用地方文化制度以及行政体制，进而达到获得军事资源的目的。军阀时期在中国许多省和地区造就了大大小小的军人—绅士—乡族政权。在省府行政系统无力贯通草根社会的地区，这种军人—绅士—乡族政权处于被默认的地位，军人武力透过或超越行政体制获得地方人力资源，地方官员多无可奈何，只有服从式的整合，少有违抗。另外，在地方行政系统中仍会有一些军人不感兴趣的上下推行的行政项目（如学校教育等），政府仍可依赖从上至下的文人行政体制运转。这一中国县镇和超县镇军政力量加诸草根社会的“双轨”机制，在抗战前后没有太多不同。抗战后期和内战时期，正规军和地方驻军仍未能改变从农人中派饷、民夫和募兵（抓丁）的军队旧习，军人向民间索求人力、物力和财力，在20世纪40年代后期更为直接地面对草根的社会层次，加之苛刻的农村高利贷、租佃制使农人达难以生存的地步。由于军人无休止的要求经常被乡村绅士地主转嫁到普通农民身上，这样推动了地方行政当局、乡村绅士地主和军方的结合，尽管有时是依附性的结合。这一结合是保持文人行政体制运作以及绅士自身利益的自然而然或不得已的选择。显然，地方各路驻军尽管未与地方政权形式上结合，军人武力原则仍利用和干涉了地方县镇制度及其运作。如果说由土地地租、高利贷的经济关系和由儒家礼制约束的社会关系是中国草根社会经济结构的基本特征，那么以武力对农民超经济掠夺并控制地方县镇权力当局（军政结合方式或依从军方方式），是军人集团干涉县镇村社会系统的基本特征。这就是军阀至内战时期（闽北、闽东从20世纪20年代至40年代）中国地方社会“文武之道”的两种社会运作模式。

我们既然看到上述时期军人集团对县镇权力系统的超级控制，我们就不能不考虑军人集团在中国社会结构中的地位。

我曾讨论过没有军人集团干涉的中国地方社会结构，相当于图3-1A部分。就一个基层县镇行政与文化系统而言，这是一个有运作规律的多层次社会关系结构，于是我们能分辨出省府在县镇行政系统抵达草根社会时，宗姓、乡村社区利益集团与各阶层的反应方式，新绅的崛起，新绅与县镇政权之结合与整合，绅士（新、旧）

地主的社会地位，以及保长的夹缝角色。然而当军人集团出现的时候，他们干涉地方财政和地方政府事务，以武力凌驾于文化与行政制度之上。一般来讲，军人命令总可以贯通至基层，少有违抗（如玉田县曾有无力的违抗）。这时军人集团势力就如同右图增加了顶部面包盖的“汉堡包”一样（图3－1B），在很大程度上控制了地方社会制度。军人不仅可以借助县镇行政系统执行军事命令（利用A系统），还常常根据不同情况向县镇当局、保长、地方绅士、宗族族长乃至农民家庭直接要求军需、人马，打破了地方社会秩序。闽东军人集团的行动与调防特征是：攻打或控制地方诸经济重心之地，如湖口镇、黄村旁西路要冲，攻打或控制地方县镇权力和行政机构（如县城、重要镇和机构官员）。他们不保卫农民的利益，除获得田赋附加捐和预征土地税外，还有摊派民夫、军饷、抓丁，实际借助了地方权力人物与机构职能，或直接参与。我们看到地方军人集团是唯一可以穿透政府与乡族社会体系的力量、推拉地方社会制度运作的超级干涉力量，并改变旧日地方社会阶层、机构和人员角色之间的张力均势。前革命时期不同类型军人集团的另一个共同特征是：这是一些只为攫取地盘和养兵资源，没有携带文化项目宗旨和没有社会改造意识与目的的军人。因此，无论军人集团是否与地方政权直接结合，都不可能只凭武力战胜地方社会集团的社会联系与文化制度。何况军人集团之存在是阶段性变动的，而地方阶层、居民相对来讲是不变的。武力可以劫夺民力和地区财富，却不能一劳永逸地摧毁“纲常”文化、地方制度与阶层关系。地方民众一方面看到了军人割据地方的不可抗拒的武力，一方面也看到那些军人、兵士一旦解甲归田，便立刻融化在地方农人生活的汪洋大海之中，而地方人民曾失去的只是暂时的财富和人力。闽东前革命时期30年间，一直持续着有军人集团参与的上述“汉堡包”地方制度运作系统，在这一“汉堡包”中，A和B两种运作是混生的，直到军人集团在这个体系被迫中止之时。毫无疑问，军人集团一直是本章说明的那个时代极为重要的社会力量，现在我们可以认识到只观察中国地方社会的文人机构、制度与角色之不足了。

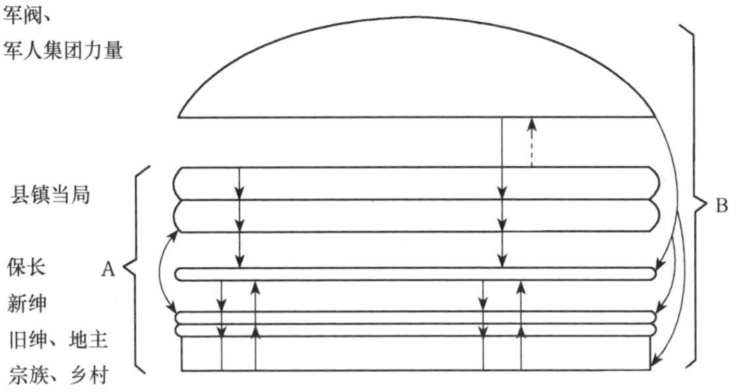

图3-1 福建地方社会运作的“汉堡包”结构

六、一个社会结构终结的历史纪实

前革命时期，福建和全国各地一样，高利贷、地租剥削、农业附加税、兵差和灾荒几项大大加重了农人负担和生活之艰难。在县镇乡村社会，一些人失去土地，一些人获得土地。其中各地乡村农民失去土地都有一个相当雷同的过程：“一般来说，当农民被生活所迫，不得不在土地上想法的时候，第一步往往投奔于高利贷者之门，把土地抵押出去；需要的款项较多，而抵押贷款不容易的时候，又只得把土地典当出去，最后才把土地完全出卖。”（农村复兴委员会编：《河南省农村调查》，上海商务印书馆，1934，第48页）和失去土地的农民相反，除了乡村地主趁机收购土地，地方军人以及商业、实业成功的新绅较旧绅地主更有实力将外来利润转购土地，使土地集中成为事实外，战乱以及灾荒还特别造成地价低落（根据卜凯转引自章有义，1957，第724—725页），土地集中之过程伴随着贫富分化和社会矛盾加剧。

早在1928年，玉田县便有共产主义者的积极活动。他们一开始曾成功地尝试推翻苛刻的租赋制和土地制度。这一年，共产党在县城北商业镇萍湖开展了积极的农民运动，目标首先是对准危害农人的苛捐杂税，掀起抗租、抗粮、抗税、抗捐和抗债的“五抗运动”，一度将“打倒土豪”“打倒贪官污吏”和“土地归农民”的标语贴到县城和湖口镇。中共中央为此在1928年5月7日致信福建临时省委，指出：“福州是全省政治中心……其周围各县的农民斗争应由玉田一带普遍发动起来，造成经常骚动局面……”（《闽北党史文献》第一集）后来，玉田县的农民运动一度受挫，但已为20世纪中叶的土地改革做了演习。

1934年7月31日，红军从樟湖坂渡闽江进入玉田境，攻克湖口。金翼之家在湖口的掌柜和店员曾身临其境。（林耀华，1977，第229—233页）红军在皇口击溃省保安师，水口保安9团弃城逃离。这是以武力推翻军人集团—地主豪绅政权的尝试。黄村至湖口因是西路要道，共产党队伍未能久留。但在政府军力薄弱的大甲山区，红军组建了乡政权——苏维埃。有一首民谣是当地流传的：

佬炳①当主席，土豪会老实，领导分田地，穷人笑嘻嘻。

玉田在抗战时期及以后，土地兼并的过程加速了，玉田和湖口的新绅及参与军人集团的地方人士均有扩大购田的举动，他们的购田资本来源于闽江航运、商业利润，而闽南尚有海外利润引入乡村购田。（章有义，1957，第720页）关于土地集中的过程已在当时较正式的大学丛书中反映出来，一些数据曾被广泛引用。如1934年占人口10%的地主、富农占有土地53%，而贫雇农人口占68%，土地只占20%。（吴文晖，1947，第128页）而抗日战争后有的地方地主的土地已占到全部耕地面积的80%—95%。（Chen，1969，p. 36）闽东和湖口黄村的土地兼并情况也相当明显（见下一章）。

1945年玉田游击队成立了，当年便开始向地方军人水警队袭击，

---

① 佬炳为玉田县大甲地方农人，后成为乡苏维埃主席。

1947年又发生呈洋暴动。第二年中共福建省委在延平开会发动群众赴南玉瓯地区，开展“除霸分粮”运动，相当多农人参加贫农团和游击队。

但黄村地处西路两侧，又近湖口镇的交通要道和政府军所在地，70军几乎每天都经木阁、黄村旁的西路进去，所以游击队活动仅限于离木阁8里路的红溪（那里只有10户居民）以及黄村北面的香山、萧渔和皇口等地，而这时北洋保甲已成游击队内线。吴兴寿和戍区区长尤先秘密联络，将标语贴到了地方政府所在的湖口、荷洋和皇口。他们夜间悄悄贴上便走。次日白天，镇上路人看到醒目标语：“反对抓丁、派款!”和“公政人员不问就杀，公教人员不问不杀!”落款是南玉瓯游击纵队。这一活动在玉田农人和各界人士中产生了巨大影响。

一个新的变化是，20世纪40年代后期的内战使中国基层社会阶层的角色关系之复杂性变得简单。在生死斗争面前，基本利益一致者结合起来。国民政府、军人集团、县镇政权和绅士地主为一边，以共产党号召的农民力量、游击队和南下解放军为一边，形成社会力量之公开对垒。农民运动已转变为夺取政权的武装攻击，并从中国北方向南方蔓延开来。

1949年春，南玉瓯游击大队为配合解放军南下，收缴了黎峰、湖口、皇口等地的民团枪支，北玉瓯游击队也收缴了萍湖、月甫的保安团枪支弹药，并开仓分粮，发动农民入伍参战，此时各人民游击队已完全统一起来。

6月8日以前，人民解放军51师221团的侦察兵和两名游击队队员绕到极乐寺背后山顶侦察玉田县城门和碉堡位置。后由郑明兴、叶荣深分别指挥左右翼部队，郑朝钟和陈伟部担任公路正面进攻。当13日凌晨和下午依次击退守军反击后，突然接到团部命令，由南下部队和地方部队各两个班向县城搜索前进。从月甫到玉田县北门不过30华里，但搜索前进竟花了整整7个小时。

6月14日凌晨4点，旧县城仍漆黑一片，只见北门汽车站门口挂着一盏马灯，灯下悬一面白旗，左右站着几位像消防队员模样的人。当部队摸到他们跟前，听见他们在轻声说："天快亮了，应该来了。"

"不准动！"

"我们是维护治安和迎接解放军的。"

经查问，证实是玉田高中校长陈宗藩、县救济院院长李子仪和县商会会长吴振。

天蒙蒙亮，解放军和玉田支队首脑乘车在北门车站接见这几个人。6时始举行入城式，并进驻旧县政府，群众列队敲鼓迎于两侧。次日成立玉田县城防司令部并贴出新县长到职视事布告。

16日晚在县城体育场召开了军民联欢大会，郑明兴第一次以县长身份即席发表了安民讲话，民众一听他的口音是地地道道的玉田方言，感到很亲切，而南下打到玉田的51师解放军官兵却一句也听不懂。中国的南北方言差别实在是太大了。不过，解放军一见群众听得笑起来，他们也跟着笑起来。

会后，宣布玉田县各区区长任命。黄村所在地属戍区，由尤先任区长，随后立即转入支援福州、厦门战役的组织工作。玉田人在同年8月福州解放之前的两个月一共筹集公粮1000多万斤，动员民工5000多人，为此福建省政府主席张鼎丞亲自到玉田县嘉奖。

退守到水口的原保安团曾试图反攻，一度占了荷洋，戍区干部被迫全部撤出湖口。不久，地方部队和解放军向玉湖汽车站陈华先生借得一辆汽车，再加上一辆军车，以及一个连一个排的兵力迅速击退了政府军守备，他们再次退走。

这是游击队联合解放军同政府军在玉田县的最后一次战斗。至此，一个旧政权系统运作结束了。

从此，原籍主要为北方中国山西省平顺县的南下共产党干部和解放军与玉田地下党、地方游击队的指挥者共同组成了新政权。

在传统中国乡村社会，土地是农人安身立命的源泉，但金翼之家的志司过于贪婪了，他没有听志留不要买田、抽田的忠告。在人民解放军的炮火声和显示力量的入城式的欢呼声中，他仍没有意识到新政权的目标有什么，也不知在地方土地制度中他本人处在什么样的地位，他更不知道玉田地方新政权中，南下干部是从遥远的黄河北面来，那里的解放区很早以前便开始了激烈的土地改革的斗争。毛泽东对晋绥地区乡村干部的多次讲话是针对土地问题的。这些风尘仆仆的南下人有老区土改的直接经验。在玉田县所辖乡村，马上就要实行的便是改变旧的土地制度，打碎旧的生产关系和打倒地主豪绅阶级，而阶级成分的划分恰恰是从土地的占有关系上着手的。

新绅和前军人集团在中国基层社会的角色从此消失了。

第四章
谷地之火

多年在外的小哥志留已很少与家乡联系，1950 年夏，他因公务外出内蒙古自治区呼纳盟，忽然接到三哥志山从延平发来的电报。电文是：“母病危，速回家乡探望。”想起幼年时母亲的疼爱，怕不能再见到她老人家，志留便立即请假回去。

那一年，火车到江西省上饶后，再去延平还没有火车。小哥只能安步当车，一个星期才抵志山家。

三哥早就是虔诚的基督教徒，当年他由玉田教会推选出国留学时，东林向亲戚朋友发出邀请，黄氏的族田（学田）里还特别提留出一笔钱为他求学所用。返国后志山在一所教会大学任职，一段时间在福州，其间忙于闽江汽船公司业务，并为股东之一。后来他决定放弃经营，专一于教学。1949 年，他在延平一所教会学校燕瑟中学做校长。第二年他被解职，新政权送他到福州革命大学短期教育。

金翼之家培养的两个才子之一的志留已开始卷入新教育，他学习达尔文的进化论、马克思的《共产党宣言》，以及毛泽东的讲话《将革命进行到底》（1948 年 12 月 30 日），他自己也试用进化论和恩格斯的理论写了《从猿到人的研究》。（林耀华，1951）毕竟还是在福建家乡任职的志山更了解地方形势，革命大学的再教育使他明了福建土地改革的步骤已环环相扣，势如破竹。

小哥显得心情很沉重，见到久别的三哥不禁热泪盈眶。当志山告诉他母亲并未生病之后，小哥十分生气而愕然。

“现在很紧，家乡正在减租，准备分田闹土改。四哥处境很糟。”三哥说。

“我早就不让他买田，前不久我还让我的同学沈方探家时捎话给四哥，但四哥不听，硬要买田。”志留说。

“我过去为帝国主义教会服务（这是三哥在政治教育之后经常挂在嘴边的用语），现在只有你的身份方便回乡，为四哥想想办法。”

小哥乘船从延平顺流而下，沿途过大洲、儒岭、尤溪口和樟湖坂。两岸层峦叠嶂，偶见剥落的砖红土壤。水上礁石出没，险象环生。只有喷泉状竹丛、橄榄树和蔗林的绿色能使人略为舒畅。志留此次水路返乡，充满着极为矛盾的心情。

从他小时熟悉的湖口码头上岸，见镇上仍旧兴隆。志留从乡里人得知人民政权实行减租并清剿劫船草寇，农人商贾生计安定下来，古老小镇的弓形石板路上荡漾着生机。

踏上西路，小哥又回到了久盼的金翼之家。父母脸上添了皱纹，但有农人出身的背景，体格仍很健康。他完全沉浸在父母的喜悦之中。啊，一晃就是13年呀！

小哥终于体验了父母的不安之情，这是喜悦所掩饰不住的。乡里土改已有风闻，志司买田放债，已招来贫苦村人的不满，他渐渐意识到自己的处境。

“志司的确变了很多。记得我在幼年时，四哥待我很好，我也喜欢他。但后来发现他总要和父亲闹分家。有一次，父亲实在气坏了，几乎把志司从家里轰走。”老年的志留在他北京住家的书房里讲给我听，那是1989年。

“志司到湖口后，生意经营得的确不坏。他很精明，但人性上出了毛病，只晓得为自己抠钱，有不义之举，引起店铺合伙人极大怨恨。还不止于此，他对村里人也很刻薄。你知道，中国人讲房分、亲情。但他高利贷给村人、族人，缺少宽厚胸怀。”

“嗐，当年我回到故乡不过勾留三五日，便看到黄村的两兄弟找上门，向志司索要强被购走的田。”

“来要田的两兄弟走后，我对志司说，四哥，这样不对，应该把田退给人家。至于你自己，也要相信区政府。”那时土改计划尚未公布，志司听不进我的话。

“第二天，我陪四哥一同到湖口镇上的区委面见马儒士同志，他很客气地接待了我们，这或许是我尽兄弟之谊、念手足之情的最后机会了。”年迈的教授继续说道，“因内蒙古公务在身，教学忙碌，不日便辞别父母、四哥、三哥和养育我长大的故土北上了。”

1951年始，黄村所在地划归戍区，行政单位做了一些变动。由黄村所在山谷及以北一片共9个自然村合为一个行政村，称为大黄村。在小哥离开家乡半年之后，一支由戍区派下的土地改革工作队进了村，那是1951年1月5日。

像大部分地区一样，20世纪50年代初的中国乡村都在等待着这一件（中国史和地方史上）大事。众所周知，农民居中国人口的大多数，中国社会的体制运作、农民暴动以及改朝换代的政策均与土地制度相关。直至辛亥革命之后的几十年间，农业中国的症结依然如故。

中国共产党建立全国政权后，继续推进了马克思主义阶级斗争学说的实践。马克思主义认为，人与人的关系不是抽象的关系，而是阶级关系，其社会革命的精髓也是以阶级斗争为出发点。马克思主义这一人与社会关系的见解之所以在中国得到充分发挥，主要是中国城乡阶级对立现象是客观存在的。共产党领导人很多出身于农村，他们了解中国乡村社会痼疾所在，表现为不合理的土地租佃制度与农民暴动（近百年来中国较大的农民起义数以百计）一直持续着。由于乡村地主和农民的相对差异是存在的，中国的马克思主义者因而十分容易用阶段斗争的观点解释中国的乡村问题乃至全国问题。就某种意义上说，中国共产党人把马克思主义与中国具体实践相结合的基点就是在广大农村地区，农村成了马克思阶级斗争理论与实践相结合的中国实验田。

根据阶级斗争的理论，共产党认为必须找到一种切合中国国情的判断原则与方法，解决依靠哪个阶级、团结哪个阶级、打击和消灭哪个阶级的问题。毛泽东在1926年写的《中国社会各阶级的分析》就是这一思想的蓝本。早期他的这一著述虽未能得到广泛传播，但随夺取政权之举，这一著述至少在20世纪50年代土地改革运动和“文化大革命”中被经常引用和应用。诚然，勾画出一个社会的阶层或阶级的阵营是任何一个政党实现自己政治目的的一个基本出发点，但问题在于这一出发点仅仅是战略上的划分，还是战术上的划分；是政党指导者宏观理论上的划分（当然是从实际社会状态基础上的分析之浓缩，有时则只需要概括的哲学上的划分），还是力图在微观上，在一个个具体乡村社区的户籍簿上的划分（即落实在每一个具体的人头上的划分，其主观出发点是实现一种数学上、分类学和统计学上的“科学”的划分）。显然，这两种思路是不一样的。中国共产党采纳了将宏观理论具体而直接地应用于基层乡村的做法，这一做法对后来的乡村乃至城市的社会进程产生了重要的、有时是严重的影响。

大多数汉族地区的土地改革运动有相同的或相似的进程。在大黄村的土改工作队中不少人是从山西省老解放区南下而来，那里早已进行过土地改革，过火的现象是存在的。共产党内也认为有错误，曾扩大了打击面。（任弼时，1948，第101页）黄村的土改对玉田农民来讲是第一次，而对多数工作队员来讲是第二次，因此经验也起着十分重要的作用。中国共产党发动群众运动通常善于先找试点，然后加以推广的工作方法。这次大黄村土改就是先期在福建闽侯地区6个县试点，制订详细土改方案和政策，后来福建全省各县的土改都是以相似的方式推进的。

土地改革的目的是什么呢？最直接的目的是：“废除地主阶级的土地所有制，实行农民的土地所有制，藉以解放农村生产力，发展农业生产，为新中国的工业化开辟道路。”（周全，1950，第24页）当时，刘少奇解释的土改总路线是：“依靠贫农、雇农，团结中农，中立富农，有步骤、有分别地消灭封建剥削制度，发展农业生产。”（周全，1950，第24页）现在工作队员进村所要做的，就是将这一土改的阶级路线具体地贯彻在一个古老的乡土社区中。

清剿土匪是土改工作的一个必要准备。这里的土匪是指福建省依山势地形之利麇集一起的杀人越货的流民团体。在近现代中国社会，未被人们重视的一个特征或“怪现象”是在城乡社会各阶层之外尚有如土匪一类的流民团体，他们并非只在饥馑战乱年代存在，而是恒定存在的一种社会常态成分。一部分流民不过是背井离乡寻求新的处女地和生存机会，如清代福建人春至台湾，秋返故土（《清朝经世文编》，卷八十四），显然和人口过剩（相对于耕种土地而言）有关。另外，居内陆的绝了农业生计者（土地短缺、租佃不合理、无地耕种者、破产，亦有好逸恶劳者）除了当乞丐、为僧尼外，土匪便是一种可以靠杀人、抢劫财富为生的次生社会集团。（何清涟，1988，第 111 页）如中国福建省一类多山、丘陵和河道的省份，更为滋生，有的形成帮会，劫富济贫；有的则纯为伏击，绑票劫财，其中不少人亦是贫苦农民。1986 年我曾采访原地方游击队领导人郑明兴，他说：“共产党游击队有时也和土匪遭遇，间或也争取一些人参加到游击队里。但 1949 年以后仍有土匪为患，政府决定清剿。”很明确，打击土匪社会安定才能为土改创造条件。如大黄村 9 个自然村行土匪生涯的就有 10 人之多，情况可谓严重。《金翼》在多处描写闽江劫船的土匪背景以及大黄村土匪面目，已能分析土地短缺、人口过剩、剥削严重、乡村凋敝是部分乡民铤而走险、落草为寇的重要原因。

1950 年 12 月 15 日，福建省政府主席张鼎丞在一次政府会议上做了《为完成福建土地改革而斗争》的报告。指出一年多来，福建肃清了 4 万土匪，社会安定，土改的时机已成熟。并且福建多数地区已建立农民协会，150 万农人参加了农会，已有 15 万民兵、75 万青年和 30 万妇女被组织起来。经过剿匪、反霸、减租、生产自救和支援前线，农民提高了觉悟，迫切要求分得土地，有的乡村农民甚至自行分田。这说明，在废除保甲制和改造了基层政权以后，福建省的土改已提到日程上。

张鼎丞在报告中认为，许多地主知道不久将实行土地改革，便非法宰杀耕牛，转移土地财产，因此为尽快肃清土匪，解除旧土地制度的束缚，及时增强“抗美援朝”[1] 的力量，必须立即着手全省土地改革。

各土改工作队在1月5日同时进驻成区各基点社会，当晚在大黄村、皇口、水口和边口召开了农民代表会议。大黄村有800多农人参加，会上农民可以表达各种意见，常称之为“务虚”。会议参加者的男女性比大约是2:1（而过去女人是不主外的），以贫苦农人为核心力量。

根据笔者对农民代表各种意见的分析，有如下几类：

1. 属满意与希望类言辞：

大黄村的一户贫农说：“我家三辈人都没有田，想不到共产党来给我们分田。”黄荣志当时就认为：“我们减租一年多，日子变好了，再土改会更好。”这反映土改符合贫农的利益，无田少田的农民对共产党让农人闹翻身的思想极易接受。他们体验到减租改善了贫苦农人生活窘迫之状，盼望土改分田地，从而得到契约上的保证。镇上的老板也发现，减租后农人买得起肉，店铺顾客盈门，于是对前景充满信心，说：“土改后农人有钱买肉，也买其他东西，生意会做得更大。”

2. 农民针对剥削者行为的反应类：

皇口一带的农人认为：“哪一个地主剥削我，我就向谁斗争，其他不理。”表明共产党发动群众报阶级压迫之仇和有些农民报私仇的思想有认识上的差距，尤其是大黄村农人表现了很强的报仇情绪，认为：“要快点斗，过了土改就没机会了。”同时，农人对田土盘剥及其道德劣迹的憎恨心情是混合在一起的。上述农人意见成了后来黄村社会教育的基本分析素材，搜集这类农人思想归类，借助群众大会将农民个人的私仇升华为阶级之仇是共产党人试图进行阶级教育、铲除宗亲纽带的有效形式与重要目的。

3. 农民的均等观和家本位类：

黄村人也有相同的看法，认为：“分田应一律平分，富农和小土地出租者的田都应一律平分，为什么他们例外？”这一方面反映了农

---

[1] 指朝鲜战争。

人平均主义的传统价值观，也反映农人不理解共产党人在土地革命中政治原则变迁的历史（杜敬，1987，第 31 —46 页），他们考虑更多的是乡土社区中的事。农人注意到土改实验区传来的消息，那里分田是以自己实际耕作的田为基础增减的。于是农人认为："我的坏田原来就多，再分坏田还不如不分。"由于土改是在冬天开始的，黄村农人就等着分田，既不冬耕、修渠，也不下种，鲜明地反映中国传统农人的家本位原则。这与超家族的社区认同意识之间的对立，至今仍是中国乡村现代化进程的症结之一。

由此可见，农民问题并非简单，但工作队的土地改革原则早已确定下来。

大黄村乃至整个成区的土地改革，首先是以依靠贫困农人提高农人的阶级观念、分清敌我界限为基本考虑的，即让每一个乡里农人有仇恨地主的阶级意识而非个人意识，所以这是一个确立阶级认同的教育过程。

1951 年的一份大黄村基点土改运动总结①中明确指出："土改是阶级斗争，不单是从经济上使农人翻身，主要是政治上打垮地主，而最普遍的做法是：发动群众。那么，发动群众最直接、最有效的方式是什么呢？是控诉地主压迫剥削农民之苦。"其形式多是有组织的、有目标的群众大会，让地主和农人的阶级阵线首先在大会上亮相，在夺取政权之后向乡村中活生生的地主阶级进攻。

5 天以后，在成区各乡村都召开了群众大会，区领导人指出旧土地租佃制的不合理之处和地主压迫农民的残酷性。在皇口和大黄村召开各阶层会议。工作队员首先向富农宣读关于不动富农经济的政策，指出富农只有向贫雇农靠拢并脱离地主阶级影响。

我这里特别提到富农。中国的富农问题既是中国本身的问题，又是国际性问题。中国的富农家庭只不过是较富裕有一定剥削量的小农经济，但富农参加农业活动中的主要活计。这样判断中国的富农只是

① 大黄村土改工作队：《1951 年大黄村基点土改运动总结》（手稿）。

处于地主与农民之间的一个阶层，一般估计占农村人口5%。20世纪以来中国各种文献中关于富农的划分标准不同，如从1927年国民党中央农民部土地委员会的一个报告《全国土地占有概况》（1953，第4页）看，是按土地占有亩数划分阶级，也基本表明了中国人的富农概念。到20世纪50年代共产党的土地改革时期，虽然强调了富农一般有优良生产工具，但真正在施行阶级划分时，中国多数乡村主要依据的是以附带劳动与主要劳动作为地主与富农的分界这一基本观点出发（中共中央，1951，第3—6页）。因为实践证明，中国的富农概念的确不同于苏俄的富农概念。问题生于20世纪20年代。

中国富农除了其剥削性以外，富农经济在中国农村经济中地位低微，例如大黄村仅有两户划为富农，介乎于地主、中农之间。而俄国的富农（列宁称之为“农民资产阶级”），在俄国1000万农户中占15%，他们拥有的耕地占全部耕地的一半以上，租进的土地占全部租地的75%；拥有的马占全部马匹的一半；占有的农机件为农村全部锅驼机、收割机及其他优良农具的75%以上。(《列宁选集》，第1卷，第406页）可见中国的富农与俄国富农实在不可比拟的。中共“六大”确定党在农村的阶级路线，注意到中国富农与地主的区别，提出“依靠贫农，团结中农，中立富农，打击地主”。但不久共产国际执行委员会致中共中央《关于农村问题》的信，批评“六大”提出对富农与地主要有区别是“严重的危险”，要求组织“加紧反对富农”的斗争（共产国际和中共中央，《第一、二次国内革命战争时期土地斗争史料选编》，第282—285页）。到9月中共中央便做出《关于接受国际对于农民问题之指示的决定》，要求全党“坚决地反对富农”。(同上，第306—311页）随后在各地如江西、福建（闽西）、鄂豫皖，在川鄂和川陕根据地都推行了消灭富农的路线。毛泽东1933年写了《怎样分析农村阶级》(《毛泽东选集》，1966，第121页）提出了地主、富农和富裕中农的界限，他在查田运动中“富农分坏田”这一观点仍没有改变。直到1935年12月，共产党中央做《关于改变对富农策略的决定》之后，特别是抗日战争开始以后对富农政策才有所转变，但共产党内“左倾”情绪时有抬头。1946 年的《五四指示》本来规定“一般不动富农土地”，后来的一些讲话又提出：“向地主阶级及一部分带封建性的富农斗争。”（刘少奇，1947，第 73—75 页）有时又加上以政治态度作为成分标准，竟把一些富裕中农、中农划成富农和地主。如晋绥兴县蔡家崖村划定的 124 户地富中，至少有 53 户属错划，错划率达 42%。（任弼时，1948，第 101 页）这在本质上和很大程度上侵犯了中农的利益。打击富农的政策既然牵涉了中农这一阶层，也就影响了团结中农。在这一政策之下，中农当处于惶恐之中。不仅如此，有时还出现“彻底平分”的口号，即平分农村中一切阶级、阶层的土地财产，甚至工商业。这一绝对平均主义口号往往在面对面的对抗中酿成群众激烈的行为，使不同阶层的许多家庭的利益受到侵犯，从而影响了乡村社会结构、正常的人际关系和通向现代社会的变革。黄村土地改革中向地主、富农宣读《华东区惩治不法地主条例》，以及不动富农经济的政策已是共产党夺取政权前后，历经了 20 年不断发生对富农政策的错误之后所肯定下来的温和政策，即“中立富农”。其实质含义是经济上限制富农和政治上中立富农。另外，在乡村土改实践中，由老区带来的严厉的方式以及把地、富本人与家人混为一谈的现象仍然存在。在 20 世纪 50 年代以后的乡村阶级政策又重复出现过错误的富农政策。本章所述大黄村富农阶级人数极少并且在理论上的富农经济极不明显，故该社区土地改革中，地主和中农、贫雇农的角色更为突出，然而在中国农人社会研究中富农的社会地位与历史位置有独特的研究意义。

在传唤富农的同时，工作队员也把地主叫来，向他们训话，并宣读惩罚条例，责令地主分子守法。在严峻的土地改革运动中，地主的代理人、管家不得不写信给逃亡在外的地主，质问其何去何从，立即做出选择。

1 月 12 日，大黄村农会召开诉苦大会。14 日又召开斗争地主大会，350 多人出席。

地主潘一方在口号声中被押到台前低头站立。第一个起来哭诉的是畲族山民蓝春芳："有一年，借潘一方的一片荒地耕种，讲好种3年，结果只种1年就收回，还威胁说，不还就抓你去当兵。田硬是索回，连一口饭也吃不上。"

农人魏行昌说："潘一方借给我谷子200斤，8分利，我父亲为他白砍了4年柴，补了菜油40斤，还不够还他谷子。我还不了，他就叫人抓我去当兵。"

潘一方的同族人潘一嚇说："我借他30斤种子，一年打了粮食2115斤，他硬要走2100斤。我辛苦耕种一年只剩下15斤，你说他狠心不狠心！"潘一嚇的发言引起了农人的激愤，"打倒地主"的口号此起彼落。

当时大黄村9个自然村，321户人家。虽经减租反霸，大家明白了每一个人在共产党阶级阵线中的位置。然而分散在小山村中服罪返家的土匪就有10人，群众心中仍十分惧怕这些往日打劫行船、扣人撕票的人。如大黄村黄文宗曾流窜山里和闽江河道，参加劫持人质和财物的活动。他在乡里时隐时现，猖獗多年，农人望见他不禁毛骨悚然。现在他交代了罪行，正在等待核查他的土地占有数量以确定其阶级成分。

农人尤重土地，所以对利用土地和债利剥削并有劣迹的地主控诉尤为严厉。

黄村黄学友如今60多岁，当他谈起志司的往事时，和志留有相同的见解：

"被占了田的农人揭发他，连同宗的人也指责他。志司对他大哥志一和店铺合伙人有欺瞒行为，他把大哥的份额算得越来越少。湖口的少扬是个老实人，在店里总受气，所以在解放之初，少扬妻一点也不饶他，揭他的老底。向志司索还田地的人都成了控诉地主大会的积极分子，特别是志司在乡里强暴妇女一事大遭村人愤恨。"

20世纪中叶，中国乡土社会的阶级对峙表明，早年农人对高利贷和田租重压曾敢怒而不敢言，一旦共产革命成功，土改政策规定了鲜明的阶级性，便大大改变了贫苦农人的社会地位，这叫作"加强贫农对地主阶级的优势”。可以想见，在诉苦大会上，群众任何愤怒的情绪与行动都是难于遏止的，何况有时农人对强暴妇女行为、对鄙视同宗同族同房的人、对生性刻薄与攫取土地之人事，更加上了一种道德上的义愤。宗族、家族内外的利益恩怨之争在此时也混为一团。

中国乡里社会有强大的宗族势力，东南部中国乡村是比较突出的地区之一。先行土改的陕北根据地也屡屡发现宗族传统是共产党阶级路线的最大障碍，例如民众后来的口头禅“亲不亲，阶级分”，就是针对宗族关系而言。共产党人认为人的阶级界限应凌驾于宗族属性，既然中国乡里宗族原则极为强大，必须坚决割断宗姓关系。一些同宗的地主和贫农有时无直接田租与高利贷关系，如果他们之间再有些可追溯的亲属关系，而且他们又被划分为不同的阶级时，旧日的宗亲关系往往会影响以阶级为原则的面对面的指责与批判。佩里（Perry）也在北部中国的研究中指出了同样的现象，他指出：“家族纽带增加了完成减租减息的困难，因为佃户和负债人不情愿与他们的亲戚做斗争。”（Perry，1980，p. 244）我调查过的皇口村干部余世英悄悄帮助同宗地主余世连分散财产，便属相当典型的例子。还有，当一位农会主任接受某地主一坛老酒，被土改积极分子李玉妹晓得后，当即在群众大会上点名批评。这种贿赂行为当是可能的。在地主地位已处于劣势时，向新的农会权力人物送礼是可以选择的办法之一，当时一坛老酒价格昂贵，一旦被接受，可能对改变其阶级成分有可预见的好处。正因为如此，贫农李玉妹说，农会主任“吃人的嘴短”。工作队也看到斗争地主的群众大会仍显得“软弱无力”，这和宗族与亲属关系的影响有相当关联。

于是地方共产党决定必须坚决清理农会和村委会。很快几天，大黄村基层组织改选，原干部29人中，清除一名有劣迹者，落选5人，又增补了贫农中农干部20人，新的村系统各类委员、干部增加到后来的43人。大黄村社区下属各村都建立了农会、民兵队、共青团和妇女会。大黄村新农民代表会也随后成立，代表比例男女各半，贫农成分是中农的3倍。新的权力机构有了贫农基础，强化了阶级对宗族的优势地位，斗争地主的火力更猛烈了。

新农代会成立为大黄村划分阶级的工作巩固了基础。因为阶级划分的方案是由土改工作队和村干部根据上级文件的原则，通过农代会制订和批准的。

根据北方省份和随后福建试点县份土地改革的实施，证明一个地区和乡村的土改中划分阶级是最困难的环节，尤其是讨论具体的阶级界限。在老区土改时也曾发现将阶级分层的评估落实在每一村落每一农人头上的确棘手。

“劳动是区别地主与富农的主要标准”、“劳动与附带劳动的分界即地主与富农的分界”（《中央人民政府政务院关于划分农村阶级成分的决定》，1950，第10—11页），这是一般情况下区别地主和富农的原则。

“所谓地主，一般是：占有土地，自己不劳动，或只有附带劳动，而靠剥削为生，时间以解放时日为起点向上推算连续3年者。而富农是，一般占有土地，但也有自己占有一部分土地，另租入一部分土地，也有自己全无土地，全部土地都是租入的。一般有优良生产工具，自己参加主要劳动，但经常依靠剥削为其生活来源之一部或大部，剥削量超过25%，时间又在连续3年以上者。”（同上，第3—12页）

分清地富阶级界限需要给农民一些实例参考以防止错划，于是理论的原则需要变成可以衡量和对比的数字根据，因此必须进一步加以解释。

所谓主要劳动，在一般家庭中有1人（在大家庭中即有15口以上者，则全家有劳力的人员中应有1/3的人员）每年从事农业生产上主要工作部门的劳动，如犁田、莳田、割禾、除草及其他生产上的主要事项，而劳动时间满1年的1/3（4个月）才称这家有主要劳动。而附带劳动是指农业生产中不起主导作用，如看水、照顾耕牛、耘草、种菜，仅对农业生产起辅助性作用的劳动，或全家虽有人从事主要劳动，但时间不满4个月，或虽够4个月从事劳动，但不是主要劳动者，均为附带劳动。（同上，第1—18页）

因此，根据劳动与不劳动、附带劳动与主要劳动作为地主与富农的分界这一基本观点出发，对已破产地主，有劳力但仍不从事劳动为主，生活超中农者，或对租进或买进大量土地自己不劳动还转租别人靠收租为生，其生活超过一般中农的“二地主”“二东家”等均以地主论。

中国共产党在土地改革中，明确划分阶级的目的是划清阶级阵营，既不要将地主漏掉，也不许将其成分错划为地主，在此要求之下必须树立团结农村90%以上人口，加强农民队伍，建立农村反封建的统一战线，争取多数、打击少数、减少震动面、孤立地主阶级等政策指导思想。

成区是以各自然村为单位，争取民主公议，先自报成分互相评比；在划地主成分的工作之先，工作队已和村穷人一同摸了地主的底细，在充分准备材料的基础上，已酝酿向地主斗争了。

大黄村的地主余春善已知情况不妙，忽然在群众大会上大哭起来，边哭边说：“我是地主，我就是地主。”但农民知道必须核对条件才能成立。

“你不要玩弄鬼把戏，你讲讲你的条件！”一个农人朝余春善大喊。

“我没有剥削过别人。”

“没有剥削你怎么会是地主！”

“你是不是漏报黑田39亩？讲！”农人手里已有调查根据，边念边问。

“有，有。”

“霸占多少地？什么时候？”

“7亩半，我当保长时。”

“还有呢，高利贷！”

“是。我用高利贷收了谷子5 250斤。”

这个村的大会原准备开一天，结果持续了两天，完成了划地主成分，工作队认为，地主剥削的花样并不是每个农人都知道。通过群众大会，不少穷人大吃一惊，更加憎恨地主了。一年以后，黄村的土改工作队员王富生在年度土改工作报告中写道："当时感到群众的力量真大，迷信和靠命运的思想靠不住，这是这个村人民政治和阶级觉悟提高的表现。"（根据档案手迹）

黄村金冀之家的高大宅门显赫乡里。志司在抗战后，往返于村内外，用赚的钱购进100多亩田和山上多片树林。根据当时当地地主每户所有土地的平均数量衡量，以及解放前3年的时间量比较，志司的土地已大大超过划为地主的规定，时限又刚好在20世纪40年代的最后5年中。

志司将被划为地主成分无疑。他的劣迹更使他在为他开的斗争会上狼狈不堪。

同村同宗的黄孝黑，声色俱厉地发问："志司，你强购别人的田，你一共占了多少？"

"别人还不起你的高利贷，你就逼人家。"

"黄孝阿就是被你逼死的！"

"事实上有出入。"

…… ……

"你还抵赖，打倒地主阶级！"

"你还娶小老婆，强暴妇女，老天不容！"

会后乡里人私下议论这次斗争会，说他"太贪心，平日嘴硬，待人刻薄，招来太多怨恨"。颓丧无表情的志司感觉到了为什么乡里人没有人替他说话。

在群众运动高潮中，积极发言控诉与心慈手软是能否分清敌我、站稳立场的原则表现。土改工作的每一个步骤都得到了原则与时限的规定。

很快，农会常委会审批阶级成分，由代表再批准。张榜公布后，农人都围拢观看，认字的人帮助不认字的人。于是每家每户、户主与家庭成员都在阶级的层化中各站其位。志司已属罪大恶极者，张榜公布后，仅有两户成分改定，其余包括志司在内的地主一律维持原定成分。

当志司被押解至玉田县城后，人们料到他已被划为恶霸地主之列。乡里没有人知道他被带走以后的情况。有一天，他被人民法庭押送至西路黄村边，那一天很少有人注意到他。志司面色苍白，望着坚固的金翼之家的民居，他似乎看见了他视野中的村民，似乎又没有看见。一切都清清楚楚，一切又都朦朦胧胧，就像那头顶上的天空。

1949 年以后的土改时期，人民法庭有很大的权威。张榜公布阶级成分不久，一个消息传到黄村，恶霸地主志司被人民法庭判处死刑，几日前已伏法。消息传来，金翼之家受到了巨大震动。

志留离开家乡不久，还给马儒士同志写过一封亲笔信，谈及兄弟志司的事。几十年以后，志留分析说："可能马儒士还没有收到我的信，四哥已被处死了。"接近志司的人后来披露，在押期间的志司对人说："我最恨志留，恨不得把他吃了。"这时期的新的阶级原则、兄弟之情、误解与许多难言的苦衷都混合在一起，也没有机会沟通信息，这恨是从哪里产生的呢？再也没有人知道。

划分阶级成分之后，大黄村社区内外有 7400 多人次参加了包括志司在内的 3 次斗争大会。会上宣布 1 名土匪、1 名恶霸地主（即志司）和 1 名不法地主被镇压，3 名地主分子被管制劳动，仅 2 名被划为富农。小土地出租者 2 户，贫农 229 户，宗教者 1 户。

阶级成分划定后，土改工作队着手建立了没收小组。在金翼之家民居外，民兵持枪站岗。由于金翼之家后来未再分家，故从湖口返回黄村的东林一房人均被要求搬出，被迫迁到过去的老屋里去，称之为"扫地出门"。大黄村社区的土改工作队员有的就是从北方山西省老区南下而来，他们的山西土改经验与做法就包括"扫地出门"（东明一房人，没有被划为地主成分）。

东林把家庭财物报物单递给民兵，没收小组在厅堂前后左右逐一清点、画押。东林和志司的遗族只被允许带走一些日常用品，其余大量财产编号造册。当东林一房人离开这座有兴旺象征的金翼民居时，没有一个人说一句话。民兵最后离开时，在东林、志司家的大门上交叉贴了宽宽的白纸封条，上面有年月日和红色的成区人民政府的大印。

没收小组共分为 4 组，分散到各村去工作。一要向族长索要族田契约，向地主索回租佃和高利贷契约，并由当事人当众画押废除旧约。这时一些旧日土地契约、高利贷凭证，以及家谱之类，收缴后均付之一炬。贫雇农不用再为过去负债发愁了，因为地主和高利贷者已威风扫地。

后来得知黄村仅有的一份族谱，在金翼之家保存下来，至15年以后的“文化大革命”时才被焚毁失存。

在农民阵线内外感觉是不一样的。土地改革把乡村地区地主昔日的威风完全打翻，真正的地主成分与农民的界线是清楚异常的。然而在农民内部，共产党人继续划分阶级。本来想在理论上勾画出反对、团结、中立、依靠的对象阶级，但是既然属人民的范畴，再划分阶级便使得乡村民众有一种紧张心理。如黄村划分农民成分时，一方面说贫农、中农是一家人，共同闹翻身，可是农民从群众大会宣讲上逐渐判断了自己的社会地位，深切感到共产党是依靠贫农和雇农，所以还是穷点好。于是黄村的中农想划成佃中农，佃中农想当贫农，贫农想当雇农。黄村的中农黄荣青说：“划我是中农我不同意。”但当时处于土改指导地位的工作队员向他解释中农和贫农的条件区别，然后让他自己体会再“自评自报”，所以也就“没意见了”。这时的政治气候下，连旧日地主也像个放了气的车胎，何况其他人！这位中农只是发发牢骚：“土改和我无关，反正我不能分田，要是分到坏田还不如不分。”中农觉得，政治上的团结与依靠的含义有很大差别，无论如何，在生活中遇到某种场合时，成分不同至少造成了人际关系上人为的不自在、隔阂甚至矛盾。特别是在乡村户籍簿上的成分一栏也带有出身的含义，因为每一个家庭成员（从老到小）都写有相应的阶级归类（见表4-1户籍簿片断实录）。这一社会现象在后来的几十年中都未能改观，其社会影响极其严重且深远。

既然是阶级斗争，当然要肃清“和平土改”思想，乡民唯恐表现不积极，当时的话叫：“依靠贫雇农，团结中农，向地主阶级来一个大进军。”中农只能是被裹挟着参加革命，在这一激烈的土改斗争中，当应如此。几个群众大会过后，打掉了地主的气焰，又树立了贫农的优势，谁能奈何?!

表 4－1

号	姓名	性别	年龄	身份	称谓	出生年月日	职业	文化程度
7	黄匹友	男	36	贫农	户主	1918. 12. 5	农人	文盲
	刘秀娥	女	28	贫农	妻	1926. 8. 21	家务	半文盲
	黄荣卓	男	10	贫农	长子	1944. 1. 1		
	黄荣景	男	7	贫农	次子	1947. 3. 22		
	黄荣盈	男	4	贫农	三子	1950. 1. 9		
	黄荣坚	男	2	贫农	四子	1952. 1. 20		
12	黄少台	男	41	贫农	户主	1913. 2. 6	农人	私塾 5 年
	郑爱钦	女	41	贫农	妻	1913. 5. 5	家务	文盲
	黄芳文	男	20	贫农	长子	1934. 2. 26	农人	文盲
	黄芳珍	男	11	贫农	次子	1943. 8. 15		小学肄业
	黄顺英	女	4	贫农	长女	1945. 9. 9		小学 1 年
	黄方祥	男	4	贫农	三子	1950. 7. 7		
	黄翠英	女	1	贫农	次女	1953. 1. 13		
33	黄荣香	男	27	地主	户主	1927. 10. 29	农人	半文盲
	黄东林	男	81	地主	公	1873. 8. 7		初识
	郑月娇	女	79	地主	妈	1875. 5. 21		文盲
	傅柳申	女	47	地主	母	1907. 11. 22		文盲
	伍秀花	女	28	地主	婶	1926. 5. 25		文盲
	黄荣咨	男	20	地主	弟	1934. 3. 17		高中毕业
	黄荣付	男	6	地主	弟	1948. 2. 21		
	黄荣波	男	3	地主	弟	1951. 7. 16		
	黄秀姐	女	13	地主	妹	1937. 2. 27		初中
	黄冠芳	男	3	地主	子	1951. 9. 22		
	黄秀妹	男	4	地主	女	1950. 2. 13		
	黄亚芳	男	2	地主	子	1952. 7. 6		
	陈月银	女	26	地主	妻	1928. 4. 1		文盲
169	谢于金	男	40	中农	户主	1913. 5. 23	农人	文盲
	李上伴	女	12	中农	子	1942. 2. 23	学生	
	张玉妹	女	40	中农	妻	1914. 6. 25	家务	文盲
	谢丰营	男	5	中农	子	1949. 7. 15		
	谢幽兰	女	2	中农	女	1952. 6. 1		

分配胜利果实委员会成立了。当时最重要的财产是土地、住房和生产资料。其做法使我们想起在晋绥解放区曾进行的土地改革步骤的极大相似性。

分配委员会共有50人参加，有经验的老人、农会代表和干部各占1/3。为了公平起见，执行者的个人条件是：大公无私、不讲情面、敢于斗争、积极工作4条。委员会分4个股：分配评议股、检查整理股、武装保卫股、宣传教育股。

当年土改干部黄荣千已逾古稀，记住了印象最深刻的往事："当时是以耕者做基本，今年什么人耕，就分给谁；不平均的要抽调，按人口分田。我们当干部的一份地要拿中等。我们的确觉得应听从纪律，不怕吃亏。地主的田、出租的田没收，祖墓的族田也要收回。我起早贪黑，不算自己的工钱，和工作队一起干。"

大黄村农民代表会上通过了分配方案后，认为必须防止农民内部矛盾、打消来自农民内部的顾虑。为此大黄村的宣传要点是：农民要互助互让；干部要大公无私、公平合理，反对绝对平均主义，做到民主协商；分配要有利于生产恢复和农民普遍满意，争取"贫雇农得地开心，中农有利称心，富农不动定心，地主劳动回心"。但这一段顺口溜有时只有第一句兑现，其余内容兑现实际上则极为困难，尤其在执行了过"左"政策的地区。

在重新分配土地的过程中，反对平均主义，反对同宗人袒护和反对破坏活动，反映了农民意识、宗族主义和阶级对抗在乡村社会剧烈变迁时期的重大影响。实际上，除贫农阶级的专政和孤立、打击地主阶级成为共产党武装夺取政权的政治的继续外，对保守的农民意识和宗族主义的斗争有时仍是谨慎的。例如，分配土地的方案首先是以原耕土地为基础，以防止打乱重新平分。其次，核定土地数量、质量、位置均以赋元为基础、实际产量为标准进行调整。这次土地改革，在福建的大部分地区唯一迁就宗族原则的做法是：族田仍归同族劳动者，这是仅限于在农民阶级内部对宗族原则的妥协。

在政权更迭过程中，共产党人大刀阔斧改造基层农村社会的目标是以新确立的阶级结构代替传统乡村宗族结构，但在这一社会化的初期，外来干部一到乡村就切身感到了地方姓氏集团的势力之大。在同宗内地主被打垮后，同宗农人的认同仍是强有力的，只不过在公开场合，阶级的原则总是远远凌驾于宗姓利益之上。新制度的威力只是压抑了继续潜在的宗族力量，不言而喻，一个有几千年长久的传统秩序是不会断然消失的，但在急风暴雨式的土地改革中及其后来人们有时也会有轻率和主观的估计，认为宗族力量已被阶级的力量所打垮，尤其在土改中，获得了实际利益的贫苦农人对一种新意识形态的欣赏，以及由此产生的对未来幸福生活的憧憬，也推动了对旧宗族原则的否定。然而实际上，宗族势力适应新的社会秩序，只是从昔日有组织的宗族力量化作了非组织的宗族力量——一种仍然存在的认同聚合力和在不同程度上仍支配地方事件进程的势力。

大黄村的土地分配是由评议股负责，按原耕为基础，调整时或抽调或抽补。先分山庄后分小村，先分贫雇农，后分中农，对地主是先放后分，对富农是保留不动，坚决照顾贫雇农。这显然表现了雇农、贫农在分配土地上的政治优势原则（非平均主义）。

一项统计表明（《1951 年大黄村基点土改运动总结》[手稿]），土改前 5 户地主平均每人拥有土地 4.72 亩，富农 2 户，人均 1.8 亩，小土地出租者 2 户，人均 1.2 亩，中农 83 户，人均 1.48 亩，贫农 229 户，人均 0.75 亩。人们发现，没收了地主在村内外 227 亩外，属于同宗同祖族田、公田的数量非常之大，共计 6000 余亩，分别划归国有和重新分配之列。大黄村地主住房 46 间、农具 56 件和 3116 斤粮食也拿出来分配。土地改革重新分配了旧日的土地，结果 9 个村的贫农人均分配 5.25 亩，中农人均分配 4.59 亩，富农人均分配 3.94 亩，地主人均分配 2.77 亩，小土地出租者人均分配 4.61 亩，宗教人士（如道士）人均 4.61 亩。由于水田、山田产量相差殊异，故土改时居住在山上的马山村畲人人均土地达 6.21 亩，而黄村山谷四个村水田多，山田少，人均分地 3.49 亩。其中贫农人均分地 3.56 亩，中农人均 3.41 亩，地主人均 2.61 亩。

以上土地分配细则一律张榜公布。贫农在分田的第二天一早就去耕田，贫农黄荣玉说："现在耕自己的田不用给地主租了。"在农民内部，由于同样贯彻了阶级原则，划分每个户主和家庭成员的成分，地方干部注意到农民内部划分阶层后出现的不满情绪。如有的地方中农土地分配按人口平均数低于贫雇农或大致相仿，中农则认为其新经济、社会地位相对下降，这一内心衍生的不安大大影响了他们在后来合作化运动中的外在表现。（请参见第五章）

就玉田县而言，贫雇农在土改中受益显著，与中农分得土地相仿或更多些，富农大都维持了旧日的土地数量（或相对减少），唯有旧日地主占有的土地人均量下降了。昔日族田、公田占有量极大，28万亩土地分摊到农人身上（不包括划归国有者），增加了人均占有量。就专区 9 个县土改前后各阶层土地占有变化的统计看，地主由每人人均占有 11.87 亩降至 2.38 亩（见表 4-2）。该专区富农旧日占有土地以外，多租用公、祭田，土改中公、祭田属被征收之列，不算在阶层占有量内。这样，按政策，富农占有土地量不予改变，大体保持在 4.37 亩左右。中农土改前后人均占有分别为 1.96 亩和 3.3 亩，而贫农从 0.69 亩上升到 3.2 亩，雇农从 0.26 亩增加到 2.9 亩。除此之外，地主的住房、耕畜、农具和多余粮食分别被没收，共计 35 990 间住房、2 210 头耕畜、93 839 件农具和 9 615，825 斤粮食。

表 4-2　土改前后农人人均土地占有量表(亩)

地区农人	专区 9 个县		玉田县		大黄村 9 个村		黄村等 4 个村	
雇农	0.26	2.9	0.26	3.47				
贫农	0.69	3.2	0.88	3.31	0.75	5.25		3.56
中农	1.96	3.3	2.1	3.49	1.48	4.59		3.41
富农	4.37	4.37	4.4	4.4	1.8	3.94		
地主	11.87	2.38	10.4	2.33	4.72	2.77		2.61
	土改前	十改后	土改前	土改后	土改前	土改后	上改前	土改后

（根据县存资料和乡村资料）

根据贫雇农的家庭人口与缺粮情况，农会将其划分等级，然后把征收来的粮食优先分给缺粮户。没收的农具也首先分给缺耕具的贫农，耕牛则大体上是3户1条。地主家被查封的大宗家具同时抽出平均分配。大黄村的房子首先分给无房的贫苦农民，金翼民居里的东林家被扫地出门后，住房一部分分给了贫农黄友印家住。

根据一项土改受益统计表的统计，福建省有95.25%的人分得了土地，每人平均受益土地为1.98亩，由于福建省各地地貌复杂，各阶层占有土地状况颇有不同，但上述大黄村、县和专区统计数字仍能表明贫穷人受益显著，地主的经营被迫中止。

黄村地主志司遗族荣香一家13人（含东林和志司的妻、妾），土改后共分配32.99亩田，平均每人2.61亩。另一户地主黄子忠一家9口人，土改后分配22.62亩，平均每人占田2.51亩。而中农、贫农分得土地则均超过这个平均数。如贫农黄昌友家3口人，分得土地10.53亩，人均3.51亩；贫农黄仁楼5口人分得土地23.88亩，人均4.77亩；中农黄志莪7口人分得25.39亩，人均3.62亩。显然激烈的土地革命后，贫雇农不仅有土地分配数量、质量（水田、山田、肥田、瘠田）上的优势，更有政治上、社会地位上的优势，为此中农不高兴。

大黄村土改只用了两个多月即告完成，这是共产党人对耕者有其田、推翻地主阶级政权思想的实践。他们采用了一场"系统的激烈的斗争"的尝试，其涉及的版图范围之广及其深入性，在世界上是罕见的。分得土地的贫苦农人兴高采烈并处于乡村中的优势地位，地主的威风扫地以尽。金翼之家当属被推翻的阶级——地主阶级的活生生的代表，人人和他家划清界限，没有人再向他交租、送礼，志司也再不可能上门索债了。与此同时族田全部没收，宗族势力在历史上第一次受到如此沉重的打击。

随着土改一步步推进，大黄村有了以列宁和毛泽东阶级分析原则所确定的新的阶段阵营分野。（见表4-3）

表4-3 大黄村9个村各阶级成分划分表

村名	贫农	中农	富农	地主
黄村	45户	14户		1户
木阁	34户	11户		
林洋	11户	4户		1户
前洋	10户	3户		
上洋	59户	26户		1户
马山村	14户	6户		1户
长坑	8户	1户		
香山	55户	15户	2户	1户
红溪	9户	1户		
总计	245户	81户	2户	5户

（根据乡村所存资料）

这一新的阶级划分意味着不同的经济、政治与社会地位，土地改革分田分地，打击地主阶级，确立了贫雇农在乡村的领导地位。然而依土地和劳动条件划分阶级后将其落实到实实在在的每个家庭和每个人身上，在农民中这样做并非恰当。以往人们忽略的一个后果是：从此在户口簿上每一户都有了一个“阶级的标签”。(Chen, Anta, 1984) 这一划分后来影响了中国乡村社会（城市亦然）的进程。在多次激烈的政治运动中，成分与阶级出身都在起作用，尽管后来作为成分依据的土地占有关系已有了完全改观。

一场革命以后，黄村内外都恢复了平静，但生活的格局已完全不同往日。政权已是共产党和贫雇农的政权，昔日踌躇满志往返于福州、湖口，不断扩大土地和店铺生意的志司忽然消失在生活的画面外，好风水象征的金翼之家，还有成功者象征的东林及其后代，胆怯地隐居着。其他一切人也都有一个具体的阶级归属——成分和出身，写在户口簿上，从而成为社区生活方式的一个重要组成部分。共产党的阶级政策支持了贫雇农在分配土地和生产资料以及政治上的优势地位，这是土地改革之火燃烧的最初结果。

1949年革命后，黄村内外几名大地主乡绅均遭受打击，他们曾是宗族组织的要人，他们倒台后的宗族组织立即被新的阶级阵线取代。旧宗族已无力与新的社会秩序抗衡，保甲长当然消失了。以往割据于玉田内外的前军阀和民团也被解放军和地方民兵所代替。

在建立地方共产党组织初期，共产党工作队起了将中央政策直接下达基层的功能，直至农会、民兵、妇联等农人组织机构健全，工作队才告退。工作队实际上代表了党的领导，它必须保证在重要时刻党的方针能无条件地抵达基层。真正地说，新的社会秩序之确立最终是以基层共产党组织的建立和巩固为标准的。可以看到基层党组织和地方党的领导人是农会、民兵、妇联等的真正权力者。革命后，土改成为从中央一直贯彻到基层每一农户的第一次彻底的共产党社会运动。这是在消除了上述农村社区旧日缓冲集团和夹缝角色，建立单向（自上而下）党的指导系统的条件下完成的。新的乡村社区结构，造就了如下特征：

1. 新的阶级的原则、阶级的阵线取代宗族原则及其在乡村的组织系统。共产党支部建立在乡村成为共产党中央和政府方针直接抵达草根社会（比中国历史上任何时期都明显）的组织的保证。

2. 前革命时期政权的宣导性哲学、乡绅地主集团利益与观念，以及农民意识远未达成协调，而共产党改变地方社区结构之时，同期推进一元化的意识形态，一以贯之，并教育农民使其农民意识引导入共产党的思想系统之中。

3. 宗族的认同已被阶级的认同所压抑，宗族一切物质的和精神的象征完全被党的象征所代替。土改中受益的贫苦农民感激共产党，他们接受尝试用阶级的感情和创造美好未来的道德义务推进社区发展。韩丁体会到农民情愿跟着他们（党）走（Hinton，1966，p. 607），达成了党的新象征主义，从而成了新社区结构的重要内涵。

4. 被认为是农民阶级固有的弱点（如保守和平均主义）所致，须有党和党的干部的扶植和帮助，这当是“农民需要无产阶级领导的原因”。（Hinton，1966，p. 606）因此，革命后的基层农会等组织，总是处在被领导和服从上级指令的执行机构地位，而不应有任何理由改变这一地位。这样，革命后的草根社会农人社区已与前革命时期可以抗衡政府的宗族乡村结构完全不同。这时的乡村结构从新的象征主义、道德的情操、组织的严格性、对党的决策和领导才能的信赖以及从阶级斗争的严肃性、必要性上看都应是不容怀疑，这一结构并不断得到巩固。这是中华人民共和国成立后20余年间党令、政令和推行大规模社会运动通行无阻、直达社会基层的重要基础。

土地改革结束了，中国基层乡村结构得到了完全改观，这实质上是共产党新政权建设的继续。然而一场革命满足农民“耕者有其田”的原理仅仅是暂时的，因为未来乡村社会的发展即使是循着小农经济老路走下去也会起变化；若是改变了生计方式与生产关系的话，社会政治生活和农人家庭将会有更为难以预料的变化。中国历史上历次农民起义和变法都不能使均田的人为情势保持下去，在乡土社区中，不同家庭即使从同一个生活生产条件的基点起步，其结局也将是不相同的。中国农民家族史表明了世代兴衰的历史性轨迹，因此早就可以预料：土地改革后，农户与农业社区发展的平均主义结局是不可思议的，除非有不断的来自外力的特别干涉。土地改革以后，多数农人的生活水准的确提高了，如何处理土地占有、劳动态度、政治觉悟和阶级归属的相互关系呢？当被依靠的贫雇农和被团结的中农生活改善以后，如果有了稍微富裕的生活，会不会影响所谓劳动者的阶级地位和阶级觉悟呢？这又和生产力的进步有什么关联呢？那些新造就的基层社区结构特点日后会不会发生变化呢？

第五章
后一张鲁社会大实验

一、通向互助合作之路

黄村人像土改后的中国农人一样，粉碎了旧日土地制度，确定了地权，连村里的妇女乃至童养媳都获得了土地证。这在传统父系社会的中国是亘古未有的。确定地权、保护私有，给小私有经济发展创造了条件。有了土地的农人生产积极性空前高涨。

1952 年的中国，农业总产值达 461 亿元（国家统计局，1984，第 16—17 页），已恢复和超过了战前水准。黄村所在的成区（含水口、湖口、皇口和边口）的水稻作业平均亩产 236 斤，与战前最高年产量 301 斤和最低年产量 191 斤之平均值 246 斤相比已相差不多。人们有了自己的土地，可以方便地运用互助的民间协作形式，如家庭间的换工多在插秧和收获时，在谁家插秧就吃谁家饭，最合理易行。

20 世纪 50 年代初中国分散的小农经济十分脆弱，耕畜、农具和资金困难。例如当时中国 23 个省 15 432 户农民的调查表明，土地改革后贫穷户平均占有耕畜不过 0.51 头，犁 0.36 部，水车 0.06 部。（中华人民共和国统计局，1957，第 18 页）在福建省的山地这一类数字更低。如遇灾年，孱弱的家庭农业当然不足以抵御，于是农人开始寻求不同类的互助形式。在传统宗亲社区，千百年形成的宗族制度、雇佣方式、田赋与债务格局限制了超血缘的互助，遗存下来的仅仅是农忙的简单协作。现在农人各有其田，抵押与债务一笔勾销，地主的经济优势和族权扫地以尽，这就为一种超血缘社区意义上的互助合作提供了可能性。在实际社会生活中，中国共产党的建设指导思想始终联系着互助与合作的实践，这不只是说在抗日战争时期陕甘宁边区的互助合作实践，而且包括早在第一、二次国内革命战争中红区的实践；这不只是说在学习苏联的经验，而且也在尝试执行列宁宣布的原则。

戍区在1951年已有互助组187个，人口4031人，占总人口的30%。其中，常年互助组3个，临时互助组54个，形式互助组130个。到1952年发展到266个互助组，人口8399人，已占总人口一半以上。其中，常年互助组猛增到101组，临时互助组上升为128个，而形式互助组下降至34组。（根据地方资料摘编）在黄村，每一个互助组大体由10—15户人家组成。由于分土地农人的情绪高涨，“爱国增产”竞赛运动十分顺利。皇口农人提出“谁增产，谁爱国”的口号，黄村的互助组田地里插着红旗和“爱国增产”标语牌，甚至在农具木柄上刻“爱国增产”的字样以示决心。红旗上还写有“抗美援朝”（这时正值朝鲜战争时期，美国是“头号”敌人，苏联是国际社会主义大家庭中的“老大哥”）的字句，当作对农民进行爱国主义教育的一种方式。

有39个单干户也卷入了互助竞赛运动，订出了他们的生产计划。

1952年冬季，戍区安排了次年治虫、抗旱救灾、积肥和秋收等季节性挑战活动。一共有5343人积极参加疏通河道，修复了762条灌溉渠，战胜了玉田4月的一场大水灾，抢救了7314亩秧苗。边口的妇女陈玉英背着一岁的孩子参加救灾活动；皇口一老妇人涉水6次给防涝队送饭送菜；周玉娇的田受淹3次，她排水补种3次，仍增产37.6%，被评为互助组中的劳动模范。黄村用点灯诱蛾的原始捉虫法，灭虫数万只。当时尚无农药的黄村、凤田，人们仍处于和昆虫直接对峙的地位，农人提出“螟虫不消灭，我们不收兵”的口号，冒雨下田捉虫，一天扫荡了300亩，虽说这方法治标不治本，螟虫照旧繁殖，但只要赶在再度繁殖前即可暂时奏效，这无疑是中国农人以人力与意志支持的生存的和生态的努力，中国农人拥有勤劳和富于牺牲的精神，也是新焕发出的农人社区互助精神的结晶。

农人仍是极为贫困的。平日的食谱告诉我们，黄村人很清苦，早饭是地瓜条和米饭、腌菜、煮芋头、盐炒空心菜（使用菜油）或黄豆酱煮菜。中午饭带到田边吃，不过是早上的剩饭，由女人或孩子担草篮或竹篮送去。富裕些的人家添加点咸鱼或咸蚬已很不错了。晚上下工回家，只吃稀饭和咸菜（或挂菜）。若是在春夏之交青黄不接时，口粮会严重不足。历史上的饥荒是有案可稽的，如果不能解决粮荒，新生的互助组定难于长久。而此时此刻，刚建立不久的政权的救济是有限的，只有生产自救才是积极的办法。这时期，农民个体经济已成乡村新的生产关系特征，如果不加以引导和保证（如鼓励劳动致富，以及允诺查田定产确定公粮数额后不再增加负担），农民之间的互通有无、互助互利便不会开展。

戌区一度兴起的借贷现象，是农人耕者有其田初期目标达到后，群众以其无比信任以及在农人间新的互助关系为基础的。戌区各互助组之间总共借贷 1769 斤大米，再加上有 70 个互助组以农副业相结合，收入 4 万斤大米，终使 1349 户的 3718 人度过了春荒。

互助组的自由借贷是在分得土地的农人的热情中进行的。在大黄村，互助组组长带头借出余粮和猪，当是一种无言的表率，而他本身也是土地改革的受益者。吴国芳互助组甚至提出“把死宝变活宝”的口号，王月香这位乡村妇女勇敢地把自己结婚的信物银头钗拿出来，一下子感动了一乡人。这时的自由借贷尚无严格的法律保证，但人们仍能放心地互通有无，因为一旦焕发了由衷热情的纯朴农人，不仅是慷慨的，而且因互助而格外自爱。有 4 个乡发动了“一两米救济”运动，专门为了 206 个病残鳏寡者，终使春荒中未死一人。区区一两米，人们并不追求归还，而收获则是中国农人社区意识有了提高的起点，巩固了不同姓氏农户的团结与互助的基础。

戌区的互助组运动结了硕果。1952 年的粮食超过常年 12%，超过1951年18.4%，超过1949年以前的31%，已恢复到战前农业生产水准，并出现了增产113%的丰产田和丰产互助组（根据地方资料摘编）。虽说互助组有其发展生产的局限性，但它能调剂耕牛、农具和劳力之余缺，促进生产的合理组合。刚刚分得土地的农人的热情与信任有利于发挥生产的潜能。

互助组的另一个特点是，昔日的乡村宗族系统由于阶级成分的划分而受到冲击。一个个小家庭作为生产与生活的单位被推到了前台，互助组多数是以户为合作基础的，宗族主义与地主阶级一同遭到了沉重打击。在新的政治原则下，黄村金翼之家的内外关系首先已不是叔侄、舅甥关系，而是地主与中农、贫农的关系。地主阶级成分的家族成员在社区政治的压力下显然处于低下地位，他们自食其力自不用说，而且互助组不能、也不敢接纳地主家族。分清敌我界限已构成社区人际关系和互助合作关系的前提，即使有时宗族房分关系还藕断丝连。

到1953年，全国已有467.5万个互助组，合计2100万户，占总户数19.2%。黄村互助组较大，超出10户一组，参加户数已达60%，可见黄村互助组比率已超过全国平均数字许多。乡民的热情直接来自于土改后农人生活的提高与社会保障。在尚未有强大商品经济引发的超社区发展机会之时，中国乡村大体已显示了如下之发展趋势：乡村家庭添丁进口；玉田县人口至1953年已达18.5万人，比1949年增加1万人。（《玉田县人口统计资料》，1953，第26页）相当比例的中国农人从“半年糠菜半年粮”向20世纪50年代意义上的维持生存或稍好的温饱型中农水准迈进。中南局农业工作部在1953年的调查报告中也认为，占农村总户数20%—30%的接近中农户，预计到1955年大部分可上升为中农，届时中农可占农村总户数的60%甚至70%。（《中南区35个乡1953年农村调查》，1978年，第19页）根据国家统计局1954年的调查，这种预计是正确的。这就是说，已展现了一种中农化的趋势。

以小农经济为基础的富裕之路仍受若干因素制约。新发展的互助组内，一些人发现以数户为单位的互助组如果不坚持“等价互利”的原则，它就不会生存下去，由于人力等价、农具等价、按劳定分、死分活析，奖励和管理均受生产水准、知识与教育水准的制约，所以组长们不得不为保持“等价互利”原则耗费大量时间和精力，成功的互助组有时实际上取决于组长的正直、魄力、组织能力和自我牺牲精神。

现在的问题已不再是剥夺地主，而是如何稳固地引导农民——“耕者有其田”的农民以及他们在20世纪50年代初期的热情不致衰减下去。回首中国近40年间的劳动组合政策的进程，社会商品经济发展乃是组织、生产与合作的重要前提和必要条件的见地一直未能得到深刻的理解，表现在将中农化的趋势判断成“两极分化”（毛泽东，1977年，第187页），从而在1952年许多省份便开始掀起“清算互助组内资本主义”的运动，同时打击“雇工与经商”的思想，使农人的发展手足无措，挫伤了农业生产积极性。

1952年的一天，黄村及其周边两个乡38个互助组的组长被叫到区政府参加训练班，学习上级政策，几日后回到各自互助组带领农人开会，“清算资本主义因素”。20世纪50年代初地方上的农人甚至连城市都难得去一次，根本不理解什么是资本主义，而所谓“资本主义因素”不过是“雇工和经营商业的思想”。内中可见，除意识形态的原则起作用外，中国传统文化的“重农抑商”思想仍阴魂未散。这类学习会议被称为“争取互助前途的教育手段”，但实际反而限制了乡村社区面临的真正改观。当时农民生产仍处于自给与半自给的简单再生产状态，他们的互助合作只能是初级的，他们给予社会的以及他们所依赖于社会的也只能是低水准的，如何把亿万农民的智慧从传统社区和农业田园中引发出来，已成了从本质上使中国得到更新的关键，单凭情谊般的无偿互助终难持久。

农人需要发展，但农业生计之外的任何尝试都被认为是“资本主义”的，怎么办？这首先是领导者的问题。刚刚夺取政权的领导者立即变成了乡村建设的指导者，那么分田分地之后，如何为农人引出一条他们的先辈不熟悉的新路呢？新路当是导致中国农村乡土社区走向开放性发展，而不是仅仅试图描绘关闭的、带着传统生活方式的田园。可以发现，不熟悉现代社会发展结构与新技术新工艺知识的领导人显出了弱点。

互助组时期，戍区的农人已有改进农业技术的要求，对如“奇技”般的双轮双铧犁宣传画和实物展览十分有兴趣，但直至1955年玉田县才获得一部。正值中国农人对双轮双铧犁产生浓厚兴趣的时候，人们发现领导者认识上的和中国技术上的水准未跟上时代。

在乡村基层，农人互助合作的进程随时受高层决策的直接牵制。1953年毛泽东希望中央农村工作部部长邓子恢在15年或更多一点的时间内，完成农业合作化的任务，包括农业合作社取消土地报酬，实现土地集体所有制在内。邓子恢则暗示并告诫防止苏联农业集体化中曾发生的宰杀耕畜和谷物减产的教训。

实际上，中国集体化进程十分相似于苏联。1918年底苏维埃俄国境内（指苏联欧洲部分的中部）共有1579个劳动组合。当时农业人民委员会领导人考虑三四年内实现集体化，甚至是“某些强迫措施”。（达尼洛夫，1987）虽说列宁在1918年秋天已说过“企图以法令和命令来实行共耕制是极其荒谬的……”，（《列宁全集》中文版，1956年，第28卷，第323页）1919年3月苏联共产党“八大”也谴责了集体化的过火行为，但1927至1928年粮食征购危机影响了城市经济发展、工业建设计划的基础，于是加速集体化被看作是解决粮食问题的手段。随后，1928年后征粮的非常措施已不只限于富农，也没收农民的储粮，甚至种粮，于是引起了农民的反抗。1929年11月出现了产粮区1年内完成集体化的号召，但同时人们开始屠杀牲畜。当时的政策文件使用诸如“北高加索、伏尔加河中下游的集体化‘无论如何’也要在1931年春结束”（同达尼洛夫上文）的话，结果造成了一些地区农村群众骚动、反集体化甚至反苏维埃的行动。直至1930年3月联共（布）中央才谴责了强迫集体化这一过火行为。联想中国20世纪50年代集体化之路，可找到不少相似之处。所以关于集体化的思想构想与实施发生预想不到的结果的原因，在本质上并不是过高地估计了农人的合作积极性，而是农业战略与政策未能与农人思维、乡村制度与文化相协调。原因还在于，人类自愿原则是否得到尊重，个人利益是否在一种经济联合体中得到考虑，以及集体化原则与科学工艺水准是否得到整合。

20世纪50年代初，从小农经济的现状出发，个体经济的积极性应是不可避免的，而中共中央考虑的则是：应杜绝由此而产生的农村“两极分化”和“资本主义”。毛泽东强调发展初级合作社，邓子恢则认为应注意打好互助组和常年组的基础。然而，《关于发展农业生产合作社的决议》的提法，最后则是：“建社一般应经过但不一定都经过互助组和常年组。”已表现了急于集体化的思维方式，而这一思维方式主要来源于恩格斯和列宁关于合作的思想，建立合作社成了马克思主义的一个原则。

与上述分析合拍的原因还有，学习苏联急于发展重工业（苏联由于发展了重工业，为二次大战反希特勒法西斯准备了物质条件）。20世纪50年代中国视美国为头号帝国主义，并有朝鲜战争的实践与体会，还牵扯到苏联援助之有条件性等，都造成必须有重工业的前提考虑，这也是后来自力更生思想强化的新的背景之一。这样，以当时国力水准，唯一可行的办法是从农民那里获得必要的资金，认为合作化后农业组合单位变大，数量减少，“这比抓住1亿1000万户分散的小农辫子好抓多了”。（《当代中国农业合作化会议纪要》，1987年12月15日）的确，粮食统购统销政策就是在1953年决定的，合作化的任务也是同时提出来的。

中国农人以吃苦耐劳著称于世，这也是有悠久历史的农业民族共同的特征。当他们一旦获得了热情与积极性，其精神力量会转变成巨大的物质力量。然而，中国农民缺少科学和知识，当某种非科学的指导出现时，他们仍会带着热情与信任步入歧途。同样，当他们的热情一旦冷却的时候，那种对生产的阻滞力也是无可估量的，因为这是一个巨大的默默无闻的群体，农业中国的中坚。他们常常对错误的政策推行不表示公开的反对，然而他们总是让时间去说话，当世人一旦发现了中国乡村问题必须重新调整的时候，其损失已难以弥补了。当政治的文化、政策的文化和中国乡土文化脱节的时候，就是中国社会发生停滞倒退的时候。当代中国文化结构表明，当社会组织的形式不符合中国文化原则时，便会出现一种新的社会改革或变革的尝试。

当领导人认为农民是通情达理的，这一想法实际上的表达是在说农民是被动的和能够与我们配合的。当发现失去了配合的条件时，政治的压力往往掩盖了这种不配合现象的原因。例如，黄村以及流行于20世纪50年代全中国的“自发社”，实际上是一种无形的政治力量的结果，在大政治形式下裹挟的畸形合作形式并非表明农人的合作积极性。

高层的集体化构想实际上是可以靠行政命令快速推行的，中国合作化的进程如苏联20世纪初那样在速度上控制不住，的确是靠自上而下的布置。当这个全国统一的合作化步骤波及福建时，终于在1954年的成区也动作起来。仅黄村便一下子产生出5个初级生产合作社，黄村叫群承合作社，木阁村叫群力合作社，林洋村叫群建合作社，前洋村叫前途合作社，山顶上的马山村叫希望合作社。中国的农业生产初级合作社是将土地、生产资料入股，统一生产，统一经营，并按劳力、按股进行统一分配的农业合作经济组织。称为初级社的原因是仍保留土地私有和土地分红，因此被认为属于半社会主义性质。

黄孝秀说：“那时每个合作社有三四十户人家，互助组时期打的粮食是各家各户的，而初级合作社是把田里打的粮食集中按人口和劳力分配。当然要留公积金，工具也是合作社的财产。”

“黄村合作社的原则是土地入股，共同劳动，统一经营，按土地比例分红，提留一年公积金，拥有一定数量共同占有的生产资料；除土地、生产资料参与分配外，按劳计酬也有发展。”

“向国家交粮吗？”

“当然，1955年以前黄村合作社向国家交了大量粮食。”

“如何解释农人适应于基层互助组组织变迁而积极组建合作社呢？”

“普遍的情况是‘根据布置随大流’‘跟党和毛主席走错不了’。”

的确，是毛泽东的新政权给了贫雇农土地，中止了债务。贫苦农人翻了身，以一股对共产党的崇敬心情响应合作化的号召。贫雇农相信新政权为穷人服务，所以他们虽然没有合作化的经验，也不知合作化的原理，便下了决心。农人凭对共产党的信任，在没有否定土地私有的条件下（当时土地报酬占社员分配的30%左右），纷纷入社。特别是中国的农人尤重感情和回报，报恩或“以仁对待善”的传统思维起很大作用，他们不熟悉西方文化中的契约精神，但上述传统文化精神已足以使他们卷入合作的潮流，而之前并不用对新组织的结构与经济效果做出预计与估价，所以这也是重契约精神的西方人不容易理解的。

邓子恢主张以发展和巩固互助组，提高到常年互助组为中心环节，为试办和发展合作社打下基础；并竭力防止冒进，防止挫伤农民积极性。然而，到1953年10月，中央召开粮食统购统销会议，力求解决粮食供求矛盾，并使工业化的资金积累变得简单化，把小农经济快速纳入国家计划中。实际情况是：“不是先轻工业，后重工业的发展顺序，而是选择集中资源，优先重工业。不是从发展轻工业中积累资金，而是，总以加重农村的产出负荷为条件。”（中国农村发展问题研究组，1984，第25页）这样，粮食统购——用行政手段统购、派购的目的，便促使了在短期内由重互助组的巩固发展到转而重合作化的大发展。毛泽东在1953年说：“互助组还不能阻止农民卖地，要合作社，要大合作社才行。”“个体所有制必须过渡到集体所有制。”“这才能提高生产力，完成国家工业化。”（《农业合作化资料》NO. 4，1988，第99页）成区的合作社从1954年开始时的3个（31户）发展到1955年的27个（513户）、1956年的41个（2734户）和1957年的45个（2884户），不仅表现合作化的速度快，也表现合作社规模变大。从全国来讲，1954年春季已有10万个合作社，到1955年夏季增到65万个农业社。在1955年毛泽东做《关于农业合作化问题》报告批评“小脚女人”后，到年底便达到184.2万个农业社，后来合并为100.8万个合作社。由于合作化速度快，遗留问题不少，但尚未影响生产。1955 年的农业总产值仍比上一年增长 7.6%。1956 年年底再合并为 75.6 万个合作社，其中已标明为高级社 54 万个（平均 198.9 户一个），初级社 21.6 万个（平均 48.2 户一个）。这样原定 15 年或更长一点时间完成农业社会主义改造的计划，实际上是只用不到 5 年便在形式上完成了。1956 年，农业总产值仍比上一年增长 5%。

然而中国的问题总是在积累中慢慢地显现出来，一旦出现便积重难返，变成历史特征。至 1956 年年底，首次出现大牲畜头数比上年减少的状况，即使在成区这样的福建乡村社区，1954 年以后的两年，农户养生猪总头数也分别从 4.3 万头降至 3.5 万头和 3.9 万头。而另一方面，我们看到工业从农业上的积累已十分明显。对玉田县农民的粮食征购量从 1952 年的 150 150 担（总产量 1 294 382 担）增至 1957 年的 469 000 担（总产量 1 411 760 担），其含义是国家从成区（含黄村社区）征购粮的比重从 1952 年的 11.6% 大增到 1957 年的 33.22%。农民的负担实在是太重了，何况粮食的年产量并没有增加许多。

黄孝秀告诉我："初级社时期我们尚有热情跟着上级指示走，没有怨言只为增产，收获季节高兴地肩挑粮食从西路上走去。高级合作社以后，群众越来越有意见，20 世纪 50 年代初的热情不见了，人们开始发牢骚、讽刺，这是中国人的办法。你想，连年终分红的钱都没有，有时一户才能分 5 元钱，甚至爬上山伐树卖钱给社员分红。"

黄村的 5 个初级社才成立一年多就合并为一个前途高级社了，这一快速合并实际上并没有坚实的基础。虽说当时的条件是"农民自愿、有强的骨干和 90% 以上的社员增收"，然而生产并没有实质性的进步，农业技术没有新的提高，就又将主要生产资料折价入社，取消土地分红，实行完全按劳分配的社会主义性质的高级农业社。再加上以从上至下的行政命令推行编组，在并非农民自愿的情况下包办代替合作社升级，这样被剥夺的农民当然失去了积极性。

黄村的生产并没有长足的进步，就取消了社员土地报酬，劳力少地多的社员便减少了收入，这类户比例并不在少数。而农业机械化在当时尚无可能，多种经营受限制，高级社的原则也不容易调动农人的生产积极性。

有一天，在狭长的黄村谷地，当年土改干部黄孝秀和我在一起晤谈，他实事求是地谈到从互助组到高级社和后来人民公社时期农人和他自己的感受。

“初级社时，我们人心齐热气高。政府廉洁，讲话算数，农民很信任政府。”黄孝秀说。

“那么解放初，农民由衷的热情难道与土地制无关吗？”我问。

“那当然有关系。农民获得自己的土地，旧地主不见了，更重要的是树立了贫雇农的政治优势，党对贫雇农的依靠和信任，以及农人相信‘党的恩情比海深’，都焕发了农人的生产热情和政治积极性。”

“能介绍一下入社问题吗？人人都可以入社吗？”

“入社的实际情况是这样：从互助组、初级社到高级社三个阶段，被划成地主、富农的是不能入组入社的。而到人民公社阶段则全部加入。在互助组初期，中农、富裕中农本不能入组的，而后期出现这样的局面，一部分中农、富裕中农参加进贫雇农组织的互助组；另一部分中农、富裕中农自动成立互助组，我们这里称之为‘自发社’。”

“黄村也有‘自发社’吗？”

“有。”

“成立正式的互助组和合作社不是需要上级领导人核准吗？”

“是的，当时成立互助组、初级社和高级社都得经过批准，黄村各时期互助组合作社的名称、组成都是经过批准的。”

“有批准的标准吗？”

“有。主要有二：一、社内是否有能起带头作用的骨干分子；二、成员是否都是贫下中农。”

“‘自发社’的出现反映了什么心理？”

“要知道当时的阶级路线是十分明确的，地富与贫雇农是天地之别，乡里形成了一种大气候，觉得做贫雇农无上光荣。的确，政府也信任贫雇农。这样，处在中农、富裕中农地位的人为了‘赶时髦’（应理解为，为了分享这种光荣和信任以避免地富的境遇），的确也很‘积极’，便自动组织了互助组、自发社或争取参加到以贫农为主体的合作社中去。”

“能谈谈农机具折价入社的情况吗?”

“农机具、牲口折价主要是从互助组转入初级社时进行，也有的互助组一举越入高级社，叫‘一步登天’。当时，农民对党感情很深，生产积极性极为高涨，因此，绝大部分农民都积极把个人的农机具、牲口折价入社，但并不排除有行政命令形式。”

“中农、富裕中农的家庭农具、牲口不是多些吗?”

“是。多数农机具、牲口属中农、富裕中农。这个阶层觉得贫农政治上无上光荣，他们若能跟上潮流，‘靠拢’贫农也是一种荣誉，所以均十分积极，带着自己的农机具、牵着牲口来入社。心理实际上是一种忍耐，很怕孤立，因为农村中地富的处境是艰难且不光彩的。这就是当年‘人人入社’和农民（含中农）有‘合作的积极性’的真实写照。”

“在戍区一带折价入社是怎样做的呢?”

“一般来讲，入社本身也是一种政治表现，所以折价标准也不愿斤斤计较。农机具、牲口大都偏低于市场价格，折价后的款项作为入社股金。依当地经济实力，有的一年还清，有的分两三年还清，个别地方也有未归还的情况。”

“有入社前屠宰牲口的吗？因为其他地区有类似情况。”

“这里不多。有个别农户并不入社，也有个别人把牲口卖掉，而且是悄悄地干，当时没有什么具体政策约束，所以没有做什么行政批评和处理。”

“合作社的理想图景还未得到实证，这些农人有点不放心、怕吃亏，是这种心态吗?”

“就是。你想，刚刚有了个人所有的东西，没几天又充公了，思想要转一个大弯子呀!”

我们坐在狭长的山谷一端谈着，望着两侧光秃秃的山岭，这两年开始有人种了一些柑橘树。随着我的目光，老黄对我说：

“1956 年以前，你若坐在这里，两侧山上的树涛声大得吓人。”

这我当然明白，《金翼》一书开篇就有关于金鸡山苍翠树林的记载（林耀华，1989，第1页），可惜这山谷里还没有一个人读过这本书。“过去山峦多，柞树、金刚栎、杉树、松树、油茶也很多，俗话说‘荷洋的油茶吃不完’，然而到1957年高级社时期就不行了，山上的树不得不砍下为社员分红，因为木材在中国南方是极为值钱的财富。但人们忽视了树木再生能力的限度，实际上当时也顾不上了。”

“从这时起，黄村社区山谷两侧的砍伐浪潮一波接一波，直到1958年‘大跃进’时期达到一个巅峰。”

二、后一张鲁社会大实验——人民公社、地方进程及其后果

1958年中国农村人民公社化的进程极为迅速而雷同。在中国历史上从没有像人民公社时期那样，能出现从中央直达广大乡村基层乃至影响家族生活方式的统一行动。从夏季起，中国出现了“大跃进”的热潮。毛泽东视察河南、山东，发出“人民公社好”的指示，全国各地闻风而动。从这一年7月开始的人民公社运动，8月普遍试办，9月便进入高潮。3个多月的时间，中国农村98%的农户均参加到人民公社之中。当时人民公社的总数是：“24 000个，平均每社拥有64 000亩耕地，5000农户，10 000个劳动力，相当于高级社平均规模的30倍。”（见表5-1，谭震林，1960）这个月玉田县农民敲锣打鼓喊着“以实际行动加速向共产主义过渡”的口号到县城庆祝人民公社成立，一共建立13个人民公社。黄村所在的湖口人民公社大体上是1951年行政区成区的范围。黄村山谷及其周边一些山村（前称大黄村）仅仅是这个公社的一小部分。迁社址荷洋以后，荷洋人民公社含水口在内有26个行政村。由于地处山区，公社规模比北方小些。1958年玉田县共有农户51 962个，人口195 241人，平均每个公社约4000户，15 000人。由于人民公社属全民性质，金翼之家虽有地主成分仍可加入。

表 5-1　20 世纪 50 年代中国合作组织数量表

年份	合作组织名称	数量（万个）
1953	互助组	467.5
1954	初级合作社	10.0
1955	初级合作社	65.0
1955.12	初级合作社（含合并大社）	184.0—100.8
1956.12	高级合作社	54.0
	初级合作社	21.6
1958	人民公社	2.4

（依谭震林等资料编）

人民公社成立时，宣布是工农商学兵五位一体组织，体制上政社合一，即政权组织和经济组织合一，抹杀了国家政权组织和经济组织的界限。

由于人民公社是一级核算单位，这使得高级社的生产资料全部无偿转归人民公社所有，这就是所谓“共产风”的主要内容。人民公社取消了乡村的独立性，拉平其间的差距，所以凡人民公社内的财产，无论属哪个村，均可以命令调拨。

农业上划分耕作区，实行生产组织军事化、生产战斗化和生活集体化，热衷于军事上的大兵团作战方式或分线出击方式。思想上反右倾，落实在生产上表现为“插红旗”“拔白旗、灰旗”（中共中央指示，1958 年 8 月 29 日）的不同政治分类。

人民公社实行政治挂帅和“各尽所能，按需分配”的共产主义分配原则，平均计酬，实行供给制（配合工资）的分配方式。人民公社还以人定量，以畜定量，这是指粮食、饲料、油、菜、煤、盐、柴和生产费用定量，实行非现金结算。

人民公社以行政手段指导，扩大了主观主义和命令主义施用范围。县和公社只要觉得有必要，就可以随意调征一个村的土地、山林、劳力、物资，去实现自己的意愿。这是无视经济效益与农民利益的“一平二调”，也为当年的盲目大炼钢铁、修水库、建公共食堂提供了可能性。

1958年夏，为响应中共中央“在15年内在工业产品方面赶上或超过英国”的号召，提前实现工业化，全民大炼钢铁。从北京的中学操场，到玉田县乡村，全民搜集废铁，甚至献出各家铁器、工具、炊具回炉炼钢铁（多数不合格作废）。由于各单位炼铁，黄村两侧山上林木用作燃料，省、县、企业和公社诸机构竞相砍伐，谁也不敢制止这一“有伟大政治意义的”举动。这一年还建了3个伐木场、1个林业车队。1949年至1982年，全县年平均伐木量2.4万立方米，而1958年一年就伐木10.3万立方米。（玉田农业区划办公室，1986，第34页）玉田盛产杉木，《县志》曰：“溪谷深阻，菁林奥密，严险禁带”，“大宗杉木亦顺流放运，县溪达于水口而转运全省”。（《玉田县志》）由于“大跃进”和“文化大革命”中滥伐，杉木不得更新，以致杉木伐量从50年代末的1.8万立方米（年）跌到80年代初的296立方米(年)。玉田县的林业总产值比重（占县国民生产总值）也从1957年的18.3%下降到1961年的11.8%和80年代末的6%—7%。

人民公社将个人果树全部收归集体所有，严重挫伤农民积极性。1958年初统计全县果树达3450亩，产量10 671担，此后10年间，毁果林造田，果树面积产量递减至2015亩和4494担。（《玉田综合农业区划》，1986，第80页）地方土产西洋油萘、柿、杨梅均遭严重破坏。

“大炼钢铁”、烧炭、毁树种粮须大量砍伐森林，这是黄村历史上一次林木“大扫荡”。山岭变成“癞痢头”，致使水土流失严重，全县流失面积57.08万亩，占县总面积的15.96%。以致近年来河流水库淤积，全县山塘水库615座中因此报废的竟有563座，到20世纪80年代，只剩下52座，可见危害之大。1962年和1973年两次大洪水使玉湖、玉福及玉宁公路中断运输达一个星期之久，损失巨大。

类似的集团军行动还有办小化肥，以为这样可以使人民公社与先进的生产力相适应。福建省与全国一样，小化肥不是真正化肥，就如同小钢铁不是真正钢铁一样。土法仓促上马，浪费原料，产品低劣，劳民伤财。农作不讲科学的深挖与密植同样得不偿失。据另一学者在山东省陵县的研究，1958 年深挖地 1.5—5 尺，“深度”的竞赛实质是政治的而不是科学的，结果造成大面积耕层土壤人为生化（生土层翻到地表，腐殖质层被移到下面），这是陵县 1959 年粮食大幅减产和大面积成草荒的一个重要原因。（王贵宸、陆学艺，1989，第 65 页）

人民公社还迅速办起了公共食堂，“到 1959 年年底，全国农村共有食堂 390 万个，在食堂吃饭的人数有 4 亿人，占农村人民公社总人数的 73%”。（谭震林，1960 年 4 月 6 日）黄村墙壁上的彩色壁画宣传人民公社无比优越和人定胜天思想，群众的豪情壮志写入诗篇，称“今年的诗歌多得用箩装”。黄村山谷的公共食堂有两个，一个是黄村食堂，一个是木阁食堂。从此，家家停伙，每顿饭社员们都集中进餐，这在历史上第一次触动了传统家庭生活方式及其内外关系。当时全国流行的民谚和口号是：“敞开肚皮吃饭，甩开膀子大干。”由于大锅饭造成粮食浪费，而且当时生产力水准远未达到可以各取所需的程度，于是，从公共食堂初起的每顿“四菜一汤”变为第二年的配番薯瓜菜，生活渐陷饥饿境地。当 20 世纪 60 年代初中国报刊讽刺苏联式共产主义是“土豆加牛肉”时，赫鲁晓夫则以此为根据反讥中国人民公社是喝“大锅清水汤”。据报道，赫鲁晓夫曾指示塔斯社记者来访过徐水人民公社，注视这一全国性人民公社试点之始末。（赵云山、赵本荣，1987）

中央在提出“大跃进”“反右倾”和“政治挂帅”的同时，大批国民经济发展条件论。号召说：“群众说的好：‘人有多大胆，地有多大产。地的产是由人的胆决定了的……条件论者可以休矣！”（《年底算账派输定了》，《人民日报》社论，1958 年 8 月 3 日）这一非科学的政治性动员和官僚主义、社会组织系统相结合，造成人们言不由衷。全国大刮五风，即共产风、浮夸风、命令风、干部特殊风和生产瞎指挥风，这五风不仅没有促成新的生产力，反而把 1949 年后恢复的生产力、人民辛苦积累的财富和家产一扫光，沉重打击了劳动者的生产积极性。这时期，干部、党群关系紧张，管理体制混乱，经济生活陷于空前困境。1958 年至 1961 年，县粮食产量已降至与 1949 年的水准 10 035 万斤相差无几（见表 5-2、图 5-1）。同时国家征购粮食比例扩大，人民公社又收回社员自留地，关闭农村集市，堵塞了商品流通，“大跃进”一年后农民便处在饥饿之中。

表 5-2　玉田县农业、牲畜情况统计表

年度	农业总产值（万元）	粮食年产量（万斤）	牲畜头数
1958	2114.36	14 096	62 185
1959	1999.60	13 461	53 383
1960	1988.00	10 447	43 761
1961	1618.97	10 046	22 982
1962	1190.62	10 873	23 325

刘宗洛今年 43 岁，是县干部，他说：“人民公社时期‘平调风’刮起来止不住，这主要是当时中央决策错误，与下面干部‘浮夸风’互为表里。当时除住房外，没有私人财产了，从人到物一切入社，一切行动听指挥，一切归公。马山村的树可调到平地用，下面的粮食可以调到上面用，集体的物资均可以调给国家用，只要有上级的条子，就可以当作命令执行。公共食堂最后吃空了。”对人民公社时错误政策的严重后果，他感慨地说：“大约 1960 至 1962 年办公共食堂后期，农民普遍发生浮肿，以及其他由此产生的疾病也相当多。特别是老人和孩子身体弱，连病带饿便死掉了，饿死人的现象几乎每个村庄都有，我的一个伯父也在这期间饿死。‘文化大革命’中，我作为干部组织农民开‘忆苦思甜’大会①，会上有些老农误将 1960 年当作解放前进行诉苦，使会议组织者十分尴尬。”

“这段经历（指 1958 年之后的几年间）我也亲身感受过，没有粮食就吃树根、糠和野菜。当时心里想，以后什么时候能吃上‘地瓜米’（即地瓜切成片晒干，有的地方叫‘番茹钱’），我就心满意足了。我当年退学也是由于饥饿。”

---

① “文化大革命”前和“文化大革命”中流行的“忆旧社会之苦，想新社会之美好”的政治思想教育方式，多为请老贫农讲家史并和今日生活做对比的大会形式。

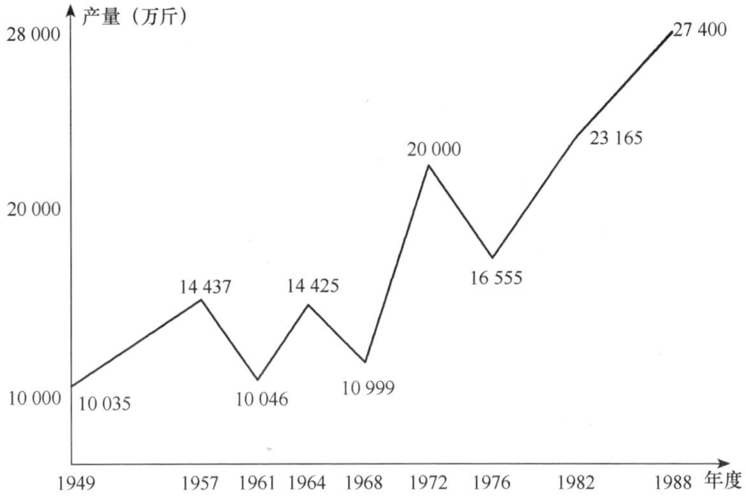

图 5-1　玉田县 1949—1988 年粮食生产曲线图

“大跃进”和人民公社终使玉田县农业生产遭受严重破坏。湖口（当时黄村划归该镇）粮产量从 1957 年的 121 911 担降至 1960 年的 80 746 担，只为 1957 年的 66.2%，然而 1960 年这一年，玉田县征购粮则增至总产量的 45.18%，虽然国家还不得不再度向乡村返销粮食救济。家养生猪数量是代表农家生活好坏的另一个标志，1958 年湖口农人共养生猪总数为 4895 头，平均每户 1 头以上；而到 1961 年，人的口粮都严重缺乏，何况饲料，于是这一年的生猪骤减至 457 头，平均 10 户不到 1 头。更严重的损失在于生命与劳力，据《中国人口年鉴》统计，1959 年全国人口增长 1113 万人，净增长率为 10.19‰，1960 年全国人口则减少 1100 万人，人口净增长率为 -4.57‰，1961 年人口继续减少 348 万，净增长率为 -3.78‰。但实际的非正常死亡数字更大些。福建省 1960 至 1961 年的人口死亡率也上升至 15.34‰ 和 11.78‰，但人口尚未出现负增长，原因之一是闽地多山、丘陵，农民开荒觅食的余地大于平原地区，又有闽省侨胞支援抗灾度荒。但 1960 年福建省 58 个县中，仍有 20 个县（占 34.5%）人口统计呈负增长。如黄村所在玉田县人口从 1959 年的 229 902 人减至 1960 年的

224 337 人，减少 5525 人。[《福建省人口统计资料汇编》（1949—1988），第 16—19 页] 如果依另一角度的人口出生率、死亡率计算，玉田县 1961 年出生率为 11.29‰，死亡率 16.51‰，人口减少 1177 人，自然增长率为 −5.22‰。（同上书，第 143 页）这一年人口自然增长率为负增长的有 19 个县。（同上书，第 143—144 页）玉田县劳力损失是社会发展失败的另一种反映。玉田县农业主要依赖于人力，在 1958 年，玉田县农业劳动力有 70 064 人（男 46 944 人，女 23 120 人），到 1960 年玉田县劳力下降为 57 016 人（男 38 221 人，女 18 795 人），1962 年再降至 56 680 人（男 41 006 人，女 15 674 人），竟比 1958 年减少了 19.1%。由于口粮不足，劳动效率不高，工分值极低，故从 1962 年起大量妇女退出劳动大军，转回家务，如湖口 1961 年的女劳力有 2587 人，第二年，1962 年女劳力只剩下 851 人，减幅甚烈。

“大跃进”和人民公社失败造成的国民经济损失是巨大的。过去曾把其原因归咎于自然灾害与农技水准低、农民抵御自然灾害能力低，这不符合实际情况。让我引证傅祖德的一段分析：

> 根据建国 30 多年来的灾情记录，福建有 17 个重灾年。“一五”时期有 4 个重灾年，“二五”时期也有 4 个重灾年。但“二五”时期的农业基建投资为“一五”时期的 7.4 倍。照理说，抵御灾害的能力也有显著提高。把这一起一落主要归咎于自然灾害是不切合实际的。其实，农业总产值的下降是从全面进入高级社的 1958 年开始的。“大跃进”时期的共产风、瞎指挥风、浮夸风则是在“一大二公”的农村人民公社体制下更加泛滥了。这一时期人口死亡率的增长和人口增长率的下降也充分说明了农业在国民经济中的基础作用的重要性。要说抵御自然灾害的能力问题，当时有一个非技术因素不能忽视，这就是在“大办食堂”时把农民家里从土改以来多年省吃俭用所积存下来的余粮（历史上农民的生活经验是存粮比存钱保险）都收缴到食堂里去，

“放开肚皮”吃掉了。这样一家一户的小农抵御自然灾害的最后一道防线也被破坏了。（傅祖德，1990，第18—19页）

显然，生产关系在短短几年间的迅速升级，并以经验主义和军事化原则实施人民公社这一农业社区主义蓝图，只能给人民的生计造成极大的损害。在一个自上而下贯通的社会组织体系中，逐层按上级决策办事或按上级偏好（一种娴熟的意识与直觉）搜集信息，组织行动，由此造成的“令人兴奋的事实”又再度成为上级扩大化的唯心主义决策的根据。中国的多次社会运动都具有这类特点，风暴般的群众运动式的建设是不成熟的治国表现，并造成社会的动荡不安，使人民付出巨大代价。

我每次经过黄村的西路向村委会和电影院（昔日公社俱乐部）的高墙望去，仍隐约看见“大跃进”时期画的“一步登天”（共产主义）的彩色壁画和写有公社人豪言壮语的痕迹，这成了昔日辉煌一时而日后带着苦涩意味的历史进程的象征。

三、人民公社思想渊源：一个关联和扩大的分析

从黄村所在人民公社运动进程及其后果，引出了笔者对中国乡村基层社区与中央之间上下关联的、扩大的学术分析，这一分析是多角度的。然而，如果能深刻理解这一时期中国社会运动及其思想渊源，无论是对黄村农民，还是对学者，或是对乡村社会发展的指导者都是极为有益的。

中国人民公社的现代化实践与道教共产主义、平均主义之影响不无思想关联。中国社会传统理念的儒释道中，由于佛家思想之出世性，始终不能与儒道（含近道教的民间宗教）思想抗衡。儒道思想千年来虽有杂糅，但一般来讲（如果不做广泛论述），前者长于稳定朝廷与社会之功能，后者的理念与行为则较活跃，有时有强烈的入世表现。所以中国学者傅勤家说：“儒畏天命，修身以俟；佛亦谓此身

根尘幻化，业不可逃，寿终有尽；道教独欲长生不死，变化飞升，其不信天命，不信业果，力抗自然，勇猛何如耶！”（傅勤家，1937，第214页）在中国历史上，真正有一位道士，汉代（1800年前）的张鲁①进行了一次有记载的农业社区实践。张鲁为“五斗米道”天师道张道陵的孙子，曾在汉中建立了政教合一的地方政权。他在当地设“义舍”，“义舍”置“义米肉”，“行路者量腹取足”，免费提供食宿，有隐瞒小过者，须修补道路百步，将功抵过，略示惩罚。对犯法者，宽宥3次，尔后再犯方处以刑罚。史称“民夷便乐”，“朝廷力不能征”。（《三国志·魏志》卷九）这一社区模式曾持续30年之久，可称道教共产主义和小农平均主义的理想国实验。

对此记载，毛泽东有浓厚兴趣。1958年秋冬，正值人民公社运动推广高潮，中共八届六中全会上，他指示印发了《三国志》中《张鲁传》，并在前面写了一个按语作为会议文件（武昌会议，1958年12月10日），供与会者参阅。他的按语写道：“我国从汉末到今一千多年，情况如天地悬隔，但是从某几点看起来，例如贫农、下中农的一穷二白，还有某些相似。”他称赞张鲁：“行五斗米道，‘民夷便乐’，可见大受群众欢迎……信教者出五斗米，以神道治病，置义舍（大路上的公共宿舍），吃饭不要钱（目的似乎是招徕关中区域的流民）；修治道路（以犯轻微错误的人修路）。”“犯法者‘三原而后行刑’（以说服为主要方法），‘不置长吏，皆以祭酒为治。“祭酒”各领部众，多者为治头大祭酒’（似乎政社合一，劳武结合，但以小农经济为基础），这几条，就是五斗米道的经济政治纲领。”这种小农的道教平均主义——共产主义实践，毛泽东赞扬说：“他搞了30年，人民都高兴那个制度，那里有种社会主义作风。我们这个社会由来已久了。”（胡长水，1989，第17页）据信，毛泽东在1958年末的武昌会议期间读《张鲁传》还有另一段批文：“这里所说的群众性医疗运

---

① 张鲁，字公祺，沛国丰县（今属江苏）人。天师道创立者张道陵之孙。公元191年任益州牧刘焉的督义司马，率众攻取汉中，称师君。其所建政权继续约30年，成为东汉末年比较安定的地区。

动，有点像我们人民公社免费医疗的味道，不过那时是神道的。也好，那时只好用神道。道路上饭铺里吃饭不要钱，最有意思。开了我们人民公社公共食堂的先河。大约有一千七百年的时间了，贫农、下中农的生产、消费和人们的心情还是大体相同的，都是一穷二白。不同的是生产力于今进步许多了。解放以后人们掌握了自己这块天地了，在共产党的领导之下。但一穷二白古今是接近的。所以这个《张鲁传》值得一看。"但他写完这段批文后又涂掉了①。（苏晓康、罗时叙、陈政，1989，第 57 页）"可见人民公社制度及其实施细则与古代张鲁式社区实践的关联是十分明显的，而且当时也只有毛泽东的地位才能使用这种古今联想，在他的思想深处，一直是留恋这种平均主义的分配方式的。"（胡长水，1989，第 17 页）

毛泽东的诗作也是紧密与他的社会理想与实践相连的，他擅长于浪漫主义与象征主义手法。如 1959 年《登庐山》（1959 年 7 月 1 日）一首，写他登庐山观景想起陶渊明（365 — 427，东晋人）著名《桃花源诗并记》中无压迫、无剥削、无税制、男耕女织的世外桃源，写下了"云横九派浮黄鹤，浪下三吴起白烟。陶令不知何处去，桃花源里可耕田"之句，直接表达了他实践陶渊明昔日社会理想的踌躇满志之状，无疑是对那时已建立的人民公社的歌颂。陶渊明虽无张鲁那般大刀阔斧的实践，但其诗文憧憬理想社会，并在很大程度上受道家思想影响。还有，其乌托邦社区蓝图早于欧洲空想社会主义者圣西门（C. H. de Saint-Simon，1760 — 1825）、傅立叶（F. M. C. Fourier，1772—1837）和欧文（R. Owen，1771—1858）1000 年。这一脍炙人口的诗文中的美好境界显然也激励着毛泽东的更宏大的现代社区实践。另一首《到韶山》（1959 年 6 月）的片语"喜看稻菽千重浪，遍地英雄下夕烟"是写于他 32 年后重返湖南故乡韶山，看到了人民公社的艰难进

---

① 1993 年笔者在美国西雅图的华盛顿大学访问期间，曾长途电话采访苏晓康。他说，当时的学者如中央文献办公室和国防大学研究党史的学者等受中央政治局委托专题研究庐山会议，他们有资格阅读第一档案馆的一手档案。他说曾访问过这些人，看了相当多的材料，包括上述毛泽东关于《张鲁传》的按语和被涂掉的但仍留下来的批文。

程，也听到了家乡父老对公共食堂的意见。然而诗词是美妙的，或许是为了鼓舞人民的士气。实际上 1959 年下半年该诗词发表的时刻，人民公社新理想社会的实践已告失利。

青年毛泽东曾受多种社会思潮的影响。如在长沙师范学校毕业时期他的思想是："自由主义、民主改良主义和乌托邦社会主义思想的混合体。"（Snow，1944，p. 148）他还受到无政府主义者克鲁泡特金《互助论》的影响，以及日本作家武者小路实笃新村主义的影响，并试图付诸实施。1919 年 3 月，《新青年》发表周作人（1885—1968）介绍新村主义的文章。毛泽东表现了相同的志趣，他在《湘江评论》中写道："自俄式的思想传到东方，虽然也有人去研究它，但还谈不上实行的人，偏偏日本这两种人都全备了。1910 年，武者小路实笃纠合了一班同志，在东京发刊《白桦杂志》，到了近三四年，影响渐渐盛大，造成一种新思潮新村的计划，我以为便是这理想的现实。"他的确勇于设想、调查。1919 年 12 月 28 日《湖南教育》月刊第 1 卷第 2 号刊登的毛泽东在湖南岳麓山附近农村建立新村的计划，就表明了他的实践精神。（Snow，1944，p. 148）其中"学生之工作"一节写道："新社会之种类不可尽举，举其著者：公共育儿院、公共蒙养院、公共学校、公共图书馆、公共银行、公共农场、公共工作厂、公共消费社、公共剧院、公共病院、公园、博物馆、自治会。""合此等之新学校、新社会，而为一新村。吾以为岳麓山一带，乃湘城附近最适宜建设新村之地也。"他的合着若干新家庭、新学校，创造一种新社会，工、农、商、学俱全的社区构想，如果与几十年后人民公社规划及其实践相比较，或者与"文化大革命"中发表的著名的"五七指示"内容比较，有颇多的构想之联系。

属于真正的欧洲空想社会主义者的作品他也颇为重视，我们可以非常容易地在康帕内拉（Tommaso Capanella，1568—1639）《太阳城》（中译本）中，找到财产公有的公社制度的描述，以及在格拉古·巴贝夫（Gracchus Babeuf，1760—1797）"国民公社"里找到公共食堂设置。尤其使人有兴趣的是罗伯特·欧文的"共产主义劳动公社"，

“它既是生产单位，又是消费单位。公社还实行教育与生产劳动相结合的原则，培养儿童体智德行方面的品质，把他们教育成为全面发展的人，而且这公社是一个由农工商学结合起来的大家庭。”（罗伯特·欧文）这些空想社会主义作品给予毛泽东人民公社实践以借鉴的养分。他在北戴河会议上曾指出：“空想社会主义的理想，我们要实行。”事实上，这个时候毛泽东已开始布置人民公社的实际步骤了。

其实，康有为（1858—1927）的《大同书》不仅借鉴了儒家《礼记·礼运篇》，依托孔子表达大同、小康思想，还把欧美空想社会主义思想与资本主义现实糅合在一起，做了大同观的新阐述。其大同世界具体构想更吸引人，如他描绘的，“其场所皆有公园囿、公图书馆、戏院、音乐院，以备游息，有公饭厅，公商店，以备食宿”；（康有为，1935，第368页）“老幼疾病学校十院（育婴院、养老院、大中小学院等十院）之养皆于公者，然屋室园囿店厂局皆出于公，几无私宅者矣。既出于公，则必崇宏浩大。一院而万千人，多或亿兆人，故太平之世，无散人之村乡，而但有公家之廨署”。（康有为，1935，第445页）这一描述也吸引了青年毛泽东。当然康氏仅停留在将中国大同传统构想与西方空想社会主义结合的思维阶段。康、梁上书失败，更断了其改革与“大同”理想的实践。故毛泽东在后来说：“他（指康有为）没有也不可能找到一条到达大同的路。”（《毛泽东选集》合订本，1966，第1476页）而1958年的毛泽东则有政权和亿万群众的响应，人民公社构想的实施成了通向共产主义的“金桥”。

毛泽东从早年就认为农民战争是中国历史发展的动力，农民上述理想又是动力的源泉，那么帮助农民实现自己的理想，以天下为己任，是一种责任。毛泽东自小长在农村，深知农民疾苦，在投身中国社会革命后也多数时间辗转于农村，他的部队兵源也主要来自乡村。而且，在他建立中华人民共和国后二十几年间，他一直面对一个需要改观的乡土社会大国。这是构成其决策、实现他理解的社会主义、共产主义的重要生活基础和思想基础。如果我们就人民公社实施的一些原则加以分析，可知毛泽东的思想仍打着均贫富、平均主义思想烙印，他一往无前地推进他的当代人民公社空想大实践，其规模之大、速度之快和卷入的人口之多，前所未有。

1958 年的毛泽东的确雄心勃勃，在他亲自视察河北省徐水县人民公社试点工作中，瞄准上述大同理想社会的细则加以实行。当年 8 月，中央农村工作部副部长陈正人到徐水，不仅带去了《共产党宣言》《哥达纲领批判》，还带去了康有为的《大同书》分送一些人（《团结报》，1989 年 6 月 3 日）。可见，这的确被认为是在实践前人没有实现的大同理想！从欧洲空想社会主义者作品之中译本，到康有为的《大同书》乃至《张鲁传》中道教社区实验的史料都成了准备把空想理想国变成共产主义现实的重要参考文献。

然而，在毛泽东主观上力求使马克思主义与中国具体实践相结合的努力过程中，我们看到那个年代中国上下重温共产主义实现条件：社会产品极大丰富，全体人民共产主义思想觉悟极大提高，文化教育的普及和提高，以及三大差别（城乡差别、工农差别、脑力与体力劳动差别）和国家职能的消亡等，这些理论上的根据在人民公社运动中被忽略了。毛泽东和中央都相信："我们应该积极地运用人民公社的形式，摸索出一条过渡到共产主义的具体途径。"（1958 年 8 月北戴河会议《中共中央关于建立人民公社的决议》）根据八届六中全会上的归纳，当时向共产主义过渡的具体办法是：

1. 人民公社是政社合一，具有领导政治、经济、军事（民兵）的统一权力，具有组织工农商学兵各行各业生产、交换和分配的广泛职能，具有管理人民群众一切物质生活和精神生活无所不包的职责。

2. 公社工业化。这是逐步消灭工农差别、城乡差别的重要条件，大炼钢铁也被认为有利于工业化。

3. 工资制和供给制相结合的分配制度。是从不平等的工资制向平等的共产主义的供给制、按需分配过渡的好办法。

4. 教育与生产劳动相结合。这是消灭脑力劳动与体力劳动差别的又一重要条件。（苏东海，1989）从中可见把马克思共产主义经典理论具体化的良苦用心。

但在生产力水准低下的情况下，上述四条件在执行中实际已变成了硬性平均田亩、平均产量（共产，拉平贫富）、平均劳动（非多劳多得的粗放劳动制度）和科学与文化的虚无主义。

在真正实施人民公社条例中，强调超越生产力水准的“一大二公”思想，即生产资料公社所有制，于是造成社员和合作社财产的大调拨和剥夺。工农商学兵五位一体，该管理体制已是一个无所不包的国家机构缩影，商品范围大大缩小的自给自足农业社区实体；组织军事化，行动战斗化，生活集体化，编成生产连、产业军，投入农业活动；推行供给制，吃饭不要钱，过早地按需分配。

毛泽东不是用政治力量去推动经济发展，而是强使经济条件去适应自己的乡村社会改造理念，所以事与愿违。在 1958 年，他实际上是以一种激情和感人的理念、哲学，加上他那 22 年的军事共产主义经验，迅速逾越未成熟的社会条件。这一年的南宁会议上，毛泽东在听取汇报时插话说：“搞工业、农业比打仗还厉害些，我就不信。”同年 8 月北戴河会议上他进一步说：“22 年的战争都打胜了，为什么建设社会主义不行了呢?”“过去我们成百万的人在阶级斗争中锻炼成群众拥护的共产主义战士，搞供给制，过共产主义生活，这是马克思主义，是与资产阶级作风相对立的。”显然，他混淆了军事共产主义与马克思共产主义原理的区别，人民公社的巨大试验实际上不过是新的历史时期带着道德理想主义的、均贫富和平均主义原则的后—张鲁大农业社区实验。

毛泽东的人民公社的理念，多数情况是以马克思主义原则表现出来的，但有时他的理念与实践仍表明他的思想深处，在一定程度上仍受中国儒道理念以及外来新村主义、空想社会主义的影响。他快速实现“大同”理想的举动和对张鲁的偏爱，也表明他对来自欧洲的社会主义理论是如何做出中国化的诠释的。

人民公社的美好图景曾一度鼓舞了农民，他们有普遍要求摆脱贫困的积极性，但用军事共产主义组织农民不可能持久，因为基层农民个体家庭的生产积极性和追求平均主义的热情与高层领导者发现的农民的“社会主义积极性”根本不是一回事。毛泽东用军事共产主义方式领导了20世纪最大的一次乡村社区大实验，一场在小农经济基础上再次尝试向“理想国”过渡的超前运动，在更大的地理范围重蹈了历史覆辙。

毛泽东憎恨资本主义，他认为如工资制和等级制的不平等是资本主义的表现，社会主义可以实现平等，这样才能消灭资本主义，所以他十分赞赏人民公社的供给制。他还进一步认为，只有政治挂帅才能消灭资本主义思想，坚持社会主义方向。为此，他迷信于生产关系的不断变革、所有制形式的不断升格，力图使落后的中国农业经济情况适应人为造成的高尚政治状态。毛泽东试图借助把共产主义社会理想条件与生产力低水准的人民公社的形式结合起来，尽快在这一代人实现大同世界，终于因不能科学地看待自然与社会的关系而陷入失败。

对人民公社之决策产生支持力量的前提条件是多方面的。首先，20世纪40年代后期的战事与农村凋敝现象结束了，“毛泽东是人民的大救星”的新象征主义已为中国农民所接受。在一统的大陆，首次将有力的基层组织推进到中原和边疆地区，结束了历史上中国基层宗族乡村带有缓冲层的、内外有别的和一盘散沙的状况。平分土地、互助生产，干部廉洁，深得贫苦农人和知识分子的好感，尤其贫苦农人重新焕发了中国文化中承继的报恩思想，这种思想还配合着中国劳动者勤劳、乐天本性和坚韧的精神，在人民公社的群众运动中表现得一览无余。毛泽东和共产党的威信如日中天，到20世纪50年代中已有新“内圣外王”之状态。传统文化中的宗族、家族主义和绅权受到重创后，新的权威和救星树立起来，融化在中国传统文化的伦理原则之中。这种文化之内化是上下存在的，并得到相当多人数的认同，这便是一种有效的集体性的精神力量与群众物质力量。这种力量与政治原则相配合，掩盖了权力集中、官僚主义、非民主化和非科学精神的不断扩张。

其次，新的物质财富的积累人人可见，这是另一种可产生信心的力量。20世纪50年代向苏联“老大哥”学习期间，有一件事在悄悄地进行，即宣传与实践苏联米丘林学派远缘杂交实验育种，其培养水果新品种的经验性方法非常适宜中国乡村，这实际上是一个悄悄的绿色革命。过去中国乡村育种完全是农人家各自的事，20 世纪 50 年代政府加强农业科技研究，各省、地方育种机构成绩显著，如黄村推广的福建地方品种“绿财”号稻作平均亩产提高数十斤。（见表 5－3a，表 5－3b）因此在分析 1958 年和 1957 年以前农业中国实力增强的原因时，常常只注意到党领导农民的“合作积极性”、基层农业互助组织的作用，而忽略中国农技人员默默培育粮食新品种的成就。这一成就的直接成果是农民开始得到温饱，从贫苦饥饿到温饱之路使民众为之鼓舞，这种产生新的跃进和生产关系大变革冲动的物质力量实际上被过高地估计了。

表 5－3a　1949 与 1957 年中国农业统计

年度	农业总产值	粮食总产量	粮产比 1949 年增长％	亩产	亩产比 1949 年增长％
1949	326 亿元	11 318 万吨		68.6 公斤	
1957	537 亿元	19 505 万吨	72.3	97.3 公斤	41.8

（根据中国农业部政策法规司：《中国农村四十年》，1989 年，第 244、419、434 页）

表 5－3b　1949 与 1957 年玉田县农业统计

年度	农业总产值	粮食总产量	粮产比 1949 年增长％	亩产	亩产比 1949 年增长％
1949	2063.28 万元	10 035 万斤		90 公斤	
1957	4130.97 万元	14 437 万斤	43.9	130 公斤	44.4

［部分依据《玉田农业区划》（二），第 239 页］

最后，新社会组织和行政权力的力量也是人民公社推行的结构性力量。一方面，中国从古至今行政权力支配社会是一个显著特征，人民的意识也是把政权的力量看得高于一切。人民公社时期的政治思想号召成了人民行动的唯一准则，这一准则配合了设计完善的从上至下的社会组织与信息传递系统。在上层/中央传达某指令时，已定下政治的原则和“右倾与保守”的标准，民主集中制原则主要表现为集中制。一纸号召通过报纸（一般来讲，文件下达先于报纸）和各级组织（依照文件精神之理解）迅速贯彻到基层。第一次成功的全国性行动是土地改革运动，随后是合作化运动，快速变化指令之实施均表现成功（初级社至高级社），至少在形式上，指令下达是成功的。这无疑为人民公社的大规模运动树立了信心。由于在中国历史上，指令从来没有像今日这样上下通达，而且表现为单向的，几乎是不可阻挡的。这一社会组织与指令传达模式本身已能解释，当中央通过任何一个新运动的指令，上传下达都不成其为问题，所以人民公社乌托邦计划一旦确定，信心的建立只凭理念和社会组织（信息）系统两项即可完成，而无须科学的论证这一重要环节。所以人民公社从公开号召到普及完成只用了一个夏天，在大陆便有1.12亿农户，90%以上人口加入人民公社。

人民公社运动始末表明，中国社会组织结构模式有以下明显的特征：高层与基层在传播活动中地位是不等的，信息总发源地是一元化权力的中心，从中心逐级向下有完全的控制力，限制和规定下达指令的信息量。一般来讲信息量从上到下越来越小，因下层信息量小，失去选择根据，易成盲从。而相反的情况下，干部官员迎合上级旨意的不实信息和依从性意识与直觉，也同样使高层得不到真实民情。这一模式已具备上下信息截留与删改的条件。为维护最高权力的稳定，必须防范和反对与最高权威抗衡的力量实体与个人。在该模式中不存在横向制衡机构，只有横向和多向的人际关系网络和非正式信息传递网络。各层次形成一个个为上下组织关系限定的人际团体，因此我们仍能看到与传统文化一脉相承的集权制、忠君思想和家长制影响及其新的表现形式，在人民公社进程中十分突出。

由于中国传统文化中有对文化遗产、圣旨、经典与钦定意识形态受容性与传递的蚌状结构，这是指在一指令确定的情况下，只能给予弘扬的解释与实践。在前述中国社会组织结构模式中，既然横向组织之间只有非主导的、平行的、竞争的和补充性的信息交流，那么在一场从上至下推行的运动，平行机构则一定会分别表现有意识地和直觉地竞相对上级指示加以向心性解释和发扬（指令与文件含有对发展趋势的肯定的、主观上的认定与判断，有的是暗示，地方官员已有一种体认的直觉能力）。若在非科学精神指导下，常常化为平行机构对上级指令的重复性再解释、装饰、发扬、推崇、吹捧（蚌状结构）。在文化上表现为平级单位之间的攀比、“争俏”的状态，如人民公社时粮食亩产的虚报浮夸风即是。

由中国社会组织（信息）模式决定，在出现反潮流的信息时，有时呈现悲壮的形势，如彭德怀在庐山会议公开表示不同意见而落成反党分子即为一例。当时湖南基层干部对周小舟反对公共食堂的下场也心有余悸，然而这尚是出现在上层结构中，有时偶有从基层组织向上级“跳跃”性回馈信息（如不同意见），类冒死进谏的情况，如“李锐事件”[①] 表明该模式反向信息传递的困难与危险，所以李锐进谏至少也留了一手，无论这一手是否将起作用。

在人民公社时期，甚至在中央调查组和农民都亲眼看到公社食堂的悲剧性后果时仍无人敢反对，因为人们不知道调查结果是有利于撤销还是巩固食堂，可见政治压力之威慑。依中国文化运作的传统，有时想扭转一次社会的颓势，需要某种机缘。例如，当年中央调查组调查公社公共食堂，不知为什么偏偏选中湖南省韶山（毛泽东的家乡）和同一省湘乡县沙田公社（毛泽东的外婆家所在地）。征求农民对公社食堂的意见的会议一开始“寂静无声，无一人敢发言”。过了一会儿，只有毛泽东的一位表弟打破沉寂说了真心话：“……再办下去，人会死光。”（易奇勋，1988，第 38 页）然而，即使如此，当时一位公社书记、一位县委副书记因以往该县划了几个“右倾分子”的下场而始终回避不敢表态。由于这种模式传达只是从上至下，执行便可不承担责任和风险，避开了“犯错误”的机会，又能保住官职，显然是明哲保身的官场实践。（庄孔韶，1989，第 294 页）1958 年人民

---

① 1959 年 3 月李锐上书毛泽东，谈到当年钢产量计划指标太高，绝对完不成。李锐为了谨慎起见，将此信送了一份给李富春。毛泽东就此情况说：“李锐怕鬼。”意即李锐上书，但胆子还不大（李锐，1989 年 3 月，第 5 — 11 页）。

公社运动表现了上下指令运作、信息沟通的模式的弊端，人民公社被迫终止的原因已不难理解。

村长和农民是这一模式的无数终端之一，终端结构细部表现用福建地方农民的话说，是："上面千条线，下面一条线。"实际上中国社会组织（信息）模式上下层次的每一个片段（每一条块）都有类似情况。人民公社时期，该模式中指令上传下达为绝对服从的支配型，本单位利益不能成为服从与否的条件。在某些特定历史阶段，由于国家在政治经济生活中的多次指导错误，造成中国基层社会巨大损失。最近一些年，一些中间和基层层次在沟通上下关系时，已有对指令、信息的截留、变通实行以及争取地方利益的行为。如农民过去虚报产量，现在有瞒产现象；或在一些上下层关联的相互依存的联合计划执行过程中，表现为婉转的或推拉式的和有条件的行为回应，然而中国干部低教育水准、官场哲学传统、娴熟于文化的直觉思维以及思维原则与行为的场合性变通特征，一直在这种模式中起作用。因此，中国社会一出现上级决策失误，便容易造成难以预料的大面积损失。

人民公社时期，这种社会结构模式从上至下绝对通达，缺少正常反馈机制。一方面造成推行一个运动的形式上的成功与快速，一方面造成不可遏止的实际上的严重后果。然而正是这一社会组织结构上下通达的绝对性，构成了 1958 年"大跃进"、人民公社时代的空想社会理念与实践的重要信心来源之一。

人民公社实践过程中，不能忽略理想社会思想与高层领导人实际认识的关联。

上层

首先，毛泽东和中共中央将农村社会发展的重点放在生产关系的变革上，忽略了中国农村生产力水准尚低的事实。关于这一点，毛泽东曾承认："我注意的较多的是制度方面的问题、生产关系方面的问题。至于生产力方面，我的知识很少。"（毛泽东，1962 年的一次讲话）其次，关于合作化进程的问题，中国共产党内已有不同意见的表述，但不同意见未能占上风。再次，农民群众感激（党）又带有某种担心（少数人抵触）而卷入合作化运动，其中某些不快情绪（如来自中农的情绪）被政治宣传中的大好形势掩盖住了。最后，毛泽东认为，农民有走资本主义的表现（他认为有“两极分化”的趋势），而农民尚穷困，故又容易接受平均主义的社会主义，所以在中国的农村中，本来连中农生活水准还未全部达到时，便迅速决断推进初、高级合作社，试图把“资本主义倾向”消灭于未然，因此，最初农业合作化（初、高级）是“趁穷过渡”的思想支配的。

1953 至 1955 年毛泽东已有逐步合并小社为大社的主张。（毛泽东，1977，第 225—259 页）1956 年冬陈伯达到福建省某地莲塘乡农村调查，随后提出了“乡社合一”的概念（陈伯达，1957）。事情发展得很迅速，到 1957 年 4 月，中国高层领导人已认可公社一事。4 月底，毛泽东与刘少奇谈了公社问题。刘少奇回忆当时曾与地方领导人吴芝圃谈道：“我们有这样一个想法（指公社），你们可以试一下。”（周承恩，1988，第 45 页）表明了推行的宗旨和暗示。

1958 年 5 月中共八大二次会议上，陆定一勾画了公社的轮廓及其超越前人空想并付诸实际的意义：“那时我国的乡村中将是许多的共产主义的公社，每个公社有自己的农业、工业，有大学、中学、小学，有医院，有科学研究机关，有商店和服务行业，有交通事业，有托儿所和公共食堂，有俱乐部，也有维持治安的警察等等。若干乡村公社围绕着城市，又成为更大的共产主义公社。前人的乌托邦的梦想将被实现，并将被超过。”至于所谈到的“公社”的最后称谓，需要统一定名。中国基层乡村农民曾在小社并大社时，使用过苏联人的“集体农庄”字眼，因为 20 世纪 50 年代向苏联学习，中国人熟悉这一苏联农庄组织名称。然而毛泽东最终在 1958 年 6 月才选定加上了“人民的”定语的独创的“人民公社”这个名字。（《人民日报》社论，1958 年 8 月 29 日）

1958 年 7 月，陈伯达引用毛泽东的话：“我们的方向，应对逐步地、有秩序地把工（工业）、农（农业）、商（交换）、学（文化教育）、兵（民兵，即全民武装）组成一个大公社，从而构成为我国社会的基本单位。”（陈伯达，1958 年）这就向全国人民公开说明了中国人民公社的基本结构。从此，中央上层关于建立并推行人民公社构想的运作告完成。

上层、基层沟通运作

谭震林在河南省郑州对地方农村干部讲解毛泽东关于“工农商学兵”大公社的道理，于是河南遂平县卫星人民公社（李友九，1958 年）和河南新乡七里营人民公社成了中国最早建立的人民公社。

1958 年 8 月 6 日，毛泽东视察七里营人民公社，他说：“看来，‘人民公社’是一个好名字，包括‘工农兵学商’，公社的特点是一大二公。”（《当代中国农业合作化》编辑室，1987，第 6 页）毛泽东在河南、河北、山东视察的消息在报上一公布，全国立刻形成小社并大社并转而成立人民公社的热潮。

8 月 7 日制订的卫星人民公社简章，是中央派李友九与地方干部共同制订，实际上反映了毛泽东一大二公理想社会的模式。（《当代中国农业合作化》编辑室，1987，第 7 页）如：“在已经基本实现了生产资料公有化的基础上，社员转入公社，应当交出全部自留地，并将私有的房基、牲畜、林木等生产资料转为全社所有。”实行“粮食供给制”，并认为在实行“‘粮食供给制’中，不难看出共产主义的萌芽的生长。”（《红旗》社论，1958 年 9 月 1 日）这一思想实际上是在前一天通过的《中共中央关于在农村建立人民公社的决议》（北戴河会议）中肯定下来：“看来共产主义在我国的实现已经不是什么遥远的将来的事情了。我们应积极地运用人民公社的形式，摸索出一条过渡到共产主义的具体途径。”由于中央在 8 月 29 日指示中强调：“大破右倾保守、甘居下游思想。”彻底批判一部分富裕农民残存“资本主义自发倾向”，“有严重右倾思想还居领导地位的必须坚决撤换，保证全面大跃进”。这样，完全堵塞了不同言路，这恰恰是由前文所述中国社会组织和信息传递结构模式自上而下、单向性传递弊端所决定的。因此，一旦发生指令性错误，便会出现全社会的紊乱。

人民公社始末表明，是毛泽东有了人民公社理想国的先验的构想，然后采用自下而上、上下呼应的发动群众的方法推进人民公社全国性普及。因此，事实上人民公社并不是农人的发明。对人民公社原因、条件、进程和后果的研究，都深刻表明了中国人民公社在思想觉悟（道德伦理）标准之设定和平均主义的构想之实践上，均未能超出农村社区主义的水准。虽然人民公社思想与实践的影响远远超过了张鲁、陶渊明、康有为、梁漱溟以及欧洲空想社会主义者，但这一运动因实施的版图相当大而损失更为严重，而且还暴露了中国社会组织与结构的严重缺陷，这倒从反面向全体中国人提出一个新的问题：究竟如何在一个旧体制中发现一个新的出发点，重新造就一个科学与民主的社会组织体系，制订国家发展近期与远期战略和城乡社区建设的可行性计划？

第六章
革命的思维与行动

如果把1949至1957年算作中国农业社区过程的恢复发展时期，那么1958年人民公社和“大跃进”运动既可以说是毛泽东社会改造理念的巨大实验，又可以寻找其与“文化大革命”的关联，称为一个近20年(1958—1976）社会大动荡的先导。由于中央的农业与社会政策紧密与基层社区相联系，故从1958年至“文化大革命”为止的峥嵘岁月表现了上下呼应的过程。

中国社会过程的相似性与统一性在当代世界是仅见的。一纸号召从中央到地方传达十分快捷（尤其“革命时期”)，无论正确与否，各级组织基本上是立即呼应，来不得半点怠慢。所以就中国城乡社会结构看，无疑是城市牵动乡村，大传统领导小传统，政治文化与行政权力支配一切是其根源。从社会理念及其实践的关联上分析，毛泽东并没有在人民公社失败后感到他的乡村社会改造学说有什么毛病，而只是发现需要再次尝试在基层社会整顿阶级阵营，进行社会主义教育，即一种钦定的、古典形式的文化过程。在城市上层扫除那些在理论上和权力上的异己力量，以求尽快创造条件完成新的一轮建造理想社会的努力。因此，我并不把1958年“大跃进”和人民公社运动失败看成是中国农业社会过程中一个发展时期的结束，而是一个由此而开始的、漫长的动荡时期的开端。就中国城市社会来讲，只有“文化大革命”才真正使最大范围的人们有机会体验和透视从中央到地方的社会政治过程及其实质；而中国乡村社会则不然，早在“文化大革命”之前的人民公社已使农民（几乎是全体）先一步亲身体会了社会政治与田园生活的紧密关系，社会主义教育运动和“文化大革命”只是加深了这一体会而已。

一、调整阶段（1961—1965）

上层

面对“大跃进”和人民公社对国家经济与人民生活造成的巨大损失，毛泽东和中央不得不在1960年秋冬提出“调整、巩固、充实、提高”八字方针，同时又提出“大办农业、大办粮食”的号召。经过艰苦的努力，到1962年年初，经济与民众生活才稍有好转。

实际上，早在1959年3月25日至4月5日中共中央上海会议上，已开始讨论整顿人民公社的问题。中共中央发出《关于人民公社的十八个问题纪要》。《纪要》明确规定：“一般是以相当于原来高级农业生产合作社的单位作为基本核算单位。”表明了对先前人民公社全民所有制理念与政策的修正。

1962年

1962年“七千人大会”[1] 后不到一周，中共中央发出了《关于改变农村人民公社基本核算单位问题的指示》，决定“一般以生产队（小队）为基本核算单位”，并说“这样从高级社以来就存在着的束缚生产队积极性的平均主义，就得到了比较彻底的克服”。此后，全国农村基本核算单位平均规模为25户，群众如释重负。

然而，8月6日至下旬，中共中央北戴河工作会议上，毛泽东开始提出阶级、形势和矛盾的三个问题，强调社会阶级矛盾和斗争。会议后期，毛泽东对邓子恢主张包产到户（会前邓子恢几次讲话都阐

① 指中共中央1962年1月11日至2月7日在北京召开的扩大的工作会议。有全国各地的县委书记参加，与会者约7000名，故名。

述了“大活集体干，小活分户干”的责任制思想）提出了批评。同年9月的八届十中全会通过了《关于进一步巩固人民公社集体经济、发展农业生产的决定》和《农村人民公社工作条例》（修正草案），错误地把实为“生产责任制”的所谓“单干风”压制了下去。

◎可见毛泽东在农业困境中，一方面开始做有利于恢复农民生计的组织安排，将初期人民公社核算单位下移，一方面又在阶级与社会矛盾的估计上表现了不退让的意识形态原则，其中反映了中央领导层对待调整的深刻思想分歧。

玉田县13个公社之一的湖口人民公社辖区相当于土改时的戌区，下属木阁大队，大黄村包含山谷、山顶的6个村和山谷外的3个村：木阁、黄村、林洋、前洋、马山村（后含移民新村）、上洋、绿溪、乌坪和香山。调整时期木阁大队一分为二，以山谷内外为界，即上洋、绿溪、乌坪和香山化为木阁二队；包括金翼之家在内的山谷内6村为一队。从此，根本联系不多的山谷内外再度各自为政。这一合一分，农民只是跟着走，政策符合民意，积极性就高。农人当然愿意自己掌握自己的命运，不愿在政治压力下提心吊胆地度日。记得当年黄村山谷里有两大公共食堂。“大跃进”后期面带菜色的人们早就得到风传：食堂要散了。但真要解散时，黄村人一边很高兴，一边嘴上还有点胆怯地把话题扯开，自我安慰地说：“以后有客人来家里吃饭可方便多了。”

随后，人民公社缩减核算单位，阐明了人民公社仍是政社合一的组织，但人民公社三级组织：公社、大队和生产队（小队）中，核算至少是从大队退至小队一级，即相当于从先前高级社退到初级社核算规模。这一调整，生产与经营单位一致，木阁一队、二队除分别向各小队定征购任务、定三金（税金、公积金和公益金）和定储备粮外，其余均归小队自行分配。黄村农人看得见生产成果的去处，积极性高了。不过由于政社合一的公社组织原则未变，生产队的经营仍时而受到干预或被上级任务支派，自主权难于保证。

比较实际的利益是从各生产队土地中抽出不到10%的土地作为自留地，并可少量开荒。落实到黄村，县里规定黄村群众每人平均分到一分菜地。实际生活中，真正的好收成是出在自留地上。温饱问题一解决，农民在1958至1959年身体、生理和精神上损失的元气开始恢复。社员生计有了信心和灵活性，称自留地是家庭的“小金库”，户户养猪，每一头都是一个“小储蓄”。

1962至1965年的三四年中，全国农业生产停止了逐年下降的趋势。1965年和1962年相比，全国粮食总产量增长21.6%（1600亿—1945.25亿公斤），大牲畜年末存栏由7020万头增为8421万头，生猪存栏从9997万头上升为16 693万头。（中华人民共和国农业部政策法规司，1989，第125页）同样，玉田县1964年粮食年产量已从1961年年底的10 046万斤回升到14 425万斤，接近较好的1957年产量14 437万斤。玉田县1965年的牛存栏达10 009头，已接近1957年的10 318头；而猪存栏已从1957年的43 972头有了较大幅度的增长，达51 888头。农村人口也从困难时期连续几年减少（因饥饿、疾病、死亡和外流）渐渐回升至1964年的227 101人（与1959年的226 349人口相仿）。

在乡村经济恢复调整阶段，毛泽东继续认定两个阶级、两条路线斗争是中国社会的主要矛盾。下面的年度资料表明毛泽东晚年错误思想和中央政策失误的持续性。

1963年

1963年2月中旬至28日，中共中央北京工作会议研究湖南、河北省在小“四清”（清理账目、清理仓库、清理财务、清理工分）中清查干部多吃多占、贪污盗窃的经验，毛泽东把这一经验概括为“阶级斗争，一抓就灵”。会议决定要在农村普遍推行一次社会主义教育运动。

◎这实际上是毛泽东“文化大革命”的前奏，其中“社会主义教育”即是这一中国式的文化（濡化）的含义。

1964年

1964年2月10日，毛泽东号召“农业学大寨”。12月21至22日，周恩来的《政府工作报告》总结大寨经验为：“政治挂帅、思想领先的原则，自力更生、艰苦奋斗的精神，爱国家、爱集体的共产主义风格。”

◎这是毛泽东乡村社会改造实践的又一步骤，即重新树立社区样本，其中政治原则凌驾于经济原则之上，其文化（政治文化）在社区发展中既是目的又是过程。

同年12月3日，中共中央批转湖北省委负责同志在农村社教工作会议上的讲话中提到“坏人仅有下面的根子”，而且“上面的根子是主要的”。中央还批准把“四清”改为“清政治、清经济、清思想、清组织”的所谓大“四清”的意见。

◎“四清”内容的转换，加重了行政权力对基层社会生活的干预，政治文化（濡化）的色彩更重了。

1965年

1965年1月14日，中共中央发出《农村社会主义教育运动中目前提出的一些问题》（即《二十三条》），提出“运动重点是整党内那些走资本主义道路的当权派”和“把下面的上面的当权派和支持当权派的地主、富农、反革命分子和其他坏分子、阶级异己分子、蜕化变质分子统统整掉”。

◎这无疑已有重新夺权的含义在内。“四清”运动虽然解决了一些干部作风和经营管理方面的问题，但过“左”的阶级划线政策与教育政策造成了基层社会群众政治标准、阶级标准的混乱。

以上说明在1961至1965年调整阶段，一方面是人民公社初期政策不断倒退，乡村基层经济复苏；一方面在中央上层孕育了路线与权力的对峙并不断尖锐化。在基层看到，一些下发的改正文件政策不断被阶级斗争的尖锐原则所否定。

基层

玉田县多山，山林归属权经历了由互助组到高级社，再归并人民公社，1962年“六权下放”再下放至生产大队、生产队。但从一开始大部分山地丘陵区山林折价入社就没有认真进行，林木被无偿调拨，至今一些纸厂还占着大面积林地。“大跃进”后期恢复林权下放，县委在西溪村试点后也未见推广。实际症结在于“谁种谁有”政策以及自留地、自留山政策，都因政治气候变化得不到落实。黄村一侧山林在1958年砍伐后，因自主权徒有虚名，靠山不得吃山，木材价又低，销售不畅，以致无人热心种树，水土流失严重。1962年6月27日荷洋、水口、皇口稻田大部分被淹，损失严重，仅荷洋一带53万亩土地就有13.4%属水土流失类。

在分配自留地之前，黄村无人敢在村边宅旁种菜搞副业。每人分自留地一分后，社员饮食得到调剂，但批单干风，挖“资本主义根子”，使无人敢出卖自己土地上的多余蔬菜和副产品。生产队干部和县镇机构在“四清”运动中加强巡回检查，人人惶恐不安，农贸市场无法堂而皇之地组织。运动中要求基层干部检查自己多吃多占的行为，提倡民主管理，这一则有助于提高干部管理水准，一则又非民主地限制生产资料更多地转到社员家庭和私人手里，这是“防止削弱集体”和防止从重农转向自由农贸市场经济。

毛泽东欲挖蜕化变质干部上下关联的根子，重要步骤是整顿阶级队伍。他的文化内涵中组织原则如思想原则一样重要，这也未脱中国政治文化的传统。阶级划分从没有如中国这样，既从宏观社会和理念上解释，又落实到微观细部（基层社区、家庭和个人）。阶级划分标准起初是经济的，后来尤为重视政治的标准和出身的标准。虽一面说不唯成分，重在政治表现，实际上自20世纪60年代始，从北京到福建乡村都重新普查了阶级成分，这不仅使老一代人必须重新正视自己在20世纪50年代初确定的阶级归类，在社会外部生活中，年轻人也都不得不认同自己的阶级出身归属。

1964年玉田县的一次统计表明，全县227 101人，清理出地主、富农、反革命分子和坏分子3098人，占全县人口1.4%。湖口公社人口20 362人，清理地、富、反、坏分子379人，占公社人口1.8%，其中地主、富农和“摘帽地主、富农”是合在一起统计的。1964年的阶级成分普查，特别将地富子女设专栏统计（见表6-1）。如玉田县地富子女共5397人，湖口公社地富子女654人。和20世纪50年代土改时期相比，20世纪60年代的统计更为细致，完全反映了“重新整顿阶级队伍”的政治需要。实质上，在阶级营垒的鉴别工作中，仍表现有三千年等级制与人伦秩序传统的影响，如父子身份地位承继的思想死灰复燃，一直影响到“文化大革命”之中，影响了年轻一代人的工作谋职、学习和择偶的机会和身心健康。还有，中农被分为中农、佃中农、富裕中农三类，特别是对富裕中农栏目的注意是事出有因。由于毛泽东一直认为解放后农村“两极分化”现象严重，是一种自发的资本主义倾向，与社会主义原则是格格不入的。因此，中农的分类统计也具有了同形势估计的相关意义。（田利军，1988，第86—89页；李昌寅，1988，第35—38页）。

在玉田县及下属各公社、生产队，按历史和现行“反革命”言论进行大揭发，尤其对出自原来地富反坏分子之口的言行进行大检举，指明修正主义复辟势力和基层旧日反动势力的联系，然后对地富做统治上的排名，宗教迷信职业者和地富子女也过筛。

表6-1 玉田县1964年阶级成分普查统计表

	总人口	雇农	贫农	中农	富裕中农	工人	手工业者	小商贩	自由职业
玉田县	227 101	720	43 274	22 593	1688	2805	1081	1885	496
湖口	20362	100	3709	2366	337	34	98	21	19

	小土地出租者	商人	富农	地主	资本家	债利者	宗教迷信职业	未评成分	
								地主子弟	富农子弟
玉田县	1113	234	1358	1685	24	31	23	2775	2622
湖口	39	8	211	160	2	6		262	392

（根据1964年玉田县人口普查阶级成分统计摘录）

对乡村社会形势的另一项“左倾”估计是，由于弃农经商、务工、自由职业者迅速增长，因而认为农村自发资本主义势力大增，于是对非集体小商贩、手工业者和外出打工者最大限度地控制人数，使其达到历史的最低点。不过仅四五年，玉田县手工业者、工人、小商贩、自由职业者一下子增加到 6501 人，占全县人口 3%。个体商贩经营扩张，无疑是劳动力从农业中转移的现象，但被认为是削弱了集体农业经营经济。个体经济比重上升和农业人口中富裕中农增加，一并成为阶级分化的根据。当“揭发”出地主、富农、个体经济者的反动言行时，被证明个体经济和自发资本主义倾向不是孤立存在的，而是有阶级敌人舆论相配合的。于是阶级斗争的气氛顿时弥漫了整个乡村社会，成了限制自由市场和个体经济的强制措施的口实，也成了社会主义教育、“四清”以及后来“文化大革命”势在必行的根据。在新闻媒体和教育运动配合下，人们似乎真觉得上下挖阶级斗争的根子，正是社会主义的需要。

从 1964 年下半年，中国各地报章均有类似报道，说某某基层党政组织大权被阶级敌人篡夺和“烂掉”，电影《夺印》（北京电影制片厂出品，1964）正是那时文艺为政治服务的表现。无疑，在这时期的“农村社会主义革命新高潮”中，夺权斗争已成了主要内容，这实际也是从 1963 年年底开始落实到村落的“小四清”（1964 年年底结束）为什么至 1965 年年初转化为政治组织整顿和思想教育的“大四清”的缘由。联系后来的“文化大革命”，“四清”实是“文化大革命”的序幕而已，只是当时文件中规定“运动的重点是整党内那些走资本主义道路的当权派”一句，在农村地区并未引发对斗争矛头上指中央某领导人的联想，甚至连中央一些领导人也不会做出这种联想。如 1964 年 7 月 2 日刘少奇《在河北地委书记座谈会上的讲话》中认为，1/3 的农村基层政权已成为“反革命两面政权”，“四清”运动不能依靠基层组织，要由工作队包办，以群众斗争方式向基层干部夺权。同时还说：“四不清干部的根子不仅在地富，上面也有根子，上面的根子更危险，一律要追。”同年 12 月 6 日，刘少奇在给宋任穷的信中又说：“县社两级干部的严重问题是不会牵涉到地委和省委的一些同志的。”可见，在 1964 年作为“四清”运动主要领导人之一的刘少奇尚未理解所谓上面根子的真正含义。

应该说，从1958年“大跃进”、人民公社运动至1964年“四清”运动，反映中共党内既有意见分歧，同时又有普遍的“左倾”思潮的思想基础，尤以毛泽东晚年的“左倾”思想为甚。一些领导人先是跟随他的“左倾”思想，后来才发现已跟不上了，而多数人仍附和着。有的则最终才注意到他们已被置于无产阶级营垒的对立面上，他们参与了“炼狱”，自己却被吞噬了，这包括在“文化大革命”中罹难的国家主席刘少奇。

毛泽东在“五四”运动（1919年）前后萌生的乡村改革思想，只是延安时代才有可能局部地实践其中某些原则，长久的战事环境抑制了他的这一思想。直到1949年，建立乡村理想社会的思想才再次得到实践的机会，并且有了政权的全力支持。阶级斗争和所有制升级的判断，成了他推行1958年后—张鲁式人民公社社会实验的重要动力。在公社运动受挫后，毛泽东认为通过社会主义教育运动和大、小“四清”，打击基层社会的“资本主义复辟势力”和腐败现象以及与工人贫下中农对立的“官僚者阶级”（毛泽东在一份蹲点报告上的批示，1965年1月29日），仍可以重整旗鼓，实现他的社会改造理念。他不但要把“官僚者阶级”打倒，还认定有不同意见的中央领导人也是“最大的走资本主义道路当权派”。因此，当毛泽东认定1964年“四清”中党内高级领导人“形左实右”的思想实质以及工作队方式不利于群众起来造反，并掩盖了中国上层的路线和阶级斗争之后，毛泽东终于决定以他个人的威望和权力，揭开路线斗争的盖子，“公开地、全面地、自下而上地发动群众”，掀起了“文化大革命”。

所以说，是阶级斗争扩大化理论造成了动乱、矛盾和权力之争；而动乱、矛盾和权力之争又反过来推动了阶级斗争扩大化理论与实践（郑谦，1987，第253页），这种恶性循环的社会行为常常是首先终止文化与政治领域的改革，然后扩大和加深中国社会系统的僵化，并削弱社会自身的免疫功能。“文化大革命”的理论与实践的关联即是这样的一个极端的例子。

城市“文化大革命”的要点之一是，既然毛泽东认为党中央已有赫鲁晓夫式人物，那么在这种严酷形势下，做自上而下发动群众的“文化大革命”是必要的，因为他始终相信人民群众是历史发展的真正动力。但毛泽东的“文化大革命”战略也包括批判文艺界的所谓资产阶级、修正主义思潮。名为文化批判，实为裁决上层政治，从而在政治和文化上打败对手。这一在大批判中树立的无产阶级新文化思想和乡村社会主义教育运动刚好是城乡两股巨大的舆论、政治与文化力量，也是毛泽东建立新世界理念的重要基础。在文化上建立优势原则还不够，“文化大革命”从一开始便借助了军队的力量，其中原因不言自明。但与各国情况不同的是：中国人民解放军不仅有保卫政权、抵御侵略的功能，而且有政治教育的功能，即文化的功能。在长征时期，红军就有“宣传队和播种机”之比喻。“文化大革命”中毛泽东思想宣传队、军宣队（还有工宣队）下到基层厂、矿、企业和农村，就是在从事无产阶级“文化”运动，而且是一支骨干力量。所以军队在“文化大革命”中不仅有应急之用，而且显示了巨大的文化功能。这是“文化大革命”研究中容易忽略的一点。

至于比较中国的乡村与城市，“文化大革命”的政治与权力之争主要在城市（首都和诸省会），而农村不过是一个附属地带，农村与基层的“路线与夺权斗争”不过是上层角力的一个下层延续。然而一旦获得了路线斗争的强有力地位，上下组织系统的功能便有利于再一次实行毛泽东曾因各种原因中止和受到挫折（1919、1956、1958）的乡村社会改造理论。

二、“文化大革命”的动荡时期（1966—1976）

我将引述下列文献和简单解说，以看出毛泽东借助“文化大革命”中“阶级斗争的大好形势”，坚持1958年人民公社早期原则（特别是1975年以后），并力求再次付诸实现理想社会，一些领导人和干部继续迎合这一不切实际的空想乌托邦。

上层

1966 年

1966 年 5 月 16 日中共中央政治局通过毛泽东主持起草的《中共中央通知》（即《五一六通知》），号召全党全国人民把斗争矛头指向所谓“混进党里、政府里、军队里和各种文化界的资产阶级代表人物”，揭发“现在正睡在我们身旁的赫鲁晓夫那样的人物”。

◎这是人们习惯的隐喻性号召，人们的意识与直觉的智慧都被引导到清除异己的阶级义愤与追索运动中去。

12 月 15 日中共中央发出《关于农村无产阶级文化大革命的指示》（草案），规定重点是整党内一小撮走资本主义道路的当权派和没有改造好的地富反坏右分子。

◎这便开始点明了“文化大革命”旨在挖出反革命修正主义和资本主义“复辟势力”在上面的代理人刘少奇，和在下面的“根子”地富反坏右。

1967 年

就农村问题而言，党报观点一直在乡村社会改造的路线上表现为“极左”。1 月 23 日《人民日报》、《红旗》杂志和《解放军报》编辑部文章《中国农村两条路线斗争》批判刘少奇所谓“扼杀农业合作化”，“推行三自一包（自由市场、自留地、自负盈亏、包产到户）反革命修正主义政策”。

◎这一论题刚好反映围绕毛泽东乡村社会改造理论与实践上的两种思想斗争。

1969 年

1969 年 1 月 1 日《人民日报》社论：《用毛泽东思想统帅一切》，强调以“大批判领先”，推行“大寨式评工记分制度”。

◎1968 至 1969 年的“政治工分”含义是政治表现决定劳动报酬和生计，这与 1964 年城乡同时开始的阶级成分普查“重在政治表现”原则是一致的，而且是阶级原则落实在民众生计中的一大“发明”。这一“发明”的社会基础就是因强行推行而形成的“极左”思潮。该思潮还借助了“斗私批修学习班”这一人人过关、触及灵魂的文化组织（传播）形式。

1970 年

1970 年 12 月 11 日，中共中央批转《国务院关于北方地区农业会议的报告》，认为“三自一包”等是代表地主富农利益的口号，是在农村复辟资本主义的反革命纲领。提出批判所谓“资本主义倾向”“作为农村政治思想工作长期的基本任务”。

◎刚好这一年冬和次年春，全国各地都组织了毛泽东思想宣传队去一些公社、大队整顿支部，以解决基层社队领导权问题。

1972—1974 年

1972 年 4 月 16 日《人民日报》社论：《以粮为纲，全面发展》，强调：“在积极办好集体经济，保证集体经济占绝对优势的条件下，应该允许和指导社员利用剩余时间和假日，从事适当的家庭副业。”然而，1973 年 5 月至 8 月，《红旗》杂志连续几期发表文章重新强调“发展农业的根本问题在路线”，报道在农村的“基本路线教育”。1974 年 8 月 1 日《人民日报》文章则进一步说：“大寨不是一个生产典型，而是所有制变革以后，农村如何继续革命的一面旗帜。”于是，大寨大队成了“文化大革命”中推行“左”的政治运动的工具。

◎可见 1974 年以前的几年，中共党内孱弱的纠“左”言行未能阻止“极左”思潮的强大势头。

1975 年

1975 年 2 月 9 日，《人民日报》发表毛泽东关于限制资产阶级法权的最新指示，说：“工资制、按劳分配、货币交换，这些跟旧社会没有多少差别，所不同的是所有制变了。”他还说：“这只能在无产阶级专政下加以限制。”《红旗》杂志第7期解释说，现在实行的商品制度、按劳分配、货币交换，必然使某些人“离开社会主义道路，走资本主义斜路”，“甚至成为新的资产阶级分子”。

8月14日，陈永贵向毛泽东提出关于人民公社基本核算单位过渡到大队、取消自留地和家庭副业等有关农村政策的建议。同年9月中共中央在北京的农村工作座谈会上，除个别省同意外，赵紫阳、谭启龙带头抵制，多数省委负责人不同意上述建议，会议决定暂不改变，日后看条件是否成熟再做考虑。

10月15日，华国锋在《全国农业学大寨会议报告》中指出：随着建设大寨县运动的普及和提高，随着社会主义农业的发展，特别是公社、大队两级经济的壮大，“在条件成熟的时候，将逐渐向以大队乃至公社为基本核算单位的所有制过渡”。

◎陈、华的建议表明，1958年未完成的毛泽东的人民公社理念及其制度性实验，在“文革”中再次得到某种强有力的支持。

1976—1977年

1976年12月10日至27日，第二次农业学大寨会议（毛泽东逝世和逮捕“四人帮”之后）上陈永贵说：“1980年把1/3以上的县建成大寨县，全国基本上实现农业机械化。”他引用毛泽东：“由不完全的公社所有制走向完全的、单一的公社所有制，是一个把较穷的生产队提高到较富的生产队的生产水平的过程。”随后也提出了“大力发展社队企业”，要促进公社、大队两级经济的发展，为逐步过渡创造条件。

1977年11月16日《普及大寨县工作座谈会讨论的若干问题的汇报提纲》，仍强调“向以大队为基本核算单位过渡”是“前进的方向，是大势所趋”，要求“今冬明春，可以再选择一部分条件已成熟的大队，例如10%左右，实行过渡”。

◎回顾1975年毛泽东有针对性地发出"限制资产阶级法权"的指示，表明他已有可能重新设计乡村社会改造的蓝图。和1958年不同的是，政治挂帅的大寨已成为"文化大革命"中成熟的乡村社区发展模范，陈永贵重提初期人民公社政社合一原则和大所有制原则，标志着中国乡村建设中两种思想的又一次较量，幸好未能再次强行推行。这一次中国农人已有旧日"大跃进"和饥饿的教训，他们面对学大寨的政治活动和号召，巧妙地加以周旋和变通，保护生产力，以图生存和社区发展。

基层

玉田县的"文化大革命"开始也重复着城乡上下类似的红卫兵运动。先后成立的数百个红卫兵组织均以"革命无罪、造反有理"和"革命的名义"展开"破四旧"，参加到"保卫毛主席的革命路线"的激烈运动中去。

玉湖公路当年的筹集人陈文先生身挂"历史反革命"标志，在街上行走遭人唾骂；大黄村地主一律戴黑布条（上标明罪名），被红卫兵揪斗，下台干部也被轮番批斗。好像回到了土改时期，所不同的是红卫兵任意抄家，无法无天。这是早在20世纪50年代就完成的新"内圣外王"（崇高领袖与社会大系统的上下呼应）系统之重新显示力量。为保卫一个认定的"革命路线"，必须横扫上层反对力量、确立草根社会思想与组织基础。

然而，县委的夺权有一个复杂的文化题目。1967年1月1日，玉田县一派红卫兵组织真的夺了县委、县人大的权，随后各群众组织又夺了各单位部门的权。"停课、停产、闹革命"，被赶下台的干部被任意揪斗。大字报尤以揭内幕为甚，暴露了大量平日积累的矛盾。不同派别和不同观点的红卫兵辩论和武斗。这类派性斗争从1966年7月一直延续到1967年5月。即使成立了毛泽东思想学习班，成立了革命委员会，生产仍无人负责。玉田县完全瘫痪了。至于基层，论到谁是革命派、谁是反革命组织并非易事。不像各省、市夺权后立即通电毛主席和中央再加核准，小地方夺权则无此权威认可，于是酿成旷日持久的夺权与反夺权。

在玉田县，一派称旧县委及其“保皇派”执行“刘少奇反革命修正主义路线”，一派说对方有刘少奇城工部系统做总后台。人们终于能看出，派别组织之争包含了根深蒂固的原委，可以追溯到20世纪40至50年代初期县、区、乡基层社会人事结构的变迁。

实际上，直至1934年，国民党力量才真正进入玉田地区基层。1949年以前的地方势力包括了军绅力量、传统宗族力量和教会力量。其中，闽东的教会力量虽较强，但并未生根，被地方传统势力称为异端，所以说，仍是党、政、军、绅、宗姓力量更大。1949年解放军和地方游击队接管政权，山西省地方共产党干部南下，按当时的一项政策，通俗的叫法是“大锅盖盖大锅子，小锅盖盖小锅子”，意思是建立地方政权过程中，从北方地委（大些）南下的干部接管一个地区，从北方的一个县（小些）南下的干部接管一个县。这样，在玉田县也派来了来自山西省平顺县等地的共产党干部，从而地方传统社区出现了来自不同背景的干部力量。

20世纪50至70年代，中国乡村社会仍是不开放的。合作化、人民公社限制了商品经济，户口、人事制度均限制了干部和农人的流动。为了适应新的地方生活，新到一个文化、语言（南下干部来时不能用闽语与地方人士交谈，而当时普通话又少有人会）差异很大的地方，南下干部及其家属实际上很容易内部认同、密切来往甚至联姻。故“文化大革命”中对立派称南下干部为“平顺帮”，显然这是南下人认同强烈的外在反应，尽管可能是不太客气的。另外，南下干部要想在玉田地区立足，必须重新培养自己的依靠对象。地方人士黄云周先生认为，南下干部不大信任地下党力量，现在分析他们培养的人有几个特征：能和南下干部通话（国语或叫普通话）、念过中小学的人和小知识分子，多属当地大姓之人。这样形成了由掌握主要地方权力的南下干部为中心的另一支新的力量，这是党内有派的实际情况。“文化大革命”中这一派性矛盾完全公开了，但事实上早在南下干部和地方干部共同接管政权之初，矛盾已发生了。

早期县领导成员岳清深先生说："入城后，我们很高兴，觉得我们过去打游击，建设政权经验不如南下干部，那么，他们做主好了。但后来我们发现，他们有'我们是正规的，你们不正规'的歧视思想。我们感到地方干部在政权中受冷落。"

戍区前领导人之一尤先生说："原湖双乡长暗中供应游击队钱粮，带人又带来枪，但土改时南下干部一来就不管这些。我们对区委讲，这些人是起义人员，应宽大。但区委不听，杀掉了，又把我开除党籍，理由是阶级立场不稳。直到 1985 年才给我平反。南下人说了算，有宗派，杀投诚者，在群众中影响不好。"

"那么几十年间形成了两大地方力量吗?"我问。

"我认为解放后教会力量削弱了，军绅政权打垮了，但宗姓力量仍然潜藏着。就干部来讲，头脑里有南下和地方两系之分是不言而喻的。南下干部不信任原地下党力量，一旦获得了地方支持者，问题就来了。福建地方乡土社会中，潜在的宗族力量当然不会孤立存在。就农民群众而言，他们只注意一届又一届的乡镇干部中有没有出自自己家乡的人。"福建籍的省高级研究人员林语祥说。

农人谢丰营说："我们木阁没有一个人在镇里当干部，所以我们遇事吃亏呀!"这倒符合林语祥先生的判断。

"问题出在什么地方呢?"

"在权力和切身利益面前，不少干部只考虑'你是谁的人'；一个被提拔的干部常想到的是：'我是×××提拔的'，平时所宣导的'党性原则'不见了。由于只盯着派系利害冲突，所以你会体会到为什么一派夺了县里的权，另一派又组织力量反夺权。至于农人的想法比较实际，他们盼着镇上的小干部中有自己村上出去的人，因为他们看到有的干部的确喜欢为自己的社队争利益。"林语祥说。

"'文化大革命'公开了党内派别，过去则无人敢于承认。尤其在大字报、红卫兵报中揭示颇多。直至明火执仗的夺权行动更为昭著。全国都做了'消除派性，增强党性'的努力。基层正常事务须恢复常态，于是，‘斗私批修’和‘一碗水端平’的号召出现了。‘文化大革命’后期，县委书记安排了南下的人，而县长是地方上的人，这就是结果。”林语祥继续说：“我想这一人员组合的结果很重要。表明中国传统文化的中庸原则总是在走向矛盾的反面时起非常大的作用。这是一种中国人人事均衡论的一类反映。（见第十七章）然而长期派性之争的解决不是一日之功。”

林语祥最后总结道：“‘文化大革命’被否定了，但一些人或子女仍清楚记得何人何派揪斗过他们或他们的父母，至今耿耿于怀。老一辈人终于到了离休的年龄，但派别的继承仍存在。这是一个静态的社会，有着漫长的、时而激烈、时而无声无息的‘路线’与人事之争，希望有新的、有活力的社会力量注入这一地方系统之中，无论如何，打开封闭的田园社区才会有系统更新的可能。”

上层分析

的确，数十年来，从中央到地方的路线斗争中，人事组织与利益集团总是紧密联系在一起的。上层和基层、中央和玉田，社会结构和社区运作方式是类似的，思想方法是一致的，人事与组织原则是同一的。上下每一单位、机构（社队、企业、教育和科研机构等）都是党政合一的高度集中体制。实际上农民不能真正占有生产资料、发展家庭和社区经济，不能发挥主观能动性和集体与社区的智慧，因而也没有真正实现按劳分配，而被政治工分、政治职称取代了。集权的体制造成各级干部、各社区干部若不自行约束，很容易使他们获得一个优于群众的经济和政治地位，以致腐化下去。（毛泽东在20世纪40年代共产党人进入城市以前就指出过谨防“糖衣炮弹”和贪污腐化现象）这当然是没有健全法制，没有真正监督机构的必然结果。“文化大革命”前的体制不能提供这一法律监督功能，没有贯彻科学、民主的原则，没有平等竞争原则，其中社会民主的发育尤其受到压抑。在经常的政治压力下，人民只有积怨。在农村，政策多变和所有制屡屡升级，农人饱尝艰辛，他们有经验和教训，他们在政策的缝隙中，一有机会便从自身利益出发，发展个体和家庭经济，以求生存和发展。对于上述诸社会弊病与趋向，毛泽东另有逻辑的分析，即他首先看到了“文革”前的“尖锐阶级对立”。他说：“官僚者阶级与工人阶级和贫下中农是两个尖锐对立的阶级，这些人是已经变成或者正在变成吸工人血的资产阶级分子……这些人是斗争对象、‘革命对象’。”（毛泽东，1965）因此，打倒“官僚者阶级”即打倒“走资本主义道路的当权派”就成了“文化大革命”的动因之一。另外毛泽东把土改后生产水准提高、农人生活水准中农化的趋势看成是两极分化，即阶级分化，加上把个体经济的发展视为集体经济的对立面，是“资本主义自发势力”（毛泽东从年轻时到晚年始终真诚希望中国社会应体现的“等贵贱”、“一大二公”和平均主义的和谐原则是与此背道而驰的）。因此，关于中国社会的严重阶级斗争与阶级分化形势的分析便推出了，成了发动“文化大革命”的思想基础。

毛泽东急于追求一个新人新世界的空想理念，而这一宏大抱负只选择了一条路径，即相信思想领域里阶级斗争和不断革命的斗争哲学以及所有制不断升级。他认为，为了打倒官僚者阶级，号召群众发动“文化大革命”是必需的，因此可以认为，“文化大革命”是毛泽东不断革命论实践过程的催化剂。他相信大破大立，“由天下大乱达到天下大治”（毛泽东，1966）。众所周知，“文化大革命”的大破有令人吃惊的结果，不仅形式上破除了四旧，而且在派性斗争中揭发了党内、政府内和地方社会与单位积成的派系、失误、弊端和丑恶现象，使之第一次暴露在中国公众面前，从而使各阶层中国人有了重新思考未来的基础，因为人们已了解以往的中国人做了些什么和究竟是怎样做的。大破之后，是为了要人们看破红尘吗？不是。毛泽东确信应出现大治。大治的含义即建立一个“一大二公”的平均主义中华社区，并且是以阶级斗争为纲，对封资修实行大批判，实行凌驾于社区经济基础之上的高级所有制。然而，后来并没有出现这种大治。“文化大革命”并没有克服中国社会的矛盾，反而增加了新的矛盾。毛泽东以阶级斗争为纲、借“文化大革命”实行大治，重构人民公社原则和平等社会的愿望与努力并未能成功。应该说，“文化大革命”实际上继承了“大跃进”、人民公社时期的错误，它没有给人民树立科学的精神，没有造成巨大的物质力量，也没有弘扬法制的原则。“文化大革命”没有造就新的社会体制，而是旧体制的复归与强化。

“文化大革命”初期，毛泽东所以能调动亿万群众在中国这个沉静的大湖里掀起波涛，其原因之一是群众多年对社会腐败现象的愤懑与积怨。人民群众渴求幸福生活、自由、民主和社会平安的愿望与相信领袖、服从权威主义的传统文化原则合拍，造就了宏大的社会群众运动。人们试图以政治热情的宣泄来摆脱政治的压抑，于是他们仍然回复到了生活环境坐标的原点。“文化大革命”后这种主动的“大革命”不多了，但只要是一个非流动的又缺乏法制监督的社会，各基层社区几代人积累形成的社区利益与关系系统（如宗姓、派系等），各单位数十年积累形成的人事之别，都会因某年某月一件或大或小的事情而打破社区或单位系统的平衡。特别是在一个仍是行政权力决定一切的地方，随着时间的推移，表面平静的生活总是孕育着不安或轩然大波。上层和基层、城市和乡村概莫能外。

晚年的毛泽东是一个极为矛盾的人。他憎恨官僚，反对一言堂，但他自己又不能兼听；既能运筹帷幄，决胜于千里之外，又总担心中央内部和自己周围的人篡夺政权；他既留恋夺取政权之前艰苦奋斗的革命精神和军民鱼水情，又在重蹈“内圣外王”覆辙；他既承认“大跃进”、人民公社的失误，又要用“文化大革命”的努力来证明他社会改造理念的正确。

他使中国人民包括玉田的农人，经历了当代历史上最扣人心弦的、也是国民经济损失最大的一次政治运动。笔者下面的兴趣是，对乡土民众来说，“文化大革命”式的动荡，他们在“大跃进”时期乃至“四清”运动中已屡屡遇到，因而早就有了应对的经验。首先是在如此浩大和长久的社会动荡中，农业社会为什么没有再度完全瘫痪；其次是，他们在动荡生活的缝隙中是如何发现新的生活的机会。这不只是玉田农人的独有的聪明，其中可以看到中国人的智慧、勤劳、努力，以及适应社会政治和复原生计以求发展的特有能力。

基层分析与农民处世实践

乡土中国不仅人口多，且土地细碎，在这一生态压力下，粮食是性命攸关的。为此，中国农业科技人员从20世纪50年代起从未放松改良稻麦品种的努力。从20世纪50年代到60年代中期，玉田县水稻已有20多个地方品种。在“大跃进”失败后的调整时期（1962年左右）首先引入矮角南特号优良稻种，粮食亩产量提高很多。这是因为20世纪50年代培植新品种的努力，刚好在60年代中期以后至70年代逐渐奏效（见表6-2）。

以推广粮种为中心的农业技术进步带动了耕作制度和生产技术的改革，与此同时，化肥供应量也逐年提高，以致20世纪70年代的化肥施用量涨幅明显（见表6-3）。

表6-2　玉田县水稻对照表

年份	品种名称	株距（尺）	生长期（天）	亩产（斤）	每穗粒数（粒）
1955	高秆绿财号	1×1	150—180	200—300	100多
1962/63	矮脚南特号	0.4×0.4		500	70—80
1976	杂优	0.6×0.6	125—140	800—1000	200—300

表6-3

年份	每亩施肥量（斤）
1952	1.26
1962	4.37
1972	56.3
1977	59.3

［依《综合农业区划》（二）第275页］

因此，“文化大革命”中玉田农人虽受“左”的政策干扰，粮食仍能在曲折中有所增长，即包括“文化大革命”在内的12年中，6年增产、6年减产（见图5-1）。但从下表分析又可看出，在“以粮为纲，其他砍光”的奇怪政策指导下，林、牧、副、渔业受害很大。如1973年与1957

年相比，种植业比重上升 11.2%，而林、牧、副三业比重却分别下降 4.3%、4.5% 和 2.8%。1976 年再度处于低潮，五业比重构成虽好于前，但林、牧、副三业总产值的绝对数比 1973 年下降 217.28 万元、576.44 万元和 66.77 万元（见表 6-4）。这是由于种植业收成减少的绝对数太大造成的。可见，“文化大革命”中幸亏有多年农业科技进步（主要是作物品种改良）的收效，防止了更大的损失。

表 6-4　玉田县农业总产值变化及其结构表

项目/年份	单位	1949	1957	1961	1973	1976
农业总产值	万元	2063.28	4130.97	3674.53	6140.07	4300.85
种植业	%	79.7	53.6	76.7	64.8	64.4
林业	%	8.2	18.3	11.8	14.3	15.4
牧业	%	6.1	18.2	5.8	13.7	10.9
副业	%	6.0	9.9	5.7	7.1	9.1
渔业	%	/	/	/	0.1	0.2

［依《综合农业区划》（一）第 63 页］

在 20 世纪 50 年代中国农业发展的成就分析中，农业技术进步因素一直被忽视，单单认为是合作化和政治运动的推动促进完成了第一个五年计划。实际上这一成就在本质上成为一种物质基础和动力，使毛泽东自信地进一步推行基层乡村社会组织的升级和所有制的过渡，以实施他的乡村乌托邦理念。“文化大革命”时期，再次得益于 20 世纪 60 年代调整时期农业科技积累的质的飞跃，使“文化大革命”的政治运动对国民经济的巨大损害由于农业科学的发展减小了。这一进退之合力表现为农业发展总体上的缓慢改善过程，免于再次造成饥饿现象（见表 6-5）。

表 6-5　1957—1978 年中国农业生产基本情况

年份	1957	1962	1965	1970	1975	1978
粮食（亿公斤）	1950.5	1600	1945.5	2399.5	2845	3047.5
棉花（万公斤）	164 050	75 000	209 750	227 700	238 080	210 700
油料（万公斤）	419 595	200 330	362 535	377 185	452 075	921 700
大牲畜年末存栏（万头）	8382.2	7020.1	8420.5	9436.3	9686.2	9389.2
生猪年末存栏（万头）	14 589	9997.2	16 692	20 610.1	28 117.3	30 128.5

（《中国农业 40 年》第 168 页）

经历过“大跃进”、人民公社运动的农民，如何适应“文化大革命”的动荡时期呢？

总的来讲，“文化大革命”中基层政权成员与名称更迭多次，“筹委会”、“革委会”多是临时的，农民称之为“维持会”。人们把精力放在思想大批判上，无暇顾及农业管理。连宪法都成一纸空文，何况一般指令？无政府主义泛滥，派性争斗不休，农业社区损失很大。

1970 年，上级号召“战备夺粮”，结果玉田县平地高山遍种粮食，山上好端端的经济林木被砍伐，改种稻。黄村一侧山上的地方特产西洋蓁被砍伐一空。黄村前干部黄荣仙说：“‘文革’中政策多变。群众心想，你说砍就砍，你说种就种，反正是公家的。分配来的稻种不分平地、高山的气候特征硬种，结果好的品种没有好收成。人们无积极性，生产队长早晨起来，挨家挨户喊人派活计，耗到太阳升起老高，农民还未到齐。一年 365 天，天天干，从平地种到山顶，靠加强劳动强度和延长劳动时间弥补种植业的低效率。

“那时黄村山谷的生产队只能靠粮食换钱。卖粮归来做生产队的本钱，粮价低，劳力不值钱。一个劳力不过值 1 元钱上下，马山村 0.5—0.6 元/天，木阁 1.1 元/天，黄村 0.9 元/天，零洋 1.3 元/天。记得 50 年代，黄村农民一年干 150 天活（一个生长期）就够了，‘文化大革命’中天天做效率也不高，幸好水稻品种优良，得以弥补劳力损失和时间的损失。”

黄荣仙当时是生产队长。他说社员看着你，如果你能做，有组织能力，可能乡亲们顾面子来干几下。若生产队长无能，干脆人也找不来。

“文化大革命”中一度允许种番薯，结果社员天天朝队长喊：

“队长，早点下工啊，还要种番薯呢！”

“那你不早上工！”

常常是上工晚，下工早。干生产队的活总打歇，一坐就起不来；个人的番薯瓜菜一类种植和田间管理，则做到天晚不收工。谁知好景不长。1975 年上级又一次鼓吹农业生产大会战，像人民公社初期，只许做集体的活，不许做个人的活，谁私卖番薯、蔬菜就要被没收写检查，千方百计“割资本主义尾巴”。

然而在“文化大革命”期间，因已有“大跃进”瞎指挥农人受损害的体会，农人开始一边服从上面的“左”的政令，一边采取变通办法，使自己的生计不至重复“大跃进”后生活的困境。基层农民在某种意义上讲，并不了解历次政治运动的深刻背景，实际上他们也不可能了解很清楚，他们的低教育水准限制了他们对乡镇以外大千世界的认识。农人的变通方法还表现在玉田干部上山西省昔阳县现场学大寨回来，只对整治荒山和农田水利有兴趣，而对大寨政治工分一套兴趣不大。即使不得不实行一下，也只是走过场而已。在农人社区中，人际关系的协调与其说是政治的原则，不如说是传统社区邻里和宗亲原则，间或也有40年间人为造成影响的新传统——阶级的观念。在1975、1976、1977年对所有制升级的叫喊声中，黄村农人无动于衷，因为他们厌倦了政治。这时期人们的口粮已勉强够了，叫社员上山砍柴再也喊不动了，山上土地没人种。但生育却跑到山顶上，生了再下山，以躲避计划生育干部的检查。

值得一提的是，玉田人在无政府状态下，在单调的农业劳动之余，在政治运动一波接一波的间歇，开动脑筋做出了一项有历史意义的发明，即实验和传播了白木耳（银耳）培植技术，未料及这一发明如燎原之火，竟在十几年后占了全县生产总产值的1/3。这一新的生计活动，改变了黄村乃至玉田县的生存结构。

农人从切身利益出发，又有人多地少这一历史包袱，当然不可轻视农业。他们不仅顾及了农业，也担忧着长远的生计。正是由于单一农业的困境，粮食投入产出之比所表现出来（特别与工业相比）的低效益，以及对无休止政治运动的厌倦，才使农人将其智慧引入务实的、有巨大收益的、静悄悄的副业活动中去。银耳和后来香菇生产的扩展，表现了地方农人的巨大创造力，而这种创造力是在不断顶住政治压力的情况下发挥出来的，又是在传统中国家族单位中实验和推广成功的。

第七章
银翅舒展

历史的机缘出现之前，多数情况下早已有了深刻的背景和条件。

1968 年的一天，玉田人姚一忠（《玉田通讯》编辑部，1988）在一家中药店里遇到名叫阿兰的年轻人，他正在打开小纸包，拿一朵白花似的东西请老中医鉴定。

“这是名贵的食用菌银耳——白木耳。你可以到外贸公司问个价。”

姚一忠很好奇，便与阿兰一道去。果然，3 两银耳开价 42 元。他一直把这个动人的巧遇记在心头，并留心打听人工栽培银耳的消息。不久，玉田籍中医游南士告诉一忠：在浙江省龙泉县有人种银耳。

姚一忠立即专程赶到龙泉县。当时银耳培育技术材料是秘密的。一位潘姓人见一忠诚心诚意，同意借阅一晚。一忠连夜抄录，并向潘姓人买了两瓶银耳菌种返回玉田。

宗锦是姚一忠的儿子。父子两人把 100 斤的椴木接上菌种。成功了！第一批收获干银耳 7 两重，跑到延平外贸公司卖了 84 元。父子二人再接再厉，又去三明真菌研究所学习木屑瓶栽法。终于在 1976 年春试验成功。他们把第一批银耳作为礼物寄送共产党中央委员会报喜。

无独有偶。初中二年级便辍学返乡务农的姚德慧，无所事事。1969 年生产队派他到林区修铁路。他偶然在一棵枫树上发现一朵 7 层的大银耳，这件事启发他，怎样用人工创造一个模拟环境培育银耳呢？

从此，他借书、买书学习，着手实验。第一次照书本上木屑栽培法做，时间到了却无出产，一气之下把培养瓶扔到阁楼上。谁知不久他到阁楼寻物，无意中发现瓶上已冒出一朵又一朵银耳。惊喜之余，他分析原因，发现瓶外“开花”是由于氧气充足。姚德慧充满信心，在1972年一次接种8000瓶，然而，顾此失彼，因杂菌感染，全部报废，损失2700元。他没有气馁。1973至1975年他全力注意消毒，对菌种、温湿度、氧气含量诸多方面小心翼翼，不断积累经验。

正在银耳培植有起色之时，有的农村干部指责他“重副轻农”、“重钱轻粮”。事态还进一步发展到在大大小小的会议上点名批判其“资本主义倾向”。这已非同小可，但好在姚德慧只是个农人，家里搞不了，就躲到前新生产队朋友家继续实验。

1977年，他的5000瓶银耳大丰收，获利甚多。于是求教的农人纷至沓来，是按传统秘而不宣，还是公之于众？他决定把这一新技术向世代务农的乡里人开放。姚德慧的进一步成功还得益于1978年开始的较为宽松的改革开放政策。冷言冷语还可以听得到，不过在新形势下，县里终于同意他办一个食用菌厂。1981年，福建省委书记项南视察他的工厂，一再肯定了银耳事业的重要性。

聪明的福建人以自己的智慧推动了银耳事业的转机，这还应提到戴吾仙。他考虑到瓶育银耳成本仍高，产量又低。于是他试用塑料薄膜，造成“圆火腿肠状培养基”，每一袋横向上再点穴5个。1979年他成功地培养了400袋，共产干银耳20公斤。加上不断变化的新培养基配方，大大降低了成本。这位乡下人随后收到来自全国各地的求教信14 000封，他居然做到有问有答。他还义务为贫困农家教授培育知识，有一家人学会以后不但还清了债务，而且盖了新楼居。

1982年彭亿火又创造了露天袋栽香菇技术，一下子提高了产量，并扩展了由银耳为开端的更广泛的真菌养殖事业。他和戴吾仙一样，致富不忘贫困农人，翻山越岭到各山村指导接种香菇，1985年一年他就赊销6500瓶菌种给130户穷人。

从这里可以考察的一个问题是：一旦乡村中国人所蕴藏的智慧迸发出来以后，农业社会关于财富的观念和善的道德是如何协调的。

中国人相信养生之道，饮食为首要。那些不但可以入药，又可成佳肴者更受人青睐。尤其是20世纪70年代后期，中国城镇居民的温饱大体不成问题后，银耳和香菇的价值便在众多人口的中国格外体现出来。而中国人的道和信似乎在新事物发生的起初可以发掘出巨大的生产潜力，尽管它不完全符合现代的商业行为原则。

玉田农人中的文人开始为商业目的，引证银耳和香菇的药性和益处。据张仁安《本草诗解药性注》一书所述，银耳为润肺滋阴要品，足以与人参、鹿茸、燕窝媲美。《中国药学大词典》记载，银耳入肺、胃、肾三经，能清肺中热，养胃阴，济肾燥，其中酸性异多糖能提高人体免疫力。冰糖银耳曾是中国上层家庭冬季温补的美味药膳，北京中山公园名菜馆“来今雨轩”便有这一中国传统食品。过去野生银耳自不必提，从20世纪30至60年代中国人工培植成功后也一直未达到大量生产和低成本的目的，故至1978年以前每市斤收购价均未低于60元。

银耳推广后，除东北人将之入炒菜之列，南方人仍不习惯咸食入肴，冰糖银耳、莲子银耳、百合银耳是主要食法。

另一类食用菌香菇不可不提。香菇味甘性平，能益气助食。中餐一般为烧汤进食，鲜美异常，为华人所喜。玉田县虽有数百年栽培史，然而只是来自浙江龙泉、庆元和景宁三县菇农，到玉田、延平和建瓯交界林区仿野生生态环境伐木育菇。据龙泉《改良椴木育菇术》（李师颐，1939）记载：“明太祖奠都金陵，因祈雨食素，苦无下箸之物。丞相刘基以菇进献，太祖嗜之，甚喜，谕令每岁置备若干。刘基便奏准，把香菇别为专利，各地官府给予通行。”故直至近现代江南菇农多来自三县。清乾隆十六年（1751）《玉田县志》（卷二）证实上述情况：“香菇系他郡人来租山伐木造出者，有糖菇所出不多。”所以过去香菇一是出产稀少，为富者佳肴，一是人工培育法只拟生态并无普及法。玉田人宣传香菇不只引经据典，他们还请专家分析、鉴定出香菇中含氨基酸多达18种，人体必需的8种氨基酸，香菇中就有7种。他们还获悉：香菇能抗病毒、降血脂、有益心血管系统功能，抗癌细胞扩散，有益于糖尿病患者和白细胞减少症。这药性佳肴解说一下子便征服了南方城市，并开始向北方推进。事实上近10年来，一般百姓饭桌上已有香菇、银耳的位置，生活改善，饮食质量要求提高，使银耳、香菇的需求量极度增大。正是有了这一传统饮食文化的深厚背景加上城乡市场之巨大（人口决定），表明银耳培育是一个有深远意义的农村新生计，随之使农人从单一的农作系统中解放出来，卷入了更大的城乡贸易与海外贸易之中去。

1976年瓶栽银耳试验之时，大黄村的年轻人也有风闻，跃跃欲试。由于使用椴木，黄村山侧容易找到，谢丰营、黄荣盐等20几个年轻人便带头试种。做了两年，山上椴木不好找了，就用木云树代替。后来树伐多了，找不到其他合适树种代替，他处银耳收购价又从48元跌到30元一斤，使小谢、小黄等均失去了栽种兴趣。直到1979年，“火腿肠式”培养筒推广后，黄村人才渐渐扩大种植。椴木不好找，就用木屑代替，大大降低了成本。

历史而今的黄村人一直有一股闯劲。尽管生产责任制贯彻到玉田较晚，仍是黄村率先分田到户。这次银耳生计又一次吸引了这个家族。黄荣香父子两代人盘算着如何扩大培养银耳的空间，金翼之家的旧楼刚好闲置，父子商量认为辟为培养室最为合适，于是装配了宽体搁架。依玉田住房格局，农人楼房之宽大是城里不可比的，即使儿辈未成年，新房已设计了假设有4个儿子时的居住房间。但真实情况是儿子一般没有那么多，现代农村青年有时又另盖新楼，或采轮伙头居住方式，所以空空荡荡的房间在每座建筑里都可找到。

银耳生产的科学性和标准化程序虽有一定难度，但基本可由略有文化（初中高小）的中青年学习接受，银耳生产又有熟能生巧的特点，一些非重要环节老少皆适合做，这便既吸收了农村剩余劳力，又填充了余暇时间。另一个重要的原因是，福建山区银耳生长的温湿度（40天一周期）刚好以秋后冬闲时刻为佳，绝少和农田劳动（农作物生长期）相冲突，这就为银耳生计大开了方便之门。

人工培植银耳的改进过程，刚好是在“文化大革命”之中。“左倾”政策使农人长年无法将自己的精力投入在农田之上，不过稻种改良另当别论，因为改良品种作为一种科研是单独进行的，然后到乡下推广，从而谋求科技和生活的进步。这是成就和时间的积累，越久越能派生出一代代新的杂交品种，可以说中国农业科技人员在培育地方良种上的努力实质上是一个静悄悄的绿色革命，即使在“文化大革命”中，他们的努力都一直没有中止。也可以说，“文化大革命”的动乱中未再次发生饥馑，原因之一实为受益于这一绿色革命。然而除此之外，人民公社期间所有制不断升级和多变的“左倾”政策、“兵团作战”和“政治（工分）挂帅”，一直不能调动农人的劳动积极性。地少人多、土地细碎也限制了机械化和科学田间管理的进程。社会保障制度、优良稻种和单一粮食政策尽管能使众多的人口免于饥饿，却不可能引发将剩余劳力逸出乡土社区的契机。

地少人多，这早就是玉田的问题吗？是的。是一个几百年前已发生的问题了，福建人口过剩的事实本书前章已有所述，而且黄村劳力转移至食用菌也早有所闻。

据 1940 年一项调查，当时每年 11 月浙江庆元、龙泉、景宁县农民约队出发前往闽北诸县，经营菇业。其中庆元县籍人占 80%—90%，该县第二、三、四区农人尤多。据分析，该县第一区薄有田地，尚够耕种生活，故罕有出外业菇者，而其余二、三、四区地瘠人稠之故，“若专守农作，绝难生活，不得已出而业菇，将所得之微利赡养家属”。（谢佰贯，1940，第 33 页）这表明人多地少之生存压力是赴闽北闽东丛林业菇的重要原因，当然亦不能否认菇业本身的商业价值，而这两项因素结合的深入程度百年来是大不相同的。在现代人工育菇法普及之前，只能允许有限的农人在冬闲赴他乡丛林中模拟生态育菇。这样看来，所谓重要动机的商业需求，就现代中国社会生活的分析主要是城市的需求。浙闽菇业延续至今不衰，显然不只是如前所述为贡品的缘故，而是乡村服务于城市的表现之一。

40 年过去了，玉田县人口已从 1941 年的 187 326 人发展到 1982 年的 349 724 人，土地压力加重。农业过“左”政策又一度将农民限制在一个封闭的田园中，毫无主动性。既然不能在土地上发挥集体智慧，那么一种新的生计的发现和推广必然出现在非传统农业经济上，当然这伴随着机遇。银耳、香菇培育及其扩展全过程，既表现出技术性程序已可为知识农人带头接受并再度扩散，又表现出它脱离了传统农作与土地政策所能限制的范围。起初，银耳培植只需在农人传统楼居空间，1982 年生产责任制（福建较晚）后分田到户，已有可能使育菇大棚有限地推移到责任田上。不要忘记，家庭内部的分工合作、邻里合作和食用菌养殖的程序的运作，表现了一种适用于中国农人传统生活方式的现代生计是何等有力量。

玉田农人终于抓住了一个新生计发展的历史时刻，实际上这是由土地、人口、科学、智慧、文化、商业、家庭、政策、政治和机缘诸多要素促成的，尽管这些要素不只是正面效应。

我推门走进小哥的旧居，也是当年接生婆来过的志留的出生房间，如今已面目全非。在昏暗的灯光下，一排排培养架矗立着，几乎充满空间，四周只留狭窄走道，灯光既为提供低度照明，又为热源。暖烘烘的潮气夹杂着银耳生长期泛出的腥味，一朵朵绽开的银耳如白色的菊花盛开。小哥父亲东林的故居也同样堆满了白木耳培养基，几乎每个农户楼房里都有这类房间。

荣香的两个儿子方义、方阿已成家。第三代人全是男孩，很得村人羡慕。方义、方阿巧干、苦干，无菌规则掌握得很好，是成功的培植银耳户。银耳培植过程中，发菌四五天时是个关键，必不能有杂菌感染，温湿度也来不得半点马虎（室温得控制在 20 — 26℃之间）。每个银耳生产程序对荣香家来说都是利益攸关的。

这天刚好是银耳收获，方义将丰收的银耳用小刀割下，又小心地将蒂头黑色部分刮净，放在一张张长方形竹席上，抬到院内、田边晒。十几、二十几大片竹席上的白色银耳在阳光照射下耀人眼目。

显然是巨大、快捷的生计吸引了玉田农家。比如说在 1986 年 11 月，100 斤谷子值 20 多元，即是说一个农户若生产 1000 斤才得 200 多元，若增产 1000 斤对一个农户讲则难以实现，因为家庭拥有土地面积非常有限。这表明在有限土地上靠培育单一作物挖掘经济潜力已很困难。再加上农业成本和其他各项投入年年升值，收入日渐减少。白木耳则不然，差不多40天就收一批。视各家产品质量高低（不同级别不同价），100袋可卖800至1000元，减去成本，则赚300至400元。一家平均每年种4批，即差不多可得1600元。

荣香家儿子开过来的胶轮拖拉机运输车（满载银耳袋），买价14 000元，是黄村农家买车中最高价。另有两家分别花9000元各买一部较小的，也令人侧目。我乘坐其中小谢的一部，无消音器，震动大，但很实用。应该说这些车主要用于和银耳生产相关的原料与成品运输活动，而不用于农田。这是当代中国农业社会中农用车不用在农业上的见怪不怪的现象。有的学者热衷于统计单位面积农田与农机马力之比的农田经济研究，因而流于形式主义。

“一般家庭每年种三四批，那你家呢?”

“每年我可以做10批以上。”方义说。

“荣香这一房三代人，干得很漂亮!”小谢插话。

“怎么算一批呢?”

“这是指农人常用砖砌水泥灭菌灶一次消毒的数量。”

“多少呢?”

“1985年以前一批1000筒，现在可达1500至1700筒。”

他随手拿起一个内装棉籽壳配料的塑料膜圆筒给我看，刚刚割掉上面5朵银耳，露出了5个培养基穴。

“经济效益怎么样呢?”

“比种田划得来。一个周期40天，一批至少能赚三四百元，有时更高。”

“好，那我们算算。大黄村300多户中差不多240户种银耳。以每户生产4批，每批1500筒计算，共144万筒。”

“每筒5朵干银耳大约1两重。”

“即0.1斤/筒×1 440 000筒=144 000斤。”

“本钱400元/批×960批=384 000元。”

“卖价约 70 万元。”

“这样一减，即是说大黄村每年农人能从银耳生计中赚得 31 万元以上的收益，平均每户得益 1300 余元。”

“那么，荣香你家种 10 批会有三四千元。”

“嗯，差不多。”

“可能更多，因为他家的银耳质量非常好。”小谢对我讲。

在玉田农业社区，银耳、香菇异军突起，产量激增，经济效益大大超过农业生产。表 7－1 说明 1978 至 1988 年玉田银耳、香菇产量递增幅度极大，而粮食产量增长已实所不易。

虽说不断有粮食新品种，产量增加，但同时农业投入亦逐渐增加。表 7－2 是玉田两个村水稻生产成本调查结果。1984 年平均亩产 743 斤，比 1980 年亩产 386 斤增加 92.49%，但生产效果仍不好。从生产成本分析，1984 年亩成本为 81.53 元，比 1980 年增加了 42.95 元，提高 111.33%。可见亩产量增长速度落后于亩成本的增长速度，相差 18.4%，二者作用的结果是使水稻百斤成本从 1980 年的 9.99 元上升到 1984 年的 10.97 元（含活劳力的消耗），提高 9.81%，这也正是农人对粮食作物信心不足的一个根源。银耳、香菇的出现，其广大市场和高商业效益当然会最大限度地吸引农人，从而改变玉田农人的传统生活与生产结构。

表 7－1　1978—1988 年玉田县食用菌、粮食历年产量长幅对比表

年份	银耳（吨）	香菇（吨）	粮食（万斤）
1978	1.15		23 068
1979	6.8		26 328
1980	104		26 784
1981	228		24 668
1982	219		23 165
1983	978	1.15	25 630
1984	1927	6.2	25 055
1985	2003	126	25 600

续表

年份	银耳（吨）	香菇（吨）	粮食（万斤）
1986	2140	1096	26 216
1987	2149	2881	26 770
1988	2048	3569	27 400

一个重要的结果是：自从食用菌业推广后，玉田县消化了全部乡村劳力的1/3，1986年银耳、香菇产值达4174万元，占全县农业总产值的1/3；税收的1/3也来自食用菌业。这的确是玉田农村历史上的一个伟大事件。

表7-2　1980—1984年玉田县水稻核算比较表

年份	亩成本（元）	亩产量（斤）	亩产值（元）	亩成本增长（元）	亩产量增长（斤）	亩产值增长（元）
1980	38.58	386	48.94			
1981	66.95	550	69.47	28.37	164	20.8
1982	48.61	422	53.51	−18.43	−128	−16.23
1983	76.79	801	101.57	28.18	379	48.06
1984	81.53	743	94.21	4.74	−58	−7.36

［以上二表根据《玉田农业区划》（一）第183页制］

这一巨大成功除了靠科学和农人的推广培育外，还需要有成功的商业推销工作。20世纪80年代初，虽说也有县镇外贸收购，但那只是一个死价啊。农民想卖大价钱，然而到哪里去卖呢？只有闯出家园到外面做商业冒险。古今福建人的确有着这一共同的文化性格。

儒家思想和农本社会的重农抑商观念从春秋战国流传至现代中国，根深蒂固。但在大陆地域开发史上，重商趋利的商业经济观念曾萌发于南方沿海省份的福建、浙江和广东。关于中国南北文化差异的观念最先是与地方个性文化联系起来的。古籍《中庸》中早已提到南方人“宽柔”和北方人“死而不厌”（《中庸》），今人林语堂也概括为“粗暴豪迈的北方，柔荏驯良的南方”（林语堂，1977，第19

页）。我想还可以补充说：“保守的北方，灵活的南方；经验的北方，玄想的南方；政治的北方，商业的南方。”这种文字的提炼与其说是一个实证的结论，不如说是体验与直觉的文化评价，虽难于细密地论证，确为中国多数人所体悟。庄泽宣特别提到南北方人对移殖与商业态度的差别：“福建人和浙江人都喜欢远游。”（庄泽宣，1937，第495页）这与农本社会的传统“父母在，不远游”相背离。实际上福建人中尚理学和重商趋利两种观念是互补并存的。一方面，福建地区因北方儒学成功地南下濡化，并有朱子理学与礼制之深入乡土社会；一方面，以其近海便利商业，更有其远离中原政治中心的限制。正如金翼之家东林两辈人利用闽江舟楫之便往返于城乡之间，经商致富，同时购田为守本，奖学为升迁，使传统儒家理念与商业利益相结合，成为福建地方文化一特点。其实，这早有历史传统。唐时（618—907）已有人认为闽越人精明，善盘货、买卖求利，到五代时（907—960）闽人已将经商作为重建家业的必要手段。（郑学檬、袁冰凌，1989，第70页）有趣的是有一段关于玉田妇女经商实况的古代记录：“插花作牙侩，城市称雄霸；梳头坐列肆，笑语皆机诈；新奇弄浓妆，会合持物价。”（陈普《石头先生遗集》，卷十六）也有其他关于闽人经商的古籍记录，比如说广州城南“濒海多海物，比屋尽闽人”（《方舆纪要》，卷十）。显然，福建文化中重商趋利意识由来已久。商品经济发展必然冲击传统乡土理念。作为一种理论支持，南宋时（1127—1279）地方文化精英也已开始播下功利主义伦理思想：“道之于天下，平施于日用之间。”（《陈亮集·经书发题》）叶适也批评说：“抑末厚本，非正伦也。”（《习学记言·史记一》）显然与朱熹“理在事先，道在物外”的思想对立。明中叶以后，福建人李贽（1527—1602）不仅强调“穿衣吃饭”即是人伦物理（《焚书·答邓石阳》），还直接质问道：“且商贾亦何可鄙之有？”（《又与焦弱侯》，《焚书》，卷二）可见福建地方经商思想早已在精英文化中得到引申说明，和大众经济行为得到上下整合。直至近现代，大批福建人出洋垦殖经商，建立同业同乡会馆和强化同族组织，更确定了福建人重商、宗派与冒险的地方文化成分。福建人的机智，还表现在当北方乡村人还在批资本主义余毒运动、农人绝无可能私下传播个体副业之时，天高皇帝远的福建人利用地利、人和（宗家同族同乡齐心合作）条件，绕过政治对经济的干扰，重新开辟了他们祖先经历过的商业闯荡之路。

黄村是一个勇敢的乡村。听说广州能卖好价钱，于是聚集了三四十个同乡同行。黄钟生收购了90斤银耳和堂兄黄承伟一同上路，心中不免发怵，不少人连福州城都未去过，何况陌生的广州。这是30年来第一次个体推销活动：

“这是硬席车厢。一上车发现座位和通道均坐满站满，没有人肯挪动一点地方让我放行李。乡下人不懂外面规矩，只有忍耐。后来，时间长了，总算有好心人让我放行李。

“在鹰潭转车，换了从上海开往广州的火车，连语言也遇到困难，只有普通话能听懂，上海话、广东话根本不懂。

“沿途小站短暂停留根本不敢下车，怕被列车丢在下面。

“广州站真大，净是小汽车，人山人海，双眼犯晕，不知走到哪里去。心中后悔不该来，当时想起黄村山谷，有多清静和亲热。

“沿珠江走，穿海珠广场，我第一次看到男人和女人抱在一起，我脸上火辣辣的。他们根本不管有没有人。在我们农村，这些年风气有些变，但即使是手拉手在村路上走也不总有啊！

“旅店是一个9层旧楼。我第一次坐电梯，心里紧张，一下降像是堕入了深渊，幸好电梯一过9点就不开了，但爬9层18节也真是麻烦事。

“服务员对我们不客气地说：‘进大厅睡上层。’

“我还以为我们有自己的房间，谁知这一间大厅很大，有双层大通铺，上排下排足有100多人。这时已是深夜，但服务台和大厅的灯还开着，实际是昼夜通明，就是这样也鼾声四起，这里大都是从乡村流入城市的农村人。

“我找到我的位置刚要躺下，一眼望见了女人。啊，怎么还有女人?！男女混合，心怦怦跳。后来我知道，这是广州的现代‘大车店’，女人集中睡在通铺中段，男人睡在两侧。昼夜灯光通明也是为了安全和防止性骚扰。”

我一边听黄钟生讲述乡人奇遇，一边说起了玉田人陈业和我讲的另一位农人的广州经历：

“他在广州一条很长的街上找不到厕所，想问，语言又不通，坐车又不懂坐几路巴士。幸好一电动三轮车夫听明白，马上拉他回他的旅社。现在想来真好笑，花了10块钱雇车上厕所。”

钟生说：“是，这一点也不奇怪。农民初到城里就如同刘姥姥进了大观园。”

钟生第一次推销银耳成功是在离广州不远的佛山市。他堂兄管外交，面对买主，承伟问钟生：“你肯卖他多少钱一斤?”

“12块。”

“不行，11块6。”广东人讨价说。

“那好。”

钟生是以9块钱收购的银耳，这样一下子卖了1044元，赚了234元。1980年尚未分田到户，一年劳动得不到几块钱，这234块真令钟生兴奋不已。从此，更多的黄村人想跑出来卖银耳。也有一些人去了一次很害怕，不适应复杂的都市生活，退了下来。

“这几年我渐渐习惯了城里的事，手上也有了钱，每年都去几次。”

“那么，你的田谁种呢?”我问钟生。

“现在我很少种田，每年往外跑，哪里有时间。我内弟没结婚，地就留给他种，顶多农忙时帮他一下。除他代我交一份公粮以外，其余收成都归他了。”

“你的口粮呢?”

“口粮我自己买，可以买别人的，也可以买我内弟的。”

这是玉田黄村农人土地转承的主要方式，但福建人还是喜欢借助亲戚关系转承。

黄村山谷的农人开始了解大社会了，由于有银耳推销活动穿插其间，有些故事是极为有趣和有深刻含义的。

广州

20世纪80年代初期，我们玉田人主要去广州，货到广州站，刚要卸货，有穿制服的人走过来厉声问道：

"你们的证明信拿出来！"

"我们没有，我们不懂带。"

那穿制服的人查了几袋银耳说质量不好还要强行收购，几位同乡见状急得顿足大哭，然而无可奈何。以后我们每次都记得带地方证明信，少了不少麻烦。

广东人讲究饮食，所以银耳质量要求高，运到广州的都是上等货，但收购的人很刁钻，每一袋都要开袋检查，随手把不好的都捡出丢掉。丢了一地我们当然很心疼，有一次卖完货，办了税收手续走出来，发现那个税收人正在把地上的银耳捡到自己口袋里。我心里初次的体会是："啊，这就是城里人！"

广东气候热，蔬菜多，水产又多，银耳在这里只做甜食补品，销量并不大，于是我们渐渐转向湖南、广西，甚至西南贵州去。直到香菇培育发展后，才再度云集广州。

湖南新化

我和堂兄等三人辗转到湖南新化县。一大批银耳"没人要"，只好转运。到了站办公室，办事员说这批货不许提也不许转，并摊出税务条例对我们说，你们的货要收30%的税。

我们说，我们有公社的证明，不是私卖，况且我们的货还没有卖出，怎么会有税呢？我们的文化不高，一大沓文件也读不懂，也不清楚是否真的这么规定，这些年我们知道，有的城里人欺负我们农民。

我们发生了争吵。正在僵持之时，出现了另外一个人。他对我们说，我们研究一下，第二天早上你们再来一趟。

第二天，那个人问我："你的白木耳本钱多少？"

“每斤 10 元，加 3 人车费共 70 多元。吃住还不算。”

“你们只能在这里卖呀！”

“那至少要 11 块才卖。”

“好，以后我给你卖，12 块 5 一斤不算税，但这次只能 9 块 8 一斤。”

我们农民当时也没有办法，既然不能提走，又不能转运，只好哑巴吃黄连低价出手。但随后他又说会计手头没钱，先给一半，下次再汇。幸好我们返回黄村后不久，从荷洋邮电所收到了另一半款。你会知道我们等那一半款的心情，真以为他们不会寄来了。

辽宁锦西

我的货运到济南市，没有合适的买主，决定转去东北。我去锦西，堂兄去四平。谁知锦西又没找到，想再转长春。这次遇到的行李托运人对我说：“不能转托。”

“为什么？”

“不能二次转运。”

一会儿，他看到我戴的“双狮东方表”，就说：“你是从福建来的吧，下次你帮我搞一块便宜点的双狮表，我想办法帮你托。”

“这次你先帮我托，下次我会带给你一块。”

“这次不行，你的货太多了。”

隔了 20 分钟我再回来找他，递给他一块“双狮表”：“师傅，帮帮忙。”这一批货就这样转运到了长春。

虽说这种事常有，但东北我们还是常去。因为东北人是个大买主，起初我们怀疑向北方推销银耳怕不识货。谁知我们玉田人有了新发现。河北、唐山以北的长春、沈阳、哈尔滨是工业城市，人民手里有钱，但饮食单调，一到冬季只有大白菜，东北是萝卜、土豆，吃也吃腻了。

最开始银耳到东北一斤 5.5—6 元收购价，市价 8—10 元，东北人嫌贵，渐渐发现干银耳两三朵一泡就可以炒一大盘菜，非常合算。银耳一上东北人的饭桌，量可大了，不但商店可以直接收购，有的机关、企业一买就是数千斤。冬季的东北，无论是家里或餐厅都有烧银耳的菜，每年 8 月以后到第二年 2 月，是银耳销售旺季。

从此，冬季的东北人离不开玉田的银耳了，而且改变了东北三省人的饮食习惯。

北京

1984 年我到北京，去过中关村、体育馆一带的商店推销银耳，但店主、经理都说要通过马连道批发站。除了在一些企业推销成功外，在定点收购制度下，推销量不大。你想，北京是首都，第一手政策都是从这里来，所以规章制度定得死死的。

其实，在北京的不少居民来自南方，常吃香菇、银耳，但价格放不开，所以买量不大。老北京只是喜欢春节前大购一番，节后就无人问津，等到春暖花开菠菜一上市，我们的推销就转为淡季了。

每年国庆节和冬季是我们在北京的推销旺季。玉田人喜欢凑在一起，所以我们一到北京，自然都集中于 S 街的几家旅店，那里有最重要的销售信息，我们在北京建立了我们的关系单位，推销较为固定，同乡的互相照顾也是我们成功的重要原因。

我很想了解玉田农人、黄村农人推销食用菌究竟走过多少省市，哪些是主要的推销城镇。黄钟生说要想一想。第二天他把地名读给我听，数十个、上百个遍布全国各省的地名使我为之一惊。听说一些香菇还从香港流入台湾，影响该地的菇价。黄村传统农人真的走出了封闭的田园，即使在 20 世纪 60、70 年代也是不可思议的事，远远比 30 年代金翼之家从农转商的发迹历史精彩，毕竟是时代不同了呀！

据笔者统计，仅 1985 至 1986 年从荷洋火车站秋冬两季购进的棉籽壳、麦麸，平均每天 10 个车皮（每车皮 30 吨），而运出白木耳每天达 10 吨，这尚不包括通过邮局、汽车站运出的部分。荷洋镇农人中已有 600 人专贩棉籽壳，白木耳成品商贩多达 1000 人。

黄村人推销银耳已找到一两个规律。一般农人是买一批银耳托运出去，再去人推销，也有亲属联合，两人在外卖，家属在荷洋邮寄，回来再统一结账。大约半个多月可以来回一次。由于要防止货物压仓罚款，农人必须准时到达推销城市。

这是1986年春节，我住在黄村山谷农家。小谢的妹夫黄芳建和他的岳父发生了矛盾，原因是按乡里习俗，春节全家团圆应从初一到十五，至少也得一同过到初五，中国人有“破五”之说，这是起码的规矩。今年又逢初三是小谢父母70双寿，但芳建要年初二外出到天津卖银耳，岳父一气大骂芳建不孝。然而芳建早就忍不住了，因为他的银耳货已发出多日，在火车站存放一天就要按重量罚款。我和芳建很熟识，见他从岳父房间快快不快走出来，我知道这乡另一习俗是，儿子心里不高兴也不能与长辈顶嘴，然而的确是两辈人之间发生了分歧。这就是米德代沟学说（Mead，1970）的福建实例，是商业促成的吗？

“要到初六才许走吗？”我问。

“祝寿不能不在，至少初四再走。”一村人朋友说。

“那怎么办，罚款很厉害呢！”黄芳建回答。

“哎呀，没办法，发脾气了，老人的心情也得照顾，赔几个钱算了。”朋友劝道。

后来我看到，芳建总算参加了老人的寿礼，真是初四登上了前途，他太太同芳是支持丈夫的。这次丈夫要出远门，看到同芳又在煮“太平蛋（燕）”祈平安，还悄悄到村边土地庙烧上一炷香，保佑丈夫银耳外销有好价钱。看起来，商品经济带来的变化，似乎还包括农人信仰系统的新的成分。

1978年后短短几年，以荷洋为中心的银耳生产有了自身特点——以黄村为例来分析。

农人推销网—乡村新闲谈链—产品选择

黄村农人的银耳推销有两个渠道：一是镇收购，农人获利少，但风险小；一是自行推销。早期农人进城推销，招致不少怨气和麻烦。现在他们已经成熟了，他们已了解南方和北方城市人、干部和经理们的特点，可以应付各种环境，尽可能获得更多利益。在目前国营单位尚无可能垄断推销（或收购）系统之时，民间（借助铁路公路网）跑单帮式的推销银耳方式仍是重要的。农人走出封闭的田园，来到一个以往不可思议的大世界，解放了思想，活跃了城乡商品经济，有利于地方建设和赢得家庭和个人的劳动利益。荷洋正是黄村人联络外在社会的关节点。

由于历史上从未出现过类似的生计方式与行为，而这一新生计又是发生在传统农业社会之中，因此，新生计系统内外须逐渐协调。

到目前为止近10年中，已大体出现了一个推销制度的轮廓，由此派生的一个文化现象是：在黄村内外呈现了一个新的“银耳闲谈链”。这个闲谈链既是信息的链环又是新人际关系的链环，而这闲谈链的主要环节是青壮年男人，他们或在外推销经验甚丰，或在家培育生产是里手。因此，从事银耳、香菇业的黄村农人由生计所需，卷入了以黄钟生、承伟、方义、方阿和谢丰营等中青年为代表的闲谈链中，外在的信息由外出返乡的男人们传播，一拨一拨的外销人员不断更新外界食用菌需求的信息，从而决定推销与生产选择的战略与策略。玉田银耳和香菇生产量之比从1983年的850:1变成1988年的0.57:1，这一新的转变正是外界商业信息通过“闲谈链”重新选择地方生产计划的实例。应该注意到这一闲谈链是以家族亲友为基础作用。现在，玉田人在大城市都有自己的同乡聚会处（如某个旅馆），地方、宗姓和血缘观念十分强烈，这利于他们保护自己的利益。福建历史上不仅文人私学书院分派，工商会馆也表现地域派别，直至海外华侨的诸宗亲会组织历久不衰，直至现代。现在福建同宗、同乡、同县、同省人的认同随银耳、香菇货物传布更为强烈，而北方人则颇不明显。福建人乡里不同的两个“闲谈链”——农人和银耳业者有了分化，专守农业的传统农户闲谈链缩小了。农业、银耳兼业户刚好处在这两个交叉的闲谈链之间。业者的妻子们也起了信息传递的媒介作用，除了购销信息外，为丈夫外出平安的精神安慰，也求助于这个无形的闲谈链中。这个闲谈链除了与新生计方式有关，也涉及地方政策的变化与宗教信仰。

不同于传统农业的银耳生产方式

将鲜银耳晒干在银耳生产过程中是一个十分重要的环节。为保证质量和节省劳力，有的农人已开始使用机器烘干，这必须推动银耳烘干机的产品制造，一个新的派生现象是：有人买烘干机专事烘干，由农人付加工费。

这是一个连锁反应，即由开始的农户包揽银耳产销全部过程，渐渐进入分工合作的系统。进入农业分工系统的还有：

菌种来源。这是关键的一环。既然办了县菌种厂，又不能阻止个体农人或镇上人自办菌种站，无形中展示了一种竞争的态势。有一段时间菌种厂质量不佳，售后服务不好。于是农人便各选自己信任的菌种站。私人菌种厂卖菌种外，还派一名技术员到农家进行技术指导，如果感染一个穴便主动赔偿。这样公家菌种厂便比不上私家了。为了减少菌种生产和接种中的风险，1986 年有的乡领导人要求制种专业户和银耳、香菇栽培户签经济合同，含三包：包菌种质量、包传授栽培管理技术、包不亏损，并通过司法部门公证，解决了菇农怕亏损的顾虑，促进了银耳生产专业化趋势。

原料。由河南、河北、湖北省转运来的废弃的棉籽壳，由于和真菌业的生态循环圈连接，变废为利，每年大批运至荷洋火车站。黄村农人就是靠这棉籽壳、麦麸、木屑做培养基成分。农人开始动脑筋，加强了专业化选择。如玉田农人有人专做麦麸料，有人专事粉碎木屑，有人专搞接种消毒，有人专门出租装袋机，还有人专门建造和维修高温炉灶。以往收购站没有仓库，下雨、阴天一律不办公，现在有了专人收购，福建农人高大的楼居就是方便的仓库，随时可以收购。他们只跑外推销，不参加培育等等。总之，玉田和黄村银耳生产的专业化大大降低了成本。20 世纪 80 年代初这里生产 1 斤银耳平均 2 天，而现在只需几分钟。在专业化不明显的湖北，1986 年银耳收购价若 5 元 1 斤就不够本钱，但黄村人卖 3 元钱就有赚。可见黄村地方性银耳培育业的专业化先于传统农业实现了。黄村农业系统至今仍是古老的，而且介入的干扰因素太多，积重难返，只有等待时机更新，远没有银耳生态系统那么充满活力。

协调运作和不必要的担忧

近10年来，大部分农人都掌握了培养食用菌技术。县食用菌研究所培训生产骨干，印发科技资料，农人适应“现身说法和演示法”，促进了科技推广，县农业银行积极配合，仅1986年就发放香菇贷款600万元给（包括黄村在内的地方）农人，其中支持贫困地区少数民族乡的香菇生产贷款48万元。富裕户向贫困户赊销菌种、辅料亦高达200万元。这表明黄村地方乡镇上下正在做一件真诚的合作事业。这不只是名义上的，而且是发自内心的和行动中的合作事业。

在银耳生产结构中，上下行政组织、实用科技机构、商业及贷款机构、农家生产单位已能协调运作。然而令人担心的潜在制约因素是：砍伐树木过多，这一担心在地方社区引起不断争议。玉田县农技师陈业认为：“依现在地方上农人的劳力使用计算，每个劳力每年有约100天的余暇，如果大家都务农，谁也富不了。现在玉田人的幸运是发现了一个银耳新生计。当初人们担心树木会被砍光，现在聪明的玉田人发明用棉籽壳、木屑代替。而后从建阳下来的木屑价越来越高，不是又有人在实验甘蔗渣培养基吗?”据调查，玉田县近两年已种食用菌专业林3000亩。食用菌原料林3年可间伐，每亩产材1立方米；5年间伐，每亩产材2立方米；7年可全伐，每亩产材7立方米；合计10立方米。玉田人拟在1988至1995年共造食用菌林5万亩，这样几年后食用菌生产原料可望自行解决。（张振霖，1987）并有人考虑食用菌专业林下栽培，更可减少占用土地，说明了一个生态学的道理。如果人们还要想着维持一个不断变动着的生态系统，那么人们总是能有新的机会。

我还从黄村农人那里看到集体智慧的表现。有些农人用废弃银耳培养基袋代替木材烧火，有些农民用其回田，食用菌废弃的培养基富于钾成分，刚好解决了福建省钾肥肥源缺乏的大问题。《福建日报》立即报道（周祖英，1987），这无形中在玉田银耳生计系统中构成了一个活跃的生态循环亚系统（见图7-1）。

入冬的一天晚上，月明星稀，我从黄村山岗农家做客出来，站在高高的泥土路上，吸一口清凉的空气。眼望橄榄状的山谷，看到黄村农家门前、道边晾着白木耳的竹席还未收起，上面密布的白木耳层和月光交相映照，狭长的一片又一片，像无数舒展的银色翅膀。的确，黄村内外农人试验成功并推广的食用菌技术改变了地方农人的生计活动。1986年，福建省银耳产量已达2500吨，现在黄村乃至玉田的农人都靠食用菌富裕起来。昔日的金翼消失了，幸运的银翅又降落在这同一块土地上。黄东林的第三代、第四代还有第五代人以及当代黄村的其他农人，一同投入到一项辉煌的和中国各省人关联的新的生活方式之中。

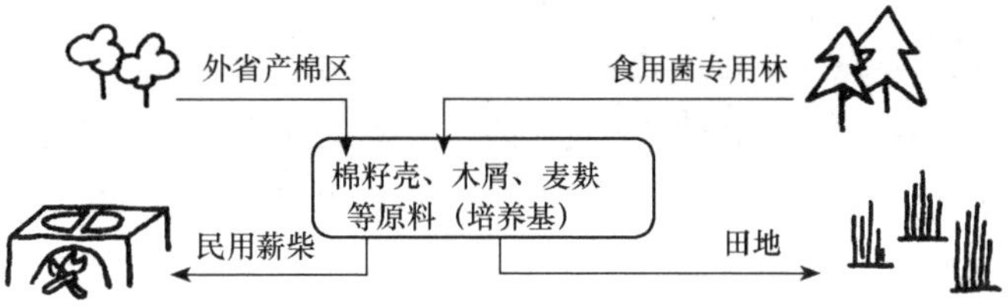

图7-1

第八章
松软的田埂

1979年春节一过，田里的活儿等着人们去干，俗话说“节气不饶人”呀，但不少农人都在山上砍树做白木耳，生产队的活儿没人做，叫也叫不来。

“当时我很着急，我是领导，但他们不动，真是无奈。”“文化大革命”后派到大黄村的丁德福说。

“1978年前后，在安徽、四川、甘肃、贵州等地的农民不是早就试行新责任制了吗？”我问。

“你知道，福建环境闭塞，交通不便，内地的消息从来都容易慢一步。但这黄村山谷人有传统，喜欢往外闯，尤其木阁人喜欢砍柴外卖，所以比安分的林洋人难领导。”

“那是从你当时的领导地位考虑的，他们不干，你无法向上级交差啊！”

“当然，黄村人比木阁人更难领导。黄家有经商荣耀乡里的经历，喜欢外出，荣香一家有两个留洋的教授还不说明问题，这一辈人又多能识字，外界消息多，白木耳种得也最多。”

“他们知道分田到户的事吗？”

“知道，志留的三哥[①] 1981年回黄村时，田还没分，但带了不少北方的消息。其实队里报纸好几份，平日没人看，有新政策农人马上

---

① 三哥志山已于1984年因病去世，现金翼之家东林以下一辈人只剩小哥志留健在。

注意，有一天黄村人围着一篇报纸念道，四川省分田了。我们为什么不分？他们问我，我只好向上级汇报。”

“当时领导人能决定吗？”

“是大势所趋呀。我对公社书记说，春耕开始了，没人下地干活儿，与其误了农时，不如先包给他们干一段吧。”

黄村开始试行的是小计划、小包工、小组作业和小检查评比“定额包干”生产责任制，结果一分开，社员几天就完成了春耕任务。不仅如此，消息一传开，滞留在外地的木阁农人也回来了，在山上种银耳的人（当时产量不高）也开始关心承包的事，分些精力种田了。

这种承包制是20世纪70年代中国农人在当时政策环境下自发地、悄悄地创造的，即把大公化小公，社员不对产量直接负责，但干定额活儿，积极性相对提高。这并不是一种先进的农业劳动组合形式，只是在生产队旧体制困境中和适应政策转变过程中（避免外在政策骤变）的一个可接受的“中庸之道”。

人民公社调整后的生产队规模虽然一再划小，还是按总收入划分集体积累和农人分配的比重，这种过渡性责任制仍有缺陷。由于十年“文化大革命”，集体经济凋敝，相当多的生产队负担不起生产成本，只能由农家负担。然而农人消耗的费用常常得不到补偿，集体提留若过高，或新劳动组合领导人素质低，在农人中找合适的人选很困难，都会影响农人利益。这样的劳动组合时间一长，社员只关心工分而不是产量和质量，社员的劳动和果实分配既然不能直接挂钩，责任心、积极性再次低落也是必然的了。

这是一个变动很快的时期，十一届三中全会关于农村发展生产的政策（中共中央十一届三中全会：《关于加快农业发展若干问题的决定》，1979）强调了按劳分配、包工到作业组和联产计酬、超产奖励的新原则，有利于恢复农业生机。

然而，很快农人创造了更多的生产责任制方式，至1980年中共《关于进一步加强和完善农业生产责任制的几个问题》发表前后，全国除了流行的定额到组，还有联产到劳、包产到户、包干到户的不同方式，于是，大形势和小形势（地方）新农业政策的变化（每年一个一号文件[①]专谈农业）和农人责任制多样性形成了互相影响的态势。自从生产队获得了自主权，内部变革就开始了，起初的定额包工到组是生产队按作业组完成工额工时计报酬，包（联）产到组是生产队按作业组承包的产量计报酬。上述方式原则上都延续着变小了的集体原则，但已优于原生产队的报酬方式，这样至 1981 年，包（联）产到组和定额包干责任制分别占了所有责任制形成的 24.9% 和 55.7%。紧接着，很多地区农人传播联产到劳责任制形式，即社员劳动和产量直接联系，既保持原集体经济统一经营的优势，又吸收包产包干到户发挥个人积极性的长处，这一类责任制的比重从 1981 年的 3.2% 发展至 1982 年 6 月的 12.6%（全国）。（中华人民共和国政策法规司，1989，第 139 页）由于联产到劳之实行受地区农人知识水准和生产条件优劣限制，农业生产和管理知识水准高的地区联产到劳较易开展，而水准低的地区则难于有一定数量的农民领导者组织这种生产，尤其做责任制下的年终个人劳动核实工作很麻烦，限制了这种方法科学且公平地普及，而大多数不具备这水准条件的地方农人索性喜欢包产、包干到户的责任制。

包产和包干到户，是在坚持基本生产资料公有制前提下，将产量或土地承包到户经营，社员按规定向生产队包交集体提留的生产责任制，如果说包产到户形式中的产量承包、分配的主动权仍在生产队手里，那么包干到户说明人民公社已失去了它存在的基础。包干到户，简单地用农民流行的话说明这一原则是：交够国家的，留够集体的，剩下都是自己的。

包产到户形式的发展势头远远低于包干到户，那种紧密与中国传

---

① 从 1982 年起，中共中央、国务院每年就农村问题发布一个一号文件，即：1982 年一号文件：《全国农村工作会议纪要》；1983 年一号文件：《当前农村经济政策的若干问题》；1984 年一号文件：《关于 1984 年农村工作的通知》；1985 年一号文件：《进一步活跃农村经济的十二项政策》。

统家族主义原则相整合的包干到户责任制形式，其比重几乎从1981年的0.02%一下子跃升到1982年6月的67%，而包产到户仅从1%提高到4.9%而已；定额包干制虽在初期比例过半，其后却迅速降至5.1%。（见表8-1）

表8-1　中国1981—1982年生产责任制类型表

	1981年1月底		1982年6月底	
	生产队数（个）	占生产队总数（%）	生产队数（个）	占生产队总数（%）
一、实行责任制	4 070 402	84.8	5 981 133	99.2
1. 包干到户	1087	0.02	4 040 629	67.0
2. 包产到户	49 267	1.0	297 517	4.9
3. 联产到组	1 195 011	24.9	128 598	2.1
4. 联产到劳	151 038	3.2	759 412	12.6
5. 专业承包			292 418	4.9
6. 定额包干	2 672 710	55.7	310 060	5.1
二、未实行责任制	725 498	15.2	46 807	0.3

（依《中国农村40年》第139页图表）

农人选择责任制方式及其急骤改变的类别比例说明了农民起初谨慎的心理反应和随后不可阻止的偏爱。无疑，传统的家族主义起了不可低估的作用，这是一个政策和文化之间相互试探性的整合过程。

黄村的黄荣先一家8口人，给生产队干一年活还要倒补队里300至400元，所以黄对我说："我无法让我儿子上学，当然我也还不了队里的钱，不但还不了，还得通过生产队向公社要返销粮。只要有存粮，社会主义就不让我挨饿，吃大锅饭，你吃我的，我也吃你的。"

土地承包政策一下来，习惯"兵团作战"的农人一时不知如何是好。劳力多的主张分田，劳力少的不想分，像荣先家人口多、劳力少，就有点犹豫了。但人们从小包工制后觉得有使不完的劲，渐渐觉得这样分不过瘾，索性分田到户。十几年以来玉田人口增殖，耕地减少，但靠了杂交水稻、化肥，花费无几，家庭劳力便可应付农田作业，得个不坏的收益。

至少20多年黄村人没有做田埂了，现在山田、洋田、好田、坏田都要搭配分到户。起初村干部想不通，说：过去小丘并大丘，现在倒退了，大丘分小丘。依农业成本核算，这当是不经济的。但面对公社化试验失败与政策多变带来的对集体的不信任，农人只有一种选择。尽管谁都看到包干到户将带来的新问题，但还是跃跃欲试，即以家庭为单位独立自主地尝试一下，因为从合作社以来，他们从来没有自己主动安排过农田种植呢！

黄氏后裔黄学平1982年分田9小亩（地方传统亩为标准亩2/3），其中洋田4.5亩，共16块；山田4.5亩，共112块，细碎的田有的间距至少半小时的路程，有的家庭田间距离竟超过一小时路，可谓农作艰辛，但好田坏田搭配原则只好如此。

黄村农人一直注意土地划分的责任制动态，然而二三十年间多变的农业政策尚不能打消农民的疑虑。特别是1982年，土地承包年限未定，有的村年年调地，多数村确定三五年更换，这种过手的田似乎又不像是自己的田。农人凭经验有清楚的计算，对短期承包的田只耕耘，不投肥，不养地，这经验既来自于农人对政策的不放心，又源于他们谙熟的地方周期知识，于是20世纪80年代前5年，农业政策年年修正。这是一个改善的时间过程。除了以上种地不养地的情形以外，还有几件事几乎是普遍性的，这对后来的农业长期承包政策调整起了促进作用。

黄村一边多林木，因1958年“大炼钢铁”砍伐过多，又经“文革”中乱伐，已所剩不多。1982年林业政策放宽，山林权首次下放至乡村家庭，谁知群众想的是，不知何时林权又被收走，不如趁机砍了卖钱、盖房再说。农人上山伐木互相影响，几个人一带头，农人便蜂拥锯树，其速度之快令人难以置信。1984年统计，这前后三次林木“大扫荡”造成玉田县境水土流失面积达20.98万亩。

另外一件事是，集体耕牛原属生产队，田和牛都是公家的；而责任制后，田是各家的，牛仍公用。于是，今日派牛至黄家，明日去吴家，从早干到晚，不久便累垮。兽医到黄村诊断为劳损过度，只好全村杀牛分肉，当年大牲畜急骤减少。还有田地交叉，但稻种使用各行其是，影响收成；短期承包，只用水利，不修沟渠；大型农机拖拉机锈在田里；田亩细碎，分布零散；缺少人手，劳作辛苦，刺激农家生育……

农人在生产责任制初期的喜悦和担心，农人的家庭利益和社区精神的矛盾状态促进了农业政策的修正。为了农人安心生产，良性用田，承包期必须延长。玉田县印发了《土地承包问题解答》给农民，简明扼要，受到欢迎。农人已乐于接受15年的承包期。至1986年，玉田县50%以上乡村完成了土地15年承包合同，农人种田养地和考虑农户间相互合作的条件已出现了。

大黄村选择了多层次联产承包责任制，注意杜绝分田后易出现的弊病。

大黄村的农业经营格局有村—作业队、组—户（家庭）三个层次承包，表8-2提供了1985年黄村逐层承包给作业组的土地面积、产量和国家、村委下达任务情况。可见第一层承包特点，每一队下分两个作业组，再下分至家庭。

表8-2　大黄村1985年第一层承包责任制表

队组	土地	面积	总产量（斤）		完成国家任务			上交村委会任务	
	田种	亩数	原定总产量	1985年包干产量	征粮	定购	小计	上调粮	三金款（元）
一1组	472	131	35 723	96 280	3873	14 225	18 098	235	373
队2组	472	151	35 723	96 280	3873	14 696	18 569	235	373
二3组	508	141	38 799	104 516	4205	16 395	20 601	255	414
队4组	524	146	39 940	107 644	4332	16 236	20 568	262	427
三5组	416	116	31 325	84 427	3417	12 087	15 514	180	335
队6组	660	184	43 571	117 430	4777	11 463	76 240	213	444
四7组	688	192	48 771	131 446	5321	17 698	23 019	275	521
队8组	492	137	34 537	93 084	3742	14 625	18 367	223	369
五9组	484	135	33 997	91 627	3695	13 171	16 866	194	363
队10组	449	125	31 173	84 016	3420	8706	12 126	149	328
六11组	458	128	33 787	91 062	3681	12 793	16 474	199	361

续表

队组	土地	面积	总产量（斤）		完成国家任务			上交村委会任务	
	田种	亩数	原定总产量	1985 年包干产量	征粮	定购	小计	上调粮	三金款（元）
队 12 组	449	125	31 066	83 727	3403	9999	13 402	156	332
七 13 组	457	127	30 158	81 280	3297	10 734	14 031	167	322
队 14 组	1241	346	72 898	196 471	7847	30 623	38 470	307	779
合计	8242	2184	541 468	1 459 290	58 883	203 451	322 345	3050	5741

（根据谢丰营）

1985 年黄村统购粮已改为合同订购，数字包括 1984 年统购基数，再加村小学赞助费和修路占田损失费，征粮和上调粮 1984、1985 年相同，三金①任务数字是 1984 年任务数字的 115%。

黄村承包责任制从作业队至小组再至社员，层层派到户，于是“上交国家的，留够集体的，剩下都是自己的”原则便开始起作用。黄村的荣仙家，征粮 340 斤，定购粮 1105 斤，而他一年生产约 8000 斤粮，绰绰有余，过去的家贫状态已不复存在。另一户农人黄学平没有告诉我他家的总产量，似乎对责任承包数量不以为然，说：“不过 807 斤订购粮。”其中 480 斤是按每百斤 23.3 元上交，其余 327 斤是白交国家的。我参加过他家的新房落成典礼，看得出他袋子里有了钱，而且现代黄村人的主要收入不在粮食，而是银耳。

村长谢丰营是社区能力很强的青年，分田后他在村集体财力困难的情况下做了以下几项安排，以杜绝各地发生的弊端：

抓农田基本建设，募工修旧渠。为了保护水渠，落实看水人责任制，由 3 个村民承包 4 条大渠，以每人每年 2300 斤谷为报酬，强调责任心和公平。因为分田后灌溉的合理分配已是黄村农作丰收的基础条件之一。1987 年 10 月荷洋镇成立冬修水利指挥部，木阁采用责任田收益分摊义务工办法，组织 45 人按水渠长度排淤泥，黄村山谷每日投入二百余工，确保春灌。

① 三金一般指公基金、公益金和税金。

每5、6户养一头牛，专人饲养，养公牛每年给170元，母牛110至120元，饲料由各户轮流提供，牛只轮流使用，专人饲养责任，又有奖惩制，牛只劳损状况不见了。一个饲养员养好牛一年收入可观，自己的田也顺手做了。

木阁、黄村开始合股造林，稳定林木生长。其方式是：由村中合得来的农民合作造林，树苗国家调拨。譬如3家合股，每家出工分别为3人、2人、1人，那么即为3股、2股、1股。林木成材后按股分。如果外人购买林材，付款则按3∶2∶1的比例支付，简单易行，兼顾了社区利益和家庭利益。

谢丰营的几位朋友黄端朋、黄德朋、薛泽祥、黄学平、黄方春、黄方义、黄方阿，有公益心，且热心于新科技，他们几个人的作为一直被其他人默默模仿。近年来三件大事由他们带头推广了。

银耳培植技术最先由他们引入乡村，并用挣的钱投入农业。

谢丰营入了科普协会，第一年带头试验早稻“威优35号”，黄村、林洋只有两三户种，当年得丰收，亩产1100斤，而旧种只打700斤。荣香的两个儿子方义、方阿一手抓银耳，一手抓杂交稻，金翼之家再度成为黄村最富裕的人家之一。

杂交稻种植产量高，但株距近，耕田改用手工（传统铁耙因新品种而弃用），时间长了，手疼无比。20世纪70年代末介绍来美国除草剂（丁草胺），农人怕除了草也灭了秧，开始总共只试用5亩。年轻人一带头，至1986年已有2/3农地用了丁草胺，1斤10元人民币，1亩地不过使用2两，几块钱就节约了大量劳动力。

小谢告诉我，1986年黄村杂交稻产量达153万斤，是历史上最高的一年。

笔者在1981至1989年在中国河北、北京郊区、福建、广东、云南、新疆等省汉族和少数民族地区调查，都发现中国乡土社会基层领导人的重要性。乡村正值重整旗鼓发展生计的过渡阶段，包干到户易造成乡间群龙无首的状态，不利于社区经济和社区文化的重建。大黄村乡村共同体则考虑了合作事业与个体（家庭）利益的双层、三层结构，是非常好的。谢丰营等青年活跃在村民面前，他们用科学、公益心和实干的精神赢得了村民的好感，农人用传统的眼光把他们放在了新的权威的位子上，现在小谢卸了村长之职（1989年），但并未影响其在大黄村带头人的实际地位。

中国公社制的实践，由于错误的政策而告失败。然而，历史不可逆转，谁也不可能估计，如果存在一种兼顾个人进取心和家庭利益的集体合作政策是否会成功？无论如何，我们从文化上考虑，旧合作制、公社制没有调动个体的积极性，且未能考虑与中国家族制度的认同原则加以整合（如公共食堂的建立是一个极端的例子），所以归于失败。这样的背景下，再一次试图重新设计集体合作的蓝图已首先不为农人所接受，“谈合变色”已是农人的后遗症，“旧瓶装新酒”的农业组织新设计也无可挽回地错过了历史的机缘，因此必须承认文化的连续性。政治一度凌驾于文化之上，现在需要复位。幸好在改革开放的乡村政策下，以及农人最终偏爱的包干到户责任制，使我们有可能从古老的家庭经营传统中试图发现一个新的协作的方式。

如果我们老生常谈地论及农人家族组织特点，乡村中相对的房分和一个屋顶下或几座房之间，由“轮伙头”（见第十二章）儿子们钱粮分担赡养制连接起来的血亲原则，仍是重要的。经济利益并非凌驾于家内亲情之上，反而是家族组织了每个成员的生计活动，并使每个人的经济利益、应尽的亲族人伦本分相互协调。1978年以后，中国农村家族组织再次获得历史的机会，表现出其特有的认同性、韧性以及容纳和协调分歧的智慧。在接受现代科学知识之后，又表现了相当灵活的选择与“察机”的能力。荣香一房人3代，3个儿子即使成家后仍与父辈一同讨论粮食和银耳生产，第三代共生8个孙子（无一女），在村中独树一帜，这大概代表了智慧与行动力的继承性。老人们是以传统的房分原则为出发点的，中年人则从成功的新生计实验中体会到经济和商业的个人进取仍可以从人丁兴旺的亲族中获得支持。

那么责任制后的中国乡村家庭能够重蹈传统农业社区家庭的覆辙吗？不会，偌大的中国，属穷乡僻壤之地不在少数，这种类似小农经济形式或可发现，但沿海、交通线通达的众多乡村有了新的社会位置。因为凡与直接经营有关的多项经济职能都已从人民公社体制中分离出来交给农户承担了，因而事实上，经营主体就是家庭了，这当与中国历史上的传统农家地位大不相同，而围绕农家生计的必要服务透过城乡运输网来到社区的各个不同方面。如黄村农人发现，他们没有返回互助组时代，因为他们当中任何农户都可以选择来自乡镇以外的农业新科技和致富生计。事实上，他们的家庭承包经营和食用菌培育已经真正卷入了省、地区和县镇商品经济网络之中。黄村人的银耳生涯更新了玉田地区生计系统，并倒过来推进乡村农业。银耳业再也不同于在传统农业社会中或先前公社集体中为副业的从属地位，而是透过银耳业的直接经营（反副为主）与农业并行为两个不可分割的生计生态循环系统。（参考图 8－1）

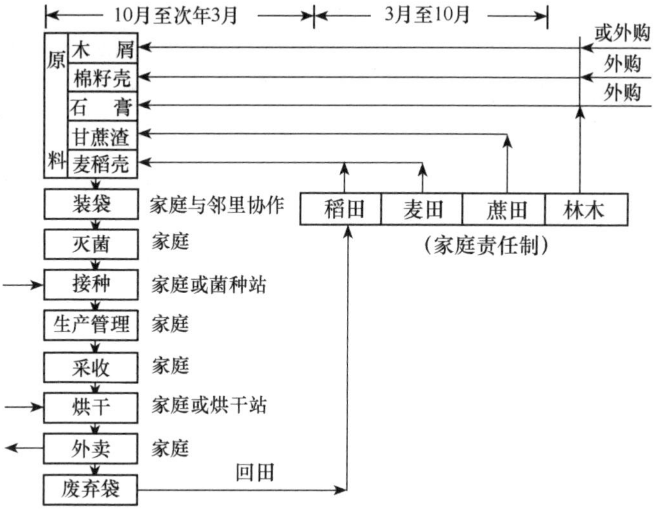

图 8－1　黄村家庭生计、生态系统过程图示

事实证明，家庭适于农业经营，但并非孤立地从事这种经营。如食用菌业使乡村经济更新，并与外界社会经济连接，这就为中国乡村家庭经济添加了开放与更新的因素。而这种开放与更新就意味着更大范围的合作与协作，只是在今后需要做的是如何因地制宜地使地方性乡土社会充满活力地发展下去，而不再发生前 20 年的政策错误。

农家生产有了相对独立性，是第一个环节。销售是另一重要环节。1978 年前农产品收购价长期不变，而农产品成本投入不断上升，造成农人不得盈利，这就影响了扩大再生产。实际情况是，列入国家统购、派购的农产品尽管标有价格，但价格极少反映市场需求的变化，因而基本不具备按社会总劳动和社会总需求的结构调节这些农产品的生产的功能，其价格也极少反映粮食生产的成本，因此，统购、派购的农产品这类“商品”交换仍是劳动产品的调拨和交纳，属产品交换性质。同样，国家也以固定“价格”优惠地向农人销售一定的生产资料，如化肥、柴油等，也表现为物资调拨，即产品交换的性质。

然而另一个事实是，在国家统派购牌价外，出现了不同的集市价格，进入 20 世纪 80 年代仍如是。作为一个过渡性阶段，中国粮食统派购价从 1979 年（夏季）提高 20%，超额部分在这个基础上再加价 50%，以鼓励农民种粮。1982 年全国性包干到户以后，农户既是生产单位，又是消费单位。于是市场需求和自身需求的双重性背景决定了价格职能的提升。1985 年政府又进行了粮食收购制度的进一步改革，把粮食统购改为合同订购。合同订购实质是以销定购，有利于粮食生产和流通，以确定全国粮食订购数量，另外订购粮食实行“倒三七”比例计价，即 30% 按原统购牌价，70% 按原超购加价，合同订购以外的粮食可以自由出售。1986 年政府对粮食订购制度增加了一些新规定，其中之一是对签订订购合同的农户奖售化肥、柴油和预付订金，并优先给予农业贷款。

前后之不同在于，统购与不限量超购政策，刺激粮食生产，但市场风险由国家承担，生产量越大，国家财政支出越多，负担越重。合同订购和市场议购政策则再次增加了市场机制和价格职能，市场风险为国家和农民两方承担。（中国农业部，1989，第 504 页）

福建省适应中央农业政策改革，于 1986 年采取购销包干的政策，并协调粮食调入、调出地区的利益关系。如制定以县为单位，上调100斤粮补贴3元的政策，并把其70%兑现于农人。为了改善订购环境，规定每订购100斤原粮，供应平价优质化肥15斤，柴油2斤（紧俏物资），并预付相当于订购粮价20%的订金（余新美，1986）。

黄村和荷洋镇适应省的政策调整，规定除平均每人40斤公粮外，国家从农人处购粮按15.5元100斤的价格，一口人约征110至120斤，剩余除口粮外可在集市上卖，集市价为稻米28元100斤（陈家莪，1986）。

经常外出兜售银耳的黄村兼业农人迅速得知把稻米运至福州则30元100斤，长乐、莆田、漳州、泉州一带粮价更高。于是粮贩子悄悄来到黄村、荷洋一带购粮，大宗倒手，沿闽江贩运以攫取厚利。

1986年7月中旬，几名粮贩进驻荷洋境内，有两人一次便购粮1.2万斤，这一年荷洋的夏粮订购任务是200万斤（占全县全年粮总数的47.6%）。时间紧迫，粮贩提前套购，对镇夏粮入库任务构成威胁，于是镇政府、粮站、工商所、税务局、派出所组成临时领导小组，发布告，禁止粮贩在夏季入库前抢购。

一天深夜，镇书记丁子明、镇长吴承玉、秘书陆井民、派出所所长杜心田约定好突然出现在江边粮贩的船上检查。

"你们从哪里来？"杜所长问船上惊慌的男人。

"闽侯。"

"在哪里套购的粮食？"

"双洋村。"

"舱里一共多少？"

"一万多斤。"

"你们看到禁止入库前抢购的布告了吗？"

"唔……"

"好，你们上来，一律按国家牌价收购，写出说明材料，视态度考虑是否罚款。”

在一个商品流通双轨制的转型时期，这一事件是以行政权力控制差价和干预农产品购销系统的真实写照。尽管已有了新的地方购粮优惠政策，仍远不如粮贩子收购价的吸引力大。农民收了粮食是卖给政府还是卖给粮贩子呢？看来，农民和粮贩子相结合首先是差价起了决定性作用。现在，政府的解释是，由于粮贩子打乱了国家和农民传统的粮食购销结构，因此必须控制差价系统，同时把卖粮给国家作为一种社会主义的集体主义加以鼓励。

秘书小陆根据紧迫情况撰写报道稿，发表在油印通讯上，分发至各村，警告粮贩子不得提前套购，同时发动群众向国家售粮，要求各村提前1至8天完成夏粮订购任务，和粮贩子抢时间，粮贩子只有在每年订购任务结束后方可贩运。

毫不奇怪，这一现象将持续一段时间，但旧的农产品流通体制的框架已受到冲击，中国农人半自给生产向商品性生产转化是不可逆转的大方向，农业结构的变迁也是不可避免的。

如今黄村农人大都卷入了食用菌和种植业双重生计系统之中，他们在想些什么呢？我介绍下面诸人物的思维和言行，如果以一种理解中国文化的意识与直觉，你还可以有进一步的领悟。

国家利益和农人利益之间

吴兴力副县长　1987年1月5日

“粮食合同订购和市场收购并行的双轨政策还要持续一段时间，但平价粮要逐渐减少。要不使改革走回头路，要支持农民组织起来进入商品流通系统。”（吴兴力，1987）中国任何地方的县镇领导人都注意到粮食和巨大人口基数之关系的重要性，所以国家利益和农民利益协调与否，地方领导人十分敏感。吴兴力先生料到这一点，说：“家庭承包责任制的第一步改革收效很大，但第二步流通领域的改革触及旧体制下形成的利益结构，局面复杂了，目标分散了，矛盾就尖锐了，改革难度也大了，我希望能用5年时间逐渐使新体制框架逐渐完善。”（吴兴力，1987）我以为他的分析是实事求是的，但关于体制完善的时间估计似乎过于乐观，即使是一个基层县的问题。

新农业结构和劳力转移

陈业　县农委某部门专家　1988年12月中

“农业结构的改变在玉田极为显著。1976年农业总产值仅4300.85万元，至1982年涨幅颇平稳，前年（1985年）产值大增至16494.97万元（见表8－3）。细观之，是农业结构发生了巨变，种植业产值比重大降（64.4%降至28.35%），而副业中的食用菌业产值从微弱比例猛增至57.86%。这样我们看到了一个多种经营和银耳推动农作物的新社区农业结构。我的意思是，新农业结构促进了农人从农田上转移出来，实际上是银耳农、菇农离开土地。1985年荷洋镇仅从事和食用菌业相关的长途贩运者就达5000人，荷洋镇上空前繁忙。这便产生两个问题：一是地方如何适应劳力转移？二是如何看待农业？第一个问题已有学者高见，第二个问题的答案要听农人的意见。”（采访记录）

表8－3　玉田县农业总产值变化及其结构表

年份 项目（单位）	1976	1980	1982	1985	1988
农业总产值（万元）	4300.85	7066.80	6739.13	16494.97	19855
种植业（%）	64.4	65.6	60.9	28.35	
林业（%）	15.4	6.8	7.3	4.18	
牧业（%）	10.9	11.2	8.9	5.25	
副业（%）	9.1	16.3	22.6	4.11/57.86	（食用菌）
渔业（%）	0.2	0.1	0.3	0.25	

（根据《玉田县农业区划》第173页等）

福建乡村城市化一着棋

吴维嵩 福建省学者 1987 年

“1958 年公社化时，集镇成为公社的政治和经济活动中心，乡镇和公社融为一体，取消了许多建制镇，直至‘文化大革命’中仅留建制镇不足 70 个。1982 年人口普查，经省人民政府核定建制镇增为 119 个，而 1953 年福建省曾有 394 个建制镇（参见表 8-4）。如果每个建制镇发展为 3 万人左右，那我省将有一千多万人口生活在集镇上，这将在全省范围内实现工农业生产和人口合理的均衡分布，有利于繁荣城乡经济，这是我省农村过剩人口转移的有效办法。

“农村过剩人口在向低层次小城镇转移后，并不意味着人口转移已完成，它还需不断转化，向较高层次的小城市转移。1982 年我省已无 20 万以下人口的小城市（见表 8-4），这主要是因为小城市规模不断扩大上升为中等城市，而县城和集镇又没有条件发展为小城市造成的。小城市等于零，不利于福建省农村过剩人口的转移。

“随着商品经济发展，城镇规模扩大，工业、建筑、服务业等的兴办促进了生产专业化和生产社会化，推动了新资源的开发和利用，劳动分工越来越细，相应的要求提供各种基础设施，从而扩大就业门路。城镇的吸引力和辐射力就越大，这样具备了各方面条件的建制镇，就有可能向小城市转化。”（吴维嵩，1987，第 31 — 32 页）

上述分析是中肯的。中国在世界“城市化”运动进程中，尚在摸索自己的乡村城市化方式细部。荷洋镇自从银耳生产异军突起后，其转运之枢纽作用突出，为镇加大了压力，随之顺理成章地出现了 1988 年水口、荷洋分镇，以及因水库移民新建黄田镇都反映了农人劳力转移后，一些处于经济流通重心建制镇地位变迁的必然趋势。只是历史上延续至今的严格的户籍制度极不适应业已来临的城乡人口流动大潮。

表 8 – 4

标准(人) / 城市等级	1953 军普查			1964 年普查			1982 年普查		
	个数	总人口（万人）	占建制市总人口的比例（%）	个数	总人口（万人）	占建制市总人口的比例（%）	个数	总人口（万人）	占建制市总人口的比例（%）
合计	4	85.6	100.00	6	200.6	100.00	7	331.1	100.0
特大城市 100 万以上	/	/	/	/	/	/	1	112.9	34.1
大城市 500 — 100 万	/	/	/	1	85.2	42.47	1	51.1	15.43
中等城市 20 — 50 万	1	49.3	57.59	4	105.9	52.79	5	167.1	50.43
小城市 20 万以下	3	36.3	42.41	1	9.5	4.74	/	/	/

（依吴维嵩）

学者看到了农业劳力转移的大形势并提供区域发展设计的建议，问题的另一面就是陈业关心的农人如何对待农业的问题。

新型农人出世

大黄村村长谢丰营以及社员黄学平、黄德朋、黄方春、薛泽祥、黄方义、黄方阿。1986 年冬

这七位是黄村的中青年佼佼者，有初高中文化，接受新事物快。上文提及小谢加入科普协会，第一年就试验播种成功早稻“威优 35 号”，新品种使人多了余暇，增加了产值，何乐而不为！但这需要有人带头冒险，因为一失手就是一年的收益落空。还有一件小事，春天外来者和农技站都卖稻种，稻种真伪难辨，买谁的？小谢告诉村人“买农技站的”。因为农技站的质量有保证，不掺假。他考虑的是村民的利益。

小谢还在一个似乎重新崇尚家庭利益而忽视社区利益的环境中带头为村民谋福利，堪称表率。1985 年他筹款数千元修复村高压线变电器；几个人一同修桥，还为小学生上学路经的一个陡坡修了石级；为村民安装电视中转台，使山谷农家电视增加了清晰度，活跃了乡村文化生活并利于传播现代农业知识。

中国古今流传的谚语“各人自扫门前雪，休管他人瓦上霜”和中国未来需要发展的社区精神是背道而驰的。因而小谢他们的新作风有显著的示范作用，中国千万个地方小社区正需要这样的正直的、有献身精神的青年带头人。

农人在农业系统的端点

黄宏诗　镇农技站技师　1986 年冬

“农人起初怕丁草胺（美制除草剂）除了草又毁了苗。只有黄村小谢他们试用，现在农人都来找我买，因为我们又卖又讲解。供销社的货本来是一样的，但他们不会示范，农人又怕掺水，很少有人去供销社买。平日农人一听说我们开现场会，谈农药、化肥问题，男女老少都跑路去听，其他空洞无物的会议农人根本不关心。和乡村只几步路的农技站对农人有很实际的利处，我们和农人刚好处在县农业系统的终点上。”（见图 8-2）

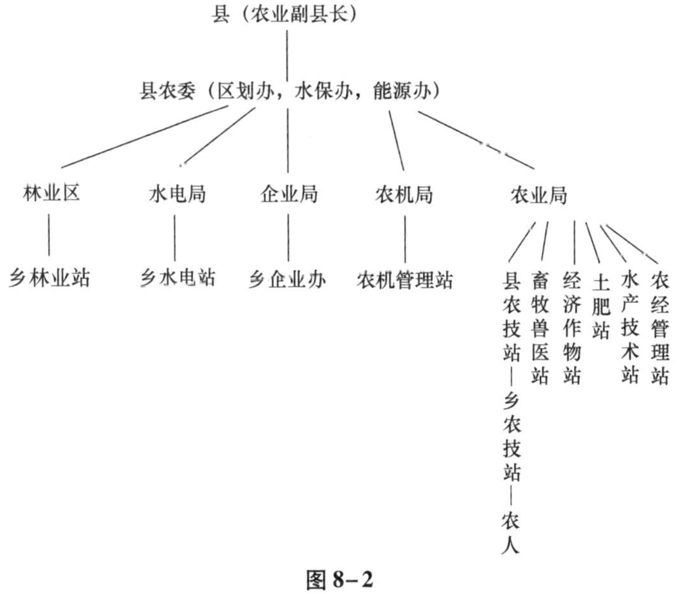

图 8-2

农业组织系统评价

陈业 1987 年 1 月中

“县农业组织上下各单位，多表现为长官意识第一，不从实际县情出发。上面开电话会议，下面也开电话会议，一个会接一个会，农业副县长只是一个会议副县长。说推行双季稻，于是下级镇乡有的把实验田安排在道路边，这是上级乘车视察的必经之路。农业组织中，干部汇报数字已习惯于先问上年的，再定下年的，虚报不实的现象仍然存在。

“近年来的一个新情况是验收亩产量高，而上报数字低。如 1987 年亩产上报 520 多斤，而实际亩产很多时候逾千斤。原因是多方面的：其一是包干到户后，搞不清常产是多少；其二是种植面积骤减，或是历史上丈量不准或是几年来建房、开路大量占地和滥伐造成耕地水土流失所致。所以全县 46 万亩耕地数字恐怕只有其七成。为此，推敲上报数字是重要的。既要显示年年增长（除非有明显原因减产），又要掩饰过多的耕地损失，还要为今后留有余地。”

这说明了在一个单向信息传递的组织系统中的通病：唯命是从、信息与意见反馈机制失灵。与此配合的是中国传统的官场上下级关系与事务过程体验：敏锐的文化直觉（上下级整体性直觉）和谨慎的适应性数字拼凑行动。陈业还举了另外的一个例子。

单双季稻之争

陈业

“双季杂交稻是好，但不是任何海拔都适宜。20 世纪 70 年代农业学大寨，双季稻不分海拔蜂拥而上，玉田山区推广 17 万亩，结果是一季小暑收成只能浪费，早熟不高产；随后秋分冷，不抽穗，二季产量也上不去，故两季不如一季。而我们发现，依玉田山地条件，杂优单季稻135天生长期，正处在光温和水分最佳期，于是决定扩大单季稻种植，使1983至1988年连年增产。省里的官员和教授们曾担心，双季稻从17万亩下降到5至6万亩，能行吗？玉田银耳种那么多，香菇室外培植又占了一些农田，单季稻面积能保证吗？回答是肯定的。

“我们的邻县仍按领导意志，不敢撤一些双季稻山田，稻米产量不高。我对他们说，你们应该顶一下上级，现在压力不像以前那么大了！总之，我们顶住了。农业是科学，和其他原则不相干，只有科学种田才能造福地方人民。”

陈业很自信地说：“有些人怀疑玉田的产量，我就让他们去各地调查，比较粮价。事实证明我们粮价最低，是因为我们米多，我们增产，顺便说，我们的米质地也好。”

是否可以这样说：在地方农业改革的大环境中，有时旧体制运作已不能阻止人们做科学的和正确的选择。

银耳推动种植业

谢丰营　1988年12月底

“农人抓银耳收益大，所以食用菌技术革新，产前、产后服务和流通搞得好，赚了钱反过来又支持了农业。按说银耳赚大钱，农人会轻视农业，这说对了一半。实际上，至今农人不敢轻易丢掉田，转承土地的人选多在亲属范围，而且只签短期合同，生怕政策变化使自己无立锥之地。另外，乡人了解农活的艰辛，所以从银耳业巨变联想到要用现代科技减轻农人劳动，哪怕多投入一些，也希望有简便高产的办法，于是有钱的农人总是想买最好的稻种，买够化肥和农药，买最好的除草剂。良种产量高，除草剂减轻妇女劳动，人们有了更多余暇做他种经营。银耳、香菇赚了钱，买了许多辅助器材，如喷雾器、打谷机、电动机等，有时是单一农用，有时则为农业、食用菌业和家庭生活兼用。”

松软的田埂

黄德朋　黄村青年农人　1988 年 12 月底

“黄村最大的变化是人们不再用农家肥，以往山间谷地都分布有粪棚，如今只有马山村还可发现一两个。农人转而用化肥，简便易行。当然这不见得好，讲一个有趣的现象：传统农业时期，黄村田埂坚实，农人靠纵横田埂往来乡间，现在新培好的田埂很快塌陷了，到处是松软的田埂。后来发现，自从使用农药、化肥和除草剂后，惹得水田里的泥鳅、鳝鱼、蚯蚓和其他昆虫拼命向田埂里钻，所以田埂一夜间就变松垮了。”

“这真有意思。看来你是赞成使用农家肥，改善农田生态系统的吧？”我问德朋。

“是，”他回答说，“现在一面缺化肥，一面城乡人畜粪尿和农家肥无人要，倾倒河川之中污染环境。”

“我也有同感。我很欣赏北京大兴县留民营的农业生活生计系统（庄孔韶、张小军，1984），那儿连鸡鸭粪都纳入生态循环圈之中。我想，城镇的市长、县长、镇长们应考虑把粪运到农村，造化粪池，灭菌，腐化，奖励农民使用。”

“可惜这一代年轻农民嫌脏嫌麻烦。”

“再则，城市支援农村的课题中，有谁真正想到建化粪池，以弥补化肥之不足呢！”

放眼狭长的黄村谷地，密布的田埂一直连到周边丘陵台地上，我不知道这些田埂加在一起究竟会占去多少耕地面积。在中国历史上，这田埂的功能除了和山地地形相关外，最具文化意义的是紧密与中国乡村家庭农业和继承制度相关。鉴于不同时期政策的更替，中国乡村土地合而分、分而合的历程清晰可辨，现在又渐渐地露出了现代化农业耕作要求土地连成片的呼声（无论是转承土地，还是什么其他联合与合作服务形式)。黄村塌陷的田埂大概是一个预兆吧?

细碎的土地，晚来的变革

黄方义、黄学平、金翼黄村族人　1988年12月

“我家的地块太小，用不上播种机和收割机，全凭人力，虽说买了拖拉机也只是为了运输。”黄方义说。

我查阅了一份资料（表8-5），表明玉田（荷洋境等）百亩耕地，劳力、畜、机械比例为：1:0.5:6.97。应指出这仅仅是从统计数字上做的研究，只有做田野工作才会发现，实际的农田机械只限于灌溉，偶有的脱粒机（部分手动）、拖拉机，在细碎的土地上几乎无计可施，农人感兴趣的拖拉机运输车拉脚或运货，只有在银耳业使用机械动力比例高。

表8-5　每百亩耕地劳畜机比例表

百亩农业	劳　力	役　牛	机　械	劳动比例（劳:畜:机）
总劳力	折马力×0.1	折马力×0.6		
16.96	2	1.03	13.93	1:0.5:6.97

（依《玉田县农业区划》[二]，第306页）

“是的。我家的地大大小小128块，这足够来回奔波的。20世纪30年代、40年代土地分6等，现在好坏田搭配分，更为细小，没办法。”黄学平说。

实际情况是严重的。玉田县0.2亩以下的田占54.81%，荷洋则占70.5%，还有不少坡地。如果碎地不连成片，怎么用机器操作呢（参见表8-6及表8-7）？好坏田搭配原则是一种平均主义，致使有的农户最小地块只有一顶斗笠大小。因此，在预见中国乡村农业真正改观的远景时，可以肯定地说，生产责任制初期的土地划分法，仅仅是为农人经过“文化大革命”之后休养生息的权宜之计，先进农业社区发展诸模式证明，现行土地分割法可以改善贫困的生活，但若走向现代化必须寻求新的集

约。从技术上讲，没有中国农地重划（如在平原形成大条块机耕地，和如黄村这类小山谷，也须在未来推平密布的家庭和类别性田埂）。农业现代化是难于实现的。然而现在唯一不清楚的是，包干到户政策如何改变，并与商品经济的进程以及通盘国土规划衔接起来。这只有拭目以待。

表 8-6　荷洋同类耕作区(四区)水田面积统计

水田面积	土地分类及所占比例			
(万亩)	<0.2 亩	0.2—1 亩	1—2 亩	>2 亩
19.83	13.98	4.82	0.95	0.08
100%	70.5%	24.3%	4.8%	0.4%

(《玉田县农业区划》，第 398 页)

表 8-7　荷洋同类耕作区(三区)坡地面积坡度统计

坡地面积	各级耕地坡度分布			
(万亩)	<6°	6°—15°	15°—25°	>25°
21.68	2.43	6.36	9.39	3.5
100%	11.2%	29.8%	43.4%	10.1%

(《玉田县农业区划》，第 398 页)

众所周知，包干到户政策发挥了家庭成员的合力，但宗家传统价值观不同程度地得以复苏，如生育态度中的多子意向和低社区意识。再者，乡村教育的结构和功能尚羸弱。显然，中国农业现代化之路仍是漫长的。现在还是一个在国家政策和农业必经之路间协调的过渡阶段，中国农人正在迎接一个晚来的农业变革。

从人类学的观点看，传统农业周期和文化的变迁随之出现了。证据之一是有一个古老的玉田农谚改变了。原来是:“正月（阴历）玩，二月停，三月砍耪连锄田。”现在银耳（秋冬季）和农作物（春夏季）各司其时令，使农人一年四季忙得不可开交，于是他们说：“冬季忙，春季忙，早品种要薄膜育秧。”然而这是他们情愿的。

没有来得及适应变迁的传统仍有不少（如本书若干章节所涉及）。如黄村种银耳收益大，有钱人多，为了周转资金方便，他们不愿把钱放在银行里，而是放在自己家的小钱柜里，甚至在家里安装了小保险柜。目前农业发展资金不足，须大量贷款，如何吸收这部分资金使死钱变活钱呢？已有人想出公开私人贷款业的方式，于是多种问题接踵而来。首先是：“这是社会主义原则吗？”——一个曾令人发怵的意识形态的问题。到 1988 年为止，我看到关于这个问题的地方政策的灵活性和福建人思维的新意，均未大胆显示在社会的舞台上，只有留待日后再去考察农业系统难以预料的变化吧！

第九章

在流通的链环上

我沿湖口的天然石级小路上去，两侧的铺面嵌着门板，像是盘点一样。码头的衰落注定了古老小镇商业的萧条，现在人们把铺面楼房当作民居来使用。

在一个紧闭的铺面前，我停下来叩门，出迎的是少扬老先生。这是我第二次见到他，在福建调查的又一个冬天。

少扬领我去看金翼黄家店铺旧址，室内配置他仍记忆犹新：

“这是柜台的位置，上面放几个酒坛。我们总是知道常客爱喝哪种酒……脚夫背米袋要从那里走，右转过去下到江边，货一搬上船就远走高飞了。”

…………

“我在黄村荣香家看到你父亲（三哥）回乡探望时的照片。”我对少扬说。

“那是 1981 年，在祖坟前拍的。”

“世道变化很大呀!”

“是的。我父亲很聪明干练。他自从脱离了轮船业务后，就专心致力于学术和教学，解放后一直做大学教授。当然，还是祖父东林在时生意大，那时有船托运，也雇民船，还有米仓做周转。到了叔叔志司（四哥），赚钱买田，但被划成地主，还不是一般性的地主。”

“志司被带走后……”

“……就一直没有回来。我们合伙时仍是经营杂货和药材，但小些了。福州是我中药材的进货渠道，这铺子和友邻的店铺都转运咸鱼、糯米和红曲。福州是省城，那里的批发商再倒手，抽佣金1% —2%。”

糯米和咸鱼人人熟悉。红曲则北方人和外国人知之甚少。红曲是中国人利用某种真菌接种在稻米上的一项发明。唐代陶谷编著《清异录》（公元9世纪）就有“红曲煮肉”的记录。明万历年间玉田红曲已入文人诗句“田家多制曲，畬客少租山”（丁湖广，1987，第45页）之中。红曲有糖化、发酵和食物防腐能力，还是理想的天然着色剂（深红、白、紫），然至今少为喜用化学色素的西方人所注意。

中国人在饮食上投入了极大的注意力，如红曲已离不开人们的日常生活，常吃的“福建老酒”、“状元红”、绍兴豆腐乳均采用红曲为原料。

20世纪40年代红曲从湖口店铺转至福州，那里的“玉田会馆”有专门的“红曲帮”（即红曲同业会俗称），该帮实行统一的“曲斗”（自定度量衡），每年定期进行一次“曲斗”集会，称“斗会”。他们鉴定容量，并采用“打火印”为记号，未经“斗会”打印字号的曲斗不准上市使用。玉田红曲有特别包装，每篓红曲20斗，约35公斤左右。外套竹篾，内垫竹叶，防潮防震。从湖口码头转运福州，再到浙江、天津、台湾，远销至新加坡（丁湖广，1987，第45页），深受欢迎。

“叔父被处决后，我一人支撑门面，生意更少了。你知道，民间药店都有随店医生，随问诊随抓药。但我不会切脉开方，只有抓小药（常见小病）。不问诊的人来，真正难症都到湖口另一家大铺子去。”少扬在介绍他自己和邻居。

“那时湖口有多少店铺？”

“大的有13家，小店20多家。由于糯米、咸鱼、红曲在这里供销转运，来往人多，饭铺也不少。直至50年代初期湖口仍很兴隆。”

“后来呢？”

“后来人们很关心划成分和合营。”

“你是什么成分呢？”

“我是小本经营，够不上资本家，叔父划成地主，我只是小商人。”少扬带着一种庆幸的神情。

1955 年以后，由于受农业合作化快速升级的影响，对资本主义工商业的改造也加快了。实际上，当时把一些行业中的小手工作坊、小店铺和中间商号都视为工商业，一律列入公私合营的范围。

1956 年年初，干部来到湖口，逐家店铺检查核实归类，这一年少扬的店只剩下药材和咸鱼业务。来调查的干部说：“你可以选择公私合营，当然你有一技之长（指识别中草药和西药），将来可以做中西药剂师工作。”

“当时我的肺病未复原，已感到今后若合营，土产业务多已力不从心，又无法雇工。权衡了许久，决定中止商业为好。”少扬采取了一个果断的决定。

不久，湖口镇的店铺，有的合营，有的合并。成立了统一的湖口咸鱼、糯米合作转运站、湖口合作供销社（专营日用百货、油盐佐料等）、湖口理发缝纫联社和湖口联合诊所等。民间红曲原属乡民单家独户生产，仅玉田便有 1000 余培养间，后一律合并到公私合营玉田红曲厂，由省轻工业厅和延平专署拨款兴建。1957 年曾以年产 1200 吨打破玉田历史上的生产纪录。

“你的职业有变化吗？”

“我选择了联合诊所的司药工作，每月有固定工资，落得个安稳。1979 年本应退休，但我为了培养年轻人，一直到 1983 年才离开联合诊所。”

公私合营不只限于湖口店铺，也包括闽江船运业。例如抗日战争前东林入股的“江鸥号”轮后来易手，玉田人魏西和福州人林通达成立安洋轮船公司，吸收了福州、闽侯、闽清、水口、皇口、湖口的各类船舶加入，总数达 27 艘。1945 年又购置两辆汽车行驶玉湖线，终实现早期水陆联运。1950 年安洋公司经人民政府指示合并为福建轮船公司，后又被估价接管为公营福建水运公司。1956 年玉田第一条公路玉湖线（36 公里）汽车公司也接受工商业社会主义改造，转归国营。

所谓公私合营，是政府对 1949 年以前资本主义工商业实行利用、限制和改造以及和平赎买的政策，希望逐步找到工商业从低级到高级的国家资本主义形式，与此同时，对资产阶级进行思想改造，以和平方式消灭资产阶级，而不致出现如苏俄当年资产阶级被取缔时那样的顽强抵抗。

实际上，从中国1956年公私合营清产核算的结果看，属民族资产阶级的全部生产资料价值是24.2亿元，而这里面有相当一部分是由于“左倾”政策划进来的小工商业者。即使如此，这在1956年全国工农业总产值1286.5亿元中只不过占1.86%，与1952至1957年国家新增加的固定资产491.4亿元相比，也只占4.9%。（孙瑞鸢，1989）

1979年中共中央批准在全国范围内进行把原工商业者中的劳动者区别出来的“落实政策”工作，结果被明确区别出来的原属劳动者却被错划为工商业者的约70万人，确实是资本家代理人的只有16万人。（根据计算，1975年中国民族资产阶级只占全国人口0.024%，孙瑞鸢，1989）

就是说，在1949年以后没收了官僚资本，新增加国家投资，和社会主义的国营经济相比，民族资产阶级的经济力量实际上更小，何况在乡镇的小商人、小业主更是本小利微。他们之中不少人不情愿接受错划的成分，但迫于形势还是敲锣打鼓上街“庆祝”公私合营。随后的计划经济、统购与票证政策，使村、镇商业交流在几乎20年间退缩不前。

“原来的旧教堂改作医院。我天天只管抓药，不用操心进货的问题，一切都由上级统一安排，按月有工资。我走回小镇，看到合并后的供销社分类一清二楚，没人抢买卖，产品是一律的，价格是相同的，没得挑，倒是相安无事。粮食是统购统销，由政府控制，每人各有一份粮食。我一想，这也不错，这个制度大家都一样。”

少扬看中了镇医院的稳定性，还定期提高工资。而且似乎在随后的一些年间，人们已从政治运动中体验到商业和钱的事总是和“资本主义道路”相联系，索性不让第二代人干商业。刚好在20世纪70年代，中国城乡国营、集体企业供销单位流行“父母退休，儿女顶替”的政策，这一方面可以解决部分插队青年回城就业问题，又促进了企业事业单位人员的新陈代谢，可谓一举两得的权宜之计。有些家长为儿女着想，宁愿自己提前退休。

“1979 年我退休，儿子方达补员，一进去就有机会到平德地区医士学校学习，得了医士头衔回镇做防疫工作，不是很顺利吗?”

“还未结婚?”

“是。大儿已结婚，在平德邮局电讯站工作，大儿媳是县医院护士，下一辈仅有一小孙儿。”

一日我在少扬家见到大儿媳和她的女儿一面。少扬流露了满意的神情。

邮电和医院的工作在中国是颇为稳定的职业，更重要的是，少扬年轻时从乡村中走出来，终于因前辈弃农经商的机缘来到小镇，多年后因此获得城镇居民户口，连少扬的儿孙辈也借此脱离了数以亿计的中国农人大军。数十年间政府严格控制城镇户口，而城镇户口已是工作、生活诸多优惠的象征，至今为乡里青年人所羡慕。

少扬虽然早就脱离了商业供销工作，但他可能出于早年行商的一种本能，仍对小镇一带的商情了如指掌。

“合作化高潮后都是供销社，体制全变了，搞不活商业经济。又因 50 年代铁路改线，湖口镇下沿江铁路废弃，政府把供销社分类归口一律迁到新镇荷洋。你想，码头一移，搬运工以及和商业、搬运有关的人员便都跟到荷洋，湖口注定衰落了。”少扬说。

“湖口店铺从此又改作供销社分社，规模小了，只剩下小缝纫联社、理发联社、联合诊所和小供销社 4 家，多数旧店铺都改成住户，几十年间家家人口增加，又不能迁移，连铺面都住上人了。”少扬继续说。

我明白了。少扬家的居址就是这种情况。

“有一种‘光饼’，你吃过吗？到过福建的人都知道。”（野上英一，1939，第 29 页）少扬问我。

“已经吃过了。”

“噢，有一个传说你不一定知道。当年戚继光发明了军粮新品种，圆形，大小可随意，中央有一圆洞，用盐和面，在炉上烤成饼状后可用绳穿成串，便于军人出征时携带。现在这里的人们喜欢当作早点或随便吃吃，这就是光饼。”少扬解释道。

“很有趣。”

“这种只卖几分钱的光饼在合营以后至‘文化大革命’中都不准自营自销，割‘资本主义尾巴’割到了光饼头上。”

“镇上现在好像不止 4 家店。”

“是的。80 年代末湖口增加了店铺，一些有铺面的家庭又开了小店 8 家，均属私营。有百货、光饼、啤酒、糖果，但无鱼货和布匹生意。小饭铺也只有面条、馄饨之类，还有一家个体旅馆。”他停了一下感慨地说：“开也开不大了，铺里面还要住人，第二代人利用铺面试探性地开个店改善一下生活而已。另外，再也恢复不到三四十家店铺的繁华情景了，因为过两年水口电站一放水，小镇全沉入水下，一切都结束了。”

“黄村幸免了？听说。”我问。

“只有黄村边的新村会淹一些，其他地方问题不大。所以我家乡黄村现在倒今非昔比。这是个漂亮的乡村。又增加一个个体杂货店，布匹、盐、肥料等农用品都可以不出村买到手，抢了不少公办供销社和国营商店的买卖。一位当年的医生还办了一间私人门诊部。这几年木阁小桥边又增开了几家个体店，卖光饼、鱼、杂货之类。日常之需足矣（他用文化人的口气）！还有一家人跑到荷洋镇大街上占了一席之地，专售烟酒饼之类，就像我祖父当年闯到湖口镇那样。”少扬的确很钦佩地说。

“乡村变化很大，昨天我的笔记本刚好用完，以为得到镇上去买，黄村的谢丰营说村里就有。你看，我用的本子就是在黄村买的，”我把手里的黄皮本给少扬看，“不过我看到农人很少把银耳卖给供销社？”

“是的。社员喜欢把干银耳、香菇背到荷洋站去，然后托运至北京，甚至东北三省。他们想卖大价钱呀，不能只依赖供销社开的价。”

和少扬分手后，我去荷洋码头调查。当我叙述完湖口、荷洋老经销商、金翼之家成员少扬的故事时，总忘不了那些身强力壮的搬运工，他们把大城市、商人、船运、店铺、农人和土特产串连起来，构成一个个交换行为中的默默的链环。

“劳夫啊，你过来!”20 世纪 40 年代走南闯北的商人和店主都这样称呼搬运工，本地方言叫“甲哥”，含义是“把劳力当给你的人”。劳夫每背一袋米就到湖口的店里取一枚竹签，若背 30 袋米，就领 30 枚竹签，这是验定背驮次数的简便办法。

1943 年，薛一 17 岁，是湖口码头上的甲哥。

“运气好一天能赚十几斤米，但甲哥是下午结算，有时米店下午便提高米价，而竹签又不能隔日用。倒霉的时候下午只能换到 5 斤米，但那时米比金圆券有用。”刚过 60 岁的薛一说。

“湖口码头名义上的规矩是依先来后到顺序，所以我一早就去码头。但货一到，大姓甲哥就拥上去抢背，小姓人争不过。身体壮的人就破口大骂，像我这样身体单薄只有忍气吞声。”老年的薛一也显得很瘦弱。

几十年前福建地方宗姓的权威是客观存在的。码头上的劳夫来自周边乡里农人，大姓的劳夫有来自乡里大姓的支持，小姓及弱小的人便只有依求于另一种权威，即店主或船东。于是一些劳夫额外帮助店主或船东扫地、挑水、收拾房间，长此以往建立了一种人际间好感，这样的劳夫逐渐在固定的主人面前有了优先的地位。船舶靠湖口码头一般要停两三天，这期间船东和店主就会在巴望着的一大群劳夫中朝自己熟悉的人喊：“劳夫，你过来呀。这几包你来背!”大姓之外，和谁关系好，就给谁背。

1947 年，码头上成立了“甲多业工会”，参加者预交 50 斤大米。在码头转运生意中，工会当然要从中抽钱。工会的人一张桌子接米，一张桌子发工钱。如果不参加这个工会，则找不到活儿。有时宗姓间斗殴时，工会也出面调停，状况总算好些。

玉田人民政府成立后，解散旧工会，建立“挑挽业工会”，1955年又改为“荷洋码头工会”。该单位先归入地方国营，后转为集体所有制。按中国机构分类政策，分全民所有制和集体所有制。前者有退休金和免费医疗；而后者不像国营企业是“铁饭碗”，而是自负盈亏。这一不同条件迫使集体所有制企业的人开动脑筋，如必须扩大公共积累，改善雇员福利。

首当其冲的问题是码头迁到荷洋后，110 名湖口的甲哥没有地方住，露天吃饭，怎么办？

20 世纪 50 年代初从码头到店铺，搬运 100 斤盐的搬运费是 2 毛 6，于是有人建议从每一个 2 毛 6 中抽去 1 分钱作为公共基金盖房。大家一致赞成。平日甲哥们有活儿就挑挽，无活儿就挑木石盖房，从 1954 到 1956 年很快就盖起了码头雇员休息室。

1958 年，时逢荷洋新镇通火车，货类大增，又有玉田电站施工，外调大量水泥，一律从荷洋货站装卸，劳夫多时达 1000 人。水库竣工后，搬运工需求量锐减，从福州、延平和附近乡下来的农人劳夫一下子离去了。

1949 年湖口码头工人维持在 100 人多一点，如今 1988 年荷洋站搬运工共 342 人，内外转运的货物也有了变化（见表 9－1）。

表 9－1

1948 年	运出：稻米、大豆、笋干、茶叶、烟叶、红曲、木材、酱油、油蓁
	运入：化肥（氯化钾，来自日本、美国）、煤油、柑橘（美国）、火柴、面粉、棉布、咸鱼、海蜇皮
1988 年	运出：稻米、笋干、银耳、香菇、红曲、木材、竹
	运入：棉籽壳、麦皮、石膏粉（银耳生产原料）、煤油柴油（国产）、水泥、煤、日用百货、彩电、酱油

玉田地方 40 年来，商品输出输入变化首先表现为地方自给程度加强，柑橘已由进口转为出口，工业和民用油类为国产取代。几年前有日产化肥，如今已有本地自产。只是玉田部分传统土特产仍未得到

全面恢复，如曾远销东南亚的油萘和酱油。最大变化是香菇、银耳及其辅料的输出输入，这是一宗改变地方生计的供销大项。这里的搬运工人为地方商品流通做了很大贡献。

20 世纪 40 年代甲哥中流行的谚语是："灯火挂壁，嘴挂钩。"意思是甲哥无房，无立锥之地，背靠山崖，灯都得挂在峭石上，像因饥饿而张开嘴等饭吃。不少甲哥无钱、无房，终身未娶。现代的荷洋甲哥，1985 年已创产值 85 万元，1986 年跃升至 99.3 万元。公共积累 50 余万元。每人月收入 200 至 300 元，退休搬运工每月可得 40 元退休金、4 元医疗保险金，重病住院则全部免费。当代甲哥盖房成家已不成问题，生活水准且高于一般镇上居民。

担忧也是有的。由于没有大型医疗保险计划，逐年退休人员增加，将吃掉大量公共储备。如 1987 年有 90 名搬运工退休，共支出 6 万元，未来将不断加大包袱。

搬运工制订了不许大姓欺小姓的公约，各作业班长都能履行公约。但赌博这一地方陋习多年不改，劳夫们有时躲在楼上聚赌，抓了又跑到皇口农家去赌。低教育水准和冬闲赌博是几个世纪以来持续的文化现象，欲罢不能。搬运站除说服教育之外，主要是课以罚款，每次 100 至 500 元，酗酒斗殴每方罚款 50 元。站领导人用罚款的钱办了图书馆吸引劳夫去读书。这里的搬运工改变过去野蛮装卸的方式，作业道德大大改观，生产产值同时递增，得到县府嘉奖。

劳夫们热情豪爽，我与他们一同喝过酒。你总得记住，如果你想和他们交朋友，他们先得看你是否能应付轮番而来的敬酒（福建老酒）。我也正是和他们互相以诚相待，才晓得这里对犯错误者申斥和罚款惩戒虽不符合学校教育的原则，但要维持一个有 300 余强壮男女的集团共同体有时也是必需的。搬运工粗犷的生活方式几乎在全世界都有其类同之处，然而他们用他们的健壮的体魄和热忱转动了商品供销之轮。

我们不会忘记昔日商品流通中旧镇湖口和新镇荷洋的地位，我们也不会忘记那些奔向全国各地兜售银耳的农人，以及只要社区存在就需要商品码头货栈，因而也就需要搬运的甲哥们。然而这些码头、车站、小镇、店铺、商贾、搬运工只不过分别处于流通系统的不同环节，究竟今日玉田地区的商品供销系统是怎样的呢？

笔者准备换一个角度，即站在县供销社系统之中，做尽可能细致的观察和分析。

玉田县财政委员会副主任黄冠财是一位年轻干练的官员。他写过一篇关于县财政的漂亮的分析文章（黄冠财，1986）。他深知这些年供销问题的症结，我们两人讨论了整整一个下午。

玉田县供销社系统辖 16 个分公司和 13 个供销社，下设各种站、门市部和小店 602 个。供销系统储运设备齐全，共有职工 1729 人，尚有退休职工 582 人。

该供销系统从 1952 年建立，起初资金仅 20 万元，年供销额不足 200 万元。发展至 1985 年年末，已拥有流动资金 466.7 万元，固定资产 565.6 万元，供销额 5946.6 万元的规模。1980 年以前，购、销、利基本同步增长。然而从 1981 年起出现了表面上购销额增长而利润额下降的趋势。

如 1985 年纯购进额 2083.6 万元，比 1984 年增长 26.6%，比 1980 年增长 68%。纯销售额 1985 年达 4738.9 万元，比 1984 年增长 5.7%，比 1980 年增长 18.7%。看起来这是一个很妙的局面，然而只要进一步剖析，实际上并不容乐观。

事实是 1980 年利润额达历史最高水准 123.4 万元后，逐年下降至 1984 年的负 17.3 万元。1985 年落实经济责任制后才有薄利 2.03 万元，利润比 1980 年下降 98.4%。从 1980 年至 1985 年，玉田县供销系统的购、销年平均递增率为 10.9% 和 3.5%，而利润额却每年递减 56%。（黄冠财，1986，第 18 页）

参照表 9－2，可进一步看到一系列问题：

1. 商品销售毛利率 5 年中略有提高，但流通费用和营业外支出直线上升。1980 年流通费用率为 6.7%，而 1985 年上升到 8.65%。离退休人员的支出年平均递增 18.2%。

2. 百元销售占用资金从1980年的22.93元上升到1985年的30.23元。这一年的资金周转天数108.8天，比1980年慢了26.3天。

3. 销售利润率从1980年的2.10%降至1985年的0.03%；资金利润率则从8.25%降至0.10%，创利能力极其衰弱。

4. 供销人员人均购销额1985年为3.95万元，仅比1980年增加0.14万元；人均创利额却从1980年的889元降至1985年的12元。（黄冠财，1986，第14页）

黄先生认为县供销系统已处于生意难搞、工资难保的局面，流通各环节的问题究竟何在呢？

表9-2　玉田县1980—1985年供销社系统经济效益分析表

项目	单位	1980年	1981年	1982年	1983年	1984年	1985年
纯购进	万元	1239.6	1253.5	1233.7	1485.8	1645.7	2082.6
纯销售	万元	3990.7	4057.6	4114.2	4282.9	4484.7	4738.9
销售毛利率	%	10.5	10.6	11.0	11.7	10.6	10.8
流通费用率	%	6.7	7.8	8.4	8.7	8.9	8.65
利润总额	万元	123.4	73.4	49.2	19.7	-17.3	2.03
销售利润率	%	2.10	1.25	0.84	0.35	-0.30	0.03
人均购销额	万元	3.81	3.18	2.97	3.14	3.36	3.95
人均创利额	元	899	440	273	107	-95	12
平均占用活动资金	万元	1346.3	1457.6	1512.9	1522.0	1625.7	1797.8
资金占用平均总额	万元	1496.2	1590.4	1694	1751.5	1868.5	2117.6
百元销售占用资金	元	22.93	24.83	25.93	26.85	28.29	30.23
资金周转天数	天	82.5	89.4	93.4	96.6	101.8	108.8
资金利润率	%	8.25	4.62	2.91	1.12	-0.93	0.10
离退休人员支出	万元	26.4	34.2	36.6	41.9	44.9	60.9

（图表根据黄冠财表格重编）

1. 不平等的竞争和行政干预。在20世纪80年代搞活经济的形势下，市场竞争激烈。但国营、集体和个人的竞争是不平等的。不合理的行政干涉又使供销社系统缩小，在竞争中处于不利地位。如国营县木材经销公司成立后，控制火车车皮，又拥有县级审批权，原属供销社系统的一大宗业务被夺走。仅这一项每年减少盈利3万元。类同的供销项目还有日用陶瓷和香菇。特别是过去供销社系统作为农村流通渠道的作用大大削弱，表现在紧俏农产品的价格竞争不过个体商贩，失去了采购农产品的主动权。

2. 乡村镇供销社网点被动经营。由于供销社系统原来独揽市场，为节约经费，供销网点多设在公路沿线，远离村庄。流通体制改革后，个体商业在村和居民区设点，农人就近购买生活生产用品很方便，个人供销点终于打破了县供销社的单一供销系统，为此，县供销社网点已难于大幅度增长购销额。

3. 不正之风。政府有关机关利用职权之便，谋取不正当利益，干扰了供销社系统。如借治理环境之名，“乱摊派，乱收费，乱罚款”，名目繁多，以“正常”手段攫取利益。如1985年供销社系统付“摊派”和“罚款费”就达3.1万元。个别采购人员用回扣、手续费、奖金等手段推销产品，有的供销人员贪私利，盲目进货，造成企业财产损失，或被假公司所骗，签约不兑现，损失十几万元。一些地方政府领导人在商品流通、办厂、投资、工程投标及其相关的供销交易中卷入个人私利，但以“正常工作程序”出现，难以被发现，使国家蒙受损失。

由于供销社系统改革先行，其他部门改革未能同步，如政策上未能获得集体企业待遇，上级关卡多，无放权之实，择优进货难行。紧俏工业品城乡分配比例未兑现，即使分配少许还要强搭配滞销品。这均是供销社系统经济效益降低的一些或显或隐的要因。

黄冠财先生处于县财政委员会当家人的地位，深知政策性因素也是供销社系统运转过程中丢掉利润的缘由。

1. 利率调整。银行贷款利率从1982年的0.42%调高到0.6%，1985年4月又调到0.66%。仅因利率调整，就使县供销系统1984和

1985两年分别增付利息19.2万元和26.2万元，相对减少了企业利润。

2. 税种增加。1984年实行第二步利改税后，县供销系统又增加了批发营业税、建筑税、奖金税等支出，仅1985年就因税种增加而增付税金9.1万元，其中批发营业税一项就付税金7.4万元。

3. 就业与调资。几年间县供销系统承担上级就业安置任务，雇员递增过多。同时，按国家政策调工资，发放各种补贴，使工资开支大幅度增长。1984和1985两年工资发放总额高达160.5万元和164.9万元，比1980年增长53.6%和57.8%。1984和1985两年分别增发工资额为37.9万元和28.5万元。此外，退休人员工资支出在1984、1985两年分别高达44.9万元和60.9万元。

4. 销售比重下降。1980年县供销社系统外个体户仅30户，1985年迅速发展至4783户（仅大黄村便有5户个体户卖杂货、文具、银耳生产辅料等），涉及商业、贩运、饮食、服务业、手工业、修理业、运输业。成立新公司149家。个体户销售额从1981年的5.3万元猛增到1985年的3273万元，占全县商品零售额的比重从0.1%升到27.9%。这样，个体户在1984、1985两年已经从供销社系统和国营商业中分别夺走1376万元和2487万元生意，若按4%纯利率计算（按毛利率11%减税金3%再减费用约4%测算所得），则意味着使供销社系统失去55万元和99.5万元的利润。

5. 政策亏损补贴不足。1983年中央一号文件指出，供销社不负担政策性亏损。但近年来涤棉布、手表、农业物资、食盐经营上的政策性亏损未能得到足额补贴，如1985年农业物资商品运输中，有关部门增收30%汽车放空费，供销社就此亏损3.08万元，但财政下拨补贴仅2万元。1984、1985两年，仅政策性影响致使县供销系统分别比1980年少收入131万元和198万元。若剔除这一因素，该系统1984、1985年的利润将达114万元和200万元。（黄冠财，1986，第14页）

至于管理人员素质差、管理水准低造成的商品损耗和财产浪费一直是个老问题，每年损失 43 万元以上。

总之，县供销社系统经济效益不佳，既有客观条件限制，也有政策性因素影响。改革每推进一步，体制的致命弱点便一再显现出来。

黄先生的不安表现在他已注意到县供销系统在改革中的农民入股、经营范围、价格系统、按劳分配、职工代表会议职能的真正体现，排除供销系统改革的人事干预等均无显著进展，经济责任制不落实，以致在新形势下束手无策。

如 1986 年年底的一个设想是，在供销系统中考虑扩大社员、农人股金，成立理事会和监事会。前者主持日常事务，人选多为供销系统职工；后者由社员、农人卷入，并配合税务、工商管理人员建立新体制。问题在于这个设想之中，两个组织如何确立农人的发言权。如黄先生说，当前推行经理（主任）选举制、负责制，但只是走形式，具体工作内容上并未放开。如有的工作人员不好好干，经理有时不能处理，因为可能该人员与上级领导人有裙带关系，此时人事部门会出来干预经理（主任）的权限。所以黄先生说，只有行政管理是不够的，在法律上要授权经理（主任）才行。

从供销社系统内外变化情况分析，旧体制完全不能履行农村供销、加工、贮藏、运输、技术、信贷等综合服务中心的职能，首要问题是农人的利益和权利没有在这个系统中处于中心地位。改革中出现的个体供销由于网点多，服务态度好，受到农民消费者的欢迎，于是发生了国营、集体的供销系统营业额不断被夺走的现象。黄先生正是中肯地分析了旧供销社系统在新政策下经济效益大幅下降的内中原因。无疑，旧体制已在地区性经济与供销环境的新变化下被逼到非改革不可的地步，可谓欲罢不能。

玉田县常常印有县情、镇情、乡情的不定期简报分发到基层。一些小品笔锋犀利，黄宏诗、陆井民都是积极撰稿人。有一天小陆把一份简报（《玉田快讯》，1986 年 10 月 30 日）给我看，题目之一是《玉田县流通系统的不正之风》，罗列了干扰农村供销的九大歪风，只是没有直接点名。我抄录如下：

1. 有的干部以改革之名自己参与低指标承包，从中“分红”渔利，或搞账外营业，偷漏税款。

2. 趁当前价格放宽，多种价并存之时，伺机变通价格，从中谋利。

3. 出售假冒伪劣变质商品，坑害消费者利益。

4. 利用手中掌握的计划内紧俏物资，进行以物易物或接受贿赂。

5. 捞取盈余商品。

6. 利用户口、粮仓管理、贷款、税收、市场管理等职权收“人情税”、“人情费”。

7. 利用采购职权，接受礼物，收“回扣”、“业务费”。

8. 管理部门态度生硬，高人一等，以言代法，以罚代教，乱罚款。

9. 利用工作业务关系，接受吃请、“纪念品”、奖金。

这篇小文章从一个侧面反映了供销流通渠道改革过程中的弊端，黄先生的分析也有同感。问题的确是多方面的，涉及旧体制改革、官员廉政、干部教育、法制健全、农民利益与诸传统陋习复苏等。

黄先生认为供销系统在改革大潮之中，可以在竞争中求生存，在加强管理中增加经济效益，并不断造就新的供销组合机构，逐渐理顺中国乡村供销新系统。

然而，黄先生有时又很悲观。他说目前有两大难题管不了。一是供销流通过程中大面积偷税漏税，然而税收管理工作几乎拿不出有效的办法来。一是供销系统变革中因体系内外盘根错节，从而互相制约的阻力很大。如有的干部利用职权攫取私利，干扰了供销制度改革过程，明明知道是谁做了些什么却不能触动，就像上面这篇小文章，说得入木三分，但不能指出姓名来。

一位熟悉沙石、水泥、砖瓦、木材、五金供销的玉田人陈忠责告诉我，你只需参观一下一些干部的漂亮住房，就会产生一个问题，如果按市场价格购买建筑材料，他怎么能盖得起呢？身在其位的县财委干部黄先生，深知内中奥秘，可他也管不了。因为这不是孤立现象。无论是建筑材料还是农副产品的供销环节中，都发现了“以正常工作程序办自己的事”的官员和巧取豪夺者。然而我确信，有深刻洞察力、憎恶不正之风的黄先生是不会利用职权低价盖高标准住房的，也不会利用乡镇价格双轨制之机与农人争利的。

金翼之家少扬这一代小商人早已脱离了他们昔日的供销生涯，但他看到了半个世纪玉田社区动荡的历史和家族人事兴衰。至于时下一些干部廉价买材料盖房，一些银耳兼业农人偷税漏税，他认为这只不过是每一个时代都会有的相同的或不同的诡秘计谋方式。他对世事看得很淡，对未来只系于《圣经》的理念，他相信他熟读的《新约·哥林多后书》中这样的信条：“多收的也没有余，少收的也没有缺。”这倒是和中国道家的思想很近。

少扬的确已不大了解偷税漏税的事，反而是我比他知道得多。

玉田县城与其说是县境的中心，不如说只是政治的中心，真正的经济商业中心是在它南端闽江边的荷洋镇。因为荷洋站是闽东北唯一的火车站，兼航运站、公路站，甚至屏南县的物资也要南下转运，荷洋于是成了商品、农产品输入输出量最大的地方。

出入境物资和税收总是联在一起。但这里的税收方式是先提货后征税，这种做法漏洞很大。如秋后棉籽壳、麦皮等应征税货物，一些人往往会少报数量因而少定税，或干脆悄悄从码头溜走。

镇税务所领导人关辅伦和火车站站长李青风检票兼查税，一举两得，取得成效。并经过一段时间磋商，于 1988 年 2 月 29 日达成协议，协作征税。至同年年底共协作征税 1 340 254 元，比 1987 年多收税 43.8%。

然而逃税的人仍另有办法，他们喜欢在夜间趁车站值班人员人少之机从站台溜出，于是促使关辅伦又与火车站派出所达成另一个协议，公告从 1988 年 5 月 1 日起夜间税收由派出所代征，至年底再度奏效，完税 73 992 元（关辅伦，1988，第 3 页）。这一则看出荷洋社区合作征税和防止逃税卓有成效，一则看出地方乡镇完税措施有很大随机性，重行政干预和视地方机构合作与协调之可能性，单独税务系统与农、商之间尚未连接成一个简便、通行而有效的税收程序。

税收管理方面，县、镇有税收专管员守则，条文规定严格，但实际上，镇上的税账并不健全。例如 1988 年一年中先后更换 3 个专管员，检查发现这 3 人制作的企业纳税报表中竟有几个月没进行登记。荷洋林场和镇企业站领去发票后，长久拖欠 125 765 元税款，竟无可奈何，甚为奇怪，可见漏洞之大。为此每年地方上都要进行所谓财务、物价和税收大检查，这已成为弥补这 3 个系统财务漏洞的修补方式。由于偷税漏税现象严重，所以凡是某机构想办法清查并追回款项者就会当作工作成绩向上级汇报。例如，玉田县政府下达的 1988 年荷洋镇税款征收计划为 160 万元，关辅伦的税务所提前 3 个月便完成任务，至该年年底比 1987 年增收税款 39.9%，达 2 238 736 元，受到县里表扬。然而税款征收计划和实收税款之间究竟有何种关系，以及明里、暗里漏税多少，实难掌握。

镇税务所对漏税处罚是补足税款之外，按税款的两倍处罚，并把漏税偷税人亲笔写的保证书（认错）和处罚过程公布周知，以教育农人和商贩。1988 年的一天，银耳商贩黄芝龙因偷税被罚款 3151 元，当晚黄悄悄塞给税务所关辅伦 1000 元现金，希望从轻处理。哪知关当众亮出现金，使黄甚为狼狈，围拢的农人兼业商贩受到很大震动。类似的现金行贿风气很盛，乡镇中时有发生，但这次黄芝龙烧香找错了庙门。这件事包含有三层含义：无疑，税官奉公拒贿的精神值得推崇；文化上的含义是，农人凭经验相信处于权威地位的人的人治效果，才会有轻视法的原则的风气（非孤立现象）；税务申报方式、税收流程未成系统。

黄村的兼业农人常常交换银耳销售经验，也偶尔提到在火车站周转货物有什么诀窍避税，但他们大体认为税越来越多。1986 年年底的一天，在黄村旧生产队队部，黄钟生、黄荣仙和一些有外销经验的人一块谈起卖银耳的完税情况，下面我只简单地罗列农民所称的诸税种（见表9-3）。

表9-3

税种	价格	收取机构或代收
1. 产品税	0.25元/斤	镇税务所
2. 特产税	0.20元/斤	镇财政所（交县留成）
3. 教育税	0.01元/斤(产品税中抽取)	镇税务所代
4. 城市建设税	0.01元/斤(产品税中抽取)	镇税务所代
5. 工商管理税	0.04元/斤	镇工商局（交县留成）
6. 运输保险税	货价值×4%	铁路局
7. 货运代办费	0.30元（50斤一袋装）	荷洋站
8. 站台搬运费	0.30元（50斤一袋装）	
9. 进仓费	0.30元（50斤一袋装）	
10. 运输费（按里程）	0.035元（100斤×1000公里）	铁路局
11. 过路税	0.30元（玉田←——→荷洋）	县公路局
12. 小费、摊派等	不定	

从上述税目分析，银耳流通过程中既有税（如表9-3第1项），又有捐（如表9-3第3项），或既非税又非捐（如上表8）。应该说卖1斤银耳有多种税、捐和杂项费用。农民说，教育税为后代，我们愿意，但过路税没有道理。他们觉得最便宜的是火车运输费（但不算货到外地城镇后的各项收费），最贵的是无定价的小费、临时摊派费。因此若公事公办，卖1斤银耳（5元左右），捐税占6至7毛钱，但实际上要近1块钱。

学者们则从另一个角度分析，认为从1958年实施《中华人民共和国农业税条例》以后，几十年没有调整，存在不少问题。如木耳（含黑木耳和银耳）、香菇类既征产品税，又征特产税，属于重复征税。（唐仁健、吴跃、杨启荣，1988，第71、74页）另外，产品税的设置也有不妥之处，因产品税应是实行一次课征，即在商品流转的许多环节中，凡课征一次产品税的产品，不再征产品税，但农民交售产品时课征一次产品税，收购部门收购农产品后又被课征一次产品税，这样就出现了对同一产品重复课征的问题。农业税中设产品税就与工商税形成了交叉征税的不合理状况。（任佳，1989，第38页）总之，学者们倾向于税率依据不同产品的价格和盈利水准实行差别税率（唐仁健等，1988，第74页），“实现‘利多多征，利少少征’的农业税征收原则”（任佳，1989，第41页），可以解决地方特产重复课征产品税问题，避免农业税与工商税混淆之嫌。

目前玉田地区农民负担呈加重趋势。税种增加以外，公益类名目捐，如办学、修理、养路、城市建设均有过多摊派，另一加重负担的渠道是通过农用生产资料、农业税、水利费、电费涨价等方式。如1986年农用塑料薄膜比1985年上涨20%（玉田地区）；再有，从玉田至荷洋的汽车票价为0.7元，现在加养路税0.3元，涨幅大，农民颇为不满。

在黄村旧生产队部，我和黄钟生等人谈到银耳完税的同时，还注意到稻作这一农产品主项完税和订购的情况。后来村长小谢也来了。他十分熟悉大黄村谷地稻作生产的数据，几乎是脱口而出：

“1986年秋后，我们这个大村加上山上畲族共生产粮食153万斤，其中征购公粮任务58 884斤（免费缴纳，实为农业税），订购卖给国家203 465斤。早稻订购价1985年只有10元100斤，今年提价为15.45元、15.90元和16.30元三种，按质论价。”

“那么市场价是多少呢?”我问。

“28元100斤，外边一些县份、城市更高，甚至超过30元。”

这便指出了国家统购、订购价与市场价之间的差价将近市场价的一半。据引证，中国“1979至1987年6种粮食（常用粮）平均收购价与市场价的差价款为每50公斤0.975元。目前，按国家每年收购500亿公斤粮食计算，差价款总额即达100亿元左右”。（唐、吴、杨，1988，第73页）加上工农产品价格“剪刀差”，负担到亩的公益捐、粮食统购订购的差价款，以及公粮（农业税），农民“每年向国家贡献的资金累计约达740亿元，人均92.50元，亩均49.33元。这些负担实际上主要集中在粮食生产者身上”。（唐、吴、杨，1988，第73页）

因此，市场价与订购价的差幅越大，农民对合同订购的粮食越感到无利可图，于是便千方百计少交合同订购粮而多卖议购议销粮，甚至和长途粮贩相结合卖高价。1986 年秋后，中国各地国营粮站收购粮食空前受阻，乃至如荷洋镇江边午夜搜索长途贩运粮船（见第八章），均为这一相同原因。

围绕着粮食生产、销售各环节，政策的进程遇到了一个难于多方求善求全的利益关系网。应该说，粮价提高，对农民有利；但同时引起加工、经营环节的依次提价，这又对消费者不利。这样政府只好明补消费者，暗补采购、批发、零售经营环节。如 1985 年玉田县内调整肉价和调出粮食补贴便达 108.46 万元，占全县预算内财政支出的 5.4%。（黄冠财，1986）就全国而言，随着粮价提高，政府用于粮食购销的价格补贴也大幅上升。从 1979 年的 102.77 亿元上升到 1984 年的 227.41 亿元，增加了 121.3%，平均每年递增 24.26%。（唐、吴、杨，1988，第 72 页）补贴增加，赤字增大，财政难于承受，只好通过提高农用生产资料价格弥补，但这又大大抵消了农民从粮食收购价中得到的好处。粮食生产成本增加后，为了维持农人的积极性，政府只好再提粮价，从而陷入了一个两难境地。

小谢问我未来乡村农业究竟如何改变，我只能告诉他一个可能的轮廓：粮食价格将越来越由市场供求关系决定，粮价双轨制将渐渐被放弃，合理的税收制度将是平衡多元经济的重要手段。

随之而来的是新税收制度必须改变粮食与经济作物、土特产税负水准偏重或偏轻的不合理状态。如 1978 年至 1985 年，6 种主粮平均每年每亩负担税金 2.32 元；3 种主要油料作物负担税金 2.18 元，比粮食税负轻 6%，而纯收益却比粮食高 52.2%；4 种主要经济作物负担税金 3.28 元，比粮食税负重 64.6%，而纯收益却比粮食高 2.96 倍（根据国家物价局农价司资料），这是近年来农人种粮积极性下降（除了价格以外）的另一个重要因素。难怪一些学者已提出要“平衡粮食、经济作物和土特产的税负水准”。（唐、吴、杨，1988，第 75 页）农业税负不平衡，不利于调节纳税人之间的收入水准（鲁德平，

1990，第21页），并进一步认为“农副产品的产品税应该作为中央地方共享税”（唐、吴、杨，1988，第74页），以关注地方利益与基层社区之发展。

现在黄村人是如何看待银耳和种植业的呢？这使我们重新回到第七章的问题。聪明的、阅历深的农人采取以银耳补充农业的做法，他们要买最好的种子、最好的化肥、最好的农药和除草剂，不忘农本和抓住银耳这个大财源。

“金翼之家”处在新的历史时空，又一次抓住新生的银耳业契机，打破了重农主义的束缚性“平衡”状态，率先窜出单一的农业系统，开启了多种经营之路。

新一代农人都这样吗？只有少数人放弃种植业，其他人只是将土地转租亲友，但还不敢签长期转租合同。然而他们还是认为，即使银耳流通过程中的税捐再增加一倍，也比种粮合算，甚至比种经济作物和蔬菜还划得来。你想想，如果收益不特别高，只种稻米，他们怎么能买得起运输车，又怎么能闯到东北哈尔滨，甚至西藏的拉萨呢！

毫无疑问，在黄村山谷内外的流通链环上，无论是地方政府还是兼业农人，眼睛都时刻盯着银耳这个物化的财神呢！只有少扬例外，每日在即将消失的湖口镇街上静静地走着，心中只有上帝和耶稣基督。

第十章
宗族与房的理念与行为

一、重拟黄氏宗谱

曾在族谱（已失存）中有案可查的黄氏头两代开拓者培茂和侯麟，在当代黄村中年以上者中，几乎无人不知晓，这一宗祖的名分实际上已成一种族人认同的标志。虽说黄氏祠堂近40年已破败，仍带有一种大族象征的威严，谁也不敢拆除。在实际生活中，另一种类似的象征物是保存至今的始祖初一、初二墓。

伯鉴第3代人始立足乡里，改变单传，族人便开始遵循再一轮（8代）辈名命名制。8代顺序分别为：文，章，华，国，孝（东），友（志），荣（仁），芳。黄村族人多用复名，即除黄姓外，名为双字，双字第一字为辈名，如东林；间或有为起名方便，将辈名移至第二字者，如忠友即是。这一命名制依据了传统汉族社会宗姓辈分的理念。

至20世纪40年代，黄氏族人开始担心万一得不到新一轮排名，一旦接近11、12代人，起名将不能纳入移民前祖籍黄姓辈名，因而十分着急。当时的交通条件，何人能重返祖籍德化询问呢？幸好，黄孝平有一次至闽西北将乐县谋生，一个偶然机会结识了一位孝字辈同族人，意外地获得了德化原籍黄姓人新的一轮辈名，欣喜若狂：

“快说，我可要记下来带回乡里，这可不是件小事！”

“下面一轮8代应是承，家，祥，瑞，礼，义，道，良。”

以往我见过福建人论姓氏，排辈分，这黄孝平和陌生的孝字辈路人不就是这样攀上族类关系的吗？

现在黄村人已繁衍至第13代人，“承”和“家”的辈名已陆续或开始有男性后代使用。如孝扬一房虽人丁不多，但代际年龄差小，率先进入黄姓第13代，第一人取名“家礼”（朱熹有家礼之书名），进入第12代的房分略多，但只有业繁（初十墓）下两房人东明与东林后代人众（住农村者），一律进入第12代，且第12代承字辈新人非常之多。笔者发现，多数留在农村的业繁以下（东林、东明两房以下已有两代）共4代人的代际年龄累加大约是城市人志留以下生育3代人所用时间，可见农村生育的强劲势头。

由于黄姓族人有了新的辈名接续，再谈及此事，我发现黄姓人已显得不那么慌张。一黄姓老者对我说：“至少今后五六代人还够用（指辈名）啊！”

然而，我这个族外人到黄村一两个月后仍不得黄姓族系要领，本以为能觅到现成族谱，一目了然，实际却已失存。为研究之需，欲重拟宗谱树，谈何容易。于是向几位村人请教，有什么便捷之法。荣灿很聪明，想了想说：“每个人都清楚自己的辈分和属于哪一房人，一凑两凑就行了。但功夫可不小！”

我恍然大悟。宗姓下的房分不是中国人族群生活的要旨之一吗？以往人类学各类亲属术语的界定似乎很难和中国人的房相比附。那么我们真的要仔细观察和解释一下中国人自己的亲属制度和思维方式啊。

于是我与几位老者、中年人少扬以及荣香、荣灿、少台、小谢等七八人开始做族谱的恢复工作。先以每个当事人为中心上推下连，兼顾不同房分横向关联。我发现每个成年男人都清楚地了解辈分排行和各墓各房的树系分枝。其中辈分和房分是两大要点。可以同意“辈分的法则和同一世代均等分房的法则分别构成中国人系谱坐标的横轴和纵轴”。（陈其南，1985，第134页）黄村农人就是依照十数个横轴和数十个纵轴原则提供名单，以方便于我编成新的黄氏宗谱。黄村人从而在族谱上各就各位。

用了两个星期，我终于完成了黄氏13代全部系谱工作。为了清楚分解不同代际和房派的层次和支系，我采纳了中国传统账折的方式连续笔绘，全部宗谱长达5米。

在宗谱中一个个房分片断重拟过程中，我的一个突出感受是：能提供关于代际与房分识别功能的冗长的族谱，主要意义在于提供并强化男性族群的自我的意识，因为族谱中的辈分与房分原则和内容总是印在同族人的脑子里。他们无须翻动族谱就会对长幼、房派有精细的认识，显然是认识先在的证明。辈名中包含的代际归属更是呼之即出了。所以族谱亦如祠堂、祖墓一般均是同宗乡民在不同场合族群认同的不同标记。当然从宋代以来，续家谱、族谱和读乡约一直是宗法教育的重要方式，因为族谱不仅排列了人伦位置，并在许多族谱的序和跋中讲述了儒家礼法与理念。

二、族谱、人伦与儒学内化

中国文化的人类学研究，仅凭田野工作的行为观察是不够的，因为中国高层文化理念及其与基层文化的沟通不能不引起我们的注意。历代统治者、儒者、新儒家均不忽视把宗法思想这一高层文化作为教育的主题，不断疏导至基层社会（地域不断扩大），并紧密与基层乡土文化结合在一起（庄孔韶，1987，第39—45页，1989，第171—189页），本书也以相当的篇幅涉及精英文化与大众文化层的关联性（亦含变异性）研究。

至今流行的家谱的人伦原则与古代中国有一种持久的、有机的联系。

3000年前

西周盛世的国学内容是“一曰孝行，以亲父母；二曰友行，以尊贤良；三曰顺行，以事师长”（《周礼·师氏》）。乡学内容则偏于父子、兄弟、夫妇、君臣、长幼、朋友、宾客等七类人伦之教。这一涉及人与人关系的伦常教育思想内容居然以一脉相承并大大扩展（地域与基层的意义）的形式绵延了3000年，在世界各民族史中都是少见的。这使任何人在汉人居址做人类学田野调查时，无论如何不能忽视这一深厚的传统文化理念承担，尽管谁都注意到另外的变异性。

2500—2300年前

孔孟儒学进一步阐发人伦关系，孟子的人伦说是“父子有亲，君臣有义，夫妇有别，长幼有序，朋友有信”，后称“五伦”。孔子更早提及忠恕之爱，也是有层次的，从孝顺父母、尊敬兄长为出发点，推及宗族纵的关系“孝”和横的关系“悌”，再从宗族关系推及“泛爱众”，便会实现仁的本义。中国人的这一价值观念的另一种表达是“修身，齐家，治国，平天下”（《大学》），这是以个人为中心一伦一伦推及不同层次，如费孝通“差序格局”含义（费孝通，1947，第24—27页），故大社会和政治社会组织不过是人一家中心点的扩散。“天下一家”“世界大同”就是仁的最高体现。孔子认为对儿童进行孝悌的品德教育，“少成若性，习贯之为常”（《大戴礼记·保傅》），成人后便会移孝作忠，以事父母之心事君，孝子一变而成忠臣。乡民百姓不一定人人理解深奥的儒家理念与价值观，但五伦和孝的简单道理已在渐渐地融于古代中国人家族、宗族内外及其思维之中了。

2100年前

三纲即“君为臣纲，父为子纲，夫为妻纲”。汉代董仲舒（前179年至前104年）最先论证了“王道之三纲，可求于天”（《春秋繁露·基义》）的理论。他的“天人合一”解释系统中，用“物莫无合，而合各有阴阳”（《基义》）来说明君、父、夫为纲的阴阳对应以及相“合”的关系，是讲相互协调不可分离。然而，这种“合”中有兼，即如家族、天地关系中“子兼功于父，妻兼功于夫，阴兼功于阳，地兼功于天”（《基义》）。这种用阴阳、天地关系论证君臣、父子、夫妻的服从与相合性，在千百年间最终融入了中国人的宇宙观、民间的意识与无意识之中。后世中国人家族关系中合而不分，子孝父，妇从夫，实质是履行“地事天”的天人合一之道。可以看到，董仲舒的道德原则、规范与宇宙解释论影响至今，在乡土社会最突出的影响便在于 descent groups（如宗族、房、家族）的构成以及成员与成员之间的关系上。

1000—800 年前

宋代理学家朱熹（1130—1200）进一步建立了以天理为中心的理学思想体系，并以之解释万物和人事过程。他认为：“爱亲敬兄，忠君弟长，是曰秉彝。”（《天理·小学题辞》）他的“理一分疏”命题，涉及人的“所居之位”不同时，就有了仁、敬、孝、慈的差异（杨天石，1982，第 141 页），“只是这一个道理流出去，自然有许多分别”（朱熹《朱子语类》卷九十八卷）。然而朱熹把天理伦理化、政治化的同时，尤重世俗化，并利用教育与民俗上下疏导，以利于全民接受。这一有宗旨、有步骤的儒学理学和礼制实践（特别是家礼，如族产提留祭田等），在世界上并不多见，在玉田县和乡下，这一推行过程是有迹可查的（见第十五章）。

还应提及早于朱熹的另一理学家张载（1020—1077），他的《宗法篇》从“管摄天下人心，收宗族，厚风俗，使人不忘本，须是明谱系世族与立宗子法”入手，故宋代以后，族谱、家谱一类谱牒广为传播。“续族谱、讲乡约，成为灌输宗法思想，维系宗法家族的重要手段。”（邱汉生，1977，第 67 页）直至今日，朱子家礼和张载的明谱系思想与乡村社会的生活方式仍有关联。

100—50 年前

晚清至民国是中国城乡的一个转变时期，如民初学校废止读经，就是一个教育文化的转变信号。中国政治与教育总是同步行进的，但在乡村则迟了一大步。儒家世俗化意识形态与礼制早已根深蒂固，任何新兴政治、教育与文化的变革与渗透都需要相当长久的时间。例如这时期乡村宗谱、家谱内仍偏以儒家教诲为主的祖训、家规。金翼黄氏宗谱和福州方言区义序黄氏宗谱家训都继续类似的说教，如尊祖、穷理、教子、均财、务实、慎言、节用、惩怒和防非等。两个黄氏宗谱的宗族组织职能均包括有祠堂祭、墓祭、续谱、祠堂会议、族田族产（金翼族人为二手田）、乡塾、迎神赛会、联甲和纳粮等，这是儒学制度化的实践结果，构成了中国基层社会常见的存在模式。在家礼、族谱规定以外的民俗生活中，如相当普及的对联也都以儒学人伦教化为主。“然而，就因这种千篇一律，反复重读的名词，造成了中国宗族社会中尊重名教的特殊文化。”（林耀华，1935，第31页）这说明中国人行为方式的共通性得自于世代重复且内化了的儒学理念。

中国传统文化在千年间上下疏导，精深的儒学理念得以通俗化，渗透于民众心理，甚至铸成了民族性构成要素。族谱内容实际上是儒家理念和礼法的基本出发点，乡村人至今所娴熟的家谱知识和恰如其分地处理民间礼俗之行为方式，以及数千年来形成的宗姓意识与深层的无意识文化特征，不能不说是中国人文化承担的独特之处。儒家以个人为出发点的“家”与“房”概念，以及宗族内外人伦关系、道德原则、天人合一观和处世方法论，在中国静静延续的农业基层社会中找到了生根的基础，并不断获得传播，在中国人的思想和行为方式上影响深远。

三、辈分、祭祖和上寿

中国人辈分和代际的人伦秩序是非常严格的。如黄氏族人先前担心找不到新的8代排行的紧张心理，其压力不仅来自于宗姓族群整体，也来自于个体的内心。这是文化理念先在的表现和一个族群的整体思维反应。

肯定辈分和长幼顺序是维护整个社会人伦秩序的儒学理念基础，日常生活中的排行辈名和族谱中的世代标记总是相辅相成的，它们同样是支持人伦秩序理念的基础材料。现代黄村并没有任何族人指令，但大多数家族后代都继续依据同宗辈名（旧的和新的）起名，这是中国人遵循本民族已内化了的继嗣原则和宗姓共同体认同原则的体现。

祭（拜）祖和墓祭是儒家理念的仪式化。中国古文字“祖”的原始含义是男性生殖器，恰好说明祖先的功绩是繁衍了后代，没有祖先就没有后人，故而后代要有追远之心，有祭奠列祖列宗的责任，以维系各宗各房各家的团聚与和睦，保护和荫庇子孙后代。“儒家高倡孝的学说，愈助长拜祖风俗，不祭祖宗就是不孝，不立神主，更是不孝，我国祠堂的普遍，拜祖的盛行，儒家大有功焉。”（林耀华，1935，第53页）因而中国人的祖宗崇拜仪式已儒学理念化并和中国风俗结合在一起，在民众中深深扎了根。日常以及每一世代交替时的祭祖所表现的亲子关系，正如李亦园先生所说：“不仅是日常生活关系的投射，而且也是儒家伦理思想的表达与肯定。”（李亦园，1985，第53页）

在福建省，民间习惯上祠堂祭为各祖联合，故墓祭为各支房分开。黄村黄氏初一墓、初二墓共祖外的后辈诸墓便分开祭奠了，且有不同的祭日为族群认同标志。但无论哪种祭祖方式，祖宗牌位、祖墓碑祭原则上与承继财产无关（Harrell，1976；李亦园，1985；相反的论点见 Ahern，1973，pp. 139 — 148）。最基本的文化原因是3000年来儒学的教诲与深入传播，使中国人的祭祖行为和内心之慎终追远的缘由本质上已是理念的、意识的和无意识的，而非功利的。福建乡间流传的各类旧族谱中常录有佚名《历代祖墓祭田考》，解释了中国人祭祖的根本原理：“敬祖之要，莫先于祭祖，夫祖吾身之所自出，由此，而子而孙而曾而云礽，世世相承，以至无疆，皆此一脉所流传也。”并且阐明大传统所推崇的是：“子孙之贤者，固不因遗产而后有祭。”故祭祖是理念使然，而非功利使然。作者所代表的大传统立场认为总会有不孝者，会借口“无遗产无以供粢盛”，如果任其发展下去，则“少长伦乖，尊卑序失”。作者显然已发现不主动祭祖的不孝者和不贤者，他们为社会伦理所不容，因此他提醒除此弊端应一有可能便设祭产和书写谱牒，以从形式和仪式上加强儒家伦理教化，这从一个侧面证明宗族与 descent groups 的构成中血缘、亲族自我意识理念的优先地位。土地、祭产、谱牒可以被认为是强化宗族的有力工具，故已有历史学家注意到“分享共有土地可能是限定一个法人祭祀团体的尺度，但不是唯一的尺度”的见解（Davis，1986，p. 93）。为了适应一个变化着的世界和应对宗族内对儒学伦理的少数不贤者，若某族群重视设立祭田和族谱教化，则具有加强儒学理念、维系族群人心的功能。因此宋代以降，族田、谱牒之风大兴不无缘由。在广大农村地区，贫苦者难以糊口，无钱设立祖先牌位，但并非无祭祖之心态，简单的家祭和墓祭同样可以实行。人类学者的田野研究需注意古今族群深厚的文化理念基础，才不致误解中国文化行为的真谛。

50—40 年前

中国大陆乡村已没有祭田，多失去祠堂（或拆，或移作他用，或如黄村祠堂破败，近年已有新建者）和祖先牌位（但坟墓祭奠仍保留）。在土地公有制、阶级关系冲击宗姓关系的形势下，农业中国的简单祭祖仪式仍默默进行。“文革”中，黄村的几座大型祖墓完好无损，借民俗节日的机会上供祭奠不同代范畴的祖墓仍未中断，一个家庭对几类祖墓的祭祀实质上具有对其所在 descent groups 的层次性认同的象征意义。其实，金翼之家阴历八月上旬持续十余日的墓祭节，就是对宗姓共同体从远及近的不同始祖的追念活动，几乎没有中断（林耀华，1977，第 67 页）。族谱在“文革”中被焚毁，但未能影响农人宗族与房分意识，他们的文化行为仍然是族谱中儒学教诲所规定的。

近 10 年

“文化大革命”以后，黄村的墓祭和上寿之礼重新复兴，越发隆重。特别提到上寿礼实为祭祖仪式之“前奏”，亦即朱熹《家礼》中“上寿于家长”礼仪，至今在黄村流行。1987 年春节，笔者参加大黄村李先生夫妇 70 双寿，该消息不用公告便不胫而走，当地话叫“办寿酒就会起风浪”，同宗人都会晓得。正月初一，二老双双坐在红毡座椅上接受所有同宗和邻里赴宴者三拜。寿礼隆重，花销必不可少，但礼物的价值是第二位的，礼的原则才是第一位的。

依地方习俗，如晚辈的女婿为老人挑来猪蹄 20 斤、墨鱼 2 斤、线面 2 斤、百粿 50 块、衣服 1 套、鞋袜 1 套，然而寿星依礼节只收线面 2 斤、百粿 20 块、衣服 1 套，其余均谢绝，并用长辈体面的礼金向女婿与晚辈来宾致谢，其仪式表达的是尊老爱子、长幼有序的代际人伦关系和孝的儒家理念。在仪式中这一理念从一房、一宗、一族、一村传递开来，起着教育的功能，因此中国文化中仪式表达的含义常常不是物质交换原则能解释的。

上寿和墓祭连接了中国人的生死交接程序，是用礼的理念与意识肯定父子和不同代际的亲缘关系以及儒学伦理原则。中国人尊祖报本的各种仪式本质上是发自内心的，是大的民族和小的宗族各类族群认同意义上的和先在的理念化的行为。

四、当代婚礼程序与房分

外人来到乡里总要经过一个相当长的时间才能理解日常生活和礼仪中的族群与房分原则。后来我参加了一两次婚礼之后才不断加深对这一如影子般跟随每个人的文化理念通则的理解。

谢昌武是位 19 岁的小伙子，林洋人。这村隔一小溪对面就是黄村。他要娶小哥志留的侄女、黄村的黄玉珠为妻，这是同一山谷内的婚事。这一天是 1987 年阴历正月初五。

昌武和玉珠的婚礼和《金翼》（第四章）中茂德、惠兰的婚礼相差半个多世纪，但程序大同小异，其承继的传统文化理念远比失去的多。这促使我要更换一些角度观察中国人婚姻与家族的变迁，并引申出相关问题的讨论。

昌武和玉珠是自己认识的，老辈农人说这叫“自由恋爱”，年轻人说：“一开始就请媒人介绍不够时髦。”然而说是说，做是做。真的临到结婚前的订婚程序开始，还是要请秀钗大婶做“媒人”。

玉珠虽无男人排行，但从她兄弟“芳”字辈可知她的辈分。秀钗大婶的丈夫是黄姓“仁”字辈。这里的习俗是媒人须是男方信任和女方认可的长辈，其生活、道德和运气都是绝顶好的人。传统婚姻是遵父命，媒人可以决定不相识男女的婚姻大事，现在媒人形式仍是不可缺的，这反倒显得媒人的职能与婚姻的郑重联系起来了。

现在山谷内外的年轻人早就学会一前一后爬上山幽会了。当两个人手牵手在西路上走时，这是在向山谷里的农人暗示："我们已是公开的恋人了。"如果订了婚，更可以公开串门。只是婚礼在即才走个形式，在仪式上像是很生疏的样子。传统婚礼形式既然根深蒂固，那是有其存在的必要。媒人虽不像过去那样能安排年轻人的命运，但他（她）们有在族际间履行传递信息和斡旋的职能，故"媒人"的角色尚不会消失。

"比邻而居的少男少女常在一起劳动，以前只帮农活，现在银耳副业好几道程序都须互相帮助。相识的机会多，但不会乱，因为人人明白谁是哪姓、哪房、哪家。"昌武的父亲尚丁说。

"现在打破男女界限（传统上'男女授受不亲'），首先是年轻人愿意在熟识的邻人中找朋友。近年来邻村之间的婚姻比例反倒增加了。"小谢补充道。

"以前订了婚要两年才办婚礼，现在订了婚就串门，玉田的房子大，房间也多，出事不体面啊！"老人谢余仁认为现在年轻人不守礼法。

"的确订婚后怀孕的多了，两年可等不了，"谢丰营说，"所以这两年玉田新民谣是：'订婚连挑饼，结婚连生子。'"

我听后不觉一愣，民谣真是刻画得逼真，来得快呀。"那么订婚后多久结婚呢？"我问。

"最快8天，两三个月、四五个月的也不少，订完婚马上筹办，做礼饼了。"小谢回答。

"还有更夸张的民谚：'即讲即成，即抬即走。'"风水先生黄友兴这时走进来跟上一句话。他刚卖香菇从外地回来。其实他不过是一个普通的农人，写得一手好字，熟悉朱子家礼、婚丧仪式以及风水理论。对他而言，生辰八字合婚更是容易。他还是个道地的男媒人。每逢秋后冬闲，他可是大忙人。玉田县内外方圆数十里的农人都请他写

字、合婚、看风水、主持婚礼丧礼。他的确是儒学理念（还有道家思想）和民俗文化连接的重要中介。（见第十五章）

“如果你发现生辰八字犯冲，你会给恋人拆台吗?”我趁机问他，而且很尖锐。

“实际是父母喜欢看合婚，合婚顺利，族人家人就充满喜气。真的遇到犯冲，但你又知道这一对恋人如胶似漆（他使用农人不常用的成语），你能忍心吗? 那就找些折中的话弥补一下，就皆大欢喜了。”

友兴的作用多多少少有些变化，是借古老的形式来为新婚者增添希望和信心。

“怎么送礼饼，送多少呢?”我转回婚礼的话题，而且友兴经验多。

“男方挑到女家。礼饼300至400斤。礼金600元。轿价260元（现改为小汽车或自行车），‘开剪费’（新娘服装费）500元，自动日历手表和24K金戒指，项链500至1000元，再加上开销很大的家具，婚宴（十几桌者常见），七七八八的，新郎一般总要有4000至6000元才能结婚呀!”

“女方陪嫁呢?”

“也要几千块（有的男方家送2000至3000元给女方），生女孩子就是得亏本，人得走，又丢陪嫁。”这大概也是农业社会不愿生女孩的重要原因之一了。

那圆圆的礼饼，并不能说很好吃，实际上是一种礼的象征。新郎家婚前挑礼饼给女家，也不都是新娘之父一人吃，何况足有400斤之多。我有幸看到幕后礼饼的分配原则是由传统文化理念决定的。物质（礼饼）本身的数量和价值高低也都依从于房分的文化原则。

玉珠的父亲仁佛一下子收了400斤礼饼，分配是一种不问自明的知识：

1. 新娘的伯叔各15斤
2. 新娘的母舅各15斤
3. 新娘的爷爷和叔公各10斤

4. 新娘的父亲的堂兄弟各5斤
5. 新娘的堂姐堂妹各5斤
6. 新娘曾祖父的后辈诸堂兄弟姐妹各5斤

如果房分内人丁少，这一原则有时也扩展到同祖墓所辖的其他堂兄弟房分中去。

这种分配的顺序和多寡除了显示母舅地位（姻亲关系）重要外（“母舅是母亲的脸”——玉田谚语），其余分配表现房分的原则和辈分差等。表面上看女儿结婚似乎只是小家的事，但婚俗中礼饼分配传统表达的是整个大公（曾祖父）或祖父后辈诸房分共同的事。礼饼分配应是这一被世代重复认同的房分原则的象征之一。

女儿出嫁要办酒席，请客范围一如礼饼分配范围，并加上祖墓其他房分代表。一般来讲，新娘从一个族群嫁到另一个族群前，陪嫁来自同房人（涉及必要的姻亲）送厚礼：

新娘的爷爷、叔公	洗衣机
新娘的父亲、伯叔	落地扇
新娘的大排行（堂）兄弟	自行车
新娘的姐夫妹夫	收录机
新娘的姨	电视机
新娘的舅	衣柜等

上述礼物构成新娘陪嫁的主要内容。新娘族人（与母亲的至亲）送厚礼是因新娘将离开本族的道别之意，也是新娘宗姓义务和举足轻重的房分的标志。陈其南在《房与传统中国家族制度》（陈其南，1985，第152页）中，细腻表达了许多深刻见解，然这一说法“女儿之嫁妆只是一种可有可无的馈赠，是父亲可以凭自己意志力加以裁决的处理方式”，似值得商榷。嫁妆不是可有可无的，也不是可多可少的，嫁妆的内容和价值都须合乎地方宗姓约定俗成的礼法，姻亲的族

群认同与房分同样应被注意到，尤其中国人家长的意志也不是孤立存在的，父亲关于女儿的婚礼嫁妆的安排完全受房分原则的制约。房分原则不仅在本宗族内具有亲属制度上和认同上的意义，还有不同宗族之间、不同房派之间的对比的意义。

当小伙子们用绕红绳的青竹竿将洗衣机、自行车、衣柜等浩浩荡荡抬进男家村里时，表现了由物质力量衬托的强大房派和族群力量。酒宴的宾客越多（看桌数，玉珠家请 11 桌，颇为体面），表明族人人丁兴旺，这是由人数众多表现的房派和族群力量。这种文化意识与无意识既然总是和宗姓、房派相关，自然人多势众的强宗强房成了族人身体力行的目的。

颇为不同的是，婚姻一方的新郎方面，同宗同房人甚至兄弟只随份子，一概不送厚礼。只是筹办礼宴和婚仪过程中各环节人力由本家本房人承担。新郎既然要结婚，表明有立业的能力，准备钱财是个人的事。但仔细观察，中国人的习惯，父母总是把儿子的婚事当成自己的事那样给予赞助。农村的成年人聊天时喜欢谈道：“要赚些钱啊，儿子要结婚。”父母给儿子婚礼补贴（一部分或大部分）一直是中国乡村长久保持的文化传统，是中国家族主义的亲子关系继续和依赖意义的一个人类学的重要观察点。父子关系延续的人生过程中，喂养和赡养的交接点，正是在儿子的婚礼这一环节上。新郎要娶外族之人成家立业，当不得使本族人丢脸。“族谱上的自家人”（同宗同房之意）出点力气就可堂而皇之地坐在宴会桌上足吃足喝，还要收新娘的红包。这暗喻是：这小子有今天（娶妻立家业）全靠我们族人的养育和支持。因此乡里人结婚是同宗同房人的盛典，然而的确真正是父子二人借此婚仪为族人争光，所以男子结婚数千元的经济重压实际是落在结婚男子和他的父亲身上，而不像女儿出嫁实际是同房近亲共同支付陪嫁花销。

近年来黄村山谷内银耳、香菇赚钱多，凡培育者家族都较富裕，婚礼花费已能支撑（比单一务农者好得多），不像 20 世纪 50 年代以前，30 岁以上未婚男人比例颇大。农人生活一旦富裕，传统多子观念和大家族便易付诸实行，助长了早婚风气。昌武妻只有17岁，属乡间早婚者，可见在乡土社会的结构没有根本变化之前，富裕生活助长早婚现象的同时，也减少了代际年龄差，增大了大家族生活方式的机会。这就是山谷黄村农人履行通俗儒学意识的当代实践。

新郎家祖父或父辈以下同房人以及兄弟姐妹出力不出钱（不付重礼只随份子），而其配偶（房内外来者）如姐夫妹夫要送厚礼（贺礼一百至数百元，见面礼随份子15元），其意义在于表达外族和新郎本族之间的特殊关系和礼遇，以及对其卷入族群（生活）的巨大支持。故中国人婚礼送礼和礼物分配表现了鲜明的族群关系原则、族群认同原则、宗族和房分原则。

新娘离开父母家之前，推说要稍等一下，抬嫁妆的队伍只好等在小溪边。这时，在一房间内两族代表正在争“轿价”，其实通过媒人早已定价，但礼俗形式与程序是不可少的。另一间房（闺房）边，嫂嫂来和玉珠道别。我看到玉珠扑通一声跪在嫂嫂面前失声哭泣。我边拍照边与一位农人聊天。

“你看，新娘子真伤心？”

“伤心是伤心，见到新郎就兴奋了。”

“怎么，哭的调子还有变化？”

“是，少女要学哭，因为婚礼、葬礼上哭法不一样，你们听不出。”

这是我从农人那里听到的最重要的一个回答，即哭的不同形式有不同的象征意义，代代流传。在婚礼上，新娘哭的艺术表达得越真切，越令家人在众人面前感到体面，出嫁时会哭，是“孝女”的一大标志。新娘嫂嫂也泪流不停地说唱，安慰玉珠，围观的乡人男女仅仅是注视着这一动人场面，等待新娘出行。这是文化模塑的最相宜的场合，也说明中国人文化行为的解释须相当慎重。（请对比一本论文集中对相似问题的观察解释，Martin 1988，pp. 164—180）

几乎每个村里都有几名善背唱《闺女出阁词》和《洞房诗》的，不重音色，只重背诵流利和体味唱词。黄村李幼娥、玉英花唱的《闺女出阁词》手法类似中国云南爱尼人的人生过程叙事诗（1983

年，作者云南调查录音），从春耕唱到秋收，从田制唱到生活习俗，那玉田方言和着地方曲调，不绝于耳：

…… ……

六把米头撒栋梁，南斗连生紫竹来，三年乳哺功劳大，我弟孝敬爷共娘。

七把米头撒栋梁，天伦父母养育亲，孟春哭竹行孝道，王祥求鲤卧寒冰。

八把米头撒车房，紫衣同来千万房，人心应愿添财喜，九世同居家不分。

…… ……

十一把米头撒门楣，哥嫂白发共齐唱，但愿富贵多生子，有日金榜耀门楣。

…… ……

十三把米头撒眉分，希望我弟早春风，乡亲邻里共叔伯，五百年前共一家。

…… ……

十五把米头撒花屏，孔子四书不负人，三年也出两宰相，茅楼厝子出孔明。

这六句七言唱段点破民间颂扬的生活方式与目的。头两句直接唱颂儒家孝道，引述《二十四孝》实例。第二句宣扬累世不分居的大家族主义，因此便有第四句希望家家多男的鼓励。第五句强调宗姓认同和房分原则，而家族主义推崇的读书做官成就最终是为了荫福乡里，强大宗族的愿望每每在婚礼场合向农人家族施教。

新娘的舅舅等新娘换上新衣（将旧衣扔在闺房），就悬空背起她走出厅堂，不让新娘双脚沾旧居的地面，意为嫁出一个全新的、纯洁的、无晦气的姑娘。

桥边的送亲队伍早就等急了，以为新娘端架子。一把花尼龙伞遮住新娘，随着队伍朝林洋走去，沿路乡亲围观左右，评论着新娘的相貌和嫁妆。那尼龙伞是护佑生命的含义。

这刚刚开放的传统乡村世界，尽管有不间断的新意识形态说教的熏陶，相比之下，还是千百年民俗教育的力量大。我边走边拍照，指示器表明需要闪光灯，是暮色已临。从来新娘都不能太早到夫家，否则乡村舆论认为这新娘太性急了。实际上这仍是中国最早的诗歌《诗经》中“宴尔新昏”（《诗经·邶风·谷风》）以及“婚，昏时成礼也”（《释名》）古俗的孑遗。我置身于婚礼的民俗生活中，深感中国农业社会的思维与行为的本质仍没有想象的那么多变化。社会政治和民俗生活的音调很是不同呀！

路上仁兴告诉我，玉珠的婚事同在一个小山谷里，很近很方便，而多数乡村婚礼男家女家不会这么近，有时送亲队伍要走几个小时路。由于乡村婚礼多在冬闲，春节期间婚礼丛集，故两个送亲队伍相遇的机会很多（山区乡村干道少）。这里的习俗是若两支不同送亲队伍相遇，两个面对面的新娘必从身上掏出准备好的谷子、黄豆、小麦粒、芝麻一类迅速掷向对方（有时杂以形式上的对骂），送亲的领队人要及时地抢先将队伍向山坡上领，在高处绕过对方送亲队伍（这时不讲礼让，民俗化了的形式），谁的队伍抢在上方，象征这一族人、房派好运，更表现乡里乡外不同宗姓房派的强族意识。

透过新郎家迎亲的鞭炮、烟雾，映入眼帘的是数百年流传的新婚对联“百年歌好合，五世卜其昌”。在昌武家悬挂的大约50条联语中只有两条是涉及当代政治生活的，而民俗类、宗姓文化类占绝大部分。上述最大最醒目的对联集中于颂扬愉快人生、人丁兴旺和大家族主义。这和新娘家厅堂高唱的《闺女出阁词》反映的同宗、房分、孝心、不分家的教诲如出一辙。

在新郎家的洞房里我拍摄了传世的“灿斗”，安放在床边是为保佑新婚夫妇。一位小男孩被领到一新木质恭桶前，一开盖内有蛋、钱、玉米花、大米花，男孩遵嘱要伸手拿走这些东西，再痛痛快快在里面尿第一次尿，这表示这家先生男孩，人们仍相信生男孩能壮大这一房人，这和半个世纪以前金翼之家的婚俗别无二致。

近年来西方电影录像带渐多，接吻镜头随处可见，但中国乡间仍羞于当众接吻，所以昌武、玉珠拜天地、拜祖先、拜父母之后不会有互吻的安排，但增加了一个吃糖仪式，即新郎、新娘要当众咬住一块用线绳牵引的奶油糖块，当新娘用嘴试图接近新郎嘴边衔的糖（一般须几次方能咬住），几乎如接吻一般，我发现特别引起中老年人前仰后合的大笑，因为在老一辈的婚仪中从未有过。这是将中国人不习惯的公开示爱的场景婉转地推在公众面前的新设计。这一安排在大陆南北方极为普遍，说明表达男女关系的文化禁锢松弛了许多。

然而如同把城市里生产的电视机、洗衣机运到乡村一样，这并没有能从骨子里改变人们的人生哲学与文化理念，即使形式上和物质上改变了一些。因为大部分乡村地区的科技、工艺、商品流通、教育水准尚十分落后，人们思维和行为中表现的文化理念依然有强大生命力。在乡村民俗节日、婚丧礼仪中，人们只欣赏自己的人生哲学和生活方式，特别是宗家主义、强大房派意识和大家族主义。外界附加的经常变动的政治理论和说教并没有在乡民日常生活中扎根，而是如在耳边飘拂而过的一阵阵风。

五、从房到宗族——一个引申的讨论

房是什么？房是中国人亲属关系系谱概念之一。自战国（公元前475—前221）后行遗产诸子均分制2000余年沿袭未改。如《明律》规定："分析家财田产，不问妻妾婢主，止依子均分。"（《明会典》，卷十九，《户部·户口》）对父亲而言，诸子分立即是中国人分房的道理，每个儿子自成一房，严格行父系原则，因此实际中国人的分房观念来自宗祧原则，强调继嗣的父子关系（Descent，father-son-filiation）。《明律》说的是财产均分至各房之事，不过表现了分房原则的具体实施。

金翼之家黄东林（F）有4个儿子（G）（H）（I）（J），即为4房（参见图10－1），是相对于（F）而言。即使到了20世纪80年代，

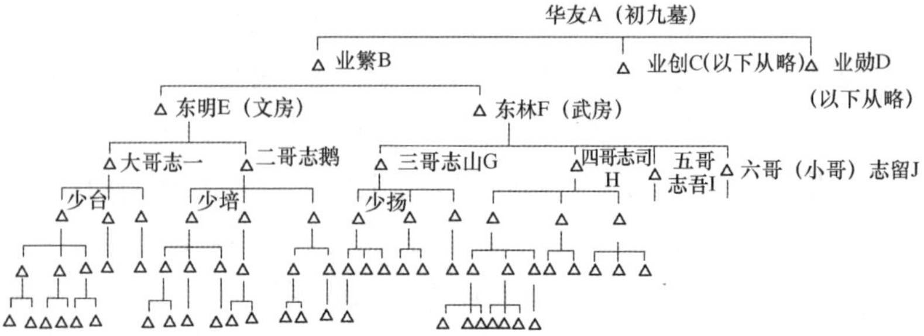

图 10－1

黄村人一提这 4 房人，只是说志吾（I）一房早已绝嗣不在了，志留（J）一房远迁北京单传一子，而志山（G）、志司（H）虽已过世，农人仍说这两房人丁兴旺，已繁衍至第 3、4 代了。这表明：1. 诸子房派对其父关系的固定性；2. 父及其以下各房人的代际连锁性和扩充性。(G)(H)(J) 后人［(I) 绝嗣］均祭（F），(G)(H) 两房留在家乡逢时行墓祭，(J) 远离祖国和家乡，曾写一部《金翼》献给（F），这均是宗祧观念的不同表现。若就东林（F）向上辈业繁（B）而论，业繁以下还有东明（E）一房，(E)(F) 两房相对于（B）（初十墓，房派象征），若再向上推及华友（A）（初九墓），初九墓以下共有房派三：业繁（B）、业创（C）和业勋（D）。若再向上推及黄村第一代祖培茂，他相对于德化原籍的黄姓父辈也可称为一房。所以房是子对父称一房，而且该子之各代男性后裔及其妻均属同一房，可见房有很大的代际包容性。

然而不同的情况是，培茂始祖一房远离祖籍，在黄村山谷拓荒立足已有 13 代族众，他们恪守尊祖敬宗、三纲理念，根据宗祧原则形成附着在一定地域上的同宗血缘共同体，培茂初一墓成了族群思想认同的象征。数百年来通过修谱、订族规、建祠和置族产，健全了组织制度，故在习惯上（无论是在民俗生活中，还是在学术分类上），黄村共同体可称为一个宗族和宗族组织（中国式宗族，本书一概借用 lineage 一词），已不用强调其曾为一房含义。再说，黄村始迁祖培茂平辈的其他房已无从查考，失去了同培茂平辈房派之对比性。中国宗族树系分衍的自然趋势造就了宗谱片断称谓的相对性，其既有时间的相对性，又有空间的相对性。培茂刚好处在原宗族树系的分叉处，培茂从原籍分出，渐渐在黄村山谷繁衍成颇大族众，且血缘、意识与组织制度已自成体系。尽管昔日房的概念犹存，但实际金翼黄村共同体已从具有对比意义的房派达到一个缓慢形成的宗族共同体和宗族组织的含义了。

民间的房同时也是学术意义上的房，二者是一致的。儿辈男性（一子或多子）对其父而言为房（一房或几房），这是房的最小范畴。房作为一个亲属团体的范畴，因亲属制度与族群认同原则的规定，在不同情势与条件下可以收缩或伸延，所以就谱系概念而言，无论任何世代的某男子和他的全部男性后裔及其妻的父系继嗣群体均可称房。然而考虑到时间与空间因素，中国大陆多见的附着于某地域上，有案可查的始迁祖（多世代之顶端）及其男性后裔及其妻的父系继嗣群体的房派常称为宗族，或形成宗族组织。

对中国乡土社区和宗族、房的断面的考察不应忽视史料的、理念的多方面知识，并切忌单纯对乡村社区做功能的研究，以及机械地远离主题寻找宗族生活的要旨（如推测祖先对后代是仁慈的，还是惩罚性的）分析。中国宗族发展的历史过程（包括修谱、建祠、组织等）有复杂的理念与政治背景，不了解这一背景而孤立地做乡村田野观察是难于发现其本质的，必须从深厚的理念与制度文化上考察中国宗族，其差别大概可与非洲土著世系群研究加以对比。

中国的宗族制，实际是中国古代宗法制的实施，宗法制是中国以血缘关系、父系继嗣、大宗小宗为基础，设长幼尊卑人伦关系的伦理体制。宗子制废后，以尊祖敬宗为中心的人伦制度与宗家理念一直贯彻和影响至近现代中国。

隋唐以前世族地主、门阀地主发展成的宗法宗族制门第性仍很强，因为谱牒和官吏的遴选相关。及至唐代科举兴，门第作用削弱，中小地主和农民有了一条入仕的途径。身份性地主世家及其谱牒既废，国家遂放弃对谱牒编纂的干预。实际上至宋时已私谱盛行。明清私谱与宗祠宗族的普及应有多方面的人文观察：

宗法哲学（理学）：朱熹说："凡生于天地之间者，又各得之以为姓。其张之为三纲，其纪之为五常。盖皆此理之流行，无所适而不在。"（《读大纪》）这是把理学与宗法生活联系的实践的哲学。

政治目的："要管摄天下人心，收宗族，厚风俗，使人不忘本"，须"明谱系世族与立宗子法"。"宗法若立，则人人自知来处，朝廷大有所益……公卿各保其家，忠义岂有不立？忠义既立，朝廷之本岂有不固？"（张载《经学理窟·宗法篇》）道出明谱系宗法与稳固王朝、社会的关联。

上下层文化疏导：宗法理学和政治哲学嵌入民间社会生活之中，表现为理学与家礼、族规相关联。主要形式的普及有建祠、修谱、立祖训家训、读经和乡约等。如祠堂既有族群认同意义，又有具体的组织功能；族谱中祖训家规多为通俗儒学要义，浅显上口，教化效果明显。乡校读约是朱熹的发明，教忠、教孝、修身的理念得以经常宣教。

血缘关系松弛的社会表现：（1）宋明学者已看到商品货币经济影响族体原则的社会趋势。他们担心社会上的"骨肉无统"（张载《张子全书》卷四《宗法》）和民心益离而愈散（方孝孺《逊志斋集》，卷一，《宗仪》《睦族》），多类地方志也记录了父子别异而居的事实。（2）明律开始改变唐律的一些法律条文，对家族伦理之罪的处罚减轻了（《唐明律合编》，卷十二、卷二十四）。以族人租佃关系而论，明初制订律例，删除关于佃农对地主的条例。在法律面前，双方开始以对等的关系出现。（李文治，1988 年）宗法等级制关系松弛了。

对策与回应：强化伦理说教是要义之一。同时普及建祠（宗祠）、修谱、提留祭田、济贫救助、设义田、订族规，以及倡导"同居共爨"不分居等。这是明代前后中国基层社会呈现政治与意识形态控制 descent groups（宗族、家族等）存在与演变状态的现象，即："人们宗法血缘思想趋向淡薄的同时，家族制的组织形式反而更加完备了。"（李文治，1988，第 59 页）

宗族制度强化：政治家的目的是敬宗收族，防止宗族血缘制松懈，稳定社稷和基层社会。嘉靖十九年（1536）礼部尚书夏言上疏建议改制，此后庶民被允许建宗祠家庙和祭奠远祖（夏言《桂州文集》，卷十一），这样宗族与祠堂制度大为推广，成为宋明以来中国宗族制度过程的突出变化。因此任何学者都很难仅就一个具体的乡村社会宗族形成及其制度直接做出判断。中国人的事情与外在社会的价值原则有差别，也与部落社会有差别，其思维、哲学、政治措施不仅互相结合而混生，且惯于以教育的手段推动其进入基层民众生活之中，故看得出以伦常和教育的手段以期达到某种政治的目的与效果的现象，古今一脉相承。中国政治理念常凌驾于经济、物质原则之上，如不联系深厚的文化理念背景则不易体悟中国固有的文化特征。

乡村社区的适应与整合：明清以来宗庙涵盖的范围愈发广大。乡村农人对远祖的追祭又扩大了族众的联系，分家分房之时族产祭田（共有经济成分）的提留（祭祖与族人救助），强化了宗族组织的物质基础、同宗依附的感情并稳固了社区道德与秩序。在建祠、修谱、敬宗收族的同时，订族规族约以约束农人在宗谱中的本分，寻求衰落的血缘共同体的巩固之道。农民则不懂哲学家、政治家将高层文化的政治与意识如此有条不紊地推进至民间社区生活之中的意图。然而宗姓理念、宗族体制是与小农经济合拍的，农人在商业不发达的乡土社会中只关注神明的、祖先的、宗族（家族）与房分的、人生的、后代的、命运的和道德的解释。儒家理念（还有部分道家、佛家理念与世界观）提供了这些解释，尤其是规劝性的宗族理念、如泣如诉的孝悌故事使中国人在数千年间造就了敬宗敬祖友爱孝悌的伦理精神，这一伦理精神并融合于乡土社会生活与民俗之中。在小农经济条件下，宗姓、房派和家族诸血缘亲属集团中的孝顺和睦的传统、人伦道德说教与宗族组织规则相辅相成，加强了血缘性族群社区的稳定性。

宗族组织的近现代变迁：尊祖报本的儒家理念是先在的。中国人迁居繁衍后，祭祖为第一要义。人口与生计的成功才能使家族壮大、房之分化，随之宗族壮大，到一定阶段形成组织并扩充组织功能。地方性宗族差异是存在的，例如北京大兴县留民营人为明洪武年间（1368—1398）移民，其周边大独姓村已立宗族组织，但留民营为三姓联合村，各姓居址分别聚合，然而人口较少（每姓仅十余户），故同姓无完备的组织，只有少许祭田，为清明节祭祖、“清明聚餐会”和修墓用金。20 世纪 40 年代李姓清明会组织一直保持，而孟姓因生计凋敝最终放弃了清明会组织而改由各户分别祭始迁祖（庄孔韶、张小军，1984，第 21—22 页），这是保持以首要的尊祖要义的清明会组织为特征的同姓共同体。李、孟姓清明会的不同发展，表明物质力量仅仅影响了祭祖的形式，而祭祖的原则并无变化。

金翼黄村宗族起初不用说没有祭田，连族人也只是租外村地主的地，也没有祠堂组织。人们一直用坚韧的精神勤勉劳动以立足乡里。祭祖是以共同礼仪与分担费用进行的，但不存在族田、族产的 descent groups，仍不妨碍形成一个分担与分享相结合的宗族组织。真正的族群聚合与组织起来的力量在于一有可能便发展为大族的共同理想。到 20 世纪 30 年代黄氏已获得永佃权，祭田提留已先行固定下来，人口已达 400 余人，物质也聚集起来，这时黄氏已有祠堂会议，下有两大分支，但尚无房组织。这一发展过程表明宗族共同体或宗族组织总是在景况好转或发展了的情况下用物质力量来巩固自己，认同与象征主义的仪式得到加强，同时也以完善制度与理念说教来堵塞族群中的离析力量。义序黄氏宗族远大于金翼黄氏，1935 年时人口已达近万人，拥有大量族田，下分 15 房，且有两大强房立有支祠和组织。然而“黄氏宗祠创立之初，未有祭田，每年祭祀、公共事业皆由各房分配负担”。（林耀华，1935，第 52 页）显然，这是类同的宗族过程。儒学及其宗族制度形式在民间实施有时间与空间差异以及形式与功能上的不同，因此土地并不是首要的聚合因素。有组织的、自组织的和无组织的宗族都有其存在的地方适应性特点。留民营、金翼和义序三个地方，descent groups 便处于不同的发展水准上，但共同恪守祭祖报本要义。林耀华教授曾以功能主义剖析义序宗族组织，尽管特别强调族产、族田之宗族成分，并成为 Freedman 宗族说的根据之一（Freedman，1958，pp. 33 –40），然而这是20世纪30年代林先生把中国社区分析纳入当时流行的西人功能说构架中的必然安排，是西为中用的尝试。其实他在《从人类学的观点考察中国宗族乡村》（林耀华，1936，第125页）以外的论文（林耀华，1934）和他的长篇论著《义序宗族的研究》中一再阐述其祭祖先在的理念意义。（林耀华，1935，第51—53页、第64页）如他曾摘录起初义序黄氏宗族无祭产时（雍正十二年）《宗祠志》表达的族人心境之压力，哀叹："祭田未备，不胜惶愧，当与吾族之尊祖敬宗者共廑于怀也。"只是后来宗族才渐渐完成了走向族田、族产、制度等职能多元的宗族组织。

现代社会宗族（房）的位置：1949年革命以及阶级关系代替宗姓关系的努力一度取得了很大成效，宗族组织在政治压力下完全废止。无论是单一宗族地方势力，还是军绅宗族联合势力都受到了沉重打击。然而在被认为可依靠、团结的阶级阵营内仍然不能无视潜在的宗姓的传统势力与意识形态。如土改中唯一向宗族势力妥协的政策即是族田仍在原族姓农人中均分，一般不逾出同姓范围。此外，南下干部为了在地方立足，也不得不考虑与地方大姓的关系。

在20世纪50年代，亲族原则在阶级划分工作中一直是一个极为棘手的问题，为了有利于自身的阶级归属与划分，族群认同的辈分、房分原则仍是化解阶级原则的有力工具。尤其在社会变迁中，阶级、阶层划分的根据总是与经济状况变化相关，然而只要乡土社会仍是传统的、不流动的，中国人宗姓与房分的原则就不会改变。例如在土改、合作化和人民公社时期只有生产关系的快速变换，却没有市场经济的推动。科技虽有长足进步，但乡村劳力众多，以及城乡隔离状况使小农经济没有机会吸收最先进的农业科技与动力机械，因此半封闭的乡土社会的人口哲学和社区发展图式没有根本的变革。一旦阶级的路线和多变的农村政策失利以及思想教育失去吸引力，而此时又没有新兴的意识形态代替，传统文化中的宗族主义和融合其要旨的民间信仰经文与民俗生活就会重新填补了乡民思维与枯燥生活的空缺，那种为社区的而非家族、宗族的公益精神难于产生。

在那些还没有向市场经济敞开大门的乡村，农民在他们的生活中“复兴”和再度强化了宗族和房分原则；在那些已向市场经济敞开大门而学校教育尚未普及、农人的思想还没有融入一个公益的世界观体系的乡村，宗族与家族主义传统也不会一时中止，家族兴旺和宗族势众的强族意识与合作行为在民间仍得到推崇。

那么，当代中国乡土社会过程与1949年以前以及20世纪50至70年代相比，所融入的社会与文化要素有变化吗？应该说不能忽视如下四要素。

1. 宗族共同体认同与家族意识。在旧日宗族发达地区，祠堂组织被视为族权与阶级压迫的工具，早已被革除。但一度受到压抑的宗族意识现在再度复兴，物质财富的增长有时还强化了一些地方宗姓集团的认同性。宗族自组织活动虽然不显著，但已有所发现。如今，黄村黄姓宗族共同体仍是实际存在的，尽管没有组织形式，但在同邻村发生领土之争时，该族群意识表现十分强烈。房分原则与宗族不同，它一直被偏于理解为非政治的，仅仅是属于乡村亲属制和民间风俗之列，而且真正生活中的强房组织远远少于宗族组织，故房分原则一直在民俗生活中作为礼俗实施的尺度而存在着。在以家庭为单位的生产责任制之后，我们看到无论传统上宗族是否发达的地区，从经济、礼俗和意识上，家族主义精神均得到强化，这是不难理解的。一般来讲，当今大陆中国人的基层社区重心是家族，而不是宗族（组织），这样，以家族形态为中心的 descent groups（含宗族、房等）研究十分重要。

2. 地方主义。这是指省、地区、县、镇、村不同层级意识上的。在计划经济与市场经济开始交错的时代，地方利益（包括宗族共同体利益）肯定会影响在40年间建立的社会体制的运作。例如黄村黄姓族群利益与村社区公共利益并非总是重合的。

3. 宗教信仰和大众文化。一方面，乡村政治运动消失和儒家刻板的礼制弱化（如对青年男女社交的限制），一方面宗教信仰、民俗活动和家族主义有了相当发展，其卷入人数相当之多。随传播媒体（电视、录像、广播）和深入乡间，传统乡村大众文化和外来大众文化

(如通俗歌曲)呈现多样性,这是以往未曾有过的。只是民间信仰、宗族家族文化和现代科学与教育的关系一直没有得到良好的整合。

4. 乡村新经商网链和商人阶层出现。福建人合作经商承继了同姓、同宗、同乡和辈分认同的地方风习,外省城市中又出现了不挂牌的同乡会自组织团体,以在外省便于互助。福建人不仅重利润的原则,还善于利用同族同乡的认同文化精神促进利润的获得。

这四点成为中国当代农村突显出来的四大社会要素,而十几年前除了政治的原则和重农主义外,前三大要素均受到压抑,而第四要素尚未出生。

今日黄村社区虽说农本的传统仍影响着这两代人,政治的影响则十分微弱了。前不久,我得知黄村民俗专家(擅婚丧仪式、看风水、合婚,通儒家理法,亦商亦农,非党员,黄姓族人)黄友兴新当选为村长,这一事表明黄村生活准则的一个变化。你可以看到他本人生活方式与上述四大要素的关系有多么密切。但他真的能协调好宗族内外、村庄内外关系而得到村民的普遍认可吗?他仍然是如 Helen F. Siu 所说的 agent 和 victim 的地位吗?(Siu,1989)这只有做耐心的新的观察了。

六、自我实现与强族意识

中国人个性没有纯粹独立的发展选择,它必须依赖从家族到宗族的社会网络,这是消极的一面。但积极的一面是,中国人个性发展是需要家族支持为前提的,而族群之强大是自我实现的重要基础,这才是大家族、强房强(宗)族建立的理念意义。

杜维明说:"我们知道,只有超越以自我为中心的狭隘的世界观,我们才能真正领悟到人性中固有的普遍天意。我们之所以绝对认真地看待各种对待关系——正是由于它们通过某些具体方式而有助于我们以象征性内容来充实我们的内在源泉。因此孝、悌、信等品质都是精神发展的组成部分,正是在这种意义上,儒家之自我乃是需要他人参与的。”（Tu，1985，p. 248）我们看到在黄村的婚礼或是丧礼场合以及许多民俗场合中，每个村民都有机会在某些时间与空间处于社会关系中被他人注意的地位，并履行其相当的本分，从而世世代代的中国人保持了推崇社会的人的文化传统。当千百村民围拢着昌武和玉珠时，你会体验到正是生活中相关的 descent groups 层层网络支撑着这对新人的婚仪，注视着他们的未来。《洞房诗》是对着新郎、新娘吟唱的，唱词既鼓励家族主义和房的力量，又盼着他们从这个社会网络中出人头地中举当官（中国英雄楷模之一）。这无疑反映出村民通过参加普遍的民俗生活，表达对族群他人自我实现的支持。

然而另一面，中国人宗族群体、房派的集体认同与集体自我也反过来受每个人支持。当 20 世纪 80 年代初黄村小姓张姓的墓碑对准了黄姓宗祠时，惹得黄村黄姓跑来兴师问罪，张姓便哑然退却了（人力太悬殊了）。当 1985 年黄姓十五墓（房派）碑在修路时破损并准备搬迁时，十五墓房派下议论纷纷，一致要求赔偿和停止搬祖墓。1988 年黄村和皇口黄、汤两姓族人为山林、林地交手争执一直打到法庭，连法官都感到棘手异常。这均是宗姓集体认同精神极端化的强房概念的表现。这种情况下，是非原则并不起决定作用。

的确，中国人“其自我的基本力量是从传统文化意识所既定的有意义的他人之关系当中获得的”（Chu，1985，p. 260），因此每个人都不是独立的。在社区历史及生活经历中，人们总是力求寻找一种坚实有力的社会关系与团体做依赖。家庭及其父母兄弟是一种自我与安全的庇护所和庇护人（中国大城市无宗族，人们仍受传统影响首先把家庭作为自我与安全的归宿），乡土中国的房派和宗族是人们寻求的更大意义上的庇护所。中国人受文化制度、亲属认同原则、儒家传统理念左右而首先选择血缘宗姓团体作为自我依赖的巢穴，宗姓不发达地区则更多依靠家庭和房的 descent groups。中国人自我实现正是以家为中心，然后推及房派、宗族、国、天下一伦一伦的依赖的社会网络之上的。（余英时，1987，第 30 页）

中国人的自我实现与宗族集体的认同精神（集体意志之实现）

需要互相依赖。保持宗族制度及其理念是族群和个人整合的最重要基础。世代父子宗祧传承的这一中国人家族与宗族文化价值的思想为哲学家所发明、政治家所强化、教育家和乡土文人传播，并最终由农人（甚至所有中国人）所实践，从而成为中国人及其族群的精神支柱与行为准则。为此，没有理由把功能性要素放在宗族研究的决定性地位上，例如强调宗族领土控制和权力控制具有制约性。

世界上的一个类同现象是，当一个族群生活在某地域时，或早或晚总会发生人口、领土与生态压力问题。当人口稀少，土地广阔时，不同族群的边界模糊。一旦人口增加，生存压力加强，不充裕的领土才会成为争夺的对象。金翼黄姓起初租种他人土地，山脊另一侧汤姓族人以经商致富，大片土地弃置。20 世纪 30 年代以前，黄、汤两大族姓领土之争鲜见，而 20 世纪 40、50 年代开始的 40 年间，人口增加，开荒种粮和寻求果树林木经济收益，两族人便开始向边界模糊的山岭两侧推进，从而造成“宗姓”领土争执（其实地早已归属国家，但族人仍记住旧日宗族之间的地界，无主地和归属不明土地地名）。由此可见，荒野上的部落社会领土欲问题，与历史悠久的汉族黄、汤姓宗族土地之争的基本成因有相当的近似之处。这可以说明领土控制并非一定是宗族形成的首要的和决定性的因素，它仅仅是一个派生问题。生育成大族是前奏，然后才是土地短缺问题。然而一旦成为生计攸关之事，宗族领土控制才变成众所瞩目的经常提到的问题。尤其在中国多数地区，土地短缺是常态，但不一定是原生态，正因此领土才经常在讨论中被置于关键的功能性地位。

另外，宗族族长的权力一般认为有生杀予夺之权，但实际上宗族族长必须善于履行宗族原则，他的权力是有条件的，任何人控制宗族的权力都是有条件的，受儒家理念与规范的约束。历史上的宗祠会议便具有以宗族理念原则协调、判别事务的职能。前述族田族产族规的设置有特定的历史与政治背景，是巩固宗族制度在物质上与规范上的基础行为。中国大陆多见的以始迁祖为顶端的宗族世代发展史，表明控制领土是族政常见的主题，但不是最基本的行为，宗族权力也是有条件的。这与 David Faure 涉及族政的研究结论有所不同（Faure，David，1986）。

然而实际上这不是下面要讨论的要点，我只是要回到原来的题目。当一宗族地区人丁兴旺之后并造成了生态环境变迁，以致达到不同族群不得不相遇和冲突的条件下，宗族理念便支持一种控制领土、膨胀族长权力的强族的思维与行为，这种思维与行为的历史持久性有时并不受政权意识形态的变化所左右。因为 1949 年革命前后均发生过宗族领土利益之争的类似事件。宗族成员大规模卷入宗族之争，正是每个人对本宗族庇护力的一种心理上和行动上的补偿。狭隘的血缘团体（宗族与房派）抚育了族人的自我，反之，族人之自我又紧密依赖于族群所世代内化的亲属制度准则、传统理念与宗法精神，其世俗的表现之一便是强族行为。这一行为集中表达了每一族人竭力透过对族内外社会关系的关切，从而实现宗族精神的发展并推进中国式自我实现。

七、人类学的中国宗族研究

现在中国宗族的人类学研究，时常落在功能因素分析上，这是因为田野调查是人类学倚重的方面，虽然人们明知是受部落文化研究传统的影响，但从 Redfield 以后，中国田野工作和高层文化关联的研究一直未能得到重视。起初 Freedman 提出共有土地财产、水田稻作、亲族合作生产、边疆社会、自卫族体的因素分析（Freedman，1966），后来人们以田野调查重新检讨他的观点，Pasternak 首先给了 Freedman 的见解以漂亮一击。（Pasternak，1972）这是因为他以地方生计与宗族制度构成之多样性为出发点，即是说，仅凭田野调查的地方多样性便可以反驳若干功能因素在宗族形成中具有制约性地位的观点。其实 Freedman 曾客观地为自己的观点做了铺垫，他告诫要做到中国宗族的圆满解释，必须以全中国为研究对象。（Freedman，1966，p. 158）然而应补充 Freedman 的告诫，以全中国为对象必须改变单纯田野观察的功能性要素分析。显然，专业的脱节，缺少对中国文化关联性认识是对中国社会人类学研究难于深化的根源之一。在田野工作中人类学家有时容易忽略哲学、历史和古代文献精英文化层的知识。有些哲学家的经典分析陷入了咬文嚼字，忽略中国哲学“经世致用”特性（庄孔韶，1987，第39—46页）。如中国人的直觉方式是否可以在大众文化中做实际运作的观察呢？有些历史学家反驳Freedman的宗族观点，并未能超出Pasternak，因为他们查阅史料的选材仍是偏于宗族形成的功能性因素，因此这与人类学功能性田野观察属同类方法论，即没有上升到理念层次，缺少与高层文化的关联。

我们已从20世纪80年代历史学与人类学家的一部论文集里（Ebrey and Watson，1986）看到了一个方法论的过渡状态：史料的功能因素分析和注意向高层文化推及分析二者并存。

黄树民和陈其南都从语意和历史两方面检讨Freedman的宗族理论，黄论及中国的descent groups，族、家、宗、姓诸概念的含义（黄树民，1981，第33—56页），陈论及宗族的范畴与团体（陈其南，1990，第216—217页）。他们引证了法学、历史学的著作（瞿同祖，1972；清水盛光，1947；牧野巽，1980）。陈其南特别把方志资料与人类学相结合，关注历史上“父系继嗣原则及其具体化的宗族组织透过新儒家的教化普及于宗族聚居的地区”的社会濡化过程。（陈其南，第222页）吴燕和换了一个角度做研究，提供了海外中国人团体的例子，以说明“文化战胜环境”的见解。（吴燕和，1985，第131—140页）上述研究从田野工作向上寻找与制度变迁史的关系，以及认识文化先在（我称之为文化意识与无意识）的意义，是十分重要的。至于人类学流行的族群性（ethnicity）和族群认同（identity）的观察是相当有益的，田野工作能提供中国宗族、家族原生性认同和场景要素的第一手材料，从而推进对中国家族主义本质的理解。以田野工作为基础，力求寻找高层与基层、精英与大众文化层思想、制度和行为方式的内在联系，寻找千百年来灌输的传统家族理念和民间家族生活实践的内在联系，属于笔者所谓古今文化关联性的反观法。

根据本章的历史、哲学、政治和田野人类学综合讨论，我认为，中国人古往今来创造了一套独立的亲属制度及其结构，而中国文化哲学的实践又发展了这一套亲属制度。人口再生产和宗祧理念相辅相成，成了中国 descent groups 过程的一个永动的根源。正因为如此，附着于一片地域聚居的宗族和一个宅户或院落里的家族才得以成为由同一原因发展起来的、中国 descent groups 过程中的两大重心。所谓宗族："不过是说明父系继嗣关系，即所谓'宗'所界定出来的群体。这个宗族群体可以是缺乏实际社会功能的人群范畴（category），也可以是带有各种不同功能作用，彼此互动的社会团体（groups）。"（陈其南，第 217 页）然而都不妨碍其昌盛地存在。我们从史料和田野工作中均可以看到大族昌盛的两个直接结果：一个是庞大的宗族族谱，它不仅象征性地也是实际地表达了儒家宗祧理念、人伦礼法的基本出发点；一个是由中国古代原本的亲属制度中发展了大量的人际（亲属）关系称谓，不仅包括父系继嗣团体的，也包括姻亲关系的庞杂的人际称谓（见林耀华制"中国亲属关系称谓详表"，林耀华，1990），其称谓之多世属罕见。这一由亲属称谓连接起来的亲属团体已越来越多地反映出儒家和新儒家思想成功的文化实践。毫无疑问，中国宗族、家族及其谱系、称谓系统已经成了亲属关系生物性和人伦哲学与秩序的结晶。事实是在父子联系原则的族群扩展过程中，因理念的灌输、政治的压力、民俗的融合、思想的内化推动了宗族与家族（组织）的成长。由于环境的适应以及儒学与地方文化的整合才造成地方宗族、家族构成的多样性（郑振满，1991），以及能发现其存在的原生性与场景性要素的共同性与差异。我在本章除了做历史的陈述和理念的说明，也强调了近代以来血缘关系松弛而家族、宗族组织反倒强化的政治的原因，即政治和教育的力量一直是干预和推动农人基层组织和生活方式的有效力量。如果说 20 世纪 40 年代以前金翼山谷黄氏和义序黄氏的宗族组织是较强大的，那么如今其组织形态已消失，宗族组织的强化与废止，中国政治力量都起了重要作用。不过，宗族组织虽然消失了，但其共同体认同仍然存在。它表现为一遇挫折就变通其宗族存在的形式（组织的、自组织的和非组织的），一有机会便寻求其发展为强族的理想，寻求个体、家族、房和宗族族群的自我实现，因此证明中国各类 descent groups 与文化意识、文化无意识的结合是相当牢固的。在这个前提下我们去观察地方宗族、房与家族的构成，不仅可以发现其建立的原因，还可以发现其衰落或复兴的原因和进程，然而已不会仅仅限于 descent groups 存在的单纯的环境与功能因素的分析了。中国的 descent groups 研究完全不应排斥基层文化与高层文化的关联的分析（理念的、历史的、政治的、结构的和功能的），几乎可以说没有透视这种关联便没有关于中国宗姓社会与文化的人类学。

第十一章

家族主题变奏（一）

中国人的家族生活总是和宅户、房分乃至宗族搅在一起，而作为地方亲族树系的端点——家族团体的形式也多有变异，以致人类学、社会学最通用的家族类别术语一应用在中国的土地上，倒不是说不能用，而是说必须配合详细的文化上的解说，甚至有时须创造一两个适于中国家族类别的术语。的确，中国不同地区的家族形式都须加以详细的解说，以分别家族之多元变异。

一、中国大家族地位与特征的一般见解

中国内外，凡对中国历史、社会和文化感兴趣的人都注意到中国人大家族的生活方式，这方面中国人多有自己的体验。家族的大小实在受太多的因素制约，因时因地有所不同，含数字上的和非数字上的内涵之不同。对外国人而言，关于中国大家族的知识和总体印象，一般只是从著名的文学作品（近现代的大家族主题颇多）中获得。如清人曹雪芹的《红楼梦》、赛珍珠的《乐土》和续集《儿子们》（Buck，Pearl S.，1935），张艺谋导演的《大红灯笼高高挂》也有不小的影响，但大量的视觉艺术表现占据了本来就很短的影片时间，难于提供一个多妻大家族更多的生活细部。还是林耀华和马丁·杨（杨懋春）的两部作品《金翼》和《抬头村》（M. C. Yang，1948）以其简朴而细腻的人类学、社会学观察，给研究中国问题的

教授、历届研究生、大学生展示了汉族大家族生活及其关系结构。学者们当然还会从 Olga Lang、Freedman 等著名学者的学术著作中认识中国乡村与家族社会的本质。我认为中国大家族分析既要注意到西方人类学家的观察，又要提供中国人自己的理念与体验，在两者之间建立起一座沟通认识的桥梁。

实际生活表明，那些几代同堂中国大家族生活及其总是伴随着中国史上不间断的动荡年月的家族变故，常常比一般家族有更大的可能性、机会和吸引力被中外作者留意、撰写和表现出来。有的学者，如 Freedman 发现这类大家族的复杂性在某种程度上与较为富裕相关。"我们还看到和不同的社会阶级的关联，在某种程度上说有较高地位的阶级被证明有可能维持一个复杂的家族"（Freedman，1963，p. 237）。赞成中国大家族富有与地位相关的还有贝克。他说："所有中国人的家族在思想上有成就大家族的理想，但对大多数家族来说则很少实现……我们可以说，不是所有富有的家族都是理想的家族，而是所有的理想家族都是富有的。"（Baker，1979，p. 25）Johnson 明确指出："带有儒家规范和较高地位集团的理想家族模式是属地主士绅的数代同堂的大家族。" 只有少数富有家族具有这一模式的全部特征，他并进一步说："事实上，家族结构、规范和习俗有地理上的多样性，并随社会阶级而有差别。"（Johnson，1983，p. 7）

无论是认为大家族属于少数富有者，还是强调传承的儒家理想主义，都说明中国文化研究中，人们对中国大家族现象及其特征的不衰减的研究热情。然而，究竟中国大家族是为主的、还是不为主的争论，不是如投选票一般只需一个简单的 yes 或 no 的问题。中国文化的许多特点都不是由数字支持的简单的 yes 或 no 的争论，而是一种需要加以深刻解释的文化。由于中国传统理念、宗族制度的复杂背景，决定了靠短期调查与仓促问卷分析中国家族制的不足，尤其如果习惯以地区性个案分析去推导出全国性的结论是十分危险的。然而，大家族究竟是什么？这里有解释上和术语上的差异。

二、人类学术语中大家族的概念与范畴与中国人大家族理念实践之不同

人类学、社会学通行的大家族术语主要是联合或组合家族（joint family），扩大家族（extended family）的含义则比较宽泛。然而，该术语早已被人类学词典所限定，这里不赘述。可以看出，中国式的多代同堂大家族，如康坚家“五世同爨，男妇百数十口……一钱尺帛无所私”一类的大家族即是（同治《祈门县志》，卷二十九）。黄村的金翼之家亦是一个不断繁衍壮大与纷争不断的家族。笔者亲自调查的中国云南省山地基诺族大家族（庄孔韶，1984，第151—160页）、哈尼族支系白宏人95人的大家族公社五世同居共爨（庄孔韶，1984，第204—211页），也属组合家族，还有南斯拉夫和保加利亚人的著名的Zadruga和特有的Bratstvo直至俄土战争和第一次世界大战还存在（Kosven，1963；Natan，1955；Бобчев С. С.，1907），均属世界闻名的近现代大家族类别。哈尼、基诺、汉族大家族，以及Zadruga、Bratstvo的报道常有数十人、百余人者，无疑是属于组合家族的较大制式。然而另一端，如黄村也有只有五六人之谱的，代间有缺损，平均寿命低的家族，也可归入组合家族的范畴，这是很小的大家族尺寸。这样，根据人类学术语范畴做的大家族比例统计的解释，不仅涉及传统文化理念、区域风习，也涉及不同社区生态与经济条件、家族组织方式，不同的平均寿命与卫生医疗条件、不同男女性比条件、不同地方制约因素的大家族实况。因此，不同地区内，大家族占百分比或许接近，但家的尺寸及其内涵可能相差很多。同样，在相同地区的不同时代，大家族尺寸的变化又会有各种可以解释的原因。再者，中国的社会进程与人的思维观念中，理想大家族的制式也会有相应的变化蓝图。所以针对大家族的统计结果应有足够的背景与内涵的深入说明，而并非只是学术界两派或几派意见之简单对垒所能解决的。可以肯定，中国人心目中的大家族尺寸绝不是人类学术语

联合家族规定的和可能的最小值。在近几十年间，当然也不会是如清代以前地方志中推崇的多世代同居共爨，代代多男，人口济济的家族分子饱满的数十人、百余人甚至人数更多的大家族。人们在思想上既受那种由中国传统文化理念制约，又非常实际地适应环境、经济和社会变迁，选择生活中所允许的和可能实现的家族图式，以及选择他们的人口态度与人口行为。

黄村和闽东乡村民居（楼居）平面配置图深深打上了中国儒家多子多男理念的烙印。它是环境、理想及其实施的可能性相结合的产物。闽东多丘陵，依山而建的二层楼居（四扇三开间）甚为流行。其中前四间房间必处于平地上，左右前后四间固定为长子、次子、三子、幼子的房间（图11－1），表现了儒家人伦的长幼有序原则。二层上同样的四间房间上下对应，依一层长幼子顺序所有。一入民居正中央为大厅，放置祖宗牌位供品。20世纪50至70年代，祖宗牌位多被大幅祖父母照片所代替。后厅有一天井，竖一楼梯可去二层卧房和依次排列的厨房兼饭厅。富人家的天井一侧厢房辟为书房，被认为是朱子书院的影响，表现家族尚学精神。由于幼子后出世，长子先结婚，父母最终是和幼子住在一起。

该民居考虑到闽东一般农人家生育的最大可能性，即如果男女出生的概率各占一半，而男孩的最大生育量4人（即男女共8人），无论生计上或心理上都足矣。父辈所盖民居大体可敷家族后辈之需（房屋平面配置也有重男轻女的意识在内，无女孩固定房间）。由于近现代闽东农村经济凋敝，少有家族能如房屋设计者的愿望人丁兴旺。一些为社会性习俗和生计所限，或房间空荡荡，或男人根本盖不起居室，终身未娶。最近十余年，黄村农人温饱之余，有钱盖新民居，第二代人所盖民居仍恪守四子配制格局，旧居仍不拆除，即使空余房间仍保持不同兄弟的所有权，不得随意占用，倒是为所有者银耳生计（做培养间）找到了利用空间的机会。然而实际上，农人楼居是多子女理念被凝固在住房格局和平面配制上，这不是单纯的环境造成的文化特点，也不仅是富裕了的小农经济的原因，这是中国传统文

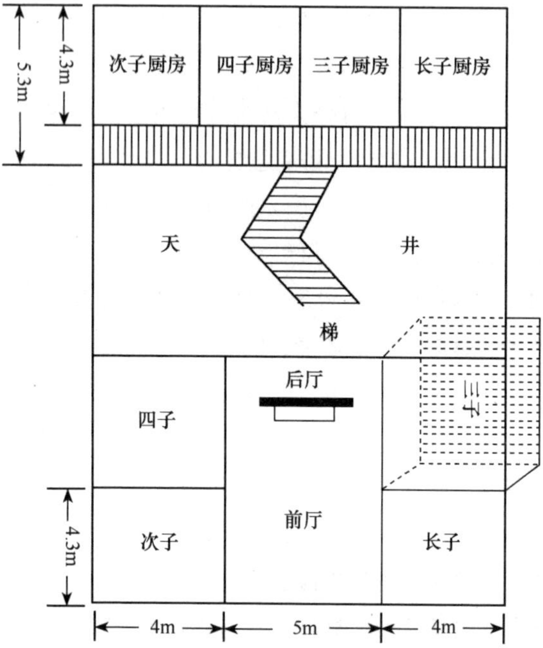

图 11-1　（笔者在黄村实地绘制）

化（宗家主义）要素融化于民众无意识深层，逢时便化作社会行为与风俗的明显例子。

三、1953 年东林大家族及其同类、不同类家族之比较

20 世纪 50 年代以前，黄村真正如东林造的大型楼居和四世同堂的金翼之家（参照图 11-2），（芬洲家大型楼居因人丁零落，人去楼空）是人口最多的一户。由于农业和商业、船运业相结合，东林家的富庶不同于一般行农作的黄村人，其“金翼”楼居的建筑水准即使用现代乡村人的眼光都是高标准的，尤其你可以从砖的质量和砖的花纹细部做出这种判断。据笔者对 1953 年黄村山谷的一项统计，东林家是由东林夫妇、志司遗孀、妾、荣香夫妇及其子女、荣昌兄弟（未婚）组成的四代同堂的大家族，共 13 人。

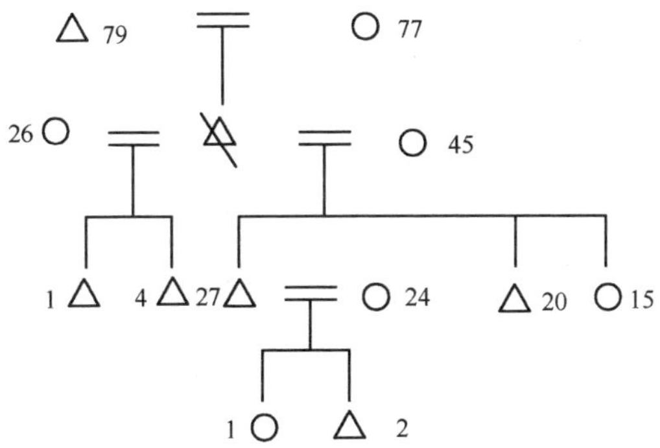

图 11-2　1953 年的金翼之家成员关系图

（△○符号左右号数为年龄）

对比同时存在的其他 14 个大家族，按人类学术语意义上的成员数最多者仅 7 人（志茂、仁盐和钦友家）。因平均寿命低，3 代中有两代上下连续男性死亡的残缺大家族有两个（仁堂、荣安家）。父母一方或两方早逝形成的 4 代、3 代人家族中，其系谱横向存在未娶（含迟婚未娶）的兄弟同居的组合家族竟有 12 个（崇安、荣辉、登仁、义福、金友、仁堂、仁接、同久、钦友、恭友、仁盐、志茂家），这其中父母双亡，中青年夫妇和未婚（含迟婚未娶）兄弟组成的两代人扩大家族占 8 个（荣辉、登仁、义福、仁接、同久、钦友、恭友、仁盐家），可见大家族组成之残破，简直不能与 Bratstvo 同日而语。正因为如此，连同金翼之家在内的 15 个大家族平均人口仅为 5.7 人。然而尽管残缺与发育不全，仍与组合家族术语的界定是相符的。相比之下，金翼之家是硕果仅存的大家族。在 20 世纪 40 年代黄村农人眼中，这就是他们所羡慕的、可能在某一天自己也能履行的理想大家族形式。商业稻作的巨大成功曾是东林家产、人丁兴旺的原因之一，这无疑支持了中国大家族形式与乡村经济生活富裕相关的见解，这一点后面再议。支持这一见解的另一个证据是，除了东林家以外，中等富裕的农人（男人）婚龄明显早于贫农，而且贫农组成核心家族与中农核心家族制式比为 3.5∶4.1 人，主干家族之比为 4.5∶4.6 人，扩大家族之比为 4.9∶6.0 人。也大体说明了家族制式与家族富裕的关系。

和 stem family 的范畴比较，除非扩大家族不仅在纵向（父子连接），而且在横向（兄弟联合）也大为扩展才易与主干家族比出差异，而如黄村 1953 年的家族中，主干家族均不丰满，亦有破损。黄村有的扩大家族与主干家族在上下三代之连接完全相同，只不过相差一个迟婚兄弟的结合。也许正是这个缘故，有的人类学家把主干家族也归扩大家族之一类。这种分类包括：A. 小型扩大家族（stem family），包括一对夫妻及其子女和夫的父母；B. 中型扩大家族（lineal family），包括一对夫妻及其诸子的生育之家；C. 大型扩大家族（expanded extended family），包括一对夫妻及其诸子的生育之家和夫的父母及诸兄弟的生育之家和诸侄男的生育之家。（Ruey Yih-Fu，1961，Murdock，1957）中国古代史料上几代同居共爨，数十逾百人的大家族应归于 C 类。实际上依地方宗族谱系而言，这样的大家族至少是该宗族的一个支系或房族了。然而，1953 年的黄村只有非常弱小的扩大家族 15 个，占总数 11.2%，人口 86 人，占总人口 17.8%。主干家族 22 个，占总数 16.4%，人口 99 人，占总人口 20.5%。主干家族和扩大家族平均人数之比为 4.50∶5.73，仅 1.23 人之差。两类家族数据相加，便占了黄村山谷 4 村家族总数的 27.6%，总人数的 38.3%。但这两类家族发育之羸弱，实在只有术语范畴之意义，无必要多落笔墨。（参照表 11-1）

表 11-1　1953 年黄村家族形态表（含 4 个村：黄村、前洋、木阁、林洋）

	户数	百分比	人数	百分比	平均
核心家族	74	55.2	273	56.6	3.68
主干家族	22	16.4	99	20.5	4.50
扩大家族	15	11.2	86	17.8	5.73
单身家族	23	17.2	24	5.1	1.04
总计	134	100	482	100	3.60

应该提到，黄村的核心家族相对也很弱小。1953 年 74 个核心家族中，未生育者占 10 个，这与土地改革后核心家族加入互助组前新分立有关。然仍有 3 个核心家族的丈夫 30 岁以上成婚，占全部核心家族的 40.5%。尚有少数核心家族的丈夫或妻子早逝，真正标准的核心家族 57 个，但其子女多为 1 至 2 人。故黄村家族平均人数只有 3.7 人，可知黄村家族各类别制式均发育不全或残破，其经济凋敝、生计艰难固然是一个重要的原因，然而这个问题的解释不能过于简单。

四、从单身家族入手分析

在黄村，最先引人注目的尚不在于扩大、主干和核心家族类别制式的弱小和残破，而是别出一类单身家族的问题。

1953 年黄村山谷内 4 村 134 个家族中有 23 个是单身家族，占 17.2%。就人数而言，23 个单身家族中共 24 人，平均每个 1.04 人，占 4 村总人口 5.1%。再者，24 人中有单身未婚者 10 人，年龄均在 30 岁以上，这占 30 岁以上全部男人的 14.9%。20 世纪 50 年代土改后，由于互助组的新组合原则，吸引有的家族男子成人后（风俗上是 16 岁成人）较早分立卷入不同的互助组者有 6 人。其余属早逝，非正常死亡的不完全家族以及名义上（户口簿上）单身家族分立，实为由父、兄、亲友赡养或轮流赡养的情况。我还进一步发现：黄村总共 134 个家族中 30 岁以上未婚男人共 16 人，或单身立户，或寄住亲族、兄弟家，占 30 岁以上全部男人的 23.9%。

黄村 4 村各辈全部在世的已婚男人共 106 人，其中 30 岁以上结婚者 51 人，占 48.1%，35 岁以上结婚者算为 23 人，占 21.7%。

黄村男人平均婚龄为 29.8 岁。

以上黄村调查表明，单身家族和迟婚者占相当可观的比例，说明至 20 世纪 50 年代初期，福建丘陵地带乡村经济凋敝的历史性影响仍未完全改观，这一点的共同性可由 1935 年福建农村义序（距福州、玉田不远）的研究报告为佐证。作者写道："义序贫困之家男子常劳作至30余岁始娶妻。"（林耀华，1935，第16页）实际上根据他的统计，义序农村男人（15岁以上）能结婚而未婚者则占22.05%（林耀华，1935，第207页），如果除去15至29岁者，即按30岁以上男人计算，各类单身者占30岁以上全部男人的25.4%，未能成婚者占11.2%，也有相当高的比例，这是和黄村类似的现象及解释。

中国南北贫困乡村地区男人迟婚与终身未娶已是普遍社会问题之一。闽东乡村，如宁德地区（含玉田、黄村）以及更大范围，直至1982年的人口统计之中仍反映出单身家族这一积存的历史现象。（傅祖德，1990，第275页）

其实，男子未娶在中国许多地方早有记载，近如清代族谱中已反映了类似黄村的问题。中国族谱中某名下有时注有"未娶"字样。根据郭松义的引证，湘乡陈氏各代未娶情况表明，陈氏第9代至20代的1246人中，40岁以上未娶者138人，占9.63%。福建赖氏7至11世30人，40岁以上未娶者3人，占10%。湘潭谭氏6至14代474人，40岁以上未娶者58人，占12.4%。（郭松义，1987，第130页）如果以30岁以上娶者计算，显然比例更为大。他的分析认为家族经济状况很重要，家族未娶者数目多少，反映了赤贫者的比率。

以上所述，我们可以感觉到中国农村家族问题首先是贫困不得温饱的小农生计基础引出的讨论。即使到了互助组时期，小农经济仍须寻求家的联合应付粮荒灾害的挑战，生活仍清贫（阅第五章），故及至20世纪50年代初黄村户平均人口为3.60人的低数，如果排除单身户，其余组合、主干和核心三类家族平均值也只为4.13人。一方面，贫穷男子不得温饱，无力承担婚礼住房费用，成不了家，这样的迟婚、未娶男子成分直接影响了上述地区家庭结构，这是造成单身户占一定比例，核心、主干和组合家族未得到良好发育的制约因素之一。这时期的环境和经济状况起了很大作用，儒家的宗祧理念与多子观无力付诸实施。

乡村男子成家立业除了有经济上的先决条件外，文化原因也是重要的。例如乡村重男轻女的传统理念造成生男则收，生女则弃、溺或送养的风俗，最终造成乡村地方的男女高性比，减少了男子成婚的机会，这纯属文化原因造成的婚姻障碍。还有为了壮大宗族、家族声望，福建（他省亦多见）古今延续下来的另一极端陋俗是耗费大量金钱操办婚宴，早有地方志谈及闽省山区的奢华婚宴："素号贫瘠，乃风俗奢侈，每一嫁娶动费数百，一宴会费钱数缗，筐篚累累，炫耀耳目，山珍海味罗列几筵，富室仅足几给，中产一挥而罄。"（重纂《福建通志》，卷五十七）又为男人成婚的经济与文化双重障碍。简言之，社区行为既循着传统文化的原则（如儒家家族主义），同时又受环境的影响（如小农经济的环境特质），并构成了乡村社区集体意识的基础。中国家族主义理念早就是在中国特定的农业家族生计基础上发展起来的，因此民间一些团体行为（如弃女、婚宴）总是可以找到其文化与环境的双重制约因素；即："社会总是被典型地安排进'文化的影响'的范围和'自然的影响'的范围。社会被二者所限定，又适应于它们。"（Sahlins，1977，p. 217）在黄村，如同中国其他地区的汉族，每个人都有其行为或社会实践的根深蒂固的文化前提与标准，当然还存在着其行为或社会实践的环境所能给予的限度。倘若一部分男人不得温饱或无力履行乡民共同认可的文化规矩（物质上、金钱上的标准和直觉与社会性的暗示），那么这些男人正常的生存的、生理上的、情感的和意识上的需求也只好放弃或推迟了。这对于乡村社区整体来讲，已成文化风习，见怪而不怪，而对未娶迟婚的男人来讲，则是不幸的，成了社区环境与文化面前的行为上的牺牲品。于是历史性的又总是带有变异性的社区变迁便形成了。

五、20—30年以后：20世纪70、80年代的家族和人口行为

从1953至1957年，福建农人的人均收入增幅为72.4%（《当代中国》丛书编委会，1991，第129页），人民生活开始改善。地方培植粮食新品种的努力到20世纪60年代中期以后逐渐奏效（见第

六章）；20 世纪 70 年代的平均主义、大锅饭政策确保了低度增长的口粮供应（见第六章）以及 20 世纪 80 年代生产责任制后农户粮食生产量的巨大增长（见第八章）明显使过去那些因贫穷和社会风习制约而失去婚姻机会的男人得到补偿。据笔者追踪统计，1975 年黄村单身家族已降至 13 个，占全部家族数的 6.1%，人数 17 人，占全部人口的 1.8%（1975 年总家族数 212 个，人数 933 人），分别大大低于 1953 年的同类数据，不仅如此，13 个单身户的内涵实际包含了已婚老人丧偶或其他残缺不全家族。1953 年时统计的 30 岁以上大龄未婚男人 16 人（为单身户或住在亲属家中），在 1976 年时只剩 4 人（黄州苏、李年树、王使村、黄友赛）至老年终未成婚。这一年属大龄（30 岁左右）待婚者仅 4 人，其余 5 人是丧偶者或与儿辈分立户口，且到儿辈家轮吃的单住父亲。中国户口统计考虑到“轮吃住”制习俗的范围颇广大，早已确定这类家庭以轮值之时的家庭计算。（李成瑞，1987，第 165 页）但有时被轮值的老人单独立户口，从而严格意义上的单身家族是不成立的。

至 1986 年，黄村单身家族继续保持为 13 人（真正老单身汉只剩 3 人），但黄村人口早已是 1953 年的近 2.7 倍（1299 人），家族总数的 2 倍左右（263 个），因此，单身家族降至总家族数的 4.9% 和总人口的 1.3%。这表明由温饱问题造成单身家族的一个社会大问题渐渐得到解决，仅留下了一个历史的痕迹。温饱和生计的进步改变了贫穷男子不能结婚的可怜境地，由于经济原因造成的不婚与性的脱节已在该地大体获得解决，但由男女高性比的文化原因造成的社会问题仍存在着。

如何弥补地方高性比呢？黄村的谢丰营用行话说：“靠进口。”即由贫穷的省内外地区迁移女性来，补充黄村乃至玉田的性比不平衡。例如黄村 4 村 20 世纪 50 年代以后远嫁而来的女人中，除多数为 20 公里半径以内的外村人，省内 20 公里以外嫁来的有 19 人。特别来自远乡仙游县就有 18 人之多，莆田人 7 人。黄村山顶马山村汉族妇女刘云英，1964 年由仙游嫁来，后经她介绍者一批一批从她家乡贫困区远嫁黄村，至今嫁来荷洋的已有100余人。来自外省的女人共15人，其中8人为四川垫江、大足县女人，广东人4人。其中有证据被拐卖的1人，为两次转卖至此，而且尚有他省来的新小媳（12、13岁，先在夫家居住，劳动，日后合婚），几名未报户口。这在很大程度上解决了少数生活不太好的农人的婚姻问题，而主要是弥补了因性比高婚姻失期的缺口。

中国的人口出生率问题一直引人注目。笔者对比了50年代至80年代人口出生率变动曲线，由Lavely提供的中国人口出生率曲线（Lavely，1990，pp. 807－843）、刘铮的中国总生育率变化图（1988，第34—39页）与傅祖德（1990，第51—64页）提供的福建省人口出生率曲线，有大体相似的升降趋势。

在社会生活较为平和的年月呈现了高出生、低死亡和高增长的人口态势，这有几个直接因素：传统生育文化理念与土改后改善了的农家生计相结合，促进了人口增长，先前地方上发育不良和残缺的各类别家族渐渐成长起来。20世纪50年代以后的政府政策鼓励生育，促进了生育。新法接生、医疗保健深入农村，同时控制住了鼠疫、霍乱等破坏性严重的流行病，乡里人死亡率大大降低。

在度过了1961年前后的困难时期后，1963年经济恢复使生育率有了补偿性回升。这一年中国出生率43.37‰（查瑞传、季咏华，1987，第115页），福建省出生率44.96‰（《当代中国》编委会，1991，第190页），玉田县出生率38.59‰（根据县人口统计资料），处于20世纪50至60年代县记录的第三高位。黄村（4个村）在1961年困难时期，一年新生儿见于统计仅2人（存活），而1963年一年便生了34个婴儿，人口出生率超过55‰。1967年，“文化大革命”十年动乱的第二年出现了一个较低的生育年份。可见食物短缺与充足、社会动乱与安定都直接影响生育率、生育意识与行为。

自然，中国“四五”计划（1971—1975）把人口计划列入社会经济发展计划内，以后连续10年（至1980年）生育率呈现下降趋势。然而分田到户后生活改善，社会生活控制减弱，农村人口增长率又有回升（见图 11-3）。

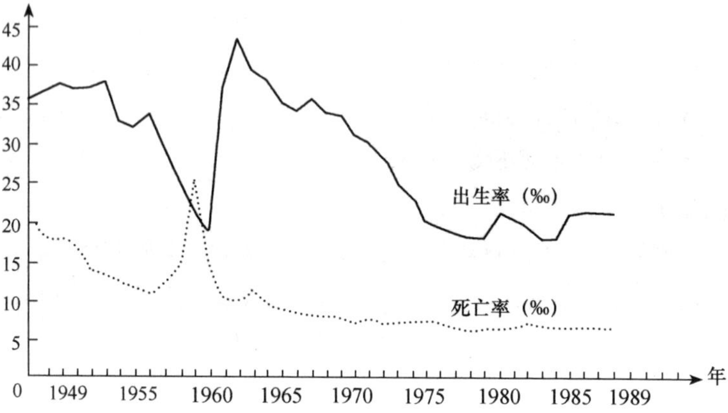

图 11-3　1949—1989 年中国出生率、死亡率曲线

（依 Lavely 表，1990）

从曲线细部看，中国生育趋势明显受政治运动、基层农业政策的影响而定，这两项因素属中国特殊的社会条件。政治运动、社会动荡和经济改革同样影响了国计民生，影响了出生率、死亡率和人口自然增长率（负面和正面）。由于这一影响太大了，以至于人口统计中的数据或大或小的误差都未能改变曲线升降的含义，只不过有时曲线的波峰、波谷不够突出罢了。

傅祖德提供的全国和福建省出生率曲线对比图显示（傅祖德，1990，第 70 页）（见图 11-4）两个曲线的大体形制相似，但细部分析表明，1956 年以前福建人口出生率低于全国水准，而 1957 年以后高于全国水准。1953 至 1978 年福建人口出生率除 1961 年偏低外，其他年份均在 25‰以上，超过 25‰的有 9 年，超过 30‰的有 11 年，超过 40‰的亦有 3 年，而黄村所在玉田县，1966 至 1978 年年平均人口出生率亦居高不下，为 32.45‰（省平均值为 31.86‰），超过全国平均值 28.11‰很多。1979 和 1980 两年，全国、福建省和玉田县出生率均有下降，而 1981 年和 1982 两年再度回升。由于农村人口基数大，福建 20 世纪 60 年代中期至 70 年代中期农民每年出生人数量大而相当恒定（见图 11-5），其中尚不包括在最近一年中漏报瞒报的人口数字。

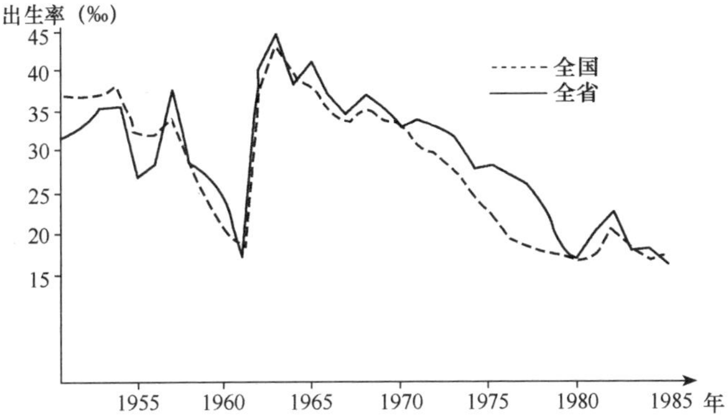

图 11-4 1950—1985 年全国和福建省出生率变动曲线

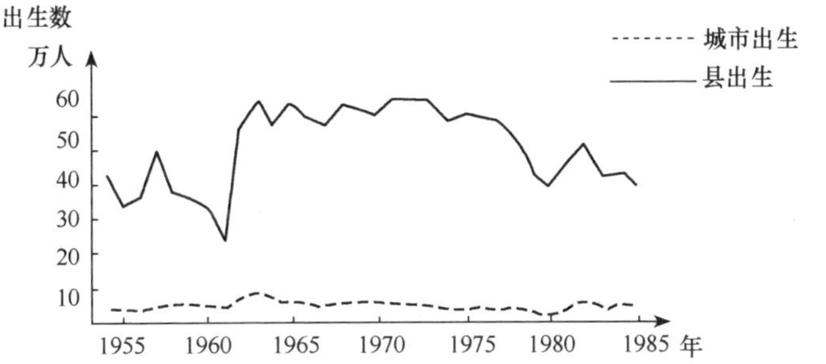

图 11-5 1954—1985 年福建省市、县出生人数曲线

在农村经济改革之前和之后应有某种有差别的分析。延伸至“文化大革命”中长达 20 年的人民公社时期，平均主义、“吃大锅饭”的分配体制保证了每个农人基本口量供应，一些贫困地区吃“返销粮”甚至超过地方粮食总产量。凡是过过大家族生活或筹办过集体食堂（在大陆城市基层单位常自办食堂）的中国人都会凭经验体会到：在口粮定量人人有份的条件下，人数越多的家族和食堂越好安排，因为男女老幼的饭量差异常常易于调剂伙食，因此中国大家族流行谚语是：“添人不过添双筷子”，表达了在人人有一份口粮的大锅饭前提下，农民觉得多生孩子较为合算，何况农村基本口粮占的比重常常大于工分粮。乃至“文化大革命”中采纳政治工分，更进一步助长了人民公社平均主义原则，在实际上这一农业政策为传统宗法理念“不孝有三，无后

为大”“多子多福”之类的信条提供了再实现的有利条件。

户籍制度和不能随意迁徙也为巩固传统中国家族制度提供了适宜的土壤，已有学者注意到：“限制农民自由迁居他地，也有助于促使数代家属居住在同一地方。”（黄树民，1990，第220页）

基于上述环境与文化条件，在人民公社和“文革”期间，乡村社会平均主义的“大锅饭体制”——人口难于遏止的增长状态——随之而来的封闭性农村经济低度发展，成了一个周而复始的循环圈。正是在这一循环圈中，福建北部丘陵地带的农人经过努力劳作以及政府的粮食保证，摆脱了贫穷，人口渐渐地壮大，各种类型的家族形制也发育起来了。如1953年黄村核心家族平均人数只3.7人，1975年增加到了4.4人，主干家族从4.5人增到4.9人；组合家族从5.7人增加到5.9人，单身家族降至总户数的6.1%和总人口的1.8%（见表11-2）。综合上述几类家族，黄村家族平均人口已从1953年的3.6人增加到4.4人，在随后的22年间（到1975年），黄村人口增加了将近一倍（93.75%，根据镇村数字计算）。

表11-2 1975年黄村家族形态表（4个村：黄村、前洋、木阁、林洋）

	户数	百分比	人数	百分比	平均
核心家族	155	73.1	679	72.8	4.4
主干家族	22	10.4	108	11.6	4.9
扩大家族	22	10.4	129	13.8	5.9
单身家族	13	6.1	17	1.8	1.43
总计	212	100	933	100	4.40

据笔者调查，在开始实行人口计划生育的20世纪70年代，黄村（4个小村）每年生育人数相当可观。如表11-3所示，最低年份人口出生率为1975年的30.01‰和1979年的29.38‰，而最高年份是1972年的50.48‰和1971年的46.71‰，平均年出生率高达39.04‰，虽说1972年以后福建省人口出生率统计数字“基本上是稳步下降”（傅祖德，1990，第71页），但地处山区的大黄村20世纪70年代人口出生率却一直保持增长趋势。（见表11-3）

表 11 - 3

年 / 出生人数	1970	1971	1972	1973	1974	1975	1976	1977	1978	1979	总出生人数	年平均出生人数
大黄村 4 个村	23	37	42	32	41	28	37	43	41	32	356	35.6
4 个村年度人口	738	792	832	862	907	933	964	1006	1047	1089		
4 个村年出生率（‰）	31.17	46.71	50.48	37.12	45.20	30.01	38.38	42.74	39.16	29.38		39.04（年平均出生率）

在实行生产责任制以后（福建迟于20 世纪80 年代初）中止了公社体制，汉族地区绝大多数农人选择了包产、包干到户的责任制形式，无疑是与汉族重家族传统有联系。虽说这与历史上的小农经济有差别，但当家族合力焕发出来以后，根本无力阻挡宗家传统价值观之复兴。这一传统价值观的表现是多子观与低社区意识，一个古老而现实的共同特征是：中国家族农业首先靠男劳力，密集劳动，精耕细作，取得收益。显然，男劳力多是一个巨大优势。近年来中国农人在小块的零散的土地上注重化肥、除草剂、良种的功效，而绝少在农田机械上投入注意力和金钱，这是农田机械在细碎土地上发展的困境，既然男劳力过剩，何须再添置昂贵的农机呢？多生男孩可分担赡养老年父母，在最近的将来，所谓养儿防老仍是农村家庭不可缺的功能，这和父子宗祧承继的儒家理念仍可获得整合。农人相信父子延续的价值，例如福建乡下的葬礼，有几个儿子就擎几支“孝男杖”，掩埋后逐一插在坟上，表现父子承继，所以湖口黄宏诗说：“只生女儿不行，女儿一出嫁，父母就成五保户了。”与此同时，人们自然地倾向于早婚。例如在福建农村，生活改善以后，婚龄越来越早，20 岁以前结婚者已达45.37%（福建，1982 年统计），而黄村周边的少女都想在17 岁、19 岁（18 岁为地方大忌，见第十三章）结婚。早婚的实质是为在一定时期内缩短代际周期，增加世代劳力（男）重叠机会，壮大家族力量，利用家内统筹分工并减轻农家的劳务负担。由于古今一贯的中国农人土地分配制度，均取依肥田瘦田、远田近田、山田水田

平均与搭配分配的传统，常使一家人的土地七零八落，家内劳力必须东奔西跑，甚至常有在10公里半径间来回周旋耕作，耗费人力和时间甚多，也是多育之重要动机。(1983年我在云南西双版纳山民中发现同类现象）当然本书上一章还提到宗族、家族人多势众的社会功能，为另一多育动因。

总之，以前平均主义结构农业和现在家庭责任制农业产生了不同的经济效果，但都未能排除农人希望多生子的多种诱因。于是计划生育工作要降低人口出生率的诸种努力，必然与农人文化哲学及其实行多育的行为发生整合的困难。无论是多育的惩罚，还是简单说教都不能排除上述诸种诱因，都不是解决人口问题的良好途径。问题的另一面是农人为了家族的利益用多种方式应对计划生育的规定，而且一个社区是否有超生，关系到基层社会工作的评价，故瞒报和漏报出生人口是一种可能的避免麻烦的应对方式。这里可见一种农人对官员、下级对上级的敏感的文化意识与文化直觉的回应性思维方式。(见第十八章讨论）笔者很早就发现一些急躁的社会与人口的问卷者调查结果不准确，原因在于不了解中国农人思维及其表达之间的关联（他们是否告诉你，告诉你什么，为什么要告诉你，你的目的是什么，回答的不同选择会产生什么样的结果等。多种政治社会关系前提与文化前提下，形成了敏锐的社会场合性直觉思维与对策)。我曾在黄村以第一个月、第三个月和第五个月以后做生育态度的问卷和访谈试验，最终发现有不同的答案，依次为“只生一个好”、“一男一女较如意”和“二男一女最过瘾”。显然在计划生育控制人口的政策约束下，第三个意向性答案符合笔者的问卷分析，而前两个答案则是受人们可以理解的理由所左右，因此是不真实的。不仅如此，当二男一女不能依次实现的情况下，农村多育和弃女婴、送女婴的现象便出现了。其后果是前述人口超生，家族形态开始变大和重新抬头的性比失调。对比1986年黄村家族状况可以发现家族人均人口已从1975年的4.4人增加到1986年的4.94人。其中扩大家族从原来的5.9人，提高到7.0人，明显改变了家族的内涵及尺寸。(见表11－4)

表 11－4　1986 年黄村家族形态表（4 个村：黄村、前洋、木阁、林洋）

	户数	百分比	人数	百分比	平均
核心家族	169	64.3	782	60.2	4.6
主干家族	43	16.3	234	18.0	5.4
扩大家族	38	14.5	266	20.5	7.0
单身家族	13	4.9	17	1.3	1.3
总计	263	100	1299	100	4.94

1975 年黄村家族数据中，主干和扩大家族数量一度停滞和发展缓慢，是因为土改后和 1957 年前的第一人口出生高峰的人口刚刚组成新家或尚未开始大量进入变为三代人家族时期。因此，核心家族比例从 55.2% 跃升为 73.1%，而这时的核心家族中未婚子女平均数已增多，主干和组合家族也相应较前壮大。至 1981 年生产责任制得以巩固，家的职能扩充后，核心家族比例开始下降至 64.3%（虽然核心家族制式也扩大），而主干和扩大家族比例分别提高到 16.3% 和 14.5%。如果我们依照前述一种扩大家族的分类，1953 年黄村大家族（主干和扩大家族）占总数的 27.6%，人口占 38.3%。1975 年这两个数据暂时下降至 20.8% 和 25.4%，而 1986 年的大家族则分别扩大到 30.8% 和 38.5%，这显然是中国农人实践其大家族意识的一个地方例证。

然而还不止于此。由于计划生育的目标与农人家计愿望一直处于相悖的态势之中，基层控制人口的措施（严厉与否，收效与否）与农人和工作人员瞒报和变相瞒报（巧妙与否，成功与否）二者之间长年相互应对运作，十分棘手，影响了人口数据的准确性。如果将瞒报漏报的数字寻找出来，还将明显影响家族制式的内涵，我在黄村调查已注意了这个问题，下面引述的仅仅是人口瞒报漏报的几件实例。

例如，1986 年玉田县的出生人数为 4966 人（根据县计划生育办公室统计），人口出生率为 13.5‰（另一计算为 13.88‰）。但更具权威的县公安局分布的出生数字为 6136 人，人口出生率为 16.67‰。即县计生办的统计少了1170人，漏报率高达19.07%。两年以后，省公安厅、统计局实事求是地采纳并公开县公安局的统计数据。1987年玉田县计生办的人口统计出生人数为7147，出生率19.1‰（另一种计算为18.9‰）。而1989年省公安厅、统计局公开发表的该年统计数字为8269人（含漏报数字），故出生率为22.05‰，也是因地方漏报使然。

又，根据荷洋镇（辖14个行政大村）统计，1986年出生率仅为8.5‰，新生儿237人，这无疑是令人兴奋的人口数据，但后来镇上陆井民先生细致调查隐瞒人口，重新上报新生儿数字，增加为419人，再加上最后发现的漏报者5人，共424人。如是，这一年的出生率便变成16.46‰，漏报率高达44.1%，说明农民瞒报人口之严重状况。为此福建省统计局在《福建省人口统计资料汇编》（1949—1988）的编辑说明中提到新发表的数据，特别是“1981年以来各年出生的人口包括了若干补报上年或往年的人口等”（1989），正视了瞒报、漏报人口的事实。从20世纪80年代省内诸县之间和县内诸乡镇人口出生率数据之极不规则的结果，也可以从大的视角看出生育统计工作或大或小的出入。

金翼黄村怎么样呢？1981至1986年大黄村所辖的6个村上报出生人数115人，分别为32、33、9、17、11、13人，1987年初次上报出生人数为6人，故1981至1986年出生总数为121人，年平均出生率仅为11.51‰（根据谢丰营统计和计算）。这是一个比20世纪70年代下降许多的数字。后来笔者两次核查户籍并部分访谈，得出：1981至1987年共出生195人，漏报74人，这样年平均出生率应为18.56‰，漏报率为37.95%。然而我并不能证实我的数字是准确的。1988年，谢丰营告诉我一个新的统计数字，证明我的数字仍有漏洞。这是指1987至1988年，县里为了正视瞒报、漏报人口的事实所做的一个人口统计，名为“出生、死亡、非农业人口增减，多报漏报登记”。小谢的统计报表显示的大黄村6个村1987年出生及1981至1986年漏报出生人数为145人（男85，女60）。这样加上起初大黄村6个村1981至1986年的6个年度出生人数总数115人，刚好为1981至1987年大黄村6个村人口出生总数，经计算为 260 人，再进一步计算可知，7 年间平均每年出生 37.14 人（略低于 70 年代平均 43.4 人的水准），平均年度出生率为 24.74‰，高于同期玉田县平均年度出生率 19.48‰。（根据《福建省人口统计资料汇编》，第 183—195 页数据计算）如果对照最初上报数字计算，黄村 6 个村人口出生漏报率高达 54.46% 。总之，大黄村 20 世纪 80 年代（1981、1982 年有人口出生的小升幅）人口出生率比 20 世纪 70 年代下降，但 20 世纪 80 年代瞒报、漏报较 70 年代严重。由于人口基数大，虽然出生率稍有下降，但平均年度出生人口总数很少低于 35 人。

农人隐瞒人口，很多人囿于同宗、邻里情面而不过问，一个调查者往往需要花费相当长的时间才能了解乡村人口的细节。实际上弄清人们不愿意披露的家庭生育私事被认为是多管闲事，故非常不受欢迎。如果没有好的人缘，没有非同寻常的相互信任，没有巧妙的访谈和村人协助，短期人口调查问卷者实难搞清人口出生数。这并非由于调查方法的科学与否，而主要是因某种顾虑以及文化观察的人伦相对主义问题。有一点可以肯定，限制生育的社会愿望与农人家业发展本身就有了矛盾，故罚款（一般超生罚款 200—300 元，三胎罚款 500—550 元）并未能限制生育，为了躲避超生的惩罚便隐瞒出生人口。故某一地区隐瞒人口已不是秘密，而隐瞒多少才是农家的秘密（村民内外有别）。只有真正实现现代化农业的变革和找到农民改变生育态度的新的教育体制才是有效的节制生育的出路，否则隐瞒出生人口的现象将不会终止。

实际上我们还没有考虑下述情况对人口统计结果（特别是对区域性性比，对出生率死亡率）的影响。农村传统习俗和农民看待计划生育工作的新的应对方式促成乡民采纳将幼婴送兄弟家养（特别是男孩），交换养育（女换男、男换女可以被认为是抱养，非婚生），持续传统风俗的是抱送养女（童养媳），这些情况有时发生在村内或邻村之间，有时则跨镇甚至跨省。弃婴、溺婴现象亦有披露，但为数不多。一些农人认为，凡上述事不用（或无所谓）纳入出生（死亡、迁出和注销的）人口登记簿中。从本章可明显看到福建乡村20世纪70年代家族制开始从70年代的弱小与残破渐渐发育起来。20世纪80年代家族继续发育壮大，因计划生育工作持续开展，若干地方80年代人口出生率下降趋势得以呈现，然而也有不少县镇人口统计数字与实际人口数字有或大或小的差距。如果考虑到瞒报人口（和人口悄悄移动）的状况以及人口基数逐年增大，某些地方公布的人口出生率曲线内涵仍带有相当的疑问。就笔者在有限的乡村、镇县调查，瞒报和漏报的人口相当普遍。如黄村6个村一再深入调查统计表明，有将近1/3的农户有瞒报和补报人口现象。这种情况在所见的零星报道中，如广东、山东、安徽的一些地方，也相当严重。（刘书臻，1985；刘铮，1988，第140—141页）显然，只依常规户籍统计对农民家族形制加以讨论和分类，很易失实，家族形制的膨胀比一般公布的数字的结果表现更为显著。

第十章和本章所述，展现了从古代至今的宗族、家族和人口过程及其分析。由于中国农村一直未能卷入巨大的现代化交通、工业与商业经济系统，在这一背景下，中国基层社会的小农经济和传统的中国家族主义理念一直契合并稳定地保持着。长期被皇权和官方支持和宣导的儒家说教渗透并融合于基层民众之中，这已构成中国特有的、能够有效沟通一个高层—基层的文化复合体。在这一文化复合体中，家族主义理念、祠堂、宗族组织、乡约、读谱、读经教育和家礼制度早已"化民成俗"，即普遍推崇家族主义的族群意识与无意识，以至于乡土社区普遍舆论和被推崇的基本道德准则就是孝道（对父辈）、友爱（对兄弟）、均平（家长对各房）、忍耐（家庭成员对家团体的态度行为准则）和性爱限制，这成为古代和近现代不同意义上的大家族存在的共同基础与重要原因。

费孝通较早地提到中国乡土社会绅士中发现的大家族（费孝通，1946），他对绅士和农人差别的经济和政治要素的论述引起了Fried对中国农人家族进一步推衍的分析。然而他的解释走上了歧路。他认为士绅和农人对不同"次文化"有不同的经济的和政治的利益，每一种次文化带着它特有的家庭安排。（Fried，1952，pp. 331-336）但经过三四十年中国乡村所有制演变，我们反而明确了这样一个道理，即依土地占有和参加劳动时间以及政治态度、政治地位可以划分士绅、地主、中农和贫农等阶级，却难于划出各阶级、阶层对传统儒家理念受容和付诸实施的文化差异。应该说中国基层农业社区人们思维与行为方式是类似的，在家族主义上亦具同一性。这是因为，中国传统文化传承的两个主要途径的状态是：一方面，乡村早已安排了被古代精英规划的儒学简明要义的教育，即乡土社会存在着普及性儒学教育，一方面还有极为强大的民俗生活（如一年四季和人生过程中众多的民俗项目），它是农村的主要教育形式，其宗旨均恪守儒家学说的主题，间或也有不背离家族主义的驳杂的道佛理念。因此，士绅和农人的文化环境是相同的，财富之多寡和乡村政治权力都不过是镶嵌在这个文化机体上的附加物罢了。只要生活在封闭、半封闭的传统农业社区环境中，士绅和农人都不会创造出变革生产力、生产关系的新思维，也不会创造出不同的家族过程，唯一的差异只限于实现家族主义的物质条件。带有兴衰周期的农人家业无论大小，都属于小农经济的本质（即使东北的拥有千顷土地的大地主也未能创造出资本主义的生产方式），并与此适应造就出历久不衰的儒家农耕哲学。

上一章已提及，宋代以后是中国乡村基层社会的一个转折点，贯彻至乡间的家族主义精神，已在基层社会的舆论、制度、规范、家礼、风俗和习惯层面上得到渗透和巩固，从而造就了中国乡土社区普遍的农人大家族理想、意识与实践模型。我所调查分析的后革命时期黄村内外在数十年间贫苦农人温饱和富裕之后的人口与家族成长过程表明，在中国现有的农人生计条件下，一旦获得温饱，农人，包括昔日士绅、地主、中农、贫农、乡村干部及其后代均颇为普遍地热衷于盖大房子、早婚、多男生育、扩充家业与人丁。20 世纪 50 年代以来一波又一波的农人生育浪潮和随之而来的家族尺寸膨胀，大家族和大家族变通型比例较革命时期增加，应是中国乡村家族主义文化一致性的有力证据。

近年来，一些学者注意到中国大家族出现的百分率不很低（Wolf,

Arthur，1985，pp. 30-50），而且中国家族在满足温饱的要求之后，社会倾向于发展出大家族来，且不一定非得为先前所说的地主、士绅家族专有的见解。我在赞同这一物质先决条件的判断的同时，愿意再强调其文化理念层次的动因。

1. 中国人千年内化的儒学文化意识之多种表现（强化宗族势力、大家族愿望、多子意识等），均可以在温饱之后、富裕之时作为有利的基础条件使其付诸实施。

2. "文化大革命"期间，儒家伦理被抨击并以集体化公社取代家族农业（公共食堂是试图取代家族主义的最极端的做法，仅一年左右废止），国外一些学者透过中国宣传报道认为："中国的大家族失去其存在性主要是因为土地和多数生产资料的集体化，而不仅仅是因为对精英意识形态的批判和对士绅阶级的消灭。"（Cohen，1976，p. 231）这一过早的预言[①]恰恰是忽视了传统文化的持续性和韧性，过多地注重了集体化关系形式的社会作用。后革命时期前 30 年和后 10 年的对比观察可以支持一个新的见解：只要中国乡土社区生产力没有根本变化，且传统农业依旧，仅仅形式上的公有制并不能终止中国人家族尺寸的膨胀，也不能使儒家说教对农人的吸引力减弱。因为孔子、朱子理念性的和实践性的家族主义原理已渐渐和小农文化融为一体。很明显，集体化时期压抑了农人的个人进取精神，因此大集体主义的生产积极性从来没有得到发挥，实际上农人的积极性及其能量仍主要潜藏和聚集在家族单位之中，一旦打破平均主义的集体公有制，实行以家为单位的联产承包制，中国农人并未泯灭的家族主义精神兴盛之猛烈令人吃惊。各地农人一致地努力巩固家的实力，在宗姓聚集的乡村热衷于扩大宗族势力，而不是超姓氏的社区整体力量，并

① "文化大革命"后期大批青年进入生育期，许多农村地区有分灶分家（在一个屋顶下）的习惯，尤其当城市居民实行配给制，民用煤炭、煤气和部分副食品供应是以户为单位配给，故城市青年小家庭分户成风（只是形式上，实则不少家庭仍与父母同住，家庭关系紧密），这便造成核心家庭统计数字上升，并影响至今，也是一些学者仅凭统计数字做结论发生错误的原因。

使家族主义在当代中国乡村农人意识中公开成为最重要的认同原则之一。这一认同衍生了隐瞒人口现象以及今日农村计划生育工作的艰巨性。可见，中国文化的田野观察总是要与历史的观察和哲学的观察结合起来，才不致被表面现象所迷惑。中国人类学应重视精英文化对乡土基层社会的作用，重视中国人形式与内涵、显性文化与隐性文化的运作特征，以及乡村生计与政治文化、传统文化调适的特点。现在生产责任制与家族主义原则合拍，在可以预见的最近的将来，在现代教育和现代交通、工业、商业市场系统还没有在农村发展起来，而农人生活又得到了明显改善的情况下，中国乡村农人所推崇实行的仍是壮大家族阵容和加强族性关系，包括承继或组成各种变通性的扩大家族结构。

3. 现在，我们已经从台湾工商化与现代化过程中看到了在家族分子关系上以变通的组合形式承继大家族理念与实践的新文化现象。（庄英章，1972，第 88 页；1981，第 25 页）本书也注意到以往大陆社会生计政策强有力地影响基层社区，以及当前改革开放与乡村工商化起步时期的家族形态与关系结构之变化，表明在家族片断分类与考察之外，涉及成员关系结构的大家族的各种准—组合家族已经在中国有了广泛的传播，其中包括少数民族居住地，这显然扩充了在一种文化中变迁的意义。

4. 最后要提到的是，社会生计政策不仅影响家族结构、尺寸与成员关系的变化，而且社会生计政策和传统家族主义相互运作，还造成了地方农人与基层工作人员的人口态度与人口行为的选择，相对主义的人口态度与询问回应常常影响调查者的认知，从而使某些结论真伪难辨。因此，人类学的家族与人口研究的前提首先涉及对调查对象是否有深入体察、是否有文化上的理解，以及不可缺少的直觉认知能力。

下一个续章我想接着讨论，那些膨胀了的家族形式与古代大家族结构及其成员关系有什么关联？并在本章家族形式分类统计的基础上进一步说明中国式准—组合的家族分类内涵，一个中国式的透视。还有，在中国社会过程中，传统家族主义完全具有适应性的条件吗？

第十二章
家族主题变奏（二）

黄村 40 年间人口多了，宅户也增多，但家族形制不是保持不变或缩小，而是扩大了尺寸。这是在限定条件下，从不得温饱的乡土社区，发展成为一个较富裕的社区的中国家族过程。应指出在平均主义的农业政策持续至 20 世纪 70 年代中后期的 30 年，刚好衔接了前后革命时期的两三代人，他们体验到乡村生活虽有进步，但因鄙视商业，割“资本主义尾巴”，反而比过去更封闭了与外界的经济沟通，当然不会建立推动社会进步的新农业生计系统。只是在最近 10 年，政策放松，银耳业异军突起，推进了乡村发展并扩大了与外界的联系，该副业与家庭生活紧密结合，使农人颇为受益，然而因受林木资源和外在市场制约，其伸向外界的产销触角仍被认为是脆弱的，而且尚未因此根本改变一家几亩地的小农社会结构。黄村人每年数次到各地兜售银耳，眼界开了，挣钱多了，接受了许多新事物，但多数时间仍是农人角色。他们既不敢丢掉农作，最近的将来也不可能脱离世代持续的小农生产方式，因此农人的思维方式的变迁将不会很快。现代黄村社区变迁过程表明，农本社会从贫穷到富裕的确使辛苦勤劳的老少农人将未能实现的大家族理念、强房与宗姓意识乃至祖先崇拜及世界观诠释的宗教情绪再度扩张起来。一种新生的有限的物质力量会促使最近几代人心目中仍视为理想之一的壮大家族的观念付诸实施。正是在中国基层农业社区至今存在上述的限定条件下，多数农人家庭羡慕和乐于看到家的兴旺和宗族的强化，这已开始被一些学者发现，认为当代“中国农人家族与以往家族制度有极多相似之处”。(Parish & Whyte，1978，p. 135)

除了在上一章提供的家族人口详细资料外，我还可以简单地从男嗣偏好角度说明传统思维的持久性。如1986年黄村4个村共263个家族中，一个家族生子3个以上的有121个，占总家族数（一些未逢生育期）46%，占适逢生育期191个家族的72.6%，数字相当可观。同一年金翼之家（根据笔者拟新族谱），最近两辈人中时逢生育盛年者共有13个男人，其中9人即：荣香之子冠方和亚方、荣付；仁达之子芳简；述月之子芳向；少培之子芳于；少台之子芳铁、芳光、芳岗都生有两个以上男孩（按男系计算），其中荣香家3个儿子的小家共生有8个年幼的孙子，无一女孩，很为乡人所羡慕。而且黄村全部无子中年、老年人完成了过继和收养手续。这是一个在当代中国农村限制生育的政策下仍不能制止的多子多福的和巩固男性原则的文化行为。当然也不奇怪，中国宗族传统与社会实践不会一下子中断。Lang印证了如下结论：家庭观念在社会变迁中具有滞后性的倾向，表现得比经济组织、社会阶级和政治组织的变化更为缓慢。(Lang，1946，pp. 336 -337) 她在中国前革命时期和笔者在后革命时期的观察是一致的，不过我在本章还将特别谈到传统理念在现代社会实行的变通性。

六、古代和当代大家族的关系

那么，中国地方志和史料记录的大家族存在和维持的要因与当代大家族生活方式有何种关联呢?

1. 古代家族共同体靠“子孙躬事农桑”(《宋史》，卷四百五十六,《姚宗明传》) 和家族副业结合，自力更生，很少依靠大社会分工，而是家内分工，并尽力与商品货币经济绝缘。尽管朝代更迭，乡土家族公社仍以不变应万变。甚至“婚姻悉取农家，非其类皆拒不与通”(宋·陆游《渭南文集》卷二十三,《陈氏老传》)，还拒绝粮食“可邀善价”（嘉靖《九江府志》，卷十三）的交换机会，顶住商品交换对大家族体制的侵蚀，但商品经济终将侵蚀大家族，成为其变异和分化的有力杠杆。历史记录了中国大家族之“公”和内部诸小家族之“私”之间运作的过渡状态，“家则值日轮炊，计口分食，送礼宴客，公则公酬之，私则私酬之”（民国《广安县志》，卷三十四）。这似乎是介乎于同居共爨的传统大家族和中国古今流行的轮值和反哺家族（见下文）之间家内轮值的过渡形式，是极有价值的文字记录。在传统小农经济、排斥商品经济的集体化经济（如高级社、公社期间）与商品经济缓慢沟通的最近几十年间，大家族的价值观依然如故，适应这一历史时期扩大家族和中国式的大家族变通形式——反哺和轮值家族一直属于中国家族的主要形式类别，黄村山谷也不例外。

2. 同居共财、均平等有为大家族存在的古代形式。如福建连江人黄家“六世同居”，“悬衣于桁，共衣之”（《清史稿》，卷四百九十九，《黄成富传》）；延安人张闰家“不异爨”、“无私藏”、“无间言”（《元史》，卷一百九十七，《张闰传》）便是这一要因的古代记录。现代中国大家族共财的比重减小了，但家长无论如何要在家内履行均平等有的原则。这是从古代遗留下来的大传统，由于现代家族已不可能孤立于乡土社会一隅，大家族内核心家族利益和私蓄大都被认可，但家族之间利益、代间关系是否均衡仍是大家族合与分的主要依据。黄村人说：“家长稳得住（指有威望），又公平，生活上兄弟间不斤斤计较（仍以大体均平为基础），父母又做表率的大家族得以存在。”如黄部友、黄仁也、谢吉平、黄志火家即是当今大家族“不异爨”、“无间言”、部分共财、部分私蓄且协调均衡和睦的大家族例子。所以今日的共财制虽已大大削弱，但大家族内均平的意识和行为仍是至关重要的。

3. 家长权威。包括“家长之尊”和“钱谷家长主之”（同治《重纂福建通志》，卷二百二十二）的家长集权主义治理。现代由家长威严维系一个大家族的个例仍存在（Wolf，Margery，1968），但为数不多。现代中国家族的家长威严总是需要与协调其成员关系的能力相结合，即需要在长幼之爱和孝道礼俗与行为上有能力达成大体的整合。毕竟是古今家族分子关系变化了许多，黄村大家族便属于这类温和之治。笔者所做的黄村34个农人抽样调查中，认为家族成员关系和睦的占14家（41.2%），处于一般状况的占20家（58.8%），很少有人认为自己的家族家长有专横跋扈的表现。另在北方乡村留民营的调查也不过有2%的村民认为自己家族不民主（庄孔韶、张小军，1984，第32页），均说明代际的家族关系在现代社会有了很大改善。

4. 孝悌是大家族存在的思想与行为基础。朱熹将同居共财理解为能孝悌的表现，是“天性人心”（朱熹《朱文公文集》，卷九十九，《知南康榜文》）。“天性人心”再与司法相结合，实有利于日后中国大家族传统和基层社会的安定。农人至今把孝悌看成是一种生活美德，虽然他们并不了解伦理家和政治家的思考。荷洋镇妇女工作者叶菊女士向我介绍的3个模范户均是大家族。如湖口廖春芳4代12人的大家族中3个核心家族成员能敬老互助，他们同心协力养了32箱蜜蜂，还经营奶羊、猪，上山植桃、李、橘，仅银耳、香菇一项年收入就有万余元。她还提到，中国大家族内婆媳关系多事，然而这个家族也能做到相安无事，和睦相处。我发现这几个典型的大家族，还有黄村我的朋友黄兰朋的大家族之成功，是由于运用了高标准的孝悌的美德，而非各小家之间只重物质利益均等的低标准维持原则。敬老互助的孝悌内涵以何种程度被家族成员所接受，这决定了古今大家族生活方式的差别。最近几年荷洋人中有年轻一代虐待父母，甚至黄村妇女高美玉因家不和睦到远县一尼姑庵出家，遁入空门，引起老人们不安。于是，如雨后春笋自发成立了一些地方老人协会，荷洋镇农人便有一千一百余老人参加，各分会贴出了《孝敬父母倡议书》，讨伐乡中不孝之子。《倡议书》称因“极左思潮毒化，孝敬父母被说成是封建糟粕”，影响了青年人道德选择，提倡社会各界注意，并呼吁“行动起来，维护新伦理道德”。（《倡议书》由笔者在荷洋搜集）他们还成立了调查小组，公布虐待父母的个案材料。如黄村黄荣星兄弟不赡养老人，老人吃不上饭的消息便传播开来。这一民间老人协会联合上门向不孝的晚辈质询，十分奏效。这是在法律约束之前民间自寻重整社会不良风气的有效教育与舆论手段，可见孝悌仍是今日大家族和所有类别家族重建新道德与协调生活的良药。

5. 历史上中国政治文化和意识形态之模塑以及当代社区家族演化形势。中国历史过程中选择和保持下来的意识形态一直对基层社区结构与家庭组织范式加以强力模塑，故："同居共财、孝悌和理学三者的结合下，兼之有政权力量做后盾，不管人们自愿或勉强，家族共同体必然会盛行起来，是完全可以理解的。"（柯昌基，1980，第15页）这的确是中国家族发展史上的一大特点。于是在中国历史上我们总是看到与西方社会近现代进程的文化上的差异，即不是由一种技术的革命和立法创造了和规划了不断更新的社会结构，而总是呈现一种由意识形态和政治的威慑力推动和模塑的持久的农业社区常态。

本书所述，20世纪50年代后中国的基层社会结构已有了新的改观，原宗族组织受到重创，已为基层党的权力组织取代。由于在"文化大革命"期间和之前，传统家族伦理的精华与糟粕一同遭到长久批判，致使新一代人对家族伦常准则的选择无所适从，我行我素，以及家族形态演化颇为驳杂。如今草根社会终端的家族形式和制式可以自由选择，唯一的制约性因素不过是乡土规范或民俗，唯一一致的政治标准是新意识形态不允许家族之上的旧日宗族组织势力复兴，该势力一直被当作封建主义之回潮加以抨击，但一些省份仍有强大的复萌力量，也有一些地区（尤其政治中心城市周边乡镇）的宗族力量相当微弱。在这一基层社会条件下，我发现了当代基层社区家族类别的多样化发展的时间与空间，以及所谓标准家族类别之间的各种过渡态，为人类学的中国家族结构与家族关系研究提供了一个新的机会。

6. 性爱限制是古代大家族存在下去的另一个文化因素，以往很少受到注目，如公开场合"男女不杂坐"、"叔嫂不通问"、夫妻"相敬如宾"的说法一直延续到近代中国人的家训之中。在《礼记》中说："子甚宜其妻，父母不悦，出。"这类语录仍在闽北许多姓氏族谱中出现，不允许"同夫与男外出"以及不得"私妻子"。（《义序黄氏祖训》）其原因是中国大家族的父子血缘关系上的情感交流，应凌驾于小家夫妇间的情感。根据父系继嗣原则，前者是根本，后者须防范。故在大家族内首先是乱伦防范，然后是夫妻关系以外的男女情爱防范，以及对公开场合夫妻间情感与任何性爱表露的防范。因为不如此，父系伦理原则会被“非分的”性爱关系扰乱，而小家夫妻情感的外露和对夫妻性爱之容忍，“私妻子”而不“宜父母”，将是核心家族离析出大家族的一个重要因素。现代农村中中国人夫妻的爱情与性爱关系仍与城市人有差别，大体上传统的影响保留更多些。但无论如何，父子线上的情感与小夫妻爱情的关系一直是家族整合的一个历史性难点。由于古代家规的限制削弱了，故以核心家族为单位的生计、财产与情感的独立的价值观，或者增加了和长辈分开居住的机会，或者在保留传统家族主义的中国式准—组合家族中适应下来。

7. 大扩家族成员的个性、思想行动受到压抑，“忍”、“厄穷守道”（宋·苏过《斜川集》，卷五，《襄城程先生美中墓志铭》）和精神上的自慰也是中国大家族存在的精神源泉。即人人学会安于“贫而能力生，以养亲奉祀”（宋·汪藻《浮溪集》，卷二十七，《承议郎通判润州累赠朝议大夫赵君墓志铭》）而不抱怨的精神，恪守孝敬、友爱的家族关系与礼教。这是许多古代大家族生活的写真（柯昌基，1982，第66—67页）。

在近代中国乡土大家族厄穷守道的精神一脉相承下来，直至当代，不仅在生计艰难之时保持耐心，而且在有家内利益之争时相互忍让。就大家族内部关系而言，西方家族生活体验中的人，实在难于接受中国大家族成员在矛盾之中一忍再忍百忍的生活哲学。例如我在黄村38个扩大家族中统计和访谈，获知家族成员和睦、婆媳关系良好的有21个，占55.3%，而承认婆媳关系以忍当作协调方式的有12个，占31.6%的不低比例。婆媳间常有争吵，但仍未分家者3个，占7.9%（有两户不详）。黄村的一个现象是婆媳关系紧张与否还在于儿子是否成功地在婆媳之间周旋和化解。当婆婆认为儿子太偏向媳妇时，就会说：“现在的媳妇没有过去的安稳，总爱挑拨母子关系。”媳妇则会对丈夫说：“我自食其力，不受你家的气。”这已成一固定模式的套话。“丈夫处于两难的境地，两处

‘救火’。男人实际上忍让更多。”黄仁田对我说。

记得朗（Lang）是外国学者中较早引用了中国古籍中大家族合而不分的“忍”的美德（Lang，1946，p. 31）的，在中国文化中“忍”确实是当作一种美德推崇的，这一美德是以一种已在民间长久灌输的宗家意识形态为基础的，它已成为只在中国文化中存在的持久的社会舆论力量和由意识、无意识文化推动的社会与家族的行为方式。这是理念原则牢固性和支配性的又一表现。由于玉田人有婚后一二年便析居的地方风俗，因此黄村多数大家族只要存在，便大都较和睦，分化的家族或许将未分化时存在的家族矛盾化解了，但中国人“忍”的传统民族性还会在各种类型家族中存在。

七、家族的衍分

上文已提供了古今中国大家族成员依存诸要素，现在再谈家族分化过程与原因已不困难了。

1. 黄村大家族维持一定比例表现出一种传统家族意识在现代社会持续下来的聚合力量。应该说，随人口繁衍大家族平和地分化是人类再生产的一种自然形成的方式。根据笔者对黄村几十年间家族分化与分裂的分类研究，现代农人家族分化途径主要有两种（含派生形态）：

A 类。其家族演化过程中的扩大家族有两种分化的可能：A1 和 A2。如黄村荣仑和荣香家便属此类。荣仑家属 A1 类，荣香家属 A2 类。只是应注意荣香家所在扩大家族曾保持了很久，至少他从出生的 1927 年起就一直生活在一个大家族里（1953 年 4 代 13 人），直至《金翼》一书中的主人公东林在 20 世纪 60 年代死后才开始变化，70 年代中他家进入 A2 阶段，直至 80 年代末没有变化。

A 类：

核心—主干—扩大
- A1，核心＋核心＋核心＋核心（夫妇家族）
- A2，核心＋核心＋主干（含幼子之家）

B 类。诸子结婚生子，依先后陆续分出父母家，其间未出现扩大家族阶段，如黄村黄荣源家 5 个儿子中，长、次二子已先后结婚生子，分别于 1983 年、1985 年与父母分家，属 B 类演化方式，并可能随着三子结婚，继续这一家族演化方式。

B 类：

核心 − 主干 − 核心 + 核心 − 核心 + 主干 − 核心 + 核心 + 核心

——……

B1　　B2

2. 近 40 年有两次人为的生产关系变革影响了黄村家的结构。一是 20 世纪 50 年代土改后，土地计口分配刺激了部分家族提前分化，核心家族比例比前革命时期略多。第二次是公社化以后，分工和统一派活儿的生产方式及土改时结婚的一批人进入生育期这两个原因，使黄村核心家族比例达到 40 年间最高峰。直到 20 世纪 80 年代初生产责任制时，核心家族比重有了下降，而主干、扩大家族比例上升。如本书已论证的，在中国现代经济体系健全以前，在保持小农经济生产方式的过程中，生产关系的主观升级不会改变农人的传统家族观念。

3. 如果说父家长权威是古代大家族生活维系的要因之一，那么现在这种维系力衰落了。或者说，这种父家长的权威只化作了父亲个性的严厉，如果他严厉并辅以不容置疑的控制家族成员的能力，包括经济权力与收入来源，大家族是可以保持下去的。如果父家长暴烈却不能使家族成员心悦诚服地良性整合，那么父亲一旦年迈能力衰退、不幸亡故或各房小家经济独立性增长都可以成为家族分裂的导火线。

4. 现代农人家族的年轻人见多识广，其自我肯定与自我实现的意愿常会造成抵触传统大家族风习对个性的压抑，推动扩大家族的离散；在 20 世纪 70 年代，传统家族伦常被全盘否定之后，代际鸿沟和年轻人的精神迷惘有害于扩大家族日常生活之和谐，这两种原因都会促使一些和睦和忍让的大家族裂变。

5. 从家的联合之要素的反面考虑，仍是不能恪守孝悌原则和分配与分担不能均等为扩大家族分裂的主要因素。

中国大家族的研究，人们都提到媳妇在大家族离析中的作用，其实很多口角发端于家长以下诸小家庭利益不均的纷争中，如果特别强调第二个媳妇入门或第二个儿子结婚往往是分家的前奏（Cohen，1976；黄树民，1990，第23页），那么这实在只是一个现象而非根本的原因。大家族内卷入的小家越多越增加离析的机会，只不过说明了不言自明的必然的上升“统计曲线”。其实质仍是因诸核心家族在一起均平原则难于实现，和家长难于协调来自于多种家族生活习惯的媳妇们的个性。一般来讲，在均平原则总会有疏忽的大家族生活中，父亲与诸子间的协调远远比父亲与诸子小家（含妻）的协调容易。所以在那些大家族仍流行的地区，小家利益之兼顾和媳妇间“不间言”的美德起了很大作用。它总是与社区排斥离析的传统社会舆论相辅相成，且古今如一。对保持大家族传统价值观的理解的地方差异也是值得注意的。例如，闽省龙岩龙溪县乡村不分家的传统造成扩大家族比例非常之高。（傅祖德，1990，第274—275页）而闽东玉田县等地则不知什么时候，一些人接受了儿子结婚一二年就与父母分灶（一般不出门户或在左近）的地方习俗。他们一部分人在保持大家族形式以外，一部分人选择了轮流和固定奉养父母的另一类准—组合家族形式，易于减少同居共爨共财大家族成员间的摩擦，又不失却孝悌传统的承继。中国地方农人有各自自圆其说的家族组成方式，以维护传统家族主义原则。这样来解释中国当代地方家族传统不一、选择家族类别不一的现象不是很相宜吗？这样看问题也不会出现用一个调查点的人类学结论（大家族比例高低）来当作中国大家族类型是否是主流的论据的现象了。

八、中国式准—组合家族

应该看到古今中国的继嗣、孝悌和慎终追远的宗家理念基本已构成中国人民族性的要旨。但反映在家的结构上仍存在时空差异，这有儒家宗姓理念传播的源头和扩散地区之差别，宗族组织和宗法、家法推行的地方性差异，中国政治文化的传统与变迁造成民众对家族、宗族观念的不同的受容性，交叉文化地区的文化理念变异（包括与他文化相互影响）。还有区域农业生计特点和环境的不同、商业与经济开发程度以及与外界开放（或隔离）的多种状况。因此并不是保持不分化的扩大家族才被认为是唯一符合宗家主义的家庭模式。在上述要素之影响下，一部分人仍旧保持了大家族生活方式，虽然其制式远远小于方志上推崇的“五代同堂”、“六世共爨”的大家族；一部分人则寻求其他变通家族形式。如组合家族类别之外，尚有中国各地颇为流行的老年父母在诸子家轮流吃或住的轮值家族。这是以父母为一端，以诸子家为另一端的一类家族形式——轮值家族，又称轮伙头家族（Gallin，Bernard，1966，p. 144；谢继昌，1985，第 91 页），这种生活方式在家族成员关系上仅比典型未分大家族稍稍松弛，但减少了多核组合家族共同生活中的矛盾因素。应指出，轮值家族继续保持了中国家族文化的主要原则，如赡养与孝道、慈爱与养育、宗祧与房分。以往解决宗族内团结问题的一个原则是公平或均等，志书记载各房之间轮种祭田方式就是一例。（郑振满，1987，第 107 页；林耀华，1935，第 90 页）小至宗族之下的家族中兄弟各房的土地财产继承亦恪守均平分割原则。家族生活中横向各房兄弟之间和纵向父子（媳）之间都崇尚礼之有序均等、温厚与协和的精神，古今大家族生活之成功实行应看作是一种悠久文化传统的杰作。在向现代社会迈进过程中，既然这一传统不可能一下割断，那么大家族生活（和它的变异）及其理想就仍会被一部分人尽力实现，另一部分人也会找到适应与变通之路，例如把同样之均平与孝悌之礼在父—子家族（复数）两三代人之间略拉开距离的情况下加以实施，减少了家内难于避免的口角且能继续维护中国传统的家族精神。这在宗族组织盛行的过去可以被接受，现在亦仍不失被接受的基础。

我所讨论的父母到诸子家轮吃、住的习俗已十分久远，据考证大概可以早至 2100 余年前的两汉年间，那里已有 10 天一轮的轮值家族出现（《汉书》，卷四十三；谢继昌，1985，第92页注），而且是富人之家实行的。这倒从另一侧面说明轮值家族产生不在于贫富原因，首要缘由者，实在是维护未分大家族关系整合十分耗费精力。

就农人来讲，情况亦无不同。玉田县历史上早就有轮田、轮养家族。“玉田通”黄东告诉我，玉田人房子很大，父母以下可容几个小家，能维持大家族就维持，所以至今仍占相当比例。而另外一个玉田风俗是，父母在世时随儿辈成婚便陆续分家，但仍在一个房顶下的楼居内生活，只不过变为轮吃家族，直至儿辈盖新房分出（玉田新老屋相距较近）仍继续轮吃或轮住的家族形式。真实的情况是，实行轮值家族方式的多为父母年事高无劳动能力。对留有田地，无力耕种的老年父母，儿辈的供奉还要增加轮流为父母耕田。另一种情况是，由于乡间多早婚，近20年生活改善，早婚早育远甚于贫穷的前革命时期。早婚的后果不仅是人口增多，而且代际间隔将缩短，常常是长者仍有劳动能力，甚至不到50岁时，已有孙儿绕膝了。此时的长辈仍能劳动，不须儿辈照料。民居空间又足以保持父母的住室和独自起伙的条件，于是便派生出另一次类家族形式，即长辈父母不到儿辈诸家过轮值生活，而是长辈父母单住（在同一屋顶下有自己住室或儿辈住新房，父母住旧居）。如果长子、次子分出后，父母先是与未婚幼子同吃同住，由长子、次子平均供奉钱粮的家族生活方式。待最后的幼子成婚分出后，父母便享受所有儿辈家分担奉口粮、赡养费或附以为父母耕田地的家族形式。这样，前者轮吃（住）家族是老年父母依次到轮值的儿辈家生活；而后者，定量（钱粮）均等赡养父母的反哺家族则是儿辈上门供奉了。由于父子仍住在一个楼居内或所住不远，长辈仍为诸子家看管孙子（女），做一些家务。几代家人甚至仍进出一个宅门。然而在人口统计和户口簿上，可能父母已与诸子家分别登记了。这从一个侧面说明，仅根据正式人口统计数字和简单地用家庭术语（如核心、主干和扩大家族）去分析中国家族，只能有有限的作用。因为这样虽然可以勾画出当时各类（统计规定时限）家族构成的大体状况，却不能透视家族成员关系之动态过程（见表12-1）。

表 12－1

No.	长辈姓名	轮值时间	轮值户数和兄弟数	住处	伙食	耕种	口粮	钱	家务
1.	黄孝西（父）	1 个月左右	2	一个屋顶下不同房间住	轮吃	自种自卖			家务
2.	黄松友（父） 蒋玉娇（母）	10 天	4	轮住	轮吃 3 家（3 个儿子）			一儿家付钱月 40—50 元	看孙子
3.	陈英秀（母）	10 天	3	一个屋顶下不同房间住	轮吃			每月轮收 20 元	看孙子
4.	吴玉（母）	半个月左右	4	一个屋顶下不同房间住	轮吃两家（两个儿子）			分出的两个儿子给钱	看孙子
5.	蔡龙门（父）	半个月	2	一个屋顶下不同房间	轮吃两家			有零用款	家务
6.	李朝花（母）	10 天	3	轮住 3 家	轮吃 3 家			有零用钱	家务
7.	郑珍宝（母）	10 天	4	有自己房间或老二家住	轮吃			有零用钱	看孙子
8.	黄香港（父）	10 天	3	轮住	轮吃				看孙子
9.	黄直友 黄太太	10 天	3	自住	轮吃		分别给母亲口粮		家务

续表

No.	长辈姓名	轮值时间	轮值户数和兄弟数	住处	伙食	耕种	口粮	钱	家务
10.	黄荣罗(父)	10 天	2	轮住	轮吃			有零用钱	家务
11.	魏永明 魏太太	10 天	4	轮住	在两个儿子家轮吃			另两个儿子付生活费	看孙子
12.	黄友恭 黄太太	10 天	3	轮住	轮吃			有零用钱	看孙子
13.	徐寿山(父)	10 天	3	与小儿同住，3 个儿住在一院内	轮吃				看孙子
14.	朱弟功(母)		4	个人房间	与三子吃	轮耕母亲田	每儿每年给 600 斤粮	有零用钱	看孙子
15.	黄继尧(父) 曾小妹(母)		3	父母住旧房，3 个儿住新房	自起伙		每儿每年给 500 斤粮	春节每儿给 50—100 元零用钱	看孙子
16.	鲁刚(父) 李秀玉(母)		3	个人房间	自起伙		每儿每年给 700 斤粮		
17.	黄学辉(父) 魏彩金(母)		3	个人房间	自起伙		每儿每年给 600—700 斤粮		

续表

No.	长辈姓名	轮值时间	轮值户数和兄弟数	住处	伙食	耕种	口粮	钱	家务
18.	黄三玉(父) 雷连秋(母)		3	单位旧房	自起伙		小儿养父，长子、次子养母		
19.	谢美玉(母)		3	一个屋顶下不同房间	自起伙		每儿每年给700斤粮	女儿寄生活费	家务
20.	郑秋晚(父) 曾宜花(母)		2	与小儿住		两儿耕父母田各一半	大儿每年给口粮		
21.	曾凤玉(母)		3	个人房间	自起火		两个儿供口粮	一个儿付赡养费	
22.	黄东北(父) 黄太太(母)		4	个人房间	自起伙		每年每儿供粮70斤		
23.	杨格美(母)		2	与二子住	与二子共食		大儿付赡养费		
24.	黄荣香(父) 黄太太(母)		3	一个屋顶下分房间	自起伙	自耕田育银耳	每年每儿供粮700斤	付零用钱	家务
25.	黄荣化 黄太太		2	个人房间	自起伙	自己劳动	每年每儿供口粮	付零用钱	
26.	黄金陵 黄太太		2	个人房间	同女儿共食	自己劳动		付零用钱	家务

续表

No.	长辈姓名	轮值时间	轮值户数和兄弟数	住处	伙食	耕种	口粮	钱	家务
27.	黄芳定 黄太太		4	与小儿住	与小儿共食		长次子供口粮	一儿寄生活费	家务
28.	黄比友 黄太太		5	个人房间	自起伙	自开店铺	4个儿子供口粮	一儿寄生活费	
29.	黄仁宏 黄太太		2	个人房间	自起伙		儿子给口粮		
30.	黄仁达 黄太太		2	个人房间	自起伙		儿子给口粮700斤	节日给零花钱	
31.	黄龙盐 黄太太		5	和二幼子住	和二幼子共食	自种田	3个儿子每年各供700斤		家务
32.	叶千 叶太太		2	与幼子住	与幼子共食		大儿供口粮		
33.	黄仁顺 黄太太		3	与幼子住	与幼子共食		大儿每年供口粮	次子供生活费	家务
34.	文扬 文太太		5	与小儿合住	与小儿共食	劳动	4个儿子每人每年供300斤粮		家务

续表

No.	长辈姓名	轮值时间	轮值户数和兄弟数	住处	伙食	耕种	口粮	钱	家务
35.	李光亮(父)		2	一个屋顶下,分房间	与大儿共食		小儿未婚,供零用钱		家务
36.	李西石(父) 王太太		2	与幼子住	与幼子共食	劳动	每人每年供600斤粮		家务
37.	吴琼花(母)		3	单住	单起伙	劳动	每人每年供300斤粮		
38.	李桃(父) 岳月花(母)		4	与两个小女合住	与两个小女共食		4个儿每人每年各供600斤粮给父母与两个小妹		
39.	吴文金(父) 张佑玉(母)		3	单住	自己起伙	劳动	每人每年各供100斤粮		
40.	徐杭水 徐太太		3	与幼子住	自己起伙		3个儿每人每年各供600斤粮		家务
41.	魏南平 魏太太		2	与幼子住	与幼子共食		大儿每年供600斤粮		家务
42.	何志伍 何太太		4	与幼子住	与幼子共食		3个长兄每人每年供600斤粮		家务

依表12－1，黄村42例老年夫妇（其中15例为一方丧偶者，即编号1，3，4，5，6，7，8，10，13，14，19，21，23，35，37）参加儿辈家轮吃和/或轮住的轮值家族，或接受儿辈家均等口粮赡养费供奉的反哺家族形式。这两类大陆乡村家族在居址上的特征并无差异，或同在一屋顶下，或居址极为邻近，属村内同一建筑群。只是家族赡养与生活方式不同，反哺家族的命名是与轮值家族对比意义上的形象的考虑，并不排除老人对晚辈的照管，也有称网状家族（networked families）（Unger，1993，pp. 40－43）的，谢继昌的“家户群家族”也包含这类“近距离”的反哺家族。（谢继昌，1984，第81页）而庄英章指出在工商化、都市化影响下，台湾家族变迁的一种新的地方类型，显示以父母为中心形成的“远距离”的，有独立发展又有合作关系的“联邦式家族”。（庄英章，1972，第88页；1981，第25页）由于大陆工商业起步晚，都市与乡村户口制度极为严格，闽省的“台湾式”联邦家族尚少见。如果说金翼黄村的东林家在前革命时期偏后一度属于“联邦式家族”，那么后来这类本来就很少的家族类型则一概消失了。显然，反哺家族与联邦家族类型代表了当代大陆与台湾乡镇的两个典型的地方性类型，带有不同社会与经济进程影响的烙印。不过，今后台湾式联邦家族形态在大陆陆续衍生是可能的，个体工商业迅速发展和户口居住政策的实际变化将影响这一进程。

为了方便归纳大陆和台湾存在的各种大家族的变通的地方类型，并与现有的常见的家族术语（核心、主干、扩大和组合家族）相协调，笔者乐于把A. 轮值家族，B. 反哺家族和C. 联邦家族等一并称为中国式准—组合家族（Chinese quasi-joint family）（见图12－1）。

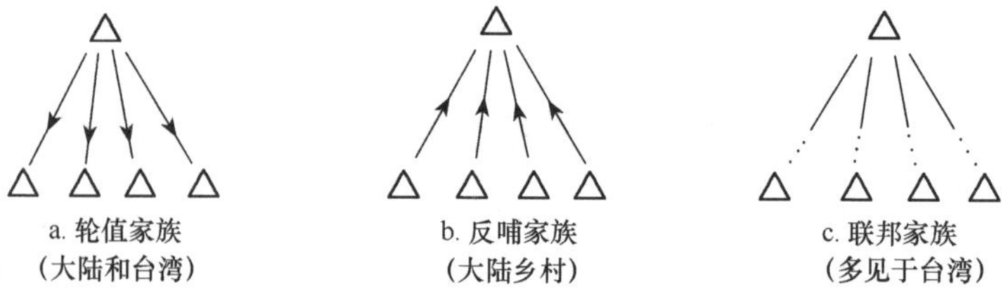

图12－1　中国式准—组合家族示意图

进一步分析，这42例双亲（或单偶）中参加轮值家族类的有13例（编号1—13）均参加轮吃制，其中兼轮住者6例（编号2，6，8，10，11，12）。这类双亲（或单偶）一般年纪大，或丧失劳力。但轮住父母一般都尽可能承担一些家务，如看管孙辈。由于玉田民居大，一个屋顶下有老年父母自己的房间，所以在同一宅门内单住的父母并不影响参与共同家族生活。轮吃住者因伙食与儿辈结合，轮值儿辈多不单付口粮给父母，只付零用款。就玉田风俗而言，轮值周期不严格的家族兄弟多和睦，兄弟间重孝的均衡，不允许不孝的思想状态出现。反之，值日严格，物质第一，精神第二，父母轮值时尚有推诿现象。参加轮值的13例黄村人中，有10例（编号2，3，6，7，8，9，10，11，12，13）选择10天左右一轮，占76.9%。荣仙认为："天数短则积累矛盾少，伙食还可以搞得好，因为兄弟间在比较。如果轮值时间过长，就随便了。"这可能是长久形成的最佳时间选择，有防止孝顺父母之懈怠的益处。而且荣仙还说："地方习惯是习惯，真正调理好家庭要靠父母和儿辈互相关心。"我认为家族教养、社区环境和传统舆论也十分重要。

以上是轮值家族。另一种是以父母为轴心，诸子家给父母定期送去口粮、赡养费和零用金。这种反哺类家族有29例（编号14—42），其中儿辈与父母分住者（在同一屋顶下）有15例（编号14，16，17，19，21，22，24，25，26，28，29，30，35，37，39），占例51.7%。父母与儿辈分住老房和新房者有2例（编号15，18），占6.9%。与幼子（女）同住并坐享长子、次子家供养钱粮者有12例（编号20，23，27，31，32，33，34，36，38，40，41，42），占41.4%。在轮值和反哺类的中国式准一组合家族中，有以钱抵粮、抵吃住，从而达成兄辈供养之协调，这类情况有8例（编号2，4，11，21，23，27，28，33）。在黄村，儿辈小家迁于城市者绝无仅有，不像台湾工商业发展后，农村青年纷纷迁往都市建立小家，但年老父母的家族并未完全解体，小家仍围绕年老父母为中心形成"远距离"的联邦式家族。由于大陆严格限制农村户口转为城市户口，故黄村的轮值与反哺家族类型在形式上仍极接近于传统的扩大家族。其在吃住方式、生计联合的程度、房产财产分化的程度上有或多或少的变异，但家族共同体的认同和大家族理念作为中国人先在的文化条件依然如故。

现在我根据中国家族结构的上述类别分两个方面加以说明，当以通行的扩大、主干、核心、单身（不完全）家族术语将黄村家族加以归类。在上一章，我们得出了这样一个结果：1986 年黄村山谷 4 个村 263 个家族中核心家族占 169 个，主干家族占 43 个，扩大家族占 38 个，单身（不完全）家族占 13 个。毫无怀疑，在将上述统计与黄村 1953、1975 年同类家族统计做对比时，已做出了关于家族制式和内涵的一些有意义的解释。其要点是：温饱问题之解决和生活改善，相当多单身汉失期的婚姻得到弥补，黄村所在地区的单身家族比例处于下降的历史趋势。至于说到核心、主干和扩大家族的制式都经历了一个从结构破损、发育不良变为渐进性的扩充，其中也包括地方农人实践传统大家族理念的显著努力。这在一定程度上勾画出了玉田地方家族变迁的历史轨迹与总的趋势。但切割式的术语分类统计只能提供若干时间断面的家族类型的局部存在状态，即只注意了中国家族类别之“分（开）”和它们结构上的“连（接）”的二重性之前者，就中国式准—组合家族存在的相当广泛的地区，如果将其家族及其成员关系考虑进去，1986 年的黄村山谷 4 个村的家族结构将会有如下重要小结：

1. 在 169 个核心家族中，有 128 个处于轮值、反哺或联邦家族类的中国式准—组合家族之中，仅 41 个是较为典型的术语界定意义上的、未卷入轮值、反哺或联邦家族关系之中的核心家族。

2. 43 个主干家族中 8 个为轮值（轮住）时的统计分类，实卷入了准—组合家族类型，其余尚有 11 个与幼子同住，但仍属于多子反哺、固定奉养类家族，故只有 24 个为典型术语意义上的主干家族。

3. 扩大家族 38 个，形态尺寸较 20 世纪 50 至 70 年代增大。

4. 13 个单身家族中有 5 个并非纯粹单身，而是卷入准—组合家族中，但形式上已单立户。其余为以下原因：大龄未婚单身、丧偶无子单身等。

综上所述，1986 年黄村家族类型应是：核心家族 41 个、主干家族 24 个、扩大家族 38 个和单身家族 8 个。户籍簿上显示的总数 263 个家族中的其余 152 个各类家族均卷入中国式准—组合家族中。如果我们再把 20 世纪 50 至 70 年代的家族结构和 80 年代联系起来看，虽说核心家族所占全部家族的比例曲线升降有人为干预促成的波动，但玉田地区差不多总有 3/4 的核心家族一直处于与父母同住的准—组合家族的结构之中，主干家族中亦有近 1/2 与儿辈家族等结成准—组合家族的关系。

新的分析表明，在中国准—组合家族流行区根据户口使用通行的核心、主干、扩大家族作为分类的根据，只表明一个时间断面（以调查统计时刻为准）的家庭存在形态。当然，即使这样，仍能在一定程度上表明地方家族形态变迁的总趋势，然而如果在使用核心、主干、扩大家族术语的同时辅以准—组合家族成员关系结构的说明，则会使人们对中国人实践大家族理论及其变通性实践有一个逼真的认识，同时也说明使用社会科学通行术语时，在保持其分类价值及其泛文化意义之外，有时还有必要做文化上的修订。

如果我把本章涉及黄村家族 A、B 类型演化与中国式准—组合家族的轮值与反哺 a、b 两类相联系，将明显看到 A 和 B 演化的结果 A1 、A2 和 B1 、B2 经常是以针对父母的轮值与反哺家族 a、b 的形式出现的。当然不排除那些仍存在的未卷入上述轮值、反哺类的家族。这一分类的考虑有益于深入理解中国人特有的家族意识，易于涵盖传统大家族的诸种变通家族形式。

中国式准—组合家族是一种应继续扩大研究的课题。反哺、轮值和联邦家族在吃、住、耕种、财产、信仰和族群关系上的变通做法，并没有排除传统家族主义的基本原则，如男系传代继嗣、和睦孝道和均等分享（分担）乃至现代意义上的族姓认同（强族）与扩大家业。这是中国人理想大家族理念与行为相互整合的产物。由于中国家族内部活动对外部世界的封闭性，大家族内关系难于披露于外。倒是轮值、反哺和联邦家族不同，由于它把通常家族成员关系纽带直接延伸至社区生活中，这便有可能把中国传统大家族关系要素无掩饰地暴露在邻里和公众面前，最鲜明的表现是均等与均衡的精神准则被物化和量化于准一组合家族成员之间，这大概是大家族理想模式在生活中妥协和变通存在的代价。然而，我们发现在现代化的过程中，中国人总是自觉、不自觉地把思想、人生、生计的设计和实行与家族主义理念牵涉在一起，显示了强烈的文化持续性与协调性。

民间总是喜欢用惩罚不孝的反面故事来教育民众自己，如玉田最流行的故事是传说一位老人在9个儿子家轮值生活。大儿媳讨厌公公，另外8个儿媳也学相，老人处处受冷遇。结果每个后辈都没得到好下场。与此同时，玉田地方上至今推崇人丁兴旺的“朱半街”（意思是一条街一半的住户都是朱姓族人），以及他们的后辈团结、和睦、孝敬和强盛。这类地方传闻有稳定家族团体的功能，同时又不失却对人性的孝与善的颂扬。中国式准一组合家族有了新的传播，这和持续了20年的公社体制有关，以致不少少数民族部分接受了这一家族形式，如轮值家族已在云南省景洪哈尼族（部分）、景谷傣族（部分）、贵州省布依族、水族（部分）、湖南省吉首土家族（部分）、内蒙古元宝山蒙古族（部分）、黑龙江省锡伯族（部分）、宁夏回族（部分）、福建畲族（部分）中发现①，这是一个颇耐人寻味的问题。一种观点认为“文化大革命”中，汉族知识青年落户少数民族村寨发生文化和习俗异化现象，异族通婚者首先尝试了轮值和固定奉养的汉族家族形式（根据哈尼族王玉梅）。一种观点认为，如蒙古族是幼子继承传统，近年来由于一致的户口、土地（草场）政策，幼子难于有以往那般特别的地位，所以不少家族开始采纳轮值方式（蒙古族秦力一）。笔者认为像畲族，他们在历史上与汉族交往多，一些地区早有轮值家族，而新模仿轮值家族方式的那些少数民族，多近在二三十年间，主要是平均主义思维、政策和行为方式之广泛传播。其中

① 《金翼》一书第十二章《分裂》中描写老祖母各三天在文、武两家吃轮流饭。上述少数民族轮值家族资料来源于笔者1984年在中央民族大学的课堂调查。

涉及人们直接的家族生活方式的就有：大体平均的口粮政策、公社生产队劳动体制和新的土地承包与分地原则，基本是未脱离传统的大家族大锅饭文化哲学，有汉文化的深刻烙印。因此对一些行幼子继承、长子继承制的少数民族地方习俗冲击很大。于是部分少数民族的部分地区已出现比例不一的准一组合家族形式。说明平均主义和家族主义精神作为一种汉文化传统在当代有了新的传播。也有拒绝这一家族方式的民族地区，一则是原来的民族家族形式与汉族太不一样了；一则是由于该民族赡养老人观念的强烈民族认同完全排斥了一种已感觉到的生活方式，然而这些问题的扩大讨论不是本书所能容纳的。

九、拜访年迈的小哥——金翼之家后裔琐事

古往今来，中国大家族理念及其实践依然持续着，有些扩大了传播，有些则渐渐发生了变异，金翼之家的构成也与以往不同了。我在每一个调查阶段结束返回北京后，总是要拜访志留，打听黄村过去和现在的家族关系细节，以利于理解当代金翼家族群体新的冲突及其解决过程。

1989 年夏，我到志留在北京的寓所看望他。这一天我带去我在湖口镇东林店铺旧址所在的街巷（通向湖口码头）的风物录像放给他看。随后，我发现志留明显克制着激动，屏住气息，凝着电视荧屏，长久不讲一句话。当《金翼》中提及的山川小路，志留出生时（1910 年）插香请花的古香炉以及七爷、八爷偶像重现在他眼前时，他的面庞有些抖动。他已几十年没见到他故乡的面貌了。当时我的确有些担心，因为志留年事已高，不要让他过于动感情才是。

“您记得《金翼》中提到东明‘文房’和东林‘武房’分家一事吧？很有趣，文房的后代都留在了农村，没有出现文人；武房的后辈却有很多人离开了种田人生活。”

“文房后代中也有一个文人是仁秋，中学教师。而武房当大学教授的就有两人，志山和我。在城里任职的后辈至少还有 10 人以上。”

“包括女的。”

“是的。过去女人做家务，现在则不同了，和男人一样工作。”

“您的三哥是1985年去世的。”

“不，1984年。有88岁高龄。”

“书中大排行6兄弟如今只有您健在。”

“啊，人生短暂啊！”

“大哥志一的后代少台读过5年私塾，这在农人中不多见。”

“但他还是农人一生。”

“少台在50年代土改中被划成贫农，有4个儿子，53年分了18余亩土地，生活还可以。”

“我在《金翼》中写大哥、二哥家争吵，大打出手，少台也卷进去帮助他父亲。”

“是的。中国家族纠纷有时相当激烈呢！从福建乡村的楼居（兄弟分而不散，住在一座楼里）到北京的四合院常有这类事。”

“少台比我晚一辈人，年龄却相仿，都是龙钟老人了。”

“1975年以后，少台和小儿子芳岗一起过日子。”

“和幼子过是玉田的风俗。记得土改时，叔伯二哥志鹅也是和一个儿子过。”

“是和仁达过。仁达28岁结婚，划成分时是贫农，所以其父也是贫农成分，但有趣的是他分出去的另一个儿子仁高却被划成中农。”

“噢。”

“仁高和仁达也都老了。仁高是自己单起伙，儿子们分家后每人每年给父亲60斤粮（固定奉养的准—组合家族）。每逢年节儿子们也孝敬一些钱，但有时仁高挺不客气，逢人便得意地说：‘不是动不了了才给钱和粮，人有用也得给！’听起来有点不像老子说的话。”

“仁达是二哥的次子。”

“他也过65岁了。和长子方向三代人同炊合住，是个和睦的未分大家族（扩大的家族）。”

《金翼》中黄东林两代人匠心经营商业、船运，从农村闯到外面世界。土改、合作化，还有公私合营以后，黄的触角已被彻底切断，金翼之家再也没有东林年轻时那般显赫了。志司被处决和荣香家人被划成地主成分后，东林后裔完全没有了在地方上发挥作用的可能。加之单一农业政策使东林第 2、3 代人也根本没有上辈人的勇气和机缘重操父业了。人们只是默默地耕耘为生。

武房的三哥（大排行）志山留美后在北京另有家室，他留在湖口的家人儿女继续住在旧日的铺面里。少扬在公私合营之时以退求稳，相机转入镇医疗卫生站工作谋得了一个铁饭碗。少扬的两个兄弟少辉、少希则到福州、北京谋生去了。

“您五哥死得早，《金翼》中有描写。”

“是的。记得他去世前些天，那是 1935 年，给我写了一封信，当时我在北京，大概还未等我回信，他的死讯便传来了。”

“他婚姻一直不顺利。”

“又不能自制，时而去妓院，染上梅毒了。是一个可怜的人。”

“您四哥划成地主，听说攻击他的人也有私怨。”

“人缘不好。志一指责他逼人命，但无证据，少扬早年在店铺里受志司欺辱，土改时少扬妻便盯他，还有亲族中的新孝也攻击他。”

“本来已划成地主，再若涉及人命，一场激烈的斗争之中当不堪设想。”

“一晃也有 40 年了。”

“听说您抚养过四哥的后代?”

“被扫地出门后，金翼族人回到老房子住。一侧房间是我父亲东林、荣香家住，另一侧房间是伯伯的后代住，生活很艰难。那时一共 13 口人（一个扩大家族）。父亲老了，真正能干活的只有 27 岁的荣香、20 岁的荣亮，其余均是老人妇孺。你想想我怎么能不管。所以我把志司的女儿秀姐接到北京抚养，秀妹由志山抚育，秀姐婚后我又把秀妹接到我家来。我的家也很大呀!”

“那时您已是教授了。”

“当时教授月薪 300 多，和现在比不算少。所以老家的父母生活由我负担。”

“这是一种中国人的孝道。”

“是。记得父亲东林送我上燕京大学时，学费每年 500 块，4 年就是 2000 块，小时上小学、中学也是父亲店铺赚的钱供我。”

“乡里有人讲是黄氏族田和学田上的收成支付您上学的，不是吗？”

“我记不得了。当然我知道是乡村社会养育了我。”

“黄村农人给我的印象是：凡是闯到外边去的人总是有能力帮助村里那些、这些‘命不好’的人。婚礼唱词上也是祝愿村里男人能外出做官，做官能帮助家乡改变命运。”

“现在还如此？”

“这种思想不知为何今日仍很牢固。”

谈话中我把一张我拍的今日金翼之家的合影给志留看，是在荣香新房门厅内拍摄的。那一天我请少扬来黄村讨论族谱问题，所以合家照里有少扬。后来我才听说平日两家矛盾很大，几乎对簿公堂。

照片中正厅悬有荣香爷爷东林夫妇大幅照片，但没有挂荣香生父志司的照片，耶稣会的年历贴在一旁，我知道他家较前更深刻地卷入了宗教理念之中。

“先生，这照片我已寄给荣香了，他很高兴。这是您父母吧？”我指着东林夫妇遗像问。

“是。是我母亲，郑月娇，出身一般农人家，是位德行很好的女人。”志留指着照片上一位慈祥的年老女性说。

“我听说您的母亲会裁衣。”

“旧时乡里妇人都会织布，但会裁衣的不多，我母亲手巧，总有人求她裁衣。”

“染色也是自己做，农人有不花钱的办法。”

“是，但也要到山上买畲族蓝靛，煮织好的布。要花点钱，但不多。”

“您母亲家在水口的红三桥附近。”

“你去过?”

“我乘汽艇到过水口。”

“我小时，那里的妇人上衣左开襟，说明和畲人文化分不开。”

“黄村上边马山畲村，我爬上去，如今都穿汉服了。”

“现在当然变化快。”

“我发现您的面貌很像当年的东林，只是没有留胡子。”

“哈哈，大而厚重的头，是嘛!”

“是啊!”

“我父亲东林1871年出生，1963年去世，有92岁高龄。那是刚刚过了困难时期（指1959—1961年）。可惜50年代初回家与他一面后再也没有见到他……本来他希望我念书将来能帮助他，谁知再也没有返回乡土。”

“不是说，升迁到城里的才子、官员从没有返回故土的吗?”

“那是环境变了，有了新的流动渠道，适应彼而不适应此了。”志留沉思片刻说。

“荣香的兄弟也搬到福建省其他城市去了。依我看，现在东林的金翼之家后代真正处于东林地位的是荣香。”

“是，我们都走了，离开了乡土。再就是少扬，还在湖口镇旧店铺住着。所以东林后裔只有荣香和少扬固守着乡镇社会了。”

“荣香年轻时就遇到处决志司的突然事件，心理受冲击，怕见官，胆子很小。”

“是。”

“他的3个儿子也不爱言语，但都是实干家。农活儿、种银耳、推销都干得漂亮。”

“还有个女儿志霞。”

“她倒健谈，比她兄弟世面见得多。”

“荣香家里一代都是男孩，听说。”

“是啊，3个儿子3个媳妇，以下8个孙子无一孙女。”

“乡里人高兴生儿子。”

“这照片上一家16口人，只有4个女人。”

“分家了，听说。”

“分是分。不过您知道中国的家是藕断丝连，盖了新房还是凑到一起，进出走一个门，分住不同房间，仍互助协作，不仅仅是名义上的整体。乡里没有说他们是3家，虽然户口上已分成3户。儿辈们固定奉养荣香，是个并不很松弛的家族共同体。大儿冠方、太太和3个儿子算一家，也是户籍上的一户。还有，三儿季方是和荣香合住，和幼子住是老习俗。”

“季方结婚了？”

“对，荣香夫妇、季方夫妇和1个一岁多的小孙子一起过。”

“噢。”

我向他讲起当代学者对各种变通性大家族的研究，他很有兴趣。记得早年志留曾致力于中国人亲属结构和称谓的研究，尤对大家族的成员关系给予特别的注意。

志留一边看金翼新楼居，一边看荣香全家福照片说：“福建玉田的大房子足够盛下这么多人的。”

“我看也没问题。”

“荣香和儿辈分开吃吗？”

“分开。除非有大喜事会聚餐。每年收了粮食，每个儿子要给荣香700斤，过年过节每个儿子再孝敬20、30元。”

“荣香能干，儿子们孝顺。”

“是。乡里并不认为这种赡养方式有什么不好。其实，家族内合作总是少不了，户口分开登记只是个形式。家的认同是同一的，厅堂高悬的东林夫妇遗照就是这些后辈的共同象征。实际上，荣香和儿辈的准一组合家族形式在居住平面配置上和长幼辈兄弟间的合作与扩大的家族只有某些物质上的合与分的差别。

“您知道，荣香盖了新房，又买了全村最贵的拖拉机运输车，金翼之家又一次冒尖了。虽说名义上两代人分了户口，实际上村民还是认为荣香是这大家族之主，是这个大家族共同体富裕了。”

“我知道。是风水的解释吗?”志留诙谐地说。

“那我要问您呀！您父亲的曾祖父（初九墓）盖了老屋；东林盖了金翼新屋，如今荣香又盖了红砖新楼居。刚好是隔代兴衰呀。”

“有时解释起来需要做许多新的研究。因为这不只是事实，而是一个过程。”

志留说得对。有些事令人兴奋不已，如银耳大赚其钱，发了财，也有想象不到的矛盾困扰着家族生活。如东林大家族的儿辈各房在土改来临的社会运动中未及时履行分家分房产手续，并在土改后集体化的 20 年间错过了弥补这一手续一事（实际已演变为准—组合家族形式），终酿成第 3、4 代人的祖产纠纷。这里是指东林开创的湖口店铺房产的归属问题，志留也很清楚这件事。

十、家族主义与法：当代金翼之家房产纠纷

当水口电站第一期放水在 1989 年末必须实行的工程进度确定后，一系列的搬迁准备工作要提前完成。其中最大的问题在于被淹没房屋作价赔偿标准的指令是否行得通。镇库区办公室的官员几经调查，征求群众意见，虽说不能尽如人意，实际上此次搬迁补偿费标准较 1958 年“大跃进”的“军事化”搬迁补偿费高得多，所以多数群众还是同意了。然而此次房屋拆迁补偿涉及许多老住户，由于中国人家族制度与现代法律有不同的原则，故其间的缝隙常常酿成宗姓、房分和家庭亲属间的利益之争。土改时期及其以后，金翼之家一直没有考虑弥补旧日东林家后辈的分家手续问题，因为一切是公有和集体化的社会环境中。荣香家和少扬家在黄村和湖口各有住处，其他人远走高飞到其他城市和外省。少扬住湖口店铺，住就住吧，何况那是一个衰落没有兴味的小镇，族人也没有什么可说的，只要没有出卖的机会其价值只是空的，人们的确是用传统家族的共同原则看待财产的归属的，人们也一直没有注意这个继承方式还有实际利益。自从东林 1963 年去世，金翼之家失去了家族关键人物，至 20 世纪 80 年代中叶，志留已是东林第 2 代的

仅存者。因此一旦出现房产纠纷，麻烦就来了。志留如今处在了长辈证明人的地位。

1988 年的一天，在黄村山谷西路上，志霞对我说："志留有信来，说让我家与少扬家好好商量。但怎么商量？"

"我不知道志留来信。我想，很好解决呀，谁有地契是谁得赔偿费，是你爷爷或父亲的产权吗？"

"这很复杂，房契上是叔公志山的签名，但这是名义上的，实际上志山常年在外，店铺是曾祖父东林的，由于他年迈，真正主持店铺是志司。"志霞解释说。

"噢，这很复杂。这就是说这份房产不是志山一个人的，但地契上为什么是他的签名呢？为什么东林不签名呢？"

第三天，荣香见我又来黄村做田野调查，便约我并希望我也约镇书记丁子明一同便饭。

这小镇与城市不同。真正城市的市长难得一面，而镇负责人却能常在街上走走，没有人不认识他。

我知道这次吃饭主要是为房产之事。荣香希望镇政府能过问此事，但一谈到契约人时便不容易谈下去了，旧时家族的决定并不能起法律效用。

闽江的鱼虾佳肴盛在盘子里不少，荣香吃不下，因为他已从谈话中直觉地理解了一些关键话的含义。丁子明希望荣香兄弟俩好好谈谈，能解决便用不着上法庭了。荣香怏怏地离开饭铺。其实作为外来者的我不便卷进去，但我的确对文化与法律的交叉性问题及其解决方式有兴趣。

我终于想出了办法，找到了档案材料，极有益于学术的分析。

一份材料是湖口店铺买卖契约，表明 1946 年湖口店铺原主李志英、李元康二人将铺面房两进加厨房卖给黄村黄志山，下面为开价 6.5 万元国币的卖契原件：

立卖归断契李志英、李元康等于前年间出典与一都黄村黄志山处店屋壹座，坐址一都湖口，地方俗称下坪街大庙坪。分前后两进，又厨房壹间，界址及六至门路水沟等俱载明白于典契面。

今因乏款用，自情愿托中即将该店屋壹座分两进又厨房一间卖断与原典主黄志山处，承买归断永远为业。当日同中三面言议，时值得卖断价国币陆万五千元正，其国币即日同中笔下交英、康等亲收，足讫无少分文。该店屋自卖归断之后任黄家改架砌造出租或自己开张居住，子孙永远管业，康、英等子孙永斩葛藤不得异言，但此店屋是英、康等上手遗下己业，与别房兄弟侄等无干，未断之前无重挂他财，倘有来历不明，英、康等愿甘出抵，不涉留之事。中间授受清白并无勒算事情，两相甘允各无翻悔，恐日无凭，特立卖归断契壹纸，付留子孙永远为照。

中华民国三十五年四月　日
知契在堂母李魏宝林
立卖归断契李志英
　　元康（母代）
在见堂伯　　文杰
叔祖　　　　乃泮
证明人　　张元西
中　人　　蔡鸿光

阅读上述契约可以了解到，中国传统民间卖契与当代法律文件同样有相当严谨的措辞。契约行为过程的特征，一方面既依赖于宗姓、房分和长辈的权威见证，又在另一方面运用行文的严密性特别割断了卖方同房兄弟侄再度染指的机会。然而，尽管文字严密，因买方签字人的含义有家族内部的解释，仍酿成了日后东林后裔利益之争的隐患。

再看第二份文件，即福建省玉田县田赋粮食管理处印发卖契本契：

福建省玉田县田赋粮食管理处印发卖契本契

出卖人　　李志英
承卖人　　黄志山

地　类　　宅基

卖　价　　6.5 万

立契日期　民国三十五年一月

坐落　湖口下坪街大庙坪

应纳契税 9750 元

福建省田赋粮食管理处副（兼）处长　民国三十五年

“四月发给执照”

（此联交投税人存查）

从签名上看当然该房产的产权人是志山，但依金翼之家同辈后裔的解释，该房产为东林产权，因其告老退住乡里，而志山留洋返国，在教育、宗教和家庭对外关系上都有名气，故家族对外事务以用东林长子志山签名为佳，而志山又常年在外，实际店铺的主持已落在志司身上。这说明，中国传统家族应对外界事务时常有变通办法和现代法律的原则相抵触。但问题在于现代中国社会政治生活变动非常之大，家族事务的灵活性曾是由家长认可的，其成员无所谓同意不同意，这就为日后的房产归属解释增加了麻烦。

土地改革之时，金翼之家处境衰微，志山也因“帝国主义基督教”背景去接受马克思主义无神论再教育，而少扬并无任何牵连。1952 年湖口地方签发新的土地证，少扬作为 8 口人（含志山）的户主得到湖口大庙坪的房产权证书：

土地房产所有证

福建省玉田县土地房产所有证

第五区湖口镇湖口村民黄少扬全家八人（人名略）依据中国人民政治协商会议共同纲领第二十七条“保护农民已得土地所有权”，暨中华人民共和国土地改革法第三十条“土地改革完成后由人民政府发给土地所有证”之规定，确定本户全家的所有房产共计房屋壹拾间，地基壹段〇亩贰分捌厘〇毫均作为本户全家私有产业，有耕种居住典卖转让赠与出租等完全自由，任何人不得侵犯，特给此证。

县长　杜继周

一九五三年　月　日

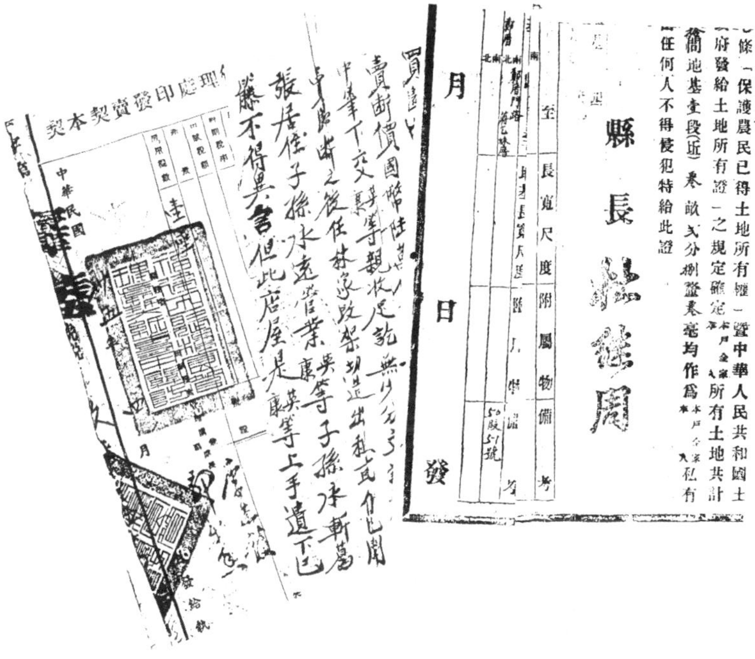

图 12－2　东林家族后辈房产契约影印件

此后因公私合营、合作化、人民公社和“文化大革命”运动，个人私有产权及其观念受到抑制，多余住房实行国家经租，幸好少扬在湖口的旧铺面房不算大，其实际居住被延续下来。

直到 20 世纪 80 年代中叶，水口电站移民工作中对湖口库区淹没房屋估价时，属库区淹没区的少扬家铺面房便产生了价值。消息一传开，不仅黄村的荣香家，包括黄村同宗人都认为湖口房屋应是祖上财产，东林后代都有权分享，这便导致了荣香家要求和少扬家以及其他后辈参与分享房屋赔偿费的争执。

这件事牵动了在北京的志司的女儿秀姐，秀姐是志司的大女儿，她支持荣香，几次找志留，要志留给荣香、少扬写信说明上辈人的事。

有一次，志留的女儿川锦对我说："当时大伯父（志山）外出，我父亲志留也在外，三伯父（志吾）早去世。实际上是志司在家操持家业，管农田、生意。"

"用志山的名字签约是怎么回事？"我问。

"因为买房时还没有分家，他留美归来声望高，又是长子，家族对外事宜以他出面为好。"

"秀姐让您父亲写信，现在怎么样呢？"

"我听说本来要发钱，但宗族内、家族内的意见不一，而签名的确是志山，所以乡里一查契约，不好办，只好暂不发放拆迁赔偿费。"

1988年1月2日，志留给少扬和荣香联名写了一封信，内容如下：

少扬、荣香　侄：

湖口房子是祖父（东林）大家族的共同财产，按理应由我们四个兄弟分，三哥早去世，我也不要这份财产，就由大哥、二哥两家的后代子女平等合理分配。希望你们不要争执，好好商量平等合理分配。

祝你们

新年好！

叔　志留

一九八八·一·二

1988年夏，志留又写了内容相仿的信向荷洋镇政府官员陈述，志留的信表明了中国传统家族原则，即祖父东林大家族共同财产是指东林以下各房人共同继承，这便否定了志山签名的唯一产权人的含义。就是说，志山、志司留在乡里的后辈荣香、少扬等要好好协商解决。

在湖口保健院工作的少扬儿方达坚持父亲是唯一产权人，态度强硬，少扬起初不言语，这次收到志留的信后也大为不满。他在给志留的回信说："这不是分财产，这是给的（水库搬迁）安家费。"并不客气地说："这不关你的事，你不该管。"显然，这是中国家族争执立论的"艺术"，志留提出的房分地位和少扬的安家费之说，的确是一个问题的两种解释。前者若成立，则房屋赔偿应兄弟分，而安家费纯属被安家者的福利，这与中国家族原则毫不相干，即使基督徒也要据理力争的。这样，志留变成了"干涉他家内政"而受指责了。

1988 年末，我在荷洋镇遇到了司法办的欧学君主任，他告诉我，他已收到了来自荣香、少扬、志留等各方交来、寄来的法律文件、信件和证明。他对我说：

"这类事有不少，单纯法律裁决很容易做，但一个事件背后牵扯很多人，一个家族乃至同房同宗，十分棘手，所以我们总是在上法庭之前进行调解。"

"现在房产签署会很含混吗？"

"现在群众也会注意了，一般房屋民事纠纷多是祖产纠纷。"

"中国人常说合理合法。就是说，传统道德人伦的准绳并不完全依据法的原则，遇到合法却不合中国家族（宗族）之理的话，麻烦就来了。"

东林不知道他的后辈因产权分裂了，但水库搬迁不能推迟，法庭已备案等待调解结果。将来少扬会搬得离荣香的黄村更远。显然，他们两家的后代也将渐渐疏远。秀姐又来找志留，请他再次写信给黄村族人，志留就又写了一封与前内容大致相似的信，每一封信都最终转到县、镇、司法机构备案。可惜我 1989 年离开黄村和荷洋时仍未裁决。然而，金翼之家后代房产纠纷之判决结果十分重要。中国人房分与大家族整体原则以及由此而造成的宗族、房和家族纠纷（遗留的和新生的）的调解，将如何与法律的条文相整合？推而广之，根深蒂固的中国家族主义与现代社会法的原则如何协调，这将是一个具有影响力的信号：乡里的农人眼睁睁地看着它。

1991 年 11 月，我在美国做访问研究期间收到志留从北京寄来的亲笔信，他写道："目前湖口完全淹没在水中，少扬全家搬迁到皇口，搬迁费归少扬，（在少扬和荣香家之间[①]）没有什么争执。"这表明以往房分纠纷的调解失败，法律的裁决终于超越了传统家族主义之上，尽管这是因民间家族原则的漏洞造成的，相信会在黄村内外产生深刻影响。然而中国家族的整体利益原则还在继续着，广为传播的中国式准—组合家族同样保持了父系继嗣团体的认同，但财产分化再也不会只信赖单一的不成文的家族整体原则了。

最近几年，乡村宗族与家族主义又有"复兴"之势，无论其中包含多少变异的成分，可以肯定地说，在今后一个相当长的历史时期，家族主义仍是中国乡村社区变迁调适的一个关键所在。

① 是指现场的说明，书尾不再就此加注。——作者注

第十三章

女神陈靖姑信仰

玉珠婚礼（见第十章）的前一天，她的母亲对我说："不能再耽搁了，明年18岁是忌年。"

"谁的忌年？"

"奶娘的忌年。"

"奶娘是谁？"

"陈夫人，没有人不知道她，生儿育女都要请她保护。"

我记起《金翼》一书也有一段对三哥从黄村去湖口镇迎奶娘香炉的描述。当晚我查到那一段文字（林耀华，1989，第18页）。后来我推知这是1910年小哥志留出生仪式的记录。

湖口庙里供着奶娘，有一段脍炙人口的传说（简述，录作者综合札记）：

奶娘名陈靖姑，尊称颇多，如临水陈太后、顺天圣母等。相传唐大历元年（766）正月十五，福州下渡陈昌家生一女婴，临盆时异香满室，取名靖姑。靖姑幼年聪敏，其堂兄陈守元伴读，万不及她。

玉田人刘勋之子杞连，口哑，到下渡陈家学堂，见靖姑欢喜异常，竟能开口。杞连母甚喜。

靖姑15岁往闾山学法，拜许真君为师。学设醮法，斩蛇精，呼风唤雨，缩地腾空，退病祛瘟。唯不学扶胎救产。真人问："何不学？"靖姑曰："未嫁之人怎便入秽室，故不学也。"3年后拜别师傅，真人赐宝剑和符。靖姑出行24步，因她不学扶胎救产术，真人嘱曰：

"至 24 岁不可动法器。"

靖姑 18 岁返回家中，多有除妖佑民事，但与杞连婚事遇坎坷，一再推迟（故 18 岁为一忌）。后闻闽地有白蛇精、长坑鬼结伙，害良民。白蛇劫持闽王并食害宫娥。靖姑施法术，布闾山正法，逐白蛇，复活三十六宫娥。闽王感念靖姑之功，将三十六宫娥赐予陈夫人。

某季大旱。闽王命已成道官的陈守元求雨，半月不应。闽王怒欲焚诸道士，靖姑此时已三月胎孕，便脱胎陈家，遂驾云之上，左执鸣角，右执宝剑，念真言焚血文，天降甘露。旱解，施泽万民。此时白蛇精、长坑鬼乔装靖姑回府，盗胎食之。靖姑怒追之，当白蛇飞入临水洞（今玉田大桥中村处），靖姑法压蛇精，令其永不出洞，但靖姑因未学救产之术，不能自救，遂坐蛇头而化，终年 24 岁（故 24 岁为又一忌年）。

后陈靖姑灵魂重生，赴闾山重学救产扶胎之法，十分精到。返玉田屡救生护产保赤佑童。其缩地腾空，被认为无时不有，无处不在，法力无边，临水陈靖姑声名更见显应。后传陈靖姑一再为历朝所加封。现存玉田县大桥中村旁的临水宫，为唐贞元八年（792）兴建，以褒陈靖姑"护国佑民"，"扶胎救产，保赤佑童"之功。

考察陈靖姑事迹，她极似一古代道姑或女巫，以其一件或数件令人佩服乃至惊叹的善行或法术为民众所景仰，随之经渲染、神化，千百年播迁开来。而陈靖姑所学"闾山"法术，救国护民、播雨除旱、医病决疑、降妖斩蛇、救产保胎等已成为民众崇敬的缘由，因为她随时都会成为人们心中需要倚靠的宏大力量，尤其在人们处于无助的时刻。如陈靖姑这样的地方人物传奇能千余年传而不衰，还在于上述事迹与闽地、闽人紧密结合。一传一播，其间虽有移花接木和杂以虚幻离奇情节，但有时因有地方历史与年号之共同背景，以及构成地方文化传统的民俗、方言等，使陈靖姑传奇能"有鼻子有眼"不胫而走，那重天命、善造神的福建地方民众，正是陈靖姑信仰传播的载体。据笔者调查，如今实际来临水宫接陈靖姑香炉和祈拜的主要有以下县份：玉田、屏南、宁德、福安、建阳、建瓯、政和、福鼎、延平、沙县、闽清、闽侯、永泰、长乐、连江、罗源、晋江等。上述县份大体偏于福

建北部。（见图 13 －1）

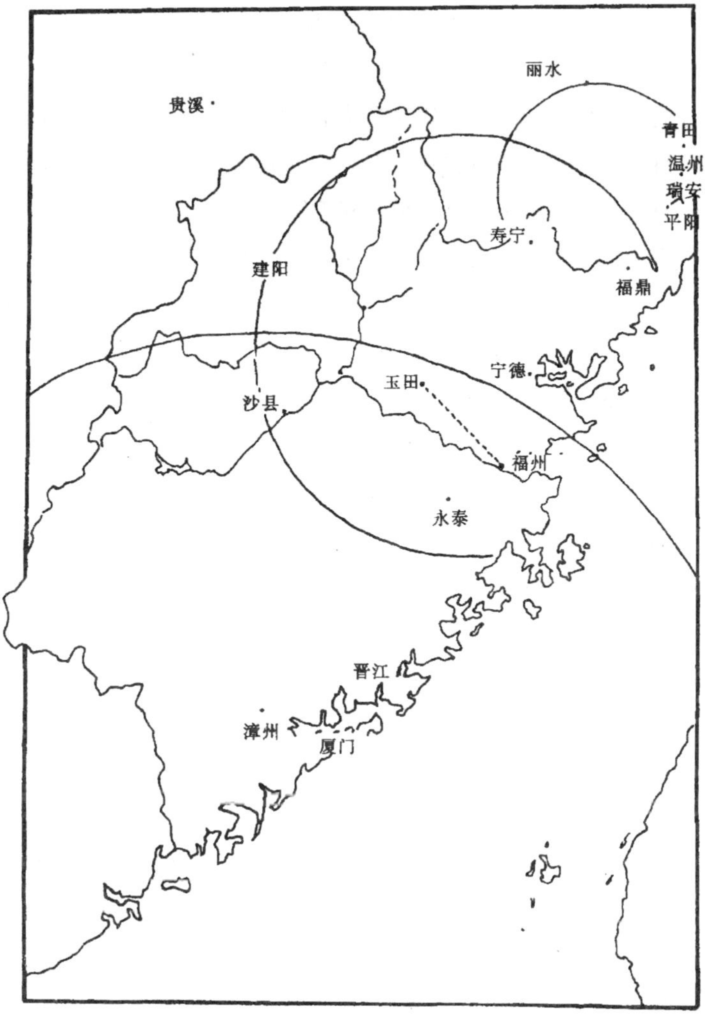

图 13 –1

当然，福建大多数县份都有陈靖姑传奇传播的痕迹，而结合民间传说和人类学实地考察，可知陈靖姑发源地是从福州至玉田县一线为中心，然后向北、向西、向南和越海播化其传奇故事，并形成信仰。

而该信仰对当地民众生活构成重大影响的除玉田、福州一线之外，主要集中于闽东、闽北和浙南一带。从浙江南部《陈十四奇传》（叶中鸣，1985）、《夫人词》一类的说唱抄本分析，涉及福建地名、山川、庙宇的名称常有错误，但不奇怪，由于乡土社会人们活动半径小，难于去福建和玉田的浙南人，其口头传唱必然与传奇发源地的福建产生差别，然而，浙南唱本一致确认玉田临水宫为传统的中心位置。比较合理的解释是：陈靖姑传奇从福州和玉田一线为中心向外传播，首先弥漫了闽东北并渐次达浙南。一个极重要的现象是：从今日语言地理学看，该传奇与信仰分布区刚好是以福州为代表的闽语闽东片方言区，该方言区是将浙南和闽东、闽北联系在一起的，福州和玉田基本属于这一方言区内。随岁月流淌，其传播已大大超出这一范围，延及闽语的闽南、闽中和莆仙区。（周振鹤、游汝杰，1986）我的文献与调查工作配合，得出如下观察：福建省玉田县临水宫至福州下渡陈太后庙一线为中心的陈靖姑信仰圈（中心圈），大体北至寿宁县、福鼎县、建阳县，南至闽江南的沙县和永泰县。在浙江南部丽水、青田、温州、瑞安、平阳等县，还有一个陈靖姑信仰的次级信仰圈，在闽南和台湾多类地方志、宫庙藏书和民间抄本（庄孔韶，1989；陈敏慧，1990）中，描述了陈靖姑信仰传播的事实。例如，1982 年 2 月台北碧潭临水宫奠基之碑记上还有福建玉田县临水宫“分灵碧坛，护国护民”字句，可见在玉田县为中心的陈靖姑信仰已跨方言片播化至闽南、台湾，构成又一个松散的信仰圈。在上述陈靖姑信仰中心与次级圈层边缘，他省的乡村还偶有奶娘宫庙。其圈层内农民自行传抄各类陈夫人传记、唱本、经文，如我搜集的《夫人传》《大奶灵经》等和正式石印、经书、传奇互为补充。镇乡一级陈靖姑宫庙和乡间不可胜数的小庙形成不同层级的大小信仰圈，如涵盖荷洋、皇口一带乡村的陈靖姑（亚中心）庙在湖口镇（请观看《端午节》），而再往下至村一级，如黄村山谷内一些较大的村土地公庙内都供奉陈靖姑，构成多个小信仰圈。在陈靖姑传奇与信仰传播过程中，师公和庙祝穿梭往来，向各地香客展示诵经、作法等仪式，扩大了陈靖姑神在乡土社会民众精神世界的巨大影响。应注意的是，在陈靖姑信仰圈内并不排斥对其他神祇的并列祭祀或主辅祭祀。

和福建省众多地方神相比，陈靖姑已到十分重要的地方民间女神地位。可以说除妈祖外，尚难有可比拟者，而洋洋百余万言的《闽都别记》则使妈祖的传说也相形见绌。

陈靖姑之研究，不能不读《闽都别记》。（里人何求，1989）该书大体在乾、嘉之际撰写，作者里人何求。清宣统三年初刊此书的董执宜先生跋文提到："其书合于正史及别史载记者各十之三，野说居其四焉。"《闽都别记》涉及唐、五代、闽王、宋元明清历朝，有历史的线索，但因随意穿插，颇不严谨。不过对非学问家的市民来说，这古代的大事、历史的背景恰恰是陈靖姑传奇的高雅之处，尽管多有附会痕迹。该书因大述福建风俗和宗教，与福建基层民众的日常生活紧密相关，为民众喜闻乐见。传说和说唱中陈夫人无边的法术和接奶娘香炉之灵验，农人和市民已不仅读之诚心，听之恭敬，而且身体力行，使传奇中的陈夫人的体和灵真正进入民众自己的生活。所以说《闽都别记》的情节既依赖了历史，又远离了历史。毫无疑问，当今陈靖姑传说的非历史化倾向已不可挽回，但并不妨碍在基层民众中扎根。

我要说的是，在千年流传的陈氏传奇基础上，《闽都别记》首刊石印本实为陈靖姑传奇与信仰在近代的一次大规模文化的统一行动。在福州方言区，该书起了规范故事情节的作用，并在实际生活中，使基层社会陈夫人的信仰活动趋向了一致。而此时《闽都别记》本大量为说书人所有，其传播陈氏传奇与信仰方式作用之大便难以估量了。如今，在陈靖姑信仰圈中心的玉田县和福州状况如何呢？县镇、乡下和黄村又如何呢？我做了一次广泛的田野调查。

在福州

福州属陈靖姑信仰圈中心一线。我邀乡下的林仙道士去福州找陈靖姑娘家遗址。市民的信仰以打听市民最为奏效，下藤路的老裁缝告诉我们下藤就是下渡。于是我们终于找到现辟为小学的"十锦祠"，拍得陈靖姑娘家所在地的旧石井和旧祠建筑。不远处的临水陈太后的“总庙”在一庭院内，庙很小，但案台上摆满供品，香火重兴。庙祝刘丽华老人闻讯而来接待我们，她说陈太后庙刚修复几个月，原庙在1960年毁于火灾；并说她婆婆（已故）曾一直是诚心诚意的庙祝，维护陈夫人庙的香火，也不断有供奉、焚香者，可以说陈靖姑至今对福州市民有相当的影响，在福州市郊以下渡为中心有一个市民的陈靖姑信仰圈。

依《闽都别记》中靖姑言“吾乃下渡陈靖姑，去闾山学法”，便应是从这下藤路（下渡）去的。不过当我们站在泛船浦（番船浦）左近望着浩渺的江水时，才记起传奇中阻挡靖姑人的话：“闾山门在水底，凡人安能入?”为此，当笔者问起林道士时，还是他答得妙：“闾山在那波涛渺茫处，也在我心中。”在福建，陈靖姑信仰属民间信仰或道教还有争论。不论从传奇内容和信仰活动看，如那虚无缥缈处闾山法祖是许真君；陈靖姑赴闾山学法之后又抵江西龙虎山从张天师学艺，临水宫和民间村庙中壁画和陈夫人传奇中，均有张天师送她“斩妖宝剑”的情节；传陈靖姑堂兄陈守元是闽王时道士，后为道教“国师”，且守元许多道术得自于靖姑；陈夫人成仙后被朝廷“敕封”为“圣母”“元君”等号，以及临水宫之取名均有道教色彩。林仙道士和我有相同见解。福州市正一派道士陈玄境进一步告诉我，福州下杭路张仙公庙也属正一派道教。传说仙公和靖姑是师兄妹，也可佐证陈靖姑信仰道教。现在江西省龙虎山张金涛道士也知晓福建陈靖姑传奇中有涉及龙虎山之事，完全不否认陈夫人信仰与天师道道教的关系。

我发现“闾山派”道士正是把陈靖姑奉为主神之一，是铲除邪恶、救产护童的万能之主。每年各地道士都要到临水宫举行仪式，请陈靖姑神到他们各自家乡。如果进一步从闾山派道士信仰内涵、经文内容和仪式判断，应属道教无疑。

闽东、闽北的道教闾山派，和闽南、台湾的道教“三奶派”（陈靖姑外尚崇信李三娘、林九娘）相比无多差异。在闽东临水宫以及其他壁画中，陈夫人皆处于供奉中心，李、林二娘也处显著地位，可知闾山派和三奶派道教为一脉相连。

当我来到福州市中心的乌山时，小雨蒙蒙。道山观吕祖宫供器闪着金光。在香烟缭绕中，可见吕祖塑像左侧有一抱子状陈靖姑鎏金塑像。除道山观外，于山九仙观旁天君庙里也供奉陈夫人，更证实了作者的想法。

相比而言，真正对市民有亲切感的还是福州下渡简陋而庄重的陈太后庙，是较为纯朴的宗教文化象征。一般市民对陈太后信仰是否为道教抑或民间信仰并不像道士、学者那般拘泥。

为了方便本章关于玉田县陈靖姑信仰活动，以及方便对十四、十五、十六和十七章关于道佛、儒学、基督教和地方人事活动的交叉分布与结构分析，笔者将玉田县境做了分割示意（见图 13-2），该县多山和谷地，从西至东似一侧 T 型。考虑到地貌、气候、农业区划、经济、交通、信仰、人事活动与文化特征，全县被几何化分成西上（Wu）、西中（Wm）和西下（Wd），以及中（M）和东（E）五个小区，每个小区中以一个或两个镇或自然镇（P，Y，Hu，He，S，L，D，T，Sh）为统领的图示，其直观含义不过是该地人群活动的集中地，其他进一步含义则借助于叙述。

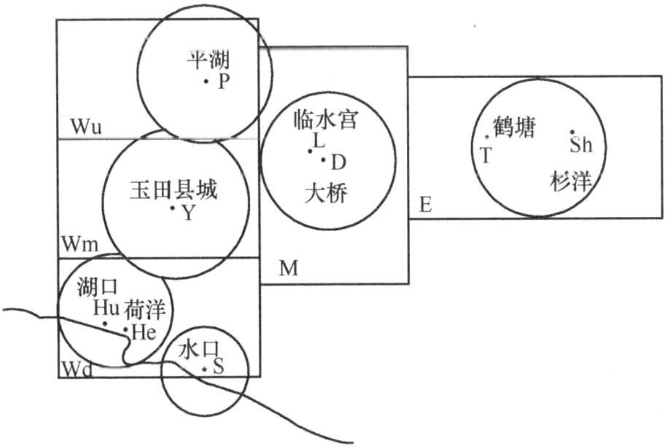

图 13-2　玉田县信仰与人事活动示意图

在玉田县临水宫（L）

临水宫在大桥东 4 公里处，是陈靖姑信仰圈的中心，大殿内陈夫人身着金黄色彩袍，彩珠凤冠，栩栩如生，尤显慈祥貌。背后有“大德曰生”四字。这里还有另一座像是由福州的信徒送来的，放置在殿侧梳妆楼上。侧墙上已重绘陈夫人传奇的连环画，太后的三十六宫娥静静地候在配殿里。

进香的农人由太保殿灵签处向陈太后求签后可得一个号数，随即到正殿一角落对签。规矩是若对签逢吉，接陈夫人香火（香炉）后便可高兴而归，可谓“有求必应”。若逢凶签，则允许当日下午再求一签，对签如逢凶也不得再度求签。签诗卜起源于五代，宋时已颇为流行，并传至今的佛道与民间庙宇中。（Banckl，990，p. 603）承蒙临水宫庙祝陈占英好意，我得到全部 100 种对签诗句，如第 26 签诗句为：“选出牡丹第一枝，劝君折取莫迟疑，世间若问相知处，万事逢春正及时。”属吉签。又如第 13 签：“命中正逢罗关字，用尽心机总未休，作福求神难得神，舍路行舟上高滩。”属凶签。依笔者分类，在凶签和中性诗签外，吉签占 87%，根据每位求签者有两次求签机会计算得吉签概率如下：

87 +13 ×87% =98. 31

来临水宫的信众实际上有 98. 31% 的机会可得满意的答复。人们还求来“圣敕令临水宫正宫陈夫人九宫显应，保安驱邪”符，怀着希望打点精神回家，单凭这一点，临水宫就有足够的吸引力。临水宫现在的请香活动再度兴盛，还得自于进香者和邻村的赞助。人们不仅保胎、求子、祈雨来求签，甚至为银耳生计也来求签。而最重要的求签——请陈夫人香火（香炉）时刻是在阴历正月初一，止于正月十五靖姑诞辰日，多有道士到宫内外诵经，观者为堵。人们或步行，或乘车远道而来，为力争第一炉香火为愿。《闽都别记》第一百二十八回写道：“无事之家，亦去请香灰装入小袋内供奉……恃强先请，至于口角打架，无日不争。”1986 年正月来临水宫请香者络绎不绝，拥挤滋事，正因为抢第一炉香火所致。在一个文化低水准的乡土社会里，寻求精神上寄托的类似之处可逾过时空，应了临水宫中戏台旁对联上下句："天下事渺茫若此，古今人大概相同。"在这个时候，乡土民众追逐眼前功利，寻求一时安慰，并不会像学问人去讨论陈靖姑信仰是否属道教事。其实，卜卦、抽签早已为清修道士所不为，但周边诸县信徒、道士、师公均在陈夫人诞辰日来这里，道教信仰的复杂和混杂状可见一斑。

湖口旧镇（Hu）

一些乡村农人有时不能人人去临水宫请香，故县以下镇多有地方总庙，如湖口旧镇庙陈靖姑塑像为主神之一，并列供有土祖土婆、连公、玄帝。配祀神是谢（七爷）和范（八爷）。每逢正月，湖口人除了迎陈夫人香炉外，尚有七爷、八爷一高一矮在村内游神，因七爷、八爷为民间暗访角色，故造型冷峻，摄人心魄，见后使人有"为人莫做亏心事，举头三尺有神明"之感。（请观看《端午节》）湖口和周边乡村人还可以在大殿墙壁上看到血淋淋的道教地狱画，图示偷盗、奸淫等的地狱惩罚方式，以警世人。七爷、八爷与"护国佑民"、"救产保婴"的陈靖姑神一道成了每年游神不可缺少的庇护监察角色。上述主神、配祀神在游乡过程中时而到农人家歇息片刻，预示这些家庭新年平安如意，从而构成乡土社区精神生活的重要的周期性内容。平时为保产救胎、农事困境可随时从湖口大殿请神。一如本章开始所转述金翼之家三哥请陈夫人香火的情节。那书中所述镇和庙堂便是笔者考察过的湖口旧镇和供奉陈靖姑的镇庙，以该镇庙为中心构成临水宫以下的一个次级信仰圈。

在黄村山谷（He）

在陈靖姑信仰圈内的基层乡村，有更小型的基层祭祀点，均纳入村土地公庙内。黄村山谷内黄村土地公庙供陈靖姑和骐龙。零洋和前洋村，土地公庙供奉相同，有陈靖姑和菩萨，另祭潘、王、倪三公。木阁村供陈靖姑、菩萨和骐龙。此外，木阁庙里有陈靖姑传奇彩色壁画16幅，功力不凡，为清代咸丰十一年（1861）绘。山谷外多有陈靖姑供奉，但与其他神的地位排列不尽相同，如洋上村，庙内连公神在陈靖姑之上，尚供谢老师、马元帅和虎将军。一个合理的解释是，在湖口以镇庙为中心的陈夫人信仰圈内尚包含一个连公信仰圈，而黄村山谷边缘刚好是陈靖姑和连公神大小势力范围重叠之处，故乡间有主次神地位之不同排列，但陈夫人神位均十分显著。有时玉田一些佛寺中的菩萨泥塑也被乡里人重塑，挪至土地公庙内供奉。菩萨原为救众生、排除人间苦难之神的象征，而农人则多在解除苦恼之外，对其有具体所求。连公神掌五谷，侧重控制作物病虫害，其职能远不能取代土地公的地位（现在的土地公含义已是区域性，如村土地之神之谓）。（宗力、刘群，1986，第217页）龙神虽与陈靖姑共有祈雨祓旱职能，但陈夫人保胎救产并具体对农人人生过程（特别女人一生）有巨大影响，他神不可替代。因此众神职能重叠并不妨碍每一神特别法力的崇拜，从而使农人可有选择地供奉神位，以解除不同的生存困境和祈求愿望。

每逢春节至正月十五陈靖姑诞辰日，以及端午节，在黄村山谷居民都到各自土地庙供奉陈靖姑。庙之维修由村人贡献钱财。同村人各个家庭轮流拜供，焚香磕头，礼毕撤回供品回家享用（只有30余户的60余基督徒不参加祭拜）。据笔者在黄村调查，非基督徒少女均避开18岁和24的结婚忌年，甚至福州部分市郊少女都受其影响，不少女性为赶在18岁前能完婚而感到自豪，如玉珠母亲因女儿婚礼在17岁而不再发愁“18难”和“24坐化”。结婚避讳导致闽人早婚率上升，也表明乡民命定主义之深刻。近年来，我发现黄村周边又有自然村重塑、新塑陈靖姑像，这表明其信仰深入基层，并扩张了更多的小信仰圈。虽经多年政治引导，不少乡民仍相信自己无时无地不在陈夫人庇荫之下，的确值得思考。在同一时间，湖口镇不仅请靖姑神，还有盛大游行活动，戏班提供社戏，参加游乡。陈夫人轿座在前，七爷、八爷在后。现代湖口镇游神和龙舟赛均由主办单位安排，如运输站或乡村出面推举3人下村收集钱物，这一活动名曰“献彩”。在前革命时期，中国乡村宗族组织是乡村社会运作的主要力量，特别是单姓村或以大姓为主的村，这类活动的钱财来源均由宗族透过房长、支长（林耀华，1935，第3章），或以墓号（如在黄村）收取。而在镇庙以下杂姓村，则由乡社组织公推，或纳入某大姓，或由民间所信赖的媒介人物收取。如一些旧志书所载："乡人（北京顺义县以下）或二三十人，多寡不等各为一朋。每朋推年尊者三人为长。次又推一人为主事者，司出纳，众咸听约束。一会各自银钱，主事收掌。"（《中华全国风俗志》，上篇卷一，第6页）从而实施村落活动之管理。后革命时期，宗族组织解体，社会活动多由村组织安排，原宗族、房支范围的祭祀活动，多退缩至由家族为单位，一旦宗族组织消失而后几十年村组织职能亦削弱之后，祭祀与公益活动均视村人自组织能力，视公推之人的责任心而定，一些信仰与祭祀的活动除必不可少的（如游神、龙舟赛外），其余大都归于家庭单位自办。这是一个家族力量重新抬头的时期，很多乡村旧有组织削弱而无有力的新机构替代，于是便出现一个家族主义与自组织占优势的时期。然自组织万一不力，则乡村显出群龙无首之态势，社区认同与团聚力亟待加强。

我已对陈靖姑传说和信仰圈做了历史的、文献的、田野的调查分析，可先行得出初步见解和分析：

1. 迄今为止，在可以考证和考察的数百年间，陈靖姑传说借助方言和民间说唱（唱本）的传播，形成了以福州至玉田县一线为中心的陈靖姑传说圈和信仰圈，但该信仰圈不排除对其他地方神的交叉信仰。《闽都别记》和多种地方抄本在或大或小范围内起了统一该传奇和信仰的重要作用。我已看到业已存在的跨省的巨大的陈夫人传说圈与信仰圈（中心圈和亚圈），也在基层田野工作中注意到列入宫庙祭祀的大小不一的信仰圈（或祭祀圈）。而且，还有近年来社会变动中呈现出自然村为单位的祭祀圈数量的增加。就地方教派和信仰圈关系而言，闾山派道教和陈靖姑临水宫请香范围大体与以福州为中心的方言区相仿或更大些。而类似的称为三奶派道教信众则散播于闽南延及台湾和东南亚部分华人居住区。

2. 在陈靖姑信仰圈内看待宗教的态度是不同的。道士之自观

（emic）与学者之他观（etic）的结论倾向于一致性，他们均执着于做出判断。然而师公和农人有相似的看法，即对陈靖姑信仰属民间宗教或道教的讨论不感兴趣，师公做仪式有时和道士的方法相似，但使用和道士不同的法器和装束，表现其宗教活动的极大适应性。同时，农人“过关”、“收惊”等类家庭仪式上是请道士还是师公完全依村镇习惯，或此或彼，在陈靖姑信仰圈内交叉邀请的情况亦十分普遍。地方宗教事务官员谨慎地执行政府宗教政策，不希望信仰和“迷信”的热潮引起事端，他们对学者的宗教分类研究有浓厚兴趣，因为正宗道教和民间信仰的划分直接与宗教政策相关联，至今仍处低水准农业社区的陈靖姑信仰圈农人，尚未能摆脱因缺少对自然社会的认识的困惑，自然和人间莫测之事也促进了他们的民间信仰。在陈靖姑信仰圈，人民崇拜陈太后神之余尚有其他杂样偶像崇拜，人民崇信陈靖姑一类神祇的法力与权威，完全是人们试图实现天（神）人之间关系整合与心理适应过程，这是由中国人共通的宇宙认识系统决定的宗教文化现象，不同地区农人或许有不同的神崇拜，但诸神在该宇宙观系统中却处在相同的地位。道士和师公及其仪式与法术、宫庙祭祀与游神，完全纳入了祭祀圈内社区生活，成为有人参与的宇宙系统整合的有效媒介。

3. 信仰圈之生成有不同的方式与特点。一种情况是由传说、传奇之传播，从而达成信仰，再至塑偶像、建宫庙焚香供奉，是既合乎田野事实，又合乎信仰生成过程（如陈靖姑信仰之生成）；另一种情况是，由立像建庙供奉所固定下来的信仰有时也有逐渐扩大传播至更大圈层的情形，如湖口村郑氏（明元）宗神扩大为村神并得镇上人一拜即是。就以往对传说和信仰的研究，圈的划定方法早已被注意。近人柳田国男是把一个个传说流行着的处所称作“传说圈”[柳田，1985，（中译本）第49—50页]，并以此来认识传说的相互关系、融合与独立性，以及认识传说的形态与演变的；并且他说：“传说就像近代歌词唱的那样：‘虽不祈祷，神也保佑。’是为确保公众利益而使大家都记住不忘的，当地的‘缘由’之谭。”（柳田，1985，第63

页）显然，柳田一直注目着传说与信仰的关系。当人们对传说之后期形成信仰阶段给予注意时，同时代人冈田谦提出祭祀圈的概念：“共同奉祀一个主神的民众所居之地域。”（冈田鎌，1938，第1—22页）他是针对台湾北部不同祖籍的人奉祀不同主神，并注意到该圈与通婚圈、市场范围的重叠现象。（冈田鎌，1937，第38—55页）他提供了观察中国宗教与社会的参考方法。此后，施振民加以扩展，建立了一个“以主神为经，而以宗教活动为纬，建立在地域组织上的模式”。（施振民，1973，第199页）它“不仅将信仰圈当作一宗教信仰地域，而是宗教活动和组织的整个范畴”。（施振民，1973，第201页）许嘉明、林美容先后确立指标来划定祭祀圈（许嘉明，1978；林美容，1986），林美容将祭祀圈的概念提升至“本质上是一种地方组织，以神明信仰来结合与组织地方人群的方式”（林美容，1986，第105页），已开始改变原有圈的概念，她的文章对此做了详尽的论述。然而，她进一步划定作为“地方居民之义务性的宗教组织”的祭祀圈，与作为“信徒之志愿性宗教组织”的信仰圈之区别，其界定显得相当勉强，在驳杂的信仰环境中颇难辨认，甚至作者本人也曾发生辨认上的困难。（林美容，1989、1986，第107页注释）

笔者的陈靖姑信仰圈考察并不局限于传说和信仰、宫庙信仰分布和“组织”本身的研究。在信仰圈内宗教对人生过程的控制、法力之兴衰（意识上的）和社区之互动（结构上的）两个层面上的分析，也给予了关注。

由于一个主神信仰之生成常常与传奇、传说分不开，故借助传说圈表述其传说范围并加以解释，以及借助信仰圈表述一主神信仰范围并加以解释具有相当的必要性。宏观而论，传说圈、信仰圈和祭祀圈不过是坐落在地域上的一种表现传说过程和宗教过程的文化景观。在信仰圈内，通过观察一主神信仰的生成过程，找到该信仰把握广大地域民众人生、未来与精神世界的原因及其魅力所在，从而发现该信仰圈存在的社会价值。微观而言，对有限地区——常常不越过县境，如若干镇乡，或若干村庄片区，或一个普通村庄的社区分析是人类学田野工作通常选择的单位。通过对社区人事圈、市场圈等描绘的同时，勾画出该社区一种主神信仰活动存在的圈层，以及与并立的其他宗教的关系，有益于加深对社区人的思维与行为方式、群体与个体互动方式的理解，从而确立宗教活动在中国乡村社区历史和社区结构中的地位。从这一点出发，上述祭祀圈的细部研究，便于社区系统层次与结构的透视，是有效的方法论之一。由于信仰圈之划分时常显示村民结合与信仰活动的地区习惯与复杂性，故单纯从信仰在组织上的特征指标人为界定信仰圈和祭祀圈的区别，尚未发现其广泛的应用价值。实际上，中国社会历史的过程中，地方农人信仰上之混合状态、区人员结合方式均表现了巨大的适应性、随机性和不确定性。

下面我先指出陈靖姑神对黄村乃至闽东信仰圈内人生过程的影响。它是一种被乡民普遍接受的、依赖性的万能的法力：

1. 若新娘子无子须向陈靖姑“请花”——祈子。红花转世人间为女，白花为男，当今妇女所请多是白花（男），虽然陈夫人保赤佑婴，并未有男女偏向，但合于中国传统的宗嗣观念。

2. 分娩是请陈靖姑神。如《金翼》书中请这位女神的描述，婴儿平安降生，必须办酒席谢奶娘。婴儿一降生，已有一称谓——“奶娘的孩子”，从而始受奶娘的保护。

3. 孩子生下三日，谓之“三旦”，由稳婆来洗澡，叫洗“三旦”，这一日不可忘记煮糯米供陈夫人。

4. 婴儿满月，要向陈夫人祭案摆供。供鸡不供鸭（传说鸭曾搭救过陈夫人）。

5. 过去婴儿死亡率高，农人以为是邪煞作祟，须由师公作法“过关”、“收惊”以免死亡。所谓为幼儿做“过关”，是因孩子遇关煞。据我所知，关煞不下几十种，常见有阎王取命关、落井关、断桥关、浴盆关、雷公打脑关、夜啼关、渴水关、短命关、深水关、成人关等。顾名思义，上述关煞均为生活中儿童可能的遭遇。这时红头师公被请到家里，设堂作法。程序是：造楼，栽花，请姑（陈夫人），请婆（三十六宫娥），加魂，剪花，破胎，过关门，落房（把“灿斗”放在幼儿屋贴“榜符”避邪），送婆，送神。每个男孩在一、三、六、九岁生日均逢“关煞”，必请师公或道士借陈靖姑神做“过关”法术。

6.“收惊”。指小孩五六岁后有时发癫狂，被认为是“魂魄离体”，务请道士或师公“收惊”以追回魂魄。福建有女巫收惊，也有母亲收惊，多见师公、道士收惊。黄村一带流行的《陈靖姑咒》为：“南国护国有威灵，加封崇福陈夫人，一千年前神通显，带领神兵万万人，水上洋坪行正法，游行天下救万民，左手祈男男变好，右手祈女女平安，吾奉皇宫奶娘咒……请急赐水律令。”“收惊”仪式上道士、师公或女巫试图断定孩子受惊地点，咒语就是这个时候唱念的，以从那里收回孩子的魂魄。“过关”、“收惊”和画符是借助陈靖姑法力的道术和治疗法。在玉田县，为孩子“过关”、“收惊”、请神以及为村人祈雨时，红头师公处于主要地位，其他县境亦有请道士。师公的法器是特定的红围裙、师冠（皮制）、小鼓槌和鸣角。道士则着道衣、道冠，执道铃和木橛板，一个有趣的现象是这里的道士亦兼师公，不同场合变换其服装和法术系统，可见宗教系统之混杂性。

7. 正月初一至十五是民间灯节，十五日又是陈靖姑生日。这一日玉田乡村有“添灯”（挂灯）——“添丁”和“请姑”（请陈靖姑神）之俗，多育理念和奶娘护佑总是两相配合。每年奶娘祭日还要行“灿斗”礼，供菜烧纸供奶娘陈夫人，上述各俗止于16岁成人。如《福州府志》载：“民间则男女十六延巫醮告成人于神，谓知做出幼。”男“出幼”礼，女“上头”礼多合并于结婚之时。福建地方16岁为成人界限，即受陈夫人法力管辖的人生历程止于成丁礼时。“奶娘的孩子”一满16岁，就请道士、师公，过最后一关“成人关”，谢奶仪式完毕，随后人生便归阎罗王管了。

毫无疑问，陈靖姑法力涵盖着16岁成人以前的所有“奶娘的孩子”，也卷入地方民俗生活。她还保佑着爱恋孩子的母亲的生命，也支持女性依存的精神世界。陈靖姑信仰的影响并不止于16岁。她们求子以至求孙以及后辈子孙长大成人过程中，奶娘供奉仪式与活动总是环绕在她们周围。她们或是参与者或是观察者，而陈夫人总是以其催生助产保赤佑婴之法力，使一代代女性心悦诚服，故对陈靖姑的崇祀尤以妇女为勤。旧时乡间妇女余暇组织“把社”，供奶娘，或特别供奉三十六婆神的一二位（后革命时期已无“把社”，仅个人供奉）。近年来乡村新塑陈夫人像和新绘传奇壁画，并立庙供奉。再度更广泛地复兴了少女、中老年妇女对陈靖姑神周期性与即时性供奉的由衷热情。

在陈靖姑信仰圈，她首先是女性之神，就像其他信仰圈需要其他女神一样。不应忘记，绚丽多彩的陈靖姑传奇以其不可多得的文学效果为民众欣赏和享用，成为该信仰生成和传播的一个重要的前提。陈夫人保佑妇女、儿童、祓旱祈雨、降妖扶正和护国佑民的广泛法力，奠定了陈靖姑信仰的群众基础，在乡镇农人人生过程和每一个农业周期和四季轮转，陈靖姑都会周而复始地数次被迎送，各家旦夕祸福、社区灾异重压之际，陈夫人都会在信仰圈内显灵，安土佑民。

这里的一个问题是：在信仰圈内，上述宗教的法力为什么和怎样重新得到崇信？有时，对一个经历了混乱局面的社会之运作转换过程加以观察，是理解一种基层文化的重要契机。后革命时期的 30 年，纳入基层社区的重要成分是无神论、社会政治化、群众运动化以及学校普及科学教育同时并举。无神论的同步意识形态是理想主义和政治象征主义，它们和轰轰烈烈的平均主义群众运动、集体主义相结合，一刻不停地抑制旧传统和旧宗教信仰（包括建立公共食堂和打碎陈夫人等塑像和停止供奉和分香），似乎找到了一个包括精神与物质需求与人民公社体制协调的新社区结构。但“文化大革命”一过，家族主义立刻充满生机，公共食堂和公社体制早已解体，陈靖姑信仰圈则再度恢复并扩张。其解释是，政治与社会动乱使人们对作为信仰的理想主义和政治象征主义失去兴趣，因为那些不断变动的意识形态和政治说教越来越难于解释周围并不令人满意的现实世界。于是人们必须转而寻找人性上和精神上的寄托和力量，这种找寻不是在有了一个新的生产力的前提下发生的，而是在经过“公社”和“文革”之后，基层社区元气大伤、物质与精神双重贫乏之时。

实行以家庭为单位的生产责任制后，农人生活开始改善，农人害怕政策多变的担忧时隐时现。在20世纪80年代初，农民刚刚恢复生计，故几乎还没有发家致富的奢望。可以看到，在“文革”后期和生产责任制体制转型的几年间（福建省略晚一两年），实际上已发生了农人在宗教信仰上对该社会变迁的回应。其首要的回应是精神上祈望一种超自然力，从而控制政治和政策之稳定，祈望太平天下和家庭幸福；零星的香火开始悄悄供奉那些镇庙和土地公庙内残存的神祇。随后，特别是20世纪80年代后五年，在中国乡村凡是兼业获得成功的社区，农人都已走上富裕之路，例如，玉田农人银耳、香菇兼业家庭人力得到充分利用，且收益甚丰。这几年也刚好是捐钱塑像（如陈夫人）供奉、仪式日趋完善的时期。农人宗教信仰的进一步的回应是继续信赖超自然力，追求兼业成功、发财和家族人丁兴旺。功利的需求开始和精神需求混生起来，与此同时，祖先崇拜也从家内简单供奉发展到修缮祖墓和奢华祭奠。农人宗教信仰和家族主义在一个新的社会背景下得到空前强化。

唯一和前革命时期不同的是，旧日实用农业科学极少普及至农家，近年来学校科学教育与青年农人带头接受新技术（如黄村人多数家庭夫妇会利用现代灭菌原理为银耳、香菇接种，以及广泛使用新除草剂、柑橘技术等），村民们既运用科学技术，也参加神明崇拜，于是导致了科学和超自然力控制的解释分歧。还有一个原因是后革命时期一直以科学批判宗教，这使得中国农人包括玉田、黄村农人比其他各国农人都更多地注意到这些只有学者才探讨的问题。我曾在另一部书《教育人类学》中描述中国西北回族某地青年人对科学与宗教关系的见解。例如很多人采取了真主与科学同在的思想上的二元论，并在行动上谨慎地、成功地处理与完全以经书为生活方式依据的长辈的关系（庄孔韶，1989，第247—254页）。在黄村，人们也是一边祭陈夫人，一边钻研接种科学，无论在思维还是行为上都采取了这种二元论。玉田人陈志争精彩地回答我：“科学与宗教是两条路上跑的车，不会碰撞。”他的回答令我惊讶，因为他涉及了一个深刻的学术问题，只是他不像韦伯那样准确地区别了这些概念。科学涉及的是经验因果关系的问题，而宗教涉及的是意义的问题。韦伯当然注意科学和宗教有时也会相遇甚至碰撞：“宗教和智力的知识之间紧张状态是显而易见的，因为无论是理性的、经验的知识始终在发挥作用，直到世界摆脱幻想而转入因果机制为止，即使那时，科学仍会遇到认为世界是神早已注定的道德假设。”（Webet，Max，1946，pp. 350－351）在实际上，科学与宗教的冲突的确是存在的，以科学批判宗教的社会运动和学校无神论教育，即是以各类经书的非科学论述片段作为抨击的重点与根据。除了这类社会运动，青少年和农人在学校和农业科学实践中也会注意到，科学能驳斥一些宗教信仰的见解。然而，另一方面我们又能看到：“宗教的主要方面是不受科学证明或反驳的各种非经验命题。科学对于这些非经验命题既不能予以证实，又不能予以驳斥。”（Yinger，J. Milton 1970，p. 62）这正是农人和学者同样会有二元论思维的共同基础。玉田人认为科学和宗教不会碰撞的见解，不妨认为是一个消除两者冲突的概括，在实际生活表现为在思维的解释与行为中，尽量避免科学与宗教之间在某些特定问题上的紧张关系，并使科学与宗教各自发挥其功能的整合方式。

黄村的事实是，陈靖姑等诸神信仰为确保社会控制与人生顺遂，并化解对未知事物的困惑的一种精神寄托，宗教也满足了农人福、禄、寿、男的家族主义与功利的需求。革命时代存在的科学与宗教之间的紧张关系，在现代民间已转变为实际上的和平共处，科学与宗教都得到了相当的发展与复兴。一些农人追求的农业科学实践的确给他们带来了财富，但这并不等于说农人的理念系统中解释这一成功的控制只来自于科学，因为农人眼中的民间神有无边的法力。这个存在于自己意识之外的神的实在（如同已物化的宫庙里的偶像），其重要性还在于它是我所专注的并且是专注于我的。（Ong，1967，p. 171）农民接受乡村宗教与民俗活动制造的这种专注（如游神），同时人们也全心投入这种专注之中（如供奉上香）。这时候，科学好像暂时躲在了一边。人们只是在宗教与民俗节日之外认真地对待科学，人们一面重视科学实验的程序和价值，把它看作是与宗教不同的另一个范畴的力量，一面又相信他们崇信的神祇能涵盖这个需要把握的力量。

下面需要进一步讨论陈靖姑信仰活动特征问题。近年来民众信仰复兴表现了巨大热情和慷慨的捐赠。然而由于多年对宗教组织、宗族组织的限制，在信仰圈内外我没有发现常设的各层级（村和跨村的）信仰组织，村民信仰活动只是以非组织形式出现，这样很难根据单一的组织上的分类特征来确定祭祀圈的性质。在后革命时期，宗族组织解体，当然由宗族族长安排不同神明祭祀的“会”的组织也不存在。现在，实际上是一个家族功能推到社会生活前台的时期，在这一时期，自然村范围的小祭祀圈尤以家族、个体供奉为普遍特征，从临水宫中心庙供奉陈夫人锦旗署名看，也表明该大祭祀圈也基本是强调个人、家族（户主名字），而非以村为单位和祭祀会众为单位。因此玉田农人的陈靖姑信仰并未反映出认同和组织上的社区原则，也不反映旧日的宗族原则，而是强调社区中家族与个人生命价值与行动。

在农人趋向大小祭祀圈中心庙供奉神明的方式以外，在圈内外还活跃着受村民尊敬的道士、师公，他们穿梭于大小村镇（常跨镇、县，黄村道士黄志稀即是），鼓吹靖姑法力，唱颂“天官赐福，地官赦罪，水官解厄”的《三官宝经》，同时鼓吹劝善惩恶。唱经中不时杂以儒家道德理念和家族主义说教，教化人们将人生智慧与天地自然融合，建立个人处世原则。这样我们看到了玉田和黄村农人信仰的两种趋向的活动，一是居家农人兼道士、师公以他们的住宅（闽东极少数开放道观）为中心，游走各地履行道术，为农家消灾祈福；一是群众则根据需要（为人生大事、重要民俗节日、春节、端午等）以家庭或个人为单位从四面八方趋向本村土地公庙（兼陈夫人庙）、镇大庙或临水宫中心庙求签进香，从而进入大小不同的祭祀圈（但每个乡民的宫庙选择并没有保持不变性）。每逢重要祭日、民俗节日，镇庙、临水宫均云集千百信众，构成人神交流的重要时刻。上述道士、师公游走和农人民众进香的人员移动轨迹一散一趋形成的宗教活动圈层，其实并不重合，行政村界并不具有局限的意义，上述活动的主旨多偏重于家族与个人生命价值。因此，以宫庙为中心的信仰圈或道士、师公游走的活动圈的概念基本是宗教过程意义上的而不是组织意义上的，或仅仅是因需要而产生的、自组织的意义。宗教理念传播之载体不是以社区为单位，而是以家庭和个人为单位，就社区层级而言，呈现了只有村土地公庙、镇庙、中心庙不同半径的社区祭祀圈之形，却是家族与个人信仰之实。

在前革命时期，农村血缘团体一端为宗族和祠堂组织，一端为家族。很多的社区是宗族组织了地方信仰活动（作为宗族组织的职能之一），而不是一种民间宗教组织了宗族。中国宗族和家族分别组织了不同层次的祖先崇拜活动，但祖先崇拜并不能解决民众人生观与精神生活的全部需要，于是宗族进一步组织了其他民间信仰活动。在与政府的关系方面，强大的宗族组织力量肯定或大或小地抑制了政府在基层行政社区（如果是一体化宗旨的话）的作用，以致有时村组织只不过像一个办事机构。就民间宗教而言，在杂姓村中，我发现人们总可以借助村行政组织或者乡村好事者和媒介人物（见本书第十四至十五章）安排村祭祀，人们还经常采取义务方式，其人员组合无严谨组织。福建人极喜欢公众活动“轮流”分享和分担，如村游神花费和民间储蓄加会，黄村一带的公众活动是每年五人一轮，表现乡村集体事务的平均交换原则而非依据社区公益精神，而且这类活动属公助性质，不涉及利益之争。你可以看到社区信仰活动的事务性安排一旦做好，村游神祭典的参加者仍强烈地显示家族及其个人的希望祈祷（如抢第一炉香火和游神坐家自供自享）。无论革命前后，黄村山谷内外的宫庙祭祀活动，很少看到多姓村村庙成为地方组织中心的规律性（Hsiao，1960，p. 278）。虽然想找到个例是可能的，但不具普遍性。村公共事务的临时组织在利益攸关项目上尤显示其无权威性，杂姓村各姓利益之争从没有可能授权于村庙，或授权于村庙组织，如果有的话，当代玉田杂姓村选举过程中候选人时有难产现象，显然与各姓未来利益相关，村委会表现无能为力。另外，在黄村山谷，宫庙也没有组织社区共同体运作的中心地位，无论是几个自然村的联合行政村，还是自然村。中国自然村最普遍存在的土地公庙，尽管在黄村附加了陈靖姑和玄天上帝这类著名神祇，也没有能表现其将家族与村整合起来的功能。在某种意义上来说，中国民间杂样宫庙仅仅和村民的精神生活的复杂需求相关联，其与乡民家族生活与人生过程的关联，远远超过与作为一个认同整体的村社区的关联。

在后革命时期，宗族组织被摧毁，祖先崇拜全部退于家内祭祀，民间信仰作为封建迷信而被取缔。现在，民众信仰已得到不同程度认可（在三大宗教外），但有组织的信仰活动仍受到抑制。这样，我观察中国乡村信仰便与大陆以外地区有一个可对比前提，在不同的社会结构之中，民众信仰可以是有组织的文化形式，也可以是自组织或非组织的形式。如果说前革命时期，宗族为组织宗教活动的单位，那么后革命时期家族取代了这一角色。黄村青年不去土地公庙祭祀，要受到家里老人申斥，这里已没有宗族组织的强力约束而只有潜在的宗族认同和家族主义的影响。在乡村中，无论是宗族还是家族处在优势地位的时期，两者之一的宗族认同和家族中心主义对中国乡村社区一体化以及推崇社区精神均是一个有牵制性的历史性因素。现在大陆家族取代宗族走到社区生活的前台，既然不可能组织社区生活，民间祭祀便多可以单枪匹马地进行。事实上，民众祭祀主要以家庭为单位，以个体物质、精神需求为祭祀的主因。不是也有道士和师公在端午节举起“合境平安”旗帜，并为地方社区祈祷和安排村参加的社区集体活动吗？在龙舟赛时（过去有宗姓旗，今日有乡镇旗）不是也表现了外在的集体竞争精神吗？不错。但这仅仅具有周期性民俗生活的片断性，而表现村社区有效的整合在于发现一种持久的精神认同与强有力的组织力量。中国乡村多神信仰、多类别、多需求信仰（因性别、人生过程不同时期不同需求、意识需求与生存需求等），对不同宗教信仰的容忍与受容性，以及家族中心主义一并削弱了社区层次的良性整合。那种仅表现于社区对比之时的认同力量并没有坚实的社区信仰与行动整合的基础，虽然对他社区具有强烈的外表认同性，却在本社区内部表现一种结构上的涣散性。石田浩和末成道男注意到在台湾祭祀圈和村落地界不一致（石田浩等，1979，第210页；末成道男，1985，第255—260页），木内裕子也说乡村土地公庙不会成为“社会组织的中心”。（木内裕子，1987，第38页）她并与日本乡村做了对比，认为：“日本的氏神信仰比较重视村落的整合，台湾汉人的信仰比较个人性”。（木内裕子，1987，第40页）在大陆乡村，你总可以发现村落认同有其外在性，无论宗族乡村，还是杂姓村，村落之内信仰之期待与重心总是朝着家族单位与个人，而不是一体化的乡村社区。记得人民公社时期的理想之一是试图建立超家族的集体主义，因忽视了家族的利益和个人的进取精神（人类学的解释是政策不能与传统文化良性整合），集体主义便建立不起来。显然，中国乡村建设只有走向将家族利益与社区公益加以整合的设计才能推进现代农村的发展，因为现代社区变迁与社区发展肯定需要在传统生活方式的基础上做出新的选择。回过头来说，由信仰圈表现的民间信仰提供地方农人对人生与世界的解释的系统，从而达成思想上的寄托（如陈靖姑法力之保佑），却不能对整个社区及其民众提供一个有力而持久的社会组织系统。

第十四章
并存的诠释与选择（一）：道教与佛教

在主神陈靖姑信仰圈大小圈层内外，全真道清修道士、正一派、闾山派道教以及民间信仰活动与其他宗教与哲学成分，如佛教、儒学是并存的，各自履行着解释宇宙、人生、伦理（或借用）礼制与信仰的功能。晚近以来又切入了基督教，在静静的中国文化池塘里引起层层涟漪。因此只研究宗教经典字面的含义是不够深入的，还应走到基层社会，认识农人的思维与行为、明显的或不明显的宗教认知层次、理念与实际活动的关联，以及文化的分布与特征。一个观察结果是，中国本土信仰与哲学在解释宇宙上有极为深刻的历史性影响，往往会在纷杂的文化行为中找到共同的哲学与认识渊源。在基督教来到玉田 100 年以后，农人生活中增加了不同的信仰诠释的影响，少数农人做出了异乎传统的认识选择。

一、道　教

首先，玉田临水宫（L）和省城公路一线（含由湖口 Hu 沿闽江至省城水路一线）大体为闾山派道教陈靖姑信仰圈中心地带，玉田县在内的闽东构成这一信仰的中心圈。如果说 D 镇左近的临水宫 L 是闽东信仰中心，那么湖口镇庙圈则是由临水宫辐射出的一个重要亚圈。它和黄村诸自然村各自信仰圈构成该信仰圈的基底部分，但这仅仅是以宫庙为中心的分布，并不完全包括闽东散布的全真派清修宫观道士、住家道士（世袭）和红头师公游走的民间道场轨迹，他们的道教神仙信仰和经典的选择也相当宽泛和具适应性。我看到道士和师公（玉田县乡下不少于百人）游走农家做道场的宗教活动，表现了道教与民众人生过程、四季生活的不同程度的联系。有出家道士的道观在闽东诸县开放的仅有两三处，那里全真派道士以道经的高级研修为主，亦十分关注正一派道教的活动，视其为“道教大树的不同枝杈”（林仙道士语）。实际上，的确是闾山派、正一派道士悄悄履行了道教经典下传和普及的功能。在M和Wd区，历史记录了闾山派道教的强大实力，从公元8世纪兴建临水宫，以及较晚兴建湖口陈夫人为主神的镇庙以来，佛教在这里的影响非常之小，几乎没有重要的庙宇。而不同深浅程度的道教经文（含民间信仰）与多类道士、师公活动适应乡民不同场合需求，使研修、诵经、仪式与民俗生活得到整合。

现在，我们可以将闽东、玉田县、黄村各类道士师公及其活动特征说明如下。

第一类，以清修道士林仙为例。20余岁，闽东全真派出家道士，曾在北京白云观研修经典，并访学其他道观。我与他一同查考一些道观，他的谈吐很有学者味道。

我：“你喜欢研读哪些道教经典？”

林仙：“那很多，首先有《道德经》。《西升经》、《阴葫经》我也喜欢。”

我：“《道德经》中你喜欢哪一警句？”

林仙：“嗯……‘致虚极，守静笃。’守静到至诚，唯见万古不变的常道。”

我：“这是说从天地运行法则中超脱出人生智慧……”

林仙：“是。”

我：“那么清静无为的人生态度是否排斥进取精神？”

林仙：“不，《西升经》中有‘我命在我，不属天地’，《阴葫经》中有‘宇宙在乎手，万化生乎身’，都是佛教、基督教没有的自我肯定的精神。”

我：“儒学经典你也阅读吗？”

林仙：“道书里有很多儒学的道德伦理。”

我：“平日你怎样修炼自己？”

林仙：“研究经典。读《中国道教》杂志和其他书籍。但必须做内功，这是成仙之道。”

我：“外功呢？”

林仙：“外功不一定人人会。延平一道士会外功，一化狐会除去尸臭，尸被一瞬间化成灰。怎么解释呢？但他不传此法。”

我：“你信？”

林仙：“是的。”

可以肯定林仙是信外功的清修道士，而且他不排斥正一派道士的作法，福建的清修道士与正一派道士有相当的宗教认同，有时亦有混合状态，当然他研修道教经典很用功，从他书房的经书和谈吐看，是研究高层道教文化的年轻宗教精英。与众不同之处还在于他走访各地（但非做道场的游走道士），了解当代社会，因此他长于从道教经典中找出那些主动的精神以适应现代社会的观念。

第二类，我在玉田县陈紫阳家中访问（Wm 区）。他刚做道场归来，已有 78 岁。他借阅给我的《三官宝经》（1675 个字）在这里颇为流行。经文相当简练地道出道教精义，然而不难发现有不小篇幅述说儒家忠孝礼义，但不重礼义的内在超越性，而是透过经文规定的外在的善恶标准来肯定儒学理念。显然，《三官宝经》为一般知识水准的住家道士所钟爱，好像是高级道教经典的普及本，唱念出来民众当即可以理会。陈紫阳把“天官赐福，地官赦罪，水官解厄”、“信道守戒”和“升仙”的道教思想传递给乡土民众，参加仪式的农人借此宣泄了日常生活中被压抑了的心理，巩固了世代传递的天命观以及推崇一种人与天地之间和谐依从的联系状态。与此同时，从混杂其间的儒家礼仪中获得了处世的具体原则。陈紫阳初一、十五念《三官宝经》，或被请去做亡故者的道场（有的县份也请和尚，或二者兼而有之，但经文不同）。陈紫阳自认为正一派（黑头）道士，但他兼红头师公，有两套衣着和法器，以对应民间对道士和师公的不同需求（红头师公多出现于化解生病、不育、祈雨和地方游神仪式中，而道士在亡故者道场仪式外，亦和师公有不同形式的同类法事，可见道教派别仪式之叠压与混淆状态）。

第三类，黄村正一派（黑头）道士黄志稀（Wd，He）的道术为祖传，住家修道兼农耕（Wd 区为主）。道衣法器在"文化大革命"中被收缴，如今请他建醮的人多起来，他仍胆怯怕官，悄悄为农家作法。为儿童"过关"和做死人道场是他的擅长，他给我抄录一份他常用的《功德堂劝言》，共 80 句。畅述人生，劝善惩恶，说"罪多难过奈何桥"，鼓吹以仁回应善，以不仁回应恶。儒家孝悌忠恕说教不时穿插其间，给人以人伦关系要意的深刻印象。在教诲人生功名富贵如过眼烟云"世间做人都是客，一旦无常也去空"之余，道教的升仙思想成分并不多。倒是《劝言》更借"人生过客"思想烘托亲人生死依恋之情，以达农人热爱生命的心理共鸣。除《劝言》外，还有《老人送葬歌》《十拜香烟》等，其唱词备受农人喜爱便在于"抒情"，元人陶宗仪《南村辍耕录》中写道："道教唱情，僧家唱性，儒家唱理。"实在更多反映了基层社会道教的特点。（刘守华，1988，第 171—187 页）黄村道士黄志稀就是将最粗浅的儒家之理与道家之情紧密结合。我所读到的南部中国这类道教唱词表现了相同的抒情法。检视粗浅的《功德堂劝言》显然比陈紫阳的《三官宝经》更远离经典道书之深邃（如林仙所研读之经典），而近于民俗生活之真挚，又不失道教之教。陈紫阳为县城居民（退休之前为职工），文化程度比农人道士黄志稀高。为此，陈紫阳的道场范围偏重县镇，黄的偏重于乡村，道场收费标准也是前者高于后者。每个道士大体有自己的道场游走半径，间或有场域的叠压。然而他们都在陈靖姑闾山派信仰圈的巨大影响之下。

第四类：专做陈靖姑祭的红头师公和地方术士。Wu、Wm、Wd、M、E 区以及闽东流传的闾山派《大奶灵经》由四言经义、七言事迹（含二十法术）、又四言颂词和五言诵经妙法四部分组成，其中“吾奉太上老君敕”（急急如律令），“三界都天”“阳行自阴极”“道由心学”“神归自然”等均为道教要义。该经文通篇主旨是弘扬陈夫人法力，传于闾山显迹玉田。经文浅显上口，属黄志稀《功德堂劝言》文字水准。临水宫信众流行的《大奶灵经》与林仙、陈紫阳、黄志稀三道士所研读和唱诵的从精深至粗浅的道教经文不同之处，在于陈靖姑经文集中于颂扬她照察人世的主宰之力，强调乡民诚心诵经、请香、占卜和对天和神明的顺从意识。

以上几类道士修道诵经和道教实践表现了如下特征：

1. 全真道住宫观道士重视正统、高级的道教经典研修和内功，尽管他们认为福建地方闾山派太偏重于符录和某些华丽的仪式程序，但仍对其有无可怀疑的同教认同，林仙道士的大树与枝杈的比喻即是一种反映。

2. 以上四人物之一的林仙道士只参加亡故者道场仪式，社会活动不多；陈紫阳可以做所有民间所需仪式，包括红头、黑头两类，如亡故者道场仪式和初一、十五念《三官宝经》保平安仪式以黑头仪式出现，而祛病、收惊、祈雨、乞男（不孕症）则以红头仪式出现。黄志稀只以黑头道士仪式承担乡村亡人道场和为儿童收惊，而我拍摄《端午节》中的红头师公 H 先生（为合境平安和五谷丰收）则只用红头仪式。更有甚者宁化县的 S 先生则可跨宗教仪式，身兼黑头、红头和佛教三种仪式。根据 Michael Saso，David W. Chappell 和 John Keupers 的研究，在台湾南部“许多黑头道士也在头上裹红布和实行闾山派红头仪式作为他们扩大仪式服务和在仪式市场上竞争的手段”（Keupers，1977，p. 80，p. 88－93，包括编者的介绍）。而在台湾北部，闾山派红头仪式则没有与正统的黑头道士经典仪式相混淆，他们是以宗教意识形态之争解释的。（Keupers，p. 92）这两种情况的观察是正确的，实际上在台湾移民祖地之一福建亦由来已久。除上述解释外，道士师公黑红头角色合一或角色分化还有其他一系列原因，如，黑头道士和红头师公仪式上的偏重，男人和女人人生过程中不同阶段的多种精神物质需要已由黑头道士、红头师公和其他地方巫士（甚至还有和尚）做了无言的协调和互补，这种协调和互补有功能性的，如一个地区不同功能的仪式有地方上分配的规矩，约定俗成。有人生阶段性的，如生与死的仪式分配有地方传统；有地域性的，如地方宗教之间与宗教内部不同派系因其势力和影响力不同而造成宗教仪式分配的不同格局。

3. 由宫观道士和正一派、闾山派道士连接起来的从高层到基层道教多层次特点与经文内涵侧重，反映了道教精英—通俗一体化文化系统中过渡与转换的细密性与互补性，这是地方佛教所不能比的。可见将古代经典和民间道教实践相结合来做中国道教系统之研究，其意义实不可低估。

4. 在中国的制度结构中，“宗教和道德属于两个分开的方面”，而“西方宗教是把道德系统与超自然崇拜连接在一个单一的结构之中”。(Yang，C. K，1961，p. 291）在实际民俗生活中，道教的传统是相当地借助了儒家伦理道德而被卷入了日常生活礼制中。我在黄村深刻地体会这一点。我看到道士参与亡故者道场有如下功能与象征意义：(1）肯定了以完成葬礼程序作为儒家孝道的道德实践，这是道教长久存在的牢固基础；(2）葬礼过程中，黄村道士将茶油灯（长明之意）和香火（灵魂不灭）带回家堂，以及墓葬后更换白旗为红旗，化凶为吉，化亡灵为祖先，便完成了一个重要的象征性转换。这一转换确保了家族制度与祖先崇拜链条的连接和父子延续。在墓地，死者后代依人伦关系给风水先生下跪，是对风水先生堪舆之功的肯定。而风水先生参与墓地仪式、预测墓穴，是试图以阴阳理论和天地人感应的宇宙之力确保祖灵安息，从而荫庇家系后裔，这意味着将道家顺乎自然（自然界与精神的统一）和儒家道德化的天人相合论的象征性综合。

5. 道士的法事和唱经中的人间道情（有时也有民俗说唱歌手，黄村有三人为唱技娴熟者）使农人不是远离俗世，而是深刻追思人性与道德，于是人们更为依恋世俗。然而一系列的象征仪式后，自然而然地引导出宗教的来世观，地狱和仙境形成强烈对比，道情抒发出对亲人赴仙境的强烈的人性希望——祈求神仙保佑也导致生者心中慰藉和对神明的无限崇敬与慑服。道教活动就是这样深深地与民众生活情感与幻想结合在一起，使天道与人性融合在一起，使基层社会具有永久的生命力。

在讨论道教实践的结构、层次关联及其特征之后，我要提到的是一个超道教的观察，即不仅是道士，还有农民，他们的思维与行为方式实际上有着共同的哲学基础。玉田、黄村道士唱经内容、法术、游神、祈祷、占卜、练功等文化行为，总是与试图解释宇宙、用信仰仪式和意念整合天人关系、寻求精神寄托与心理适应相联系。这一过程最终可以归结到中国传统宗教与哲学思考的核心，即中国人宇宙解释系统。一般来讲，它包括“阴阳五行说”和“天人合一观”。阴阳五行说之阴阳是由古代《易经》发展而出：“凡人物者，阴阳之化也；阴阳者，造乎天而成者也。”(《吕氏春秋·恃居览·知分》)，其发展了的解释是阴阳二气之相反相成，说明宇宙生成与变化的法则。五行之“木火土金水”5 个基本元素相互感应（相动）和相克关系（相生·相胜）的早期思想经过和阴阳说融合，形成宇宙认知体系。一般认为是由董仲舒（约公元前 176 — 前 104 年）集先人之大成。《春秋繁露》是其经典之作，解释了宇宙生成、变化、类别与关系的系统，也类比论述了社会、政治、人生与自然。吕理政很好地总结了先秦时代中国人对宇宙认识的 4 种主要思考方式：“由神话与巫术的思考方式，显现一个有意志、具神灵的‘天’，而人可借巫师以仪式通天；古代天文学的科学探索，显现‘天’为万物规律运作的实体。没有神灵，只有秩序，而人可以用智慧去了解这个秩序（知天）；儒家思想基本上视‘天’为自然的、自动运行的力量，但并不求探索具体的自然现象，而集中心力研究人的‘社会’，结果将‘天’视为一种道德力量；道家对‘天’的哲学思辨，将天解释为本然自有的自然之道，人以适应自然之道为处世原则。以天、人、社会三个关系范畴而言，人一方面不能从社会中孤立出来，而且也必须与自然（天）共处，三者结合为一个和谐整体。”（吕理政，1990，第 20 页）

这些基本上的天与人的顺应思想，在天、人、社会的三个范畴推衍出“天人感应”的关系和“天人合一”的追求。在差不多两千年的历史时期，相当清楚的一个线索是中国人总是“排斥一个与社会或个人对立的天或自然，而视天、人、社会为一个均衡而和谐的整体”。（吕理政，第49页）而且中国人古往今来总是在文化行为中呈现其表现感应、综合与和谐的宇宙观。在宗教信仰的理念与行为中，大概数道教的仪式、法术最广泛地运用了上述宇宙原理，融合于民众人生过程和四季轮转之中。

于是我在黄村道士、巫师仪式、法术活动的内外，力求找到黄村和闽东农人解释与实践其宇宙观的文化行为，这是行为与意义的关联的研究。中国宗教信仰与仪式多混合于生活习俗之中，是一种普化的（diffused）宗教（Yang, C. K. 1961，pp. 278－293，pp. 294－340）。为此，农人和宗教师的宇宙观解释与行为根据必然能在宗教仪式中和在民俗中发现，或在两者之混生态中发现。

1. 非人格神与人格神之祭。湖口端午节道士和农人一同祭河神，（在麻宫庙外，面对闽江，Wd）这明显是古代望祭的余绪。望祭即面对河山所处的地方遥望祭祀，以借非人格神的自然神之力引申其完成人事之控制与希望。除了祭河神外，黄村还有祭龙，荷洋祭泰山神。宇宙之力还以人格神为化身，如闽东祭陈靖姑、玄天上帝等。这类传说中传奇人物得道升仙者，历史人物或有德于地方之人神不胜枚举，当然也有鬼神之人格神，如湖口（Wd、Hu）游神主角“七爷”“八爷”。在仪式中巫师和道士是天人之间沟通的媒介，他们以协调宇宙对人事的影响受到尊敬和信赖，而游神时神像象征性来到俗世，尚有警世的作用。总之，这是在尽一切力量来协调天、神、人、社会的和谐。宇宙系统协调形式既有惯常的焚香摆供敬天地神、祈祷并和神交通、娱神等多种方式，又有阴阳理论操演、符号象征意义、人体类比和修炼活动等。

2. 看风水。有阴风水（阴宅）、阳风水（阳宅）之分，是堪舆坟墓和新居址的数术。“阴阳交媾，方成美地。”（《平阳全书》，卷十四）包含了广义的阴阳之说。实际上看风水涉及中国人宇宙观的综合性内容。如天文与阴阳、五行与八卦的认识系统等。择日择时之理也相配合，少有忽视的。黄村的多数墓地、新居都由阴阳先生测算过，多有一套套浅显的风水解释。（林耀华，1977，第41、71页）阴宅佳地被认为存有生气，可使亡故者得其生气，以照应其子孙后代，显然是天地、祖先和后代相互感应的传统宇宙解释观之实施。黄村的风水先生黄友兴还使用罗盘，用阴阳五行、八卦、天干、地支的认知系统比照现时的阴、阳宅地位置进行综合测算、分析，最后确定。其中我们看到了科学的成分，但堪舆本身有人为数术操纵，最终落点是对人事的重视。

鉴于和墓址本身相关联的不只是祖先阴宅佳地的孤立的概念，还由此推衍出天人关系、宗祧理念、后裔发达顺利的宇宙谐和意义与人世的实际生活意义，它们构成了乡民与宗教师文化行为与仪式的主旨。故在今日湖口、荷洋、黄村大规模水库建设中，农人对迁墓之事相当忌讳，更不用说毁墓与建房、建墓破他人风水的行为了。一个世纪以前，西洋传教士建教堂忽视风水说，曾是引起教民冲突的文化原因之一。（吕实强，1986，第217页）反之，同样是中国人宇宙观决定，黄村择吉日上梁和新居落成欢宴，总是把风水先生和木匠、泥瓦匠待若上宾，在座次上风水先生居中央，这象征是在他的指导下，人们完成了天时（吉日）、地利（好风水）、人和（欢聚一堂）的伟大的文化综合，人们由此获得的天地人象征符号的感应（由风水先生演算操纵），履行天地人社会之和谐的宇宙认识观念，正是人生的目的。

有一次和风水师黄先生在山谷里散步，他指着远方对我说："东林家其实是由埋蛇岗的那一座先祖墓穴兴起的。那穴墓坐北朝南，可眺望水口大营山的主峰，其峰峦秀丽，正是'笔架'山。因它高高在上，就发科甲。"黄先生于是认定："你看，现在只有他家族的文人出得多，这不就是证明！"当笔者考察金翼宅居时，发现家宅从建筑设计起，就带着重要的环境与文化考量。例如堂屋两侧的首要石刻对联即饱含风水理念："大山云彩临前面，吉水风光翠此间"，厅堂对面门墙上的联语："门对千竿竹，家存万卷书"诚然是为"鹰飞鱼跃"（横批）准备的。这分别表达了当时东林家选择"得水藏风"的堪舆实践意义以及相信"地灵人杰"和努力耕读终将出人头地的美好愿望。

笔者理会到，不同时代的风水师沿袭了相同的风水理念，而且地方人民认同这一生活方式。这里，关于当代人对堪舆之道的是非评价，以及内外世界日新月异的变化，几乎未能动摇金翼山谷乃至更广泛地区人民的风水实践。

3. 符号。道教与民间信仰的象征符号使用得相当之多。如表现大宇宙的太极图符号、符录与令箭、诸占卜签牌等。太极图这个永动的乾坤之象征符号，在金翼之家能查找的至少 8 代祖墓墓石上可以发现，是阴阳相生相成至无限的解释的标志。太极图符号置于墓石可感应人事，包括保护地下亡故祖先及其活着的后代。

在《端午节》影视片中特别拍摄了游神之前在湖口陈靖姑庙中（Wd）道士用绿叶蘸符水并在空中画符的镜头（中国南方正一派、闾山派道士尤偏重符录，这是与北方全真派的一个重要的不同）。符，信也。是古代帝王下达旨意的凭据，有至高权威，故道士之符是谓天神之符，或为图或为篆文，似天空云彩状，由方士道士录之，遂成神符。神符之事，东汉时已有记载（见《后汉书·费长房传》），黄村小孩在道士收惊、过关仪式后，也有佩符在身上和悬符在床上之俗。据道士称，符可抑制鬼神、避害、避魔和成仙。取陈靖姑和宫庙香火后，也要携一形似令箭的长条黄纸，上有朱红字符，当中印有咒语和"急急如律令"字样，象征下令驱逐鬼魅的意思，以求天地人事平安和谐。关于符咒令的特征描述，西文书以 J. J. M. De Groot 的作品为细致（Groot，1972，pp. 1033－1070）。

目前在闽东尚存的还有占风、占云。《万年经》传抄本上表明以观天象、云象判断出行日开船日，具有科学或准科学的判定，推及人性命运之事并不多。而根据生辰八字合婚，根据面相、手相占人生、命运则很普遍。如黄村风水先生也善手、面相，他以五行相克观观察手掌，并配合二十八宿图、天干地支、十二生肖和生辰八字解释婚姻逆顺、吉祥凶煞、判定未来。在观天象、面相、手相时均运用了符号化手段做分析的根据。如看手掌纹路之符号意义，判知人生过去与未来，其作用颇为消极，但由于判定内容纷杂，常有言中，而且占语措词灵活，总是吸引农人。黄村周边宫庙最流行的是签诗卜，可说是渊于甲骨卜和蓍筮卜的非卜卦形式。我在第十三章分析了卜诗的现象，为现代农人所接受。卜吉凶以寻求平安、运气和天地人事和谐是其主旨，Banck 博士特别搜集大量中国签诗给予分类，并讨论其与中国传统价值观的关系，有独到之处（Banck，1990）。但诗签远没有卜卦所含中国传统宇宙观的解释特征为多，不过天意人性和谐的目的已从吉签数的较大比重中看出了。

4. 从道士到农人——“天人观”实用例解。中国人“阴阳五行论”和“天人感应”“天人合一”观不仅解释大宇宙，也解释人身体之小系统。人是天地自然的一部分，又各成相互关联的整体系统：“夫自古通天者，生之本，本于阴阳。天地之间，六合之内，其气九州、九窍、五藏、十二节，皆通乎天气。”（《黄帝内经·生气通天论篇第三》）构成古代天人类比的共同解释基础。这气是重要的，是宇宙万物得以化生的本原，也是人的根本所在。由于人禀于阴阳二气而生，故养气不得伤气，这样围绕天地人协调的不同目的造就了中国道教修道方式、中医理论和人民生活方式的原理共通性。

道教仙术：《道藏》之首经《元始无量度人经》强调“仙道贵生”。道教寻求使人长寿的道术，其本质是生道合一，形神相须，一面用性功修心，一面用命功练形，即性命双修。林仙道士做内功要义之一为“存思守一”，即存我之神和想我之身。人之丹田穴为天神之太一，是身中神之主宰。“除想身中之神外，诵经时也要存思，思天神或真仙下降身中，或自己处天上与神合一。”（马晓宏，1988，第191页）道士黄志稀为儿童收惊作法时，实际的功能是从人体“小宇宙”中驱赶鬼气，使孩童“精气日新，邪气尽去”，得以健康和“气”的平衡。这样道教性命双修的自我修炼和具有社会功能的祈禳

（斋醮）术，同样有相同的宇宙观解释基础。

中医术及其理论：现代西医的先进技术并没有使中医的理论与实践陷入困境，共同的宇宙观和文化使中国人容易接受以该文化系统为基础的中医理论。这一信赖有力地影响中国人以及他们对待养生、疾病与医疗的态度与行为。（Kleinman，1975；林克明，1990）在中国，无论城市、乡下，中医业总是和西医相补充而存在，中医的长处是重视天人感应和人的身体整体观。古老的《黄帝内经·阴阳应象大论篇》说："天有四时五行，以生长收藏，以生寒暑燥湿风。人有五脏化五气，以生喜怒悲忧恐。故喜怒伤气，寒暑伤形；暴怒伤阴，暴喜伤阳。厥气上行，满脉去形。喜怒不节，寒暑过度，生乃不固。"古人早就视人是天地自然的组成部分，具有和天的关联和类比，认为人的心情和状态与天时不和就会生病，若阴阳伤则必须医治调理。《黄帝内经》以阴阳五行的规律建立中医理论，至今应用于民间的治病与养生，身体的整体观是最终必采纳的养生方法论。像中国其他地方一样，黄村农人遇发烧急症如农人外伤及儿童高烧不退，多数人找西医救急，而在急救化险为夷后疗养期间倾向于中医做全身性调理。而作为常见病，如镇医院经手的常见病如腰肌劳损、气管炎和神经衰弱，常常一开始就找中医，以中医理论解释并治疗患者。例如神经衰弱是依据身体阴阳失衡解释："卫气常留于阳，则阳气盛；不得入于阴，则阴气虚，故目不瞑。"（《黄帝内经·灵枢·大惑论》）要解决失眠症的阴阳失调，中国人认为吃镇静剂并不能治本，唯有中医药配以静功可达到身体内神气合一的境界，其中静功疗法相当见效，便在于可使达到心里的念头集中一处，即庄子所谓"心斋"状态（《庄子·人间世》），病便治愈了。

中医理论之引申还见于非治病的黄村人生活方式之中。如黄村有男歇夏至和女歇端午的习俗（此俗超出 Wd 区，也超出玉田县）。这是因为男人和女人在劳动与生活中各有不同因由的劳累，夏至和端午要好好休息。显然男节和女节紧紧与宇宙天时、大地农时，也与分理阴阳二气的身体调节相依。相同的道理还有"冷热均衡"、"阴阳均衡”的饮食原则。如黄村端午节吃“九碗青”（九碗蔬菜）以及冬至节的“冬至补，吃番鸭”习俗，前者为夏至来临阳气盛，以多吃蔬菜（属阴）来调和，冬季阴盛以炖鸭来温补（阳）。这再现了中国人将每人的身体视为一个微型宇宙系统，并总是在考虑天人感应与阴阳合宜的关联的理论分析传统。医生可以讲出人体充满阴阳整合与机理协调的系统理论，并以把脉、看舌苔、脸色等结合中医医理而做出直觉的诊断。而老百姓虽无系统知识，却也略知天人关系与阴阳、气理经络、实虚的人体观大义，可谓化民成俗了。这只有用中国传统宇宙观的文化意义去解释了。

太极拳和气功早在20世纪20年代就在玉田民间流行。现在生活改善了，医疗和养生的需求发展成一种群众性的生活方式。1985年玉田县（Wm）太极拳、气功与中医医院门诊治疗相结合，开办多期练习班，有效治疗占95.5%。（根据玉田县刘景尧先生数据）太极拳源于道家导引术，为祛风邪，长血气，防病却疾，益寿长生。《太极拳经谱》（人民体育出版社编《太极拳全书》，1980，第262页）说：“太极两仪，天地阴阳，阖辟动静，柔之以刚。”“虚实兼到，忽见忽藏。”“回旋倚侧，攒跃皆中。”（皆有中气放收，主宰在其中）“日新不已，自臻神圣。”（《陈鑫语录》）可见太极拳重阴阳、虚实整合，练意又练气，其意气运动特点是太极拳之精华：“以心行气，以气运身，知机（掌时间）知势（掌握空间），一动全动，达周身一家。”这说明太极拳是身体“小宇宙”主动适应大宇宙的关联的修炼方式。由于农业社会需求应变的静态社会传统与道教自然恬淡、少私寡欲和清静无为的思想合拍并有悠久传统，人们安于现状。一般民众既无道士刻苦修道、飞升成仙的意识，也无积极锻炼身体、参与竞技的西方人传统，而是倾向于向大自然的适应性养生。农人劳动之艰辛，生活之忙碌和俗事之烦恼，总是使他们到中老年以后，甚至开始有疾病时才想到养气练身的气功和太极拳，这是中国人相同宇宙观影响的不同反映：少数人主动的练功和多数人被动的养生（包括为治病而练功）现象。连中国人极为敏感于衣服保暖的习惯，亦是被动适应天候以求

“天人合一”的文化行为。

这样，我们在道教仪式与信仰研究之外，还应该强调道家学说、道士仪式、中医理论和中国人生活方式的共同宇宙观基础的文化观察。“阴阳五行”观和“天人感应”（合一）的宇宙观已渗透到中国本土宗教家和农人中间，渗透到宗教生活与日常行为的人事各方面、各层面。于是我们看到的是：传统宗教和生活方式特征实在只是共同宇宙观的不同文化反应。在黄村和玉田游走的道士诵经、法术和修炼活动、乡土民众的崇拜祭祀和养生之法，就是中国人宇宙观的实践，即对宇宙大小系统（天与人）的感应与回应方式。我们看到中国人由古而今的生活方式没有本质的变化，现代中国道教的生命力和中国人天人合一的文化观念与行为至今持续存在于民众生活之中。

二、佛　教

玉田境内有佛寺 11 座，集中分布于县境两端的 Wm、Wu 和 E 区，分别有 6 座和 5 座，几乎平分秋色。寺庙建立总是选择寂静山林，Wu、Wm 和 E 区地势刚好如此，表现了玉田佛教文化景观的避世特征以及地方佛教文化影响力的地方局限性。20 世纪 80 年代出家者屈指可数，全县在家居士不过数百人，可以说玉田佛寺只是社区人口出路的有限的吸附剂。佛教普度众生，烧香者何处来者均有，无所谓信仰圈。当然农人有就近求佛现象，但无县镇界限制，不表现社区性的信仰认同特征。

据笔者访谈，玉田县出家入寺庵者有明显世俗原因。一类是家庭问题诱因，如黄村高美玉老太太因家庭不和睦到外乡一庵出家。其他尚有被子女虐待之老年父母，或因婆媳不和而离家入佛门，也有孤寡老人无依无靠或久病缠身无望者去寺庙。此外，有信佛传统的家庭父母会影响子女入寺和当居士的选择，比一般家庭容易皈依佛门。第二类多见于年轻人中，失恋者一念之下遁入空门者占一定比例。也有待业青年入寺为求衣食来源者。第三类为多年政治运动的心理创伤者，他们看透世俗，不相信世俗，于是出家。只有极少数老人偏重理念，求死后精神状态而入寺。从入寺者成分上看，以极乐寺为例，1988年僧尼共50余人，我所见到在寺内大殿环绕念经者，90%为女性（地方基督教信徒中亦女性偏多，见第十六章解释），且以老年人为多。上述皈依佛门的世俗诱因与成分并不为僧者所重视，他们只强调是佛法传播的"宿世因缘"。

达磨难陀法师说："佛陀对在家众的忠告是：修行不可以落入纵欲或自我虐待的任何一极端。每一个人都必须尝试过着快乐、无害而安详的生活。"（达磨难陀法师，1993，第68页）但实际上家居极难于像在寺那样恪守佛学教义。例如常见的不和睦家庭气氛中，自我修行时要排除外界干扰是不容易的；再者，如果一个人恪守佛教戒律，也会使和你一块过生活的和交往的亲友感到局促不安，甚至认为你是一个回避社会责任的人或"怪诞"的人。因此，要摆脱欲望和焦虑，解脱现有的世间问题，以致最终获得解脱——涅槃，出家入寺的确是修学和体证佛法的重要途径。这正是僧者认为的"缘"。而在世俗生活者看来，入寺是不寻常的"出世"行为，这种行为在人口比例中相当稀少。入寺者中无论正信与非正信者，在相当程度上避开了世俗生活，然其修道的环境极佳，以及对佛学的理解显然会与日俱增。但也有另外的，带有不幸世俗成见的社会性效果。据笔者对地方佛事活动观察，寺庙法事的世俗参观者（多来自毗邻县）常可由熟人指出某个在寺被观察者的身世，带有一种"可怜的遁世者"的认识，这在世俗人中是常见的。这里可以看到入寺者和世俗人民（甚至进香者）之间在思想上开始表现了相当的隔阂，他们已有相当清晰的各自的团体认同。这是当代中国乡镇佛寺与世俗者之间存在明显的信仰意识隔膜层次的实际情况。

我们再来看玉田地方农人和寺庙僧人信仰佛教之特征是不同的。笔者考察，玉田县寺庙开放的少，故有的寺来进香的人数颇多。如Wm区的弥勒寺6月法事活动，进香者来自诸邻县，一天多达2000人。作为一般信众只是为有所求而来，他们之中不少人同时供土地公庙或其他神明，佛道不分。现代进香者往往整把整把地献香叩拜，以示诚信。但出家人对此不以为然。我曾与鼓山涌泉寺 80 多岁的普雨长老讨论福建地方寺庙进香一事，以及佛教与民间佛教的区别问题。僧者确有思考：

Z：普雨长老，烧香有什么讲究吗？

P：卖香人一捆一捆地卖，烧香人以为多多益善，买得多烧得多，其实这不是正信。

Z：为什么？

P：比如生意不顺利、考不上大学都来烧香，这是有所求来烧香，不是正信。而我们出家人不论起初的诱因，从教义出发应是无所求，出家人一日一炷香、三炷香足矣，不过是为表示进入佛门对佛之诚意。

Z：但你仍接待他们。

P：是的。现代城乡庙宇香火很盛，我们也劝他们，也许有的人永远也不会正信，当然有的人会皈依佛门。

Z：你是否认为在寺的僧人已是正信了呢？

P：不见得，我的弟子也有些人还是有所求，有些人是衣食和尚，有些人不专心，就是我本人也不能说已达到无所求的正信，但的确是在走向真正的无所求。

Z：那么现代佛教怎样与社会联系呢？

P：请和尚念经就是社会联系，佛教纳入儒家之礼就是社会联系了。

Z：这说明佛教也不得不依据中国儒文化与民众生活作为发展的根基。

P：这是历史事实。目连救母的佛经故事变成孝亲节（阴历七月十五）就是佛教中国化的事实。

Z：地方农人也很信因果报应，如“积善之家必有余庆，积不善之家必有余殃”这类联语、谚语很常见。个人之间的恩怨也总是推至家庭，包括诅咒。

P：但家庭承负的家庭主义传统观念不是佛理，因果报应的承负者应是个人。

在我见到他 5 年之后，普雨长老撒手西去，只剩那位陪我在鼓山散步的另一位涵阔法师仍思想活跃。他曾是北京大学季羡林教授的旁听生。现在他出家多年，除了研究佛经外，还有兴趣于恩格斯和俄人康斯坦丁诺夫（Ф. В. Канстатнов）的著作，并试图提出改造现代家庭适应全社会集体生活的佛学乌托邦理论，不知是否属普雨长老所说之正信僧人？

普雨长老是个精通高深佛理者，他时而引证经典，时而解说消除人生之苦和消除无明引起的造业受果。只有消除无明，皈依佛法，才能求得解脱，断绝轮回，达到无苦的"涅槃"境界。但在玉田乡村我看不到农人能读深奥佛经，他们实际上继续为产生于唐代的净土宗所吸引。入寺者专心念佛，修习简易，以阿弥陀佛的愿力为外缘，内外相应，往生极乐净土。在家者除少数居士修功德、吃素、念通俗佛经外，多数农人则把进香拜佛和拜道教与民间信仰之神一视同仁。无论为升学就业，无论为祓除生活中苦闷，都功利心明显，尤其相信因果相续的报应思想。的确，入佛门走正信之路艰难漫长，皈依佛门须相当的决心，因此佛寺对农人的吸引力主要表现为某些县乡农人请和尚超度亡魂，以及"非正信"农人香客的进香活动。居士们稍好，会有意识地思考佛理。福建和玉田地方佛寺只有少数如普雨长老这类精研佛经的出家人。近几十年，大陆佛寺愈趋一种和乡土世俗社会的孤立性，以及缺少一种如道教那样上下多层次的紧密联系，缺少通俗佛经及相应的传播层次与方式。近十余年，当佛教与其他宗教一同复兴之时，我们能看到具有观光性质的著名佛寺进香活动之盛大与辉煌之形，却没有如道教、民间宗教对农民生活之强烈渗透之实。再者，由于出家者总是受世俗"不合孝道"观念束缚，实际遁入空门者极少。农人生活清苦，终日劳作难于接受理念深奥的"高级"佛教经典，而易接受浅显的直指心性、顿悟成佛的禅宗，尤其偏爱亿万次念"南无阿弥陀佛"就可简便成佛的净土宗。我在 Wm 区的一座净土宗寺庙里看到边走边念佛的 40 余名僧人，他们与进香农人之间似乎有一道明显的隔阂。相比而言，玉田农村道士、师公与临水宫以下信仰圈农人的联系比寺庙密切得多。正一派道士的活动受到农人相当信赖，黄村便有 95% 的农户请道士（基督教除外），而 M 和 Wd 区几乎很少有佛事影响。在佛寺分布集中的 Wu、Wm 和 E 区请道士做道场的农人仍大有人在，特别在农人人生终结——死亡仪式（少数请和尚或和尚道士兼请）以外的其他法事，如出生、为儿童收惊、过关等几乎是道士、师公“独家经营”。

在历史上，佛教中国化的进程不可遏止，如今普雨长老也无力阻止民间对佛学理念的实用性借用（濡化和家族主义化）。如黄氏先祖重建善庆寺（Wu），在大雄宝殿左侧建一偌大祠堂，并做后辈书房，楹联为：“善宗忠厚流芳远，庆祠世代子孙贤”。以求佛儒合明。这当然不属正流佛寺。然而，这的确是不入寺者的选择。普雨长老不喜欢因果报应家族化观念，却亦无可奈何。黄村人道教与民间信仰远甚于佛教，但农人并不轻视佛教菩萨的法力，故近十年重塑神像的浪潮中，他们借来菩萨重塑在黄村土地公庙陈靖姑神一侧，显然，乡民造神、借神行为具有相当明显的实用意义。

另外，地方史上寺有寺产，和尚有衣食来源，而正一派道士游走做道场（平日务农）则关涉到个人生计。宗教人士说闽东的道士与和尚的法事活动很是配合。闽东道教法事舞蹈“做香花”，就被传为由佛事僧人让与道士，实际香花舞细腻的指法源于佛教。玉田佛教、道教文化区分割状，会与佛、道默契有关吧，也许恰好说明了寺庙香火盛而实际上佛教衰落的近现代进程。

现在地方佛教（大乘）高层与基层文化处隔膜状态，也可说是被压抑的、界线大体清楚的两个层次，宗教师（和尚）和民间信众层化清晰，高级佛经要义并未出色地化约至乡间，生活中进香的盛况和和尚参与亡故者道场均不能说明两个层级的交相融合，实在与道教系统难于抗衡。僧人无力扭转民间非正信的信仰，是因其难于进入多样化的民俗生活，而大多数场合为道教或与道教相联系的信仰与民俗活动填充了。如果对比乡村和尚和道士的区别，在某种意义上，大陆佛教总是显示出宗教师（和尚）和信众之间的差异，即“虽然乡民的宗教和宗教专家的信仰相互交叉，两者却反映了不同的需要和进程。”（Wolf，E. R.，1966，p. 102）我还特别注意到葛兹和 Wolf 关于宗教信仰层次的描述和论述（Geertz，1960；Wolf，E. R.，1966，pp. 100－106），我要指出的是，由各类道士连接起来的宗教传播网络，紧密与民众生活相契合，日日相关；而且中国的全真道宫观道士和正一派、闾山派道士相协调，一方面巧妙地建造了从精英到通俗文化传递系统的多层位性，一方面多层位性本身又在化解道士（宗教师）和信众之间角色层次反差。其实这是由于中国人无论儒者或农人、道士或进香者都有同一的天人感应与天人合一宇宙观基础，因此信仰一体化中的层级性关联是相当突出的中国现象，当代中国社会生活的上下组织化与一致性，使基层农人和农人出身的道士或县镇世袭道士同时接受来自外界的刺激，所以近十年的乡村道教与民间信仰之复兴，反而首先是由农人然后才是民间道士推动的，甚至可以说农人在“文化大革命”后对命运的把握之需求和从未尝试的新经济活动之风险，都促成他们推动各类道士、师公扩充人数，完善仪式，更多地卷入民俗生活系统之中。不仅如此，乡民们还扩大了造神、借神运动（如黄村内外增添了新神明），以满足力图获取权威性神明信仰的需要。而佛教在盛大的香火供奉之余，在农人中只剩下了如道教般的偶像崇拜和因果报应之说，而且报应之本体还不是个人而是儒家传统的家族。

第十五章

并存的诠释与选择（二）：儒家思想及其制度

一、播种儒学及其结果——历史而今的人类学观察

众所周知，切入儒学及其制度的庞大文化机体是不容易的。因为儒学在历史上从不只是学术论坛上的哲学，而是经世致用的哲学。哲学与制度间的内在关联性解释不断由历代儒者思考、应用与发展，已构成中国文化结构的重要内涵。就以玉田县来说，虽然儒学传播较中原迟很久，但儒学及其礼制能在千余年间相当牢固地在地方社会扎根，这与儒学及其礼制的实践性分不开。为廓清儒学濡化的具体面貌，笔者有必要提供简要历史的、地域的、文化的和人事上的观察。

南宋理学大师朱熹生于福建南剑（今南平），后迁崇安，晚年又迁建阳。朱子一生与福建有不解之缘。我要谈到的是他的理学要义、过化及其对地方民俗的影响。

（一）朱熹“天理”与《四书》集注

朱熹建立以天理为中心和最高范畴的理学思想体系，用理生气，气生万物的逻辑结构来展示理产生万物和社会人事过程：“未有天地之先，毕竟也只是理。有此理，便有此天地；若无此理，便亦无天地，无人无物，都无该载了……”（朱熹《朱子语类》，卷一）所以理是朱熹哲学的基本范畴。关于人伦关系，他解释道：“未有这事，先有这理，

如未有君臣，已先有君臣之理，未有父子，已先有父子之理。”（《朱子语类》，卷三）即君臣父子关系形成之前，已有了纲常伦理原则。朱熹把天理伦理化、政治化、世俗化，成为人人可学可依的政治与道德原则，并进一步利用教育上下输导，其纲常教育的规划性特点尤为突出。

朱熹的《四书集注》解释了宗法政纲，把孔子仁学推向内省的方向，把道德力量夸大成为决定一切的东西（高令印、陈其芳，1988，第6页），又把政治道德包括在天理之内，使哲学和教育更为政治化、伦理化。朱熹学说的价值终于在他死后得到特别重视。一个直接的结果是，南宋末年已将此书作为官办、私办学校的教科书。明清两代以八股取士，试题悉出《四书》，如此成举国上下（学校及乡间私塾）诵读之风。《四书》在数百年间进一步形成了民众理念的思想基层，也是政治家和儒者追求德治并付诸行动的结果。

（二）朱熹书院和在玉田的理学实践

朱熹孜孜不倦，或在朝或出仕不忘讲学授徒。他首开南宋书院复兴之风，著名《白鹿洞书院学规》即出于朱文公之手。其开篇之五教之目即为：“父子有亲，君臣有义，夫妇有别，长幼有序，朋友有信。”其他文句尚有：“言忠信，信笃敬，惩忿窒欲，迁善改过。”“正其谊不谋其利，明其道不计其功。”“己所不欲，勿施于人，行有不得，反求诸己”等。（《朱文公文集》，卷七十四）其五教、修身、处事、接物之要均为儒家经传之要点。将维护人伦、等级制度的儒家理学观念纳入学规，显然是传播思想的画龙点睛之举。作为教育文化的一种传播方式，朱熹的《学规》由其弟子四方奔走，渐推广于其他书院。宋理宗于淳祐六年（1246），终诏颁《学规》于各府州县立石（学知，1986）。随后在南宋全境普及，元代则推广全国，是儒者与官方达成默契借教育的网络逐层传播理学的方式。“这与其说是由于儒教有利于专制统治，毋宁说是政治权威最后不得不向文化力量妥协。”（余英时，1987，第201页）至南宋朱熹以后，儒家文化下放到民间，其理念解说与礼制形成在乡村社会得到广泛传播。

1981年玉田县杉洋（E）蓝田书院旧址发现朱子题刻："庆元丁巳春三月晦翁。"（向阳，1985，第8页）证明庆元三年（1197）朱熹乘船曾来玉田讲学："往来于三十九都徐、廖两大姓，赏书大学户庭，中庸闾奥，文章华国，诗礼传家。螺峰、浣溪、杉洋诸所皆其游息而训诲也。"（清，辛竟可《福建古田县志》，第171页）现在主要相关的书院遗址还有：螺峰书院（Wm）、浣溪书院（Wm）、溪山书院（Wu）、西山书院（Wm）、兴贤书院（E）和西斋（E）。书院是宋代至清末士子研习儒、理学的高级研修院，朱子身体力行，巡回于各书院讲学，在玉田多有传人（《余氏族谱·宋理学名儒昂公传》），并在今日百姓中留下纪念与传说。如溪山书院所在Wu区农人有朱熹"一天教九斋"，努力讲学的传统。Wm区有朱子教育不刻苦于儒学的学生的"狐狸坂"的故事。如今，当地农人谈起仍绘声绘色。Wm区有"朱子和红点青蛙"的故事（关于教育）、康太保（在Wm区城东有一康太保庙）以死保护朱文公的传说。还有，蓝田书院春秋二祭朱子之礼一直延续至近现代，可见其为民众景仰之状。一系列传说在800年间长久存留于乡土民众中，与其说传说编纂之引人入胜，不如说是儒学过化的成功与吸引力。朱熹既是儒家大传统之集大成者、创造者，又是将儒学从高层精英层传至乡土民众基层（特别是南部中国儒学濡化过程）的杰出的规划者和实践者。这一过程是文化人类学田野工作的重要知识背景。

（三）儒学传播

汉代以后尊儒读经选拔官吏开始制度化。《文献通考》记录的考试方法表明，太学主要看两年一次的考试，考试不及格的可以留校再考，及格者委任官职的仍可留校，满两年后参加高一级的考试，直至考通五经为止。（《文献通考》，卷四十）这一规定鼓励儒生兼通数经，历史上这种太学确实培养选拔了不少帝国官吏。

选拔制度的构想出于儒家尊贤有等的原则。通经可以飞黄腾达，鼓励了儒学经书的传播，重要的是基层民众有了升迁的孔道。为此汉代邹鲁已有名谚“遗子黄金百籝，不如教子一经”（《汉书·韦贤传》）为证。有海滨邹鲁之称的福建乡下，如黄村，至今可以听到沿用下来的只字未改的古代婚礼唱词：“花生结实粒粒有，添男要添好知县。”推崇英雄男子要通经做官。民国以前，湖口镇（Wd）是闽北赴省城通经应试的必经之路，今日湖口老农还会指着古老的石板栈道对你绘声绘色地讲：“过路的赶考人迈上一个台阶就等于抱了一块金砖呀！”为此，凡是科举中者大受褒奖。黄村和金翼之家值得骄傲的大事之一是，宣统己酉年（1909）先祖黄荣桐科举考试第一名，留下钦命官职令并书写有“拔元”的巨大匾额，今日仍高悬在已破败的黄家祠堂。这是黄氏光宗耀祖的业绩。

早在西汉，学校网络把儒学从都城太学、地方郡国学校在各级城市中传播，并通过私家讲授在城市和乡村的社会上层传播（卢云，1986），通过上下教育网络，儒文化得以城乡上下传递。

儒学及其制度抵达基层社会生活主要应考察县以下乡镇社会，这一问题传统历史学家和人类学家的研究工作并没有很好地衔接。笔者认为就乡土社会文化水准分析，对蒙学教育和礼制实施的观察是颇为重要的。

相传宋末王应麟所作《三字经》，是元以后数百年间最流行的蒙塾课本。民国以前的大陆乡村地区，蒙学教育的对象不仅有儿童，也有成人。《三字经》以人本为端，阐述三纲五常、四书六经、历朝史事，奋发勤勉，显亲扬名，还通过实例说明民众做人方针、教育之要，学礼仪孝悌，读书做官等。该蒙学课本是儒学理学不可多得的传播载体。

在黄村小溪水车边仍留一间私塾遗址，蒙学教师是东林亲戚黄元衡。志留7岁时曾在这间私塾学习《三字经》，每日上学及放学前要拜孔子，拜塾师。不好好听课就打手板，跪在孔子牌位下受罚。中国宗族组织从族田内分出学田（书灯田）奖励后生启蒙、读经、外出赶考儒官，是儒学传播理念延续下来的重要措施。这类私塾在乡间非常普遍，直到1911年废止读经。但此后孔孟之道、朱子理学要义仍在国民小学课本中占相当比重，如当时教育部订正女子修身教科书，以通俗插图教育女子做人之道，为敬祖敬长、孝道睦族，以及排斥异教的“不供佛”“祭不焚楮”，均有谆谆告诫。有趣的是《三字经》中类似故事仍选编其内，反映了儒家传统在民国中之延续（《订正女子修身教科书》，上海商务印书馆，1913—1917年）。1913年5月福建省教育厅《改良私塾规程》（萨伯森，1987，第180页）开始对塾师登记，从严开办，且已无直接选用四书五经的私塾了。在昔日国民小学不到的乡间，私塾旧本、《三字经》之类仍残存至20世纪40年代（玉田县）。由于乡村教育（官学）非常薄弱，“历代私塾的地位在数量方面不亚于官学”，在影响方面或更大于官学。（庄泽宣，1937，第569页）以蒙学课本传播儒学不仅是儿童而且是成人教育的主要读本。中华人民共和国成立后的学校课本，仍在国文、文学、语文教科书中包含相当比例的儒学名篇，直至“文化大革命”中批判“孔孟之道”，儒家思想篇目才被革除，以致“文革”十年的一代年轻人儒学知识礼范观念淡漠。但就大教育观而言，学校并不能履行每个人的终身教育功能，而早已化民成俗的儒家学说总是从各种渠道（如对联和民间说唱）、各种场合（如婚丧礼）以及家族生活中再现出来，向各辈人施教。乡村至今保存大量直截了当的儒学说教和儒学礼制化的民俗生活。

（四）儒学礼制与玉田实况

人类学看待教育的传播不仅限于学校系统，其视野还包括其他渠道，朱熹把宗法伦理看作“天理之自然”，并且身体力行。一面巩固宗族制度，一面借宗族组织将儒学礼制生活方式化。他所著《朱子家礼》通过通礼和冠婚丧祭四礼，申述“修身齐家之道，慎终追远之心”，以图有补于国家“崇化导民之意”（邱汉生，1977，第64页），从而使儒家礼范与制度内化于乡民之中。

朱熹反复强调封建礼范的重要性。他在《跋三家礼范》（张栻《三家礼范书》）里叹曰：“呜呼！礼废久矣。士大夫幼而未尝习于身，是以长而无以行于家。长而无以行于家，是以进而无以议于朝廷，施于郡县。退无以教于闾里，传之子孙，而莫知或其职之不修也。”他感于家礼久废，故主张家礼与冠婚丧祭礼，应镂版颁行传播。朱文公本人纂辑的《古今家祭》、《家礼》两书，对强化宗族家族制度作用甚大。朱熹求颁《五礼新仪》得宋政府批准，遂重印发行。这是儒家高层文化向下传播的重要社会教育方式。

此外，儒家学说还渗透于乡约之中。《乡约》作者初为北宋的吕大钧。《乡约》鼓吹能肃政教，能事长上，教忠教孝，修身齐家。朱熹修订《吕氏乡约》为《增损吕氏乡约》，更为严格。连送礼之长幼厚薄，“拜尊者跪而扶之”，甚至葬礼上何者哭何者不哭都有规定。每逢月旦读乡约图解，还明确规定了尊长少幼立位。（朱子《增损吕氏乡约》，第36页、第62页、第83页）乡村宗族族谱（如黄村族氏族谱，义序黄氏族谱）都附有符合本村实况的乡规族约。其月旦集会读讲约礼，宗法约束（族权、父权、政权、神权）甚严。朱熹不仅作《四书集注》，还用教育机构做儒学、理学的传播渠道，并注意到该理念制度化的实施，抓住家礼、族谱、乡约具体生活环节，教化黎民百姓，使儒学理念与制度以不同方式自上而下传递下去。如果说孔子只是试图整理和继承西周礼制文德，奔走倡导，那么朱熹则是将政治、伦理、哲学思想紧密纳入正规与非正规教育形式之中，有目的、有意识和卓有成效地传播儒家文化，并使其制度化。

（五）朱熹以后至前革命时期曾存在的文化制度

1. 科举制和儒学读经教育。如洪武年间（1368—1398）地方官沈元素授玉田学训，创立学舍，师道甚严。（《玉田县志》，第161页）康熙三十九年（1700），知县陈琸建屏山书院。乾隆四十七年（1728）重建蓝田书院，恢复名儒造访，切磋儒学，蔚然成风。（同上，第163页）蓝田书院始建于南唐（937—961），宋庆元间，朱熹亲临讲学，后名闻遐迩。（余理民、余祖祥，1986，第95页）

2. 县令黄凤翔鼓励建“贞孝”木坊和“孝友”双木坊（1612

年）。在E区余氏宗祠建于明弘治十二年（1499），1985年重修。（《玉田县志》，第162页）

3. 各县镇所在地建乡约堂，定乡规、民约、族规，如E区杉洋。

4. 遍建宗祠（现保存）和宗族组织。

5. 为祭祖护墓，族产的提留取朱熹的设计模式。流行于玉田和闽北（郑振满，1987，第80页），即："初立祠堂，则计见田亩，每龛取其二十之一，以为祭田，亲尽，则以为墓田。"（明·邱浚辑《朱子家礼》，卷一）东林家到20世纪40年代仍依此俗，保留有祭田。

（六）朱熹以后至今仍保存的礼制习俗

1. 葬礼中仍依历代礼书分别丧服，当代直系亲属，依血缘亲疏有不同丧服，旁系丧服并不严格，丧期亦不严格。但今日丧礼仍十分隆重，包括一些细节。如，灵龛前魂帛依神，古时有之。朱熹《朱子家礼》（卷四）道："魂帛以白绢为之，如世俗所谓同心结者，垂其两足"，"以此依神，似亦可取"。现代黄村丧礼仍沿此俗，为朱熹家礼之遗风。

2. 朱子家礼诸祠堂实为家堂，每宅厅有"公婆龛"祭祖，《朱子家礼》规定只设高曾祖考四祖，而今日家祠祖先牌位伸延修短不一。宗族祠堂为宗祠，宋明以来宗祠遍设和宗族组织发达有其政治上和文化上的原因（第十章），并非单纯水稻种植、水利灌溉与边疆的功能性因素。（Freedman，1966，pp. 159－164）当代乡村多无宗族组织和宗姓土地，但在经济文化发展之今日，仍有强烈的宗族共同体的血缘与心理认同，可知宗族成因绝非只凭实地环境考察所得。

3. 朱熹"上寿于家长"之礼仍在黄村周边乡村流行。笔者亲见黄村农人谢丰营等晚辈为父母双寿礼跪拜，为朱子《增损吕氏乡约》"凡拜尊者跪而扶之"之遗风。另，朱子长幼送礼之厚薄以分人伦之规定，亦仍见于玉田乡下。（第十章）

4. 朱子规定男16至30岁，女15至20岁为婚嫁年龄，肯定早婚之俗，今日依然。女子多在17岁出嫁。

5. 婚礼程序依古礼和朱子家礼。如拜堂谒见祖先有古礼庙见遗义。但朱熹认为庙见在礼仪之后3个月举行时间太久，于是改为3天即拜堂。(《朱子家礼》，卷三）司马光则以新妇迎娶之日趋谒影堂拜祖。(司马光《书仪》，卷三）笔者所见玉田黄村都依迎娶当日拜堂，闽省义序亦是。(林耀华，1935，第157页)

6. 此外，黄村盖房、婚丧宴席方桌圆桌座席均依人伦次序不乱，续家谱族谱之风在“文化大革命”一结束便开始，寻宗族祖地、续排行（与祖地排行相应）均是儒家思想与制度存在的证据。

7. 聚族而居的大姓集团和乡村大姓仍存在相当的地方性影响，强族意识与利益是地方政治、经济、文化的重要影响因素。先前，朱子实践理学和礼制的工作已转化成乡村农人的文化传统与生活方式。因为近现代中国城乡人为隔离（传统城乡差别继续保持，户口制度限制迁徙，传统农业经济结构造成姓氏与家族主义仍是社区发展中必须考虑的要素），故乡村儒学礼制保存尤多。政治的、经济的、社会的不彻底的变革既可使乡村社会仍保持儒家礼制传统的基础，也可使城乡社会礼制与新意识形态中继续容纳儒学思想与制度的成分。

朱熹思想与礼制成分流传至今，原因之一还在于文化的设计被官方与政治加以强有力的推动，中国传统文化的高层文化从上而下输导的脉络十分清晰。这一过程中精深的儒学理念与制度得以通俗化，与乡里文化相结合，渗透民众心理，甚至铸成民族深层无意识文化成分。我们无论如何不能忽视教育（教化）的文化传递对人的作用。几乎可以说，中国儒家理学文化的传递总是和教育联系在一起，或者说规划了的教育是儒学与制度传播的车轮，是民众儒学思想内化的有力手段。(庄孔韶，1989，第176—189页)

二、文化之媒

朱熹对中国南部的儒学理学传播起了直接的推动作用。教育和礼制是其两大重心。如果我们继续观察中国基层社会的儒学濡化过程，还应着眼于特定的人物角色：循吏和乡村媒介人物。特别是后者，是史书中被忽略的社会角色，人类学调查则易于发掘这类穿梭于乡间县镇的文化之媒，他们传播儒家思想，化民成俗，也在播种礼制的同时，吸收与传布其他哲学与信仰的成分。

（一）循吏

循吏之称始于《史记·循吏列传》。在对照酷吏时，司马迁说："奉职循理，亦可以为治，何必威严哉！"表达了司马迁的循吏观。循吏和酷吏是中国古代存在的两种典型吏制，为吏的职责一般是维持政治秩序，酷吏以严厉刑罚治理地方为其特点，而循吏则以"仁爱"化民，而且他们把儒学教化看得高于法令。因此循吏不仅是在地方建立政治、行政和社会的秩序，而且也是在建立文化秩序。（余英时，1987，第215页）董仲舒希望皇帝"兴太学，置明师"，把郡守、县令培养成"民之师帅"（《汉书》，卷五十六，《本传》），就是循吏之治的主张。

由于通经者被推崇，为吏者在地方上尊师、立学、重教和礼让定为民众拥戴与大量记载。如："北海淳于恭，以宽恕待人"，"里落化之"（《后汉书·本传》），"刘矩为雍丘令，以礼让化之。其无孝义者皆感悟自革。"（《后汉书·循吏列传》）很明显，循吏以他们持久的儒学过化实践建立地方文化原则与秩序的功能，实不可低估。我还要提到中国古今留下了数以千计的县志，重儒学、礼治是其编纂的思想主线。不妨说中国的县志就是地方儒学过化与礼化的史志。《玉田县志》记载了10世纪初县令薛、李、许、陈、云五大循吏（清·辛竟可《玉田县志》，卷五，《名宦》），如褒奖其中之一县令李堪："务本抑末，爱民惠士，建学立社，举乡饮毁淫祠黜异，以礼让化俗，政暇则集诸生耆老讨论治理。"（清·辛竟可《玉田县志》，卷五，《名宦》）以上可知，李堪尚排斥信仰之异端，表现了独尊儒学及其制度的主旨。循吏并非每每皆是，但中国县令任调频繁，任何县志中都会找到相当数量的循吏的记载："他们持久地执着于中国文化和作为其理想工具的儒家的文明化使命。”（Arthur，1960，Introduction，p. 5）在县志中，“学校”“名宦”“节孝”“寓贤”多种分类的大量篇幅推崇儒士、儒学礼制实践，朱熹以后更重礼制在基层之实施。直到现代的20世纪40年代，玉田县长黄澄渊主持编纂最近的一本县志（1942年完成）仍延续了“循吏”“忠义”“孝友”“儒林”“惠政”“礼俗”“烈女”的目录编排，其明儒色彩相当浓厚，表现了中国儒学文化要义的一脉相承性。而黄县长本人就是前革命时期较受玉田人敬重的惠民、教民、为民请命、以身作则的循吏与清官。（魏鹏，1988，第94—100页）如果从中国每个县社区为单位考察，县志总是记载了不可胜数的循吏史实，在历史的长河中，无数地方官吏治兼礼化，他们和其他儒士、地方教师共同把儒学精英文化扩展到南方和边疆，起了统一文化和连接精英—大众文化的重要职能。

在谈到儒学过化的方式、渠道和人物、官吏角色之时，应顺便提到一个十分易于理解的问题，即儒家文化传播至基层，并易于产生影响，还在于乡土农业中国的社会经济基础。

中国数千年来基层乡村一直是一个世代承继的自然经济社会，农人必须克服天灾人祸，精耕细作，勤俭持家才能生存，这产生了农业民族勤劳刻苦的性格，人们定居在一块土地上，年复一年依农业周期生活，故一种由持久农作而发的韧的精神由此而生。但这仅是由生计方式得出的结论。此外，中国基层社区还是一个相对封闭的农业社区。这种农耕社区存在与发展的基本条件是“安居乐业”，因此，在“民本”思想之上，强调“德制”“仁政”一直是历代政权所关注的问题。要想实现这种政治理想，就必须处理好人与人之间的关系。（丁钢，1987，第56页）刚好在这个四季轮转、相对静止的基层社会实行礼化之治——这一儒学文化秩序的理想模式具有上述功能，并且的确已成为历史与社会过程的事实。儒家的价值观既然具有深厚的环境与人文基础，历史上的儒学成功地传布以及循吏、儒士教化的文化责任感，便有利地、不停顿地推动着思想对制度的影响以及高层文化与基层文化之间的相互沟通，从而造就了中国高层文化与基层文化整合的、总是可以找到其关联的文化连续性。

（二）乡村媒介人物

我在近十年田野工作中一直注意到中国乡土社会活跃着的为历史学家和本身在正史中被忽略的一类人。他们无职无权，但熟悉民间礼俗、民众节日，是人生过程中不可或缺的人，农人简称之为“先生”。“先生”是指通晓儒家礼仪者，他们多才多艺，如会书法，粗通诗词、联语，懂相术，为农人以生辰八字合婚，会阴阳，勘察房屋和坟墓风水，热心于村公共事务。我把这类人称之为文化与人事之媒介人物（entrepreneur or broker of culture and human relationship）。因其知识成分的偏好，干脆称之为儒道之媒未尝不可。这种人的背景相当驳杂，可谓乡村小知识分子兼杂家。黄村的黄友兴先生是我的朋友，他平易近人，身兼上述数任。平日务农兼银耳、香菇生意外，游走玉田县境内外，参与民间家庭礼仪活动、看风水和合婚三个主要项目。其游走的范围大体在以黄村为中心的 24 公里内（偏北，东北部超出 Wd 和玉田县境）。第二个主要的游走范围在黄村以北和东北的 34 公里内。有趣的是这与地方道士道场游走半径相似，但超过集市圈界限。只做道场的道士，其社会活动远没有黄友兴活跃。农人近年生活改善，结婚盖房和修复墓地的家庭项目非常频繁，这为文化之媒活动在“文革”之后大发展提供了有利条件。

黄友兴不是地方官吏和循吏，而是儒家思想的民间现代传人。现在黄村婚礼、葬礼、盖房仪式、寿礼和春节节庆是民俗生活中常见的几大家庭礼仪，其必不可少的内容是在仪式场地书写数十上百副对联，贴在门边、门楣。现代农人喜送被面、衣料，民居前厅高悬的每一件礼品都要配上左右两联，内容须与不同礼仪内容相配合。据笔者观察，新春联中涉及当前生计昌盛、风光美好之对联和传统春联比重各占一半左右。而在其他场合，如上寿、婚礼、葬礼、盖房日常礼仪时采纳的对联几乎 90% 以上为古今同一的联语。黄友兴经常书写的对联，如：

婚礼联："百年歌好合，五世卜其昌。"

新居联："荣迁华屋安仁里，燕贺新居洽德邻。"

寿礼联："同村娱老儿孙好，夫妻同耕日月长。"

通用联："勤与俭治家上策，和而礼处事良规。"

诸如此类一概歌颂儒学家族主义、睦族、隆礼、仁爱和德治思想。在现代社会生活中，这些对联配合不同礼仪，如婚礼上拜天地祖先仪式，寿礼上之跪拜，葬礼上披麻戴孝五服之礼，与现代学校教育的音调格格不入，然而仍广而流行，是乡村不可缺少的文化成分。黄友兴活跃于乡镇社区，为农人所信赖，将儒学精英文化接力之最后一棒传给县村社会的家庭和个人。基层社会正规学校教育的教材相当大程度上回避了农人生活中的习俗礼仪活动，由于一种文化上的"供需关系"，正规教育与民俗文化的隔离空档被黄友兴乃至民间宗教家填充了。现代地方官宣传儒家学说已不合时宜，现代乡村教师也不会擅自将更多的儒学名篇塞进语文课堂，只有黄友兴这类"文化媒人"依然传播古老的儒家说教。人们信任他们，在私下，农人知道什么礼仪找什么人。黄友兴有自己一系列书籍，以查阅和礼仪相宜的儒学名句格言，当即在农家悬肘书写在大红纸上，人们围拢观看，黄则一旁解说。于是，他在农人中的知名度以及他书写的古老哲理便一同传播开来。置身于其间，我感觉到现代学校涉及中国文化的教材内容的确与民俗生活脱节了。

现在黄友兴已有一两位"接班人"，他们是初中毕业生，在县间向黄学习礼仪和风水理论并随他一同出访。无论这些年轻人的出发点是对儒道理论和民间数术有兴趣，还是准备以办礼仪收费为生的动机，这都不重要，重要的是这些古老的儒道名言及其古老文化的携带者"文化媒人"仍有其传播与发展的空间。记得我在 1987 年访问北方，河北省固安县的"媒人"刘先生，也是黄友兴一类的社会活动家。他在方园 18 公里内熟悉许多青年男女的底数，是一个成功的合婚与婚礼专家和儒学传播专家，只不过他书写儒学对联的内容远不如黄友兴的功底，这显然与黄长年积存古今图书并钻研不无关系。现在我知道刘先生和黄友兴这类合婚、婚仪专家，再加上办道场活动的住家道士，仅玉田县就有二三百人，那么全国会有多少人呢？他们表现出了巨大能量，文化人类学的研究怎么可以忘记他们呢？

笔者认为，自古代起，地方官，特别是循吏隆学化民以及学校教师指导尊孔读经失去现代意义后，黄友兴这类文化媒人可谓是当代中国仅存的、仍确实在传播古老精英文化至基层的最后的乡村儒家。

黄友兴传播的文化内容并不都属于儒学范畴。

据笔者对黄友兴手边备用联语分类统计，配合当代国家政策、提倡科学的对联占11.3%，如："责任制开致富花，讲科学结丰收果。"的确是农人近十年来的切身认识。泛指生活环境、美好貌者占18.9%，如联语之一的"良宵美景万家箫管乐丰年"，通用于古今和平时期。为商业开张典礼用联语占13.2%，可知十年来商业、市场活动有了迅速发展，以致黄友兴必须设有专门一类的联语。涉及儒学道理和礼俗的联语比重相当大，为34%。已如上面所述，说明当代闽东乡村生态与文化环境同儒家思想特别地交融在一起，并仍有其存在的基础。另外，与道家思想相关的隐喻性联语占7.5%，如："天近彩云连紫极，堂开东阁引青阳（羊）。"说明在乡民伦理、礼制的儒家传统之外，道家思想仍是农人精神需求的重要内容，尤其在葬礼上，道家及其思想起着相当重要的作用。其他杂类占15.1%，从略不论。

从联语分析，乡村"先生"必须敏感地适应现代社会政治生活，传递每一历史时期流行的新的意识形态。其中于农人切身利益有帮助的政策和实用农业科学知识受到欢迎被写进联语之中，而空洞的变动的政治说教很快会失去流传。这是说乡土先生的存在必须顾及应时社会思想之媒的职能。就历史性地存在的乡村先生来说，儒学思想一直是其重要的保留内容，但他出身于乡土社会，必然不能忽视乡土文化小传统，如道士之术与民间信仰。他必须在这交叉文化中做文化中人，因为儒家思想没有提供民众信仰的理念。黄友兴非常清楚这一点，故他知道兼写儒道两家的联语，虽然儒学比重为大。日人宫川尚志也说："儒学未能唯一地获得人心，因为它强调一个人与另一个人的关系，取代个人和神的关系，但它忘记了给予精神的满足。同时，佛道并未能战胜儒学，尽管它们在精神需求上有表面的满足，因为它们没有适应中国社会实际的转变。"（Miyakawa，1960，第46页）如果我们观察道教与儒学相互适应的历史过程，不妨换一个角度理解为儒家制度及其哲学在治世影响较大，而道家思想在乱世和治世之初尤为活跃，即使在中国的近现代也一再表现了这一规律。还有，儒道思想都成功地贯通于中国精英、通俗文化层面，乡村先生们是儒或道上下层关联（偏下层）的良好媒介，又吸附儒道思想之不同社会价值使之整合于自身（濡化兼涵化），再巧妙地导入与融合于民间礼俗与信仰中。

每逢婚仪上，黄友兴一边宣扬家族主义，一边又以阴阳家身份先行为男女合婚。有案可稽的是朱熹在《朱子家礼》中略去古代婚礼程序六礼（纳采、问名、纳吉、纳征、请期、迎亲）中之三：问名、纳吉、请期，特别是去掉与纳吉相似的合婚之礼。（《朱子家礼》）虽说民间受朱子理学和家礼影响甚大，然而唯禁合婚卜法（纳吉）一礼始终未被民间采纳，因为占卜之术虽不属儒家理念，然而却是农人信仰与道教之需。

古往今来，我们还可对照大儒朱熹和现代乡村"先生"，他们的儒学原则均不是绝对的，朱子便善于沟通儒道及杂项信仰。这位高层文化的儒学精英大师曾用他的"气论"解释道教神仙概念："人言仙人不死，不是不死，但只是渐渐地消融了不觉耳。"（《朱子语类》，卷一百二十五）朱子不信风水影响子孙祸福，但赞同形势拱揖环抱论。（《朱子家礼》，卷五，《丧礼篇》）因朱熹本人曾三迁其父之骨，离葬其父母之遗骸，后世惑于风水学说者，即以朱子言行为依据。（林耀华，1935，第189页）黄村、玉田乃至闽东，如今都相信墓地房址风水之说，这里流传朱熹不仅善看风水，还会破坏风水。实际上古今精英与农民之上行下效并不是简单模仿，而是生活与文化之需。

小人物也同样，这位黄友兴也使用民间流行的《百年经》之阴阳五行观分析男女婚姻逆顺，用《地理五诀》的五行总论和罗盘配合相阴宅和阳宅，用《玉匣记通书》原理去画符、祛病、祓除不祥，几乎挤了道士的“职权”范围。现代黄村，在有“先生”和道士参与的葬仪上，既有儒家宗祧观念、五服礼仪，又杂以仙道唱词。于是生活与精神的两种需求有机地将修人道与修仙道的儒道双重思想结合起来，实践天人合一的传统宇宙观，精英与通俗文化就此得到整合。显然，如果没有儒家美好的家族主义实践之说教，单纯精神的、未来世界的信仰便会在中国人现实人生中失掉基础。历史上，儒学精英文化始终不能排斥佛道精英文化，同样，通俗文化中，儒道也并行不悖。简单化的禁止农人“迷信”，反而会丧失其思想说教的吸引力。至今，儒佛道文化一直在不同文化层次共生着，尽管人们不愿意承认一些现代行为的实质来源于儒道说。儒学精英文化在草根社会传播之成功，部分原因是承认并力求适应了民间思想之需求，无论是在精英的思想结构中，还是在乡村小人物“先生”的社会活动中，都反映了文化之媒在文化层级之间，以及在高层或基层文化内部的整合之功，正因为如此，乡土先生才有古今存在的价值。因为“在文化接触的场合中，媒介人物是最基本的中人”（Barth，1963，preface）。可以进一步说，乡村先生既是当代乡村儒者，又是民俗和信仰杂家（偏于道教渊源）。这既反映了中国文化中层级之间双向对应开放的特征，也说明了黄友兴这类乡土先生之存在是中国文化沟通过程中必不可少的角色。

三、儒家理想简化、变异和民间应世术

在儒家思想和礼制向下层社会濡化的过程中，似乎同时发生了路径的异化。一条路是，从官学、高级书院到私塾、民间小学都以儒学和意识形态经典或其普及本为教材，其思想不停顿地输导，在千百年间起着潜移默化改变人的本质作用，同时总是配合礼制的实施，巩固了人们的行为模式。这样，精英和民众思想长期内化，形成了在不同

的文化层次都能认同的中国儒学理想与人格图像。至于谈到儒家思想到达基层已变得浅显化，但流传广泛而深远。如上有道德境界最高的圣人、帝王和领袖，下有循吏和克己修身的模范人物。总之，那是一些在道德、社会与政治方面的时代完人与有成就者，这些人也是活生生的人格化了的经典思想、礼制。另一条路虽有认同但发生了偏离。基层大众社会的思想与行为并不都是儒家人伦理念与礼制的复制品，人们既敬仰那些与实际生活距离尚远的高层文化的仁的精神与人格表率，又无奈天天接触和应对周围平和的，或不平静的，甚至险恶的社会环境。他们的确冶炼出民俗社会实用的通俗哲学与经验，它或表现为儒学高级理念通俗化与形象化，或已与儒学的主旨偏离。这样在中国社会古今形成两套人生原则。一套表现在理想中和正式场合（如学校与社会公职中），是政治的、道德的、伦理的标准；一套表现于实际生活中的处世标准。后者其实是精英思想向大众社区生活方式适应与杂糅的结果，故没有任何人可以否认这两套标准的关联与差异。

面对人生与社会之复杂性，从古至今一代一代人之为父者和教师，总会对求知的少年指出当时的社会理想与楷模的美好图像。但当少年同学即将走上社会之时，很多为父者在家里和教师在非正式场合谆谆告诫他们的儿辈、弟子不要轻视社会上的人事。当然不同的长者告诫的思想境界不尽相同：如一位语文教师借赞美莲花出淤泥而不染的特点，借喻学生走向社会，在一个思想杂陈的社会大染缸里要洁身自爱，寻求高尚。这高尚即是修身、立德、立言、立功和自强不息，儒家精英思想便在其中了。而有的父亲则教给儿辈适应社会人际关系的处世方法，以防止上当吃亏。如勿"鹤立鸡群"，它的另一个表达法是"莫以独违众"。这样，晚辈未来的行为选择不是以理想模式为标准，而是迁就狭隘的小团体公论（不论正确与否）。在民间谚语、联语、民间善书抄本和农民日常生活中最容易表现出俗民社会处世思想，这些思想与原本的精英理念相比已变得简化，时有转意，但经常性的民俗实践使群体思想变通带着牢固的适应性，然而无论如何转换，发现文化复合体的层位关联及其变异总是可能的。

在儒学思想史中，修身为本的思想涉及对人（社会）对己的态度。例如，孔子的“躬自厚而薄责于人”（《论语·卫灵公》）和朱子“己所不欲，勿施于人，行有不得，反求诸己”（《朱文公文集》，卷七十四）即是。现代中国学校“待人宽，待己严”的教育信条和民间惯用语“不怨天尤人”显然都能找到与儒家传统的要义的关联。但这一责己宽人的思想在基层另有变异，如福建地方家训中有：“只观自己诚和伪，休论他人是与非”，已把儒学原义贬低为局限于只有利己，缺少达人的关切。也有谚语：“处世让一步为高，待人宽一分是福”，转变为以个人福祉、功利为中心的个人处世术。同类民间谚语还有“逢人莫说闲人事，便是人间无事人”，的确已扭曲了修身思想的真义。

孔子说要“齐之以礼”（《论语·为政》），否则，“无礼仪则上下乱”[《孟子·离娄》（下）]，是肯定君臣、父子、夫妇、朋友等名分间的本分和态度。人们必须从自己的人伦的限定地位对待人事，这是一个精英文化的规定，并贯穿至基层，形成一个稳定的中国人伦相对主义态势。礼的本质是仁，而实际生活中由于“君子思不出其位”（《论语·宪问》），造成作为内在精神源泉的人的修养（自我认知和宇宙认知）和最终自我实现都受到礼的限制。如果人事环境中礼被过分渲染和扩张，则还会压抑仁的实现。这样，官场、社区民俗交往中，就会渐渐生出变异的文化行为，有些成为不良社会风气影响至今。如繁文缛礼，虚伪文饰，重形式而不重内容，因逢迎而浮夸，为面子而执着于攀比，谨小慎微以及婉转而不能径直沟通等，反映出社会事务和人际关系中容纳了大量功利目的与利害的考虑。民俗生活中的谚语十分逼真，如“礼多人不怪”、“礼下于人，必有所求”，表明礼的运用（谦卑的或过分的）已是一种工具性手段，资源与实利（或潜在的利益）的目标，将被直接达成或将被迂回达成。“礼让一寸，得礼一尺”和“一争两丑，一让两有”是另一种以退为进的功利主义工具性策略。

儒家的人伦关系论说，汉代以来发展为公私之辨。儒家以群体（家、国、民族）利益为第一位，以个人的追求违背群体利益为私。宋儒范仲淹“上当先天下之忧而忧，后天下之乐而乐”（《岳阳楼记》）一直被当作为公的佳句，被借用于当代思想作品中。这种来自儒家的整体观仍有教育意义，如在强调民族大义之时，便诞生出“天下为公”的认同精神。在履行社会改造的理想时，无论其可行性如何，都易唤起民众。如，人民公社初期，民众曾全力献身于“人人为我，我为人人”的时代追求中去。反之，在平日的基层乡镇，许多农人世代居住在宗族与家族主义盛行的社区，人们首先依赖于血缘团体，社区外在的世界和国家大事是遥远的，那些眼前的宗族、村镇已算是较大的共同体界限了。这里家族个人的日常利益总会与社区利益相遇，人们如果不能在公私的运作过程中，在精神境界扩展其道德理想，不要说“天下为公”，就连社区利益也会受传统家族主义的挤压，从而导致自利的观念与行为。如，中国大众社会最为流行的谚语“各人自扫门前雪，休管他人瓦上霜”中就表现了这种自私心境。还有，如果地方官员不能廉洁奉公，反而侵占公益的那些社区，大众道德和社区精神更不容易发扬。现代乡村中有“花钱靠自己，种田找国家”的新谚语，逼真地表现了舍不得将自己的钱投入收益低微的农业而等待政府贷款的农人心理。同类的谚语还有“与其丢（钱）在田里，不如吃在肚里”，则早已将儒者传统的由家、国、天下层层扩大的公益精神完全倒置了。

孔子道德教育思想的哲学基础之一是中庸。“君子之中庸也，君子而时中。”（《中庸》）中庸是不偏不倚，中庸之庸为经久不渝，时中则是时刻保持不偏不倚，无过不及的含义。那么中庸的教育是在于提倡不同名分之间要保持相宜本分与态度，以利调和矛盾，安定天下。故孔子有“中庸之为德也，其至矣乎”（《雍也》）的感叹。中庸是一种道德，实在是因为必须不断地处理礼的规定内外的矛盾，而在人事中达成无过不及的协调，的确是能为却难为的事。如孔子表达的君子要文质彬彬，在粗俗与虚伪之间（《雍也》），让百姓劳作，但要使他们不生怨恨，有欲望但不要贪心，泰然安适但不骄傲，威严而不凶猛（《尧曰》），矜持而不争，合群而不闹宗派（《卫灵公》）等。

另外由于意识形态、情感以及个人与集团利益的矛盾错综复杂，故中庸实际上还是被经常实行的中国文化均衡论。如孔子用“义”当作一个关键来化解贫富矛盾（《里仁》），这属于使事物保持旧质的稳定的中庸之道（刘泽华，1987，第211页），即一种稳定社会平衡的策略。如果我们考虑到古典中庸保持旧质和现代中庸推进新质的社会政治过程，可看到中庸的注释和实行有相当的联系与变异。（金邦秋，1991，第45、47、81页）这样，中庸的含义可以认为是一种文化中存在的道德哲学与行为方式，可以借此发现对立面双方的连接点，从而达成事物与人事系统的平衡与均衡，由于平衡状态是短暂的、难为的，因此，中庸才是至德。由于平衡过程总是与人事集团利益相关联，故平衡术远离中庸原意的情况也相当多见。如，《论语》中，大量待人接物的方式发展到偏激，便会变成制造人事利益争夺与平衡方式的权术，既然这种权术已与私利相关，故已不能称德而仅是术了。

在民间基层社区，中庸也是经常实行的。大概也与古今“礼”的规定不同以及利益之关系总需要不断调整、平衡。例如《金翼》一书是以人际关系的平衡论来解释的（林耀华，1977，第二十一章），尽管川岛武直等认为该书的解释“非常机械地抓住了几条”，“这种分析是有局限性的”（柳田国男等，1949，第45—46页），但恐怕重要之点仍是在于不均衡到均衡过程的发现，以及中国式的协调方法。《金翼》第二十一章解释上的问题大概要追溯林耀华先生在哈佛时受同时代学者 Conrad M. Arensberg 和 Eliot D. Chapple 的学术影响。《金翼》平衡系统的分析框架总是可以从他们的著作中找到联系。（Arensberg，1961［1942］，pp. 307－316；Chapple，1942）在当年哈佛流行的这一平衡分析构架之下，我则认为源于中国文化的中庸的原则和人事协调术应被深刻地揭示出来，这是中国社区与人事平衡运作的最重要的文化基础之一。例如《金翼》中东林未参加二哥的婚礼，三哥未向二哥行礼（礼之不平衡），影响到后辈的关系，以至四哥、五哥也不向二哥行礼。然而，借第三代人，二哥长子少培的婚礼上行礼被重新接受的契机，家族和代际关系重新达成了协调（礼之平衡）。

（林耀华，1977，第129页）这一过程实际上不如用中国社区生活中中庸之运作来解释，这是以服从传统礼的规定而重新发现对立人群之间的连接点，以达一房人和谐的实例。这类达成平衡的运作过程在《金翼》中仍有不少，如东林分家寻找利益的交接点以及东林的“经历使他成熟、圆滑”，（林耀华，1977，第187页），其实都是中国人以中庸观念达成人际平衡的思维方式与行为。配合民间中庸文化的普及性思想有“和万事，见人情”（民谚）、“容小失，化同类”（福建地方族谱中祖训），以及“和事佬，和事佬，人间事少不了”（民谚），说明了人事协调方式与社会角色的重要功能。

虽说有些人际平衡的方式在其他文化中也可以发现，但中国式的平衡总有其本身的文化背景，如中庸，这不是其他文化哲学中发现的类中庸思想，而是中国文化的哲学与行为特质。前革命时期玉田人上访高级官员过程和后革命时期某些人事运作（见第二、十八章）中寻求矛盾连接点的思维与行为方式也反映了文化之同一性，这与其他族群人际运作的人伦关系与哲学基础是不同的。

现在，我们从人类学关切的基层文化可以看到，儒家传统理念浅化与变异地为大众接受的原因是明确的，因为“人事环境原本与纯理知识本质就存在了分裂的潜势，理想与现实间早已存在了一道壕沟。迁就现实必然与理想产生差距，又加上小传统必须以具体形象来诠释理性思想，在通俗化的要求下，缺乏高度的理性能力来辨明其中的分际与差异”（郑志明，1986，第353页）。在这个由哲理到经世致用的过程中，精英文化和大众文化的转换是以不同的结果实现的。

第十六章

并存的诠释与选择（三）：基督教

一、历史的疑虑

基督教作为一种后来切入的外来宗教，进入玉田县境是在清代同治年间以后，那是一个儒学及其制度仍在县镇乡村根深蒂固的时代。首先是英国安立间会（后称中华圣公会），然后是美以美会的外国传教士陆续而来，建有萃贤堂（Wm）（1863 年）、福音堂（Wm）（1870 年）、天一堂（E，Sh）（1880）等 20 余座教堂。显然，这是 1858 年和 1860 年两个不平等条约的直接结果。

基督教传教士买（租）地建堂在中国腹地传教的法律开禁实始于 19 世纪 50 年代。西方列强的武力政策和外交活动轮番交替使用，迫使清政府签署了一系列不平等条约。1858 年 6 月，清政府分别与俄、美、英、法四国签订《天津条约》，首次给予外国传教士在中国内地传教的权利。（王铁崖，1957，第 147 页）

对上述《天津条约》开放内地传教一事，当时中国士大夫从儒家家国意识出发十分敏感与忧虑，曾参与江西教案交涉的士大夫夏燮写道："西人矜其教法，驱除异己，各小国有不从者，胁之以兵……今又欲此强中国，岂非欲用夷而变夏哉！"（夏燮，《中西纪事》，卷十六，第 6 页）所谓夏夷之辨实际为文明野蛮之别，从中原持久地向四外推进儒家文明，化外之蛮夷。今日夷蛮居然反过来深入大清江山，欲变夏为夷，当不能坐视。这样不同文明推进与反推进过程中的冲突，显然是不可避免的，这也可看作为一个民族在文化上受到威胁之时的反应——一种文化的民族主义的表现。

当时中国士大夫还相当敏感于传教士在中外关系中的作为，美国传教士卫三畏的《生平与书信》中表现了《天津条约》中传教条约的炮制过程（Williams，1889，p. 270）。是由俄国公使先提出：“美、英、法跟上，条约大体上全都相同。”（Michie，1990，p. 224）。1860 年《北京条约》中文本中给传教士“在各省租买田地，建造自便”（王铁崖，1957，第 147 页）的特权，这句话竟是作为译员的法国传教士 Louis Delmarre 擅自添加的（Latourette，1929，p. 276）。这成为中国人和忧国忧民的儒家士大夫怀疑教士传道用心并抵制基督教的重要原因。

由儒学原理出发，恐惧以夷变夏在基层乡村的表现是“自卫身家”和“翼戴社稷”两种观念的结合，这里高层基层文化观有明显的结合，长久沉积的文化与心理和近代民族危机引起的恐惧感相重合，构成了反映时代特点的“摈洋”自卫意识。（程歗，1988，No. 10，第 47 页）不仅如此，以族长、士绅为主轴的血缘乡村社区本有其整合的机制，如今教士常常卷入乡里内部事务，民教诉讼于是不断发生，在中国腹地许多乡村夷夏（教士与乡民）直接对峙的状况出现了。在 19 世纪最后 30 年里，中国发生了 400 余起教案。（顾长声，1981，第 136 页）在玉田县 E 区和 Wm 区民教激烈冲突就有两次，即 1871 年 8 月 30 日民众拆毁英人教堂（Wm，E）和 1895 年夏酿成流血的华山教案（Wm）。（吕实强，1966，第 249 页；向阳，1983，第 17 页；李湘敏，1990，第 63 页）尽管起因并不相同，民教冲突的国家层级的意识是反侵略，文化上则为反夷化，保卫中华道统和保卫由农业家园、儒学礼制、人伦秩序、传统信仰和朝廷社稷共同构成的“中华帝国”文化共同体。

19 世纪末叶，基督教项目（Christianity project）与中国文化的冲突中除了华夷之辨以外，还有一些敏感的文化差异：

士大夫：士大夫追求伟大的成人之路，儒家人的发展观主张对内

“知至而后意诚，意诚而后心正，心正而后身修，身修而后家齐，家齐而后国治，国治而后天下平”以及对外恪守礼法，合而行之可导致人性的完满，因此无须借外力，人人皆可以成尧舜。这与基督教之人性观相比，是相当不同的文化逻辑，这成为历史上佛教理念完成中国化过程和后来一些基督教派寻找在中国的适应性传道理论的共同原因之一。

士大夫和农民：中国人从士大夫到民众有一个共同理念，即祭祖是维系宗教理念的象征仪式，故见基督徒不祭祖十分反感，既然无父子之亲，必无君臣忠义，也就无家与国之传承，这是文化差异之一。另外，19 世纪中国人“男女之防”在民间舆论中仍十分严格，其归结点为防止乱伦和保持家系纯洁，故见教会男女合群听道、查经、交通便不能容忍。基督教则认为，禁祭祖而祈祷上帝，是表现以个人与上帝直接沟通（有的教派有中介人）的宗教实践。然就儒者观之，这是在不停顿地切割中国传统的家族和谐与血缘纽带延续的夷化行为，这无疑是一种异文化的挑战。基督教的精英观念是：“属于上帝之国的人们，不管他是什么人，都能结成一种比血缘关系更密切的友谊。在‘信仰的家族’，我们都是上帝的儿子，都是兄弟姐妹关系，正在这一点上，家庭朋友中间的关系才能找到真正的意义。”（Reid，1989，p. 188）

农民：认为教民不参加民间偶像崇拜、民俗迎神赛会，不参加公共祭祀贡献，形成同一乡社的人员隔离。不只如此，教士为信徒证婚，有时限定信徒与信徒婚姻、婚葬礼分开，更造成了传统乡村社区人们信仰和生活习俗疏离，传统宗法、家法失去了部分权威性，以及传统地方农民社区和宗族组织的分裂。

基督教文化涵化过程中的冲突和教案迭起，据吕实强先生考证：“参加者常为成千成百的平民，但真正的鼓动与策划者则多半为高级的官绅与知识分子。”（吕实强，1966，第 3—4 页）这是因为地方精英更为理解基督教传布对儒文化的威胁，故总是将精英儒文化要义尽可能简化并与农民儒学知识与体验连接起来，使其接受并推动群众的反教斗争。如《湖南合省公檄》列出洋教“十害”，便涉及不敬祖宗、乱伦常和男女并收条等。（王明伦编，1957，第18、47—48页）这显然出于士大夫手笔，但文字极为通俗，对民众鼓动性之大，可知儒学文化的关联在剧烈文化冲突之时也易得明察。然而官绅不能一概而论，玉田县华山教案被认为是教士与官府暗通民间的抗税动向，引起冲突和流血事件。（顾长声，1981，第141—142页）这样的官绅则是和农民站在了对立面上。

另外一个后果是，无论地方士绅集团，还是乡村聚落，都因部分中国人传统信仰的改变而发生了分化。在中国地方原生文化（儒学礼制、民俗信仰）群体的坚强壁垒之外，渐渐形成了试图打碎和超越宗族与家族"原生情感（Primodial Sentiments）"（Geertz，Clifford，1973，pp. 255 -310）的具有共同的基督教族群意识的团体。20世纪40年代，凡与基督教有关涉的地方势力和人物，均被传统力量视为异端，直至现代乡村基督教共同体与乡民之间，仍显示不同程度之隔阂，包括政治集团的斗争也都可以找到宗教文化上的分类原则，即是说，传统儒家的华夷之辨理念仍在发挥着实际的功用。

二、玉田基督教文明项目

基督教从19世纪末进入玉田及湖口，是不同类文化涵化的开端。对这一被人深刻记忆的历史与文化事件，Harrell教授有如下的分析："记住这一点是重要的，至少19世纪和20世纪的情形是，基督教项目紧紧与西方帝国主义总扩张相关联。在同时，传教士与多数商人、军人以及许多殖民行政官员不同，他们以其原动力专注于本身的文明项目；相反地，他们的同胞们的原动力都常常是利润、市场、资源和军事要塞。因此，简单地称整个殖民冒险事业为一个文明的项目（though it did contain elements of one）是不准确的，但是在西方19世纪扩张时的传教士那一部分可以作为一个文明项目的样板。"（Harrell，1995，Introduction，pp. 20 -21）显然，这是在确认正义非正义之分野之后的文化上的人类学剥离法。他注意到一部分虔诚的传教士传播信仰和新学的努力。

进入玉田县的基督教传教士的文化项目所造就的文化景观表现了向中国传统儒家道德礼制、道家民间信仰的执着的切入，在不过半个世纪稍多的时期，传统文化的象征之地，如传统儒学乡约堂、宫庙所在的政治、文化、居住、宗教、经济之诸集中点，县乡镇乃至基层乡村，都渐渐分布了教堂、医院和教会学校。在地方文化景观中呈现了不同宗教、思想与文化的竞争状况。以玉田县3个大小区为例：

E区杉洋本是儒家乡约堂、蓝田书院（1728年重修）、社学以及佛寺（并有道观）集中地。传教士来玉田后，1881年在此地南郊始建天一堂外，1889年加拿大籍教士路师姑又在城南建起女学，用罗马拼音教学。20世纪初一些非教会小学也在此地成立，如1914年的杉洋小学，至1920年又建一教会学校，显示了儒学、西学、民间信仰与基督教信仰之间并存的状态，且基督教之文化涵化力相当活跃。

Wm区为县治所在地，是政治、文化中心，书院、县学与儒学礼制根深蒂固，故基督教传教士首先便在此地建堂，早至1863年和1870年。随后，教会学校接连建立，如1887年英国安立间教会在旧城新义山（Wm）建精英女中。1891年美以美会在旧城二保（Wm）建私立超古中学（Shell & Cooper Middle School）。1890年澳籍龙师姑在新义山建养育堂。1893年建史荦伯中学和毓馨女校。

Wd区：黄村所在的Wd区亦类似，1890年至20世纪40年代，在湖口、双坑和皇口建教堂和小学，如小哥志留在1918年从村儒学私塾转到5里外的基督教小学念初小。开列课程有算术、国文、音乐、美术、书法等，较私塾读经生动活泼，知识面广，有吸引力。尤其算术和带有新奇旋律的音乐和不同画法的美术课开阔了乡村小学生的智慧天性，湖口教会的教室与教堂合在一起，平日上课，周日为礼拜堂。学生和镇里的信徒一同礼拜，可谓传教与教育紧密结合。因此，从教育入手的基督教传播显示了相当的竞争力，因为熟识经书的中国人看到儒学并没有穷尽真理，新学的科学与文艺知识，以及医疗慈善事业告诉农民天外有天，即别一个科学与宗教的世界天地。以美以美会为例，至 1950 年以前不到一个世纪已形成省城、县、镇、乡的教会学校网，一些教会学校经过改造，成为后革命时期的主要中学，如 20 世纪 80 年代的玉田县二中、四中（Wm），即由美以美会、安立间会女塾为其前身，其演变进程可由以下图示。（见图 16 -1）

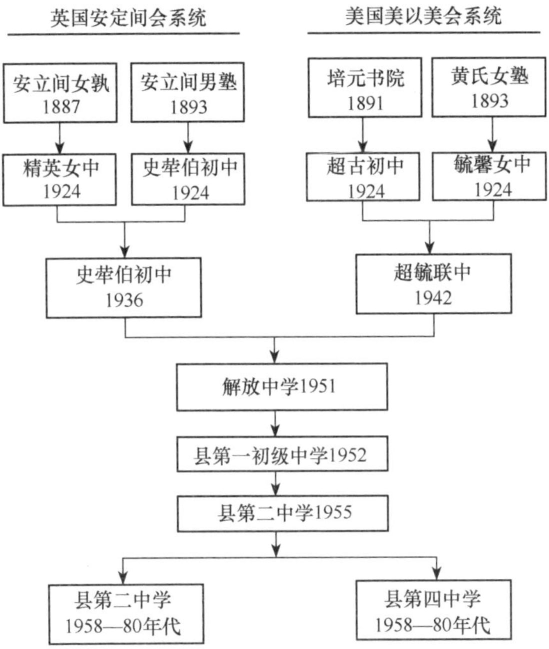

图 16 -1　玉田县教会学校演程表

除了教会学校外，一些传教医生还在玉田建医院，美以美会美籍医生贵格里，1891 年首先在县城五保（Wm）开西医诊所，1895 年扩建的私立怀礼男妇医馆落成，采用当时先进医疗设备，先后办高级护士学校、肺病疗养院、Wu 区平湖分诊所。1930 年地方军人林寿国夺走手术室器材，蒲天寿院长不气馁，又重新装备 X 光室，扩充设备，成为闽东首屈一指的医院。从 1951 年 10 月玉田人民政府接管成立延平专区玉田县分院至 20 世纪 80 年代，县医院有了相当的发展，如表 16 -1 所示，旧怀礼医院在半个世纪中积累的医院设备和他们历年培养的中国医护人员成为今日闽东的基础医疗力量。

表 16－1　1895 年怀礼医院至 20 世纪 80 年代县医院人员床位设备统计表

	医务人员	床位	X 光机	心电图机	B 超	显微镜	综合产床	综合手术床	胃镜	心脏起搏器
怀礼医院	16	50	1			3	1	1		
20 世纪 50 年代	56	80				3	1	1		
20 世纪 60 年代	90	150	1	1		3	2	2		
20 世纪 70 年代	117	150	2	1		4	3	2		1
20 世纪 80 年代	172	269	3	2	1	5	3	3	1	1

（根据郑有雄）

除怀礼医院外，1895 年英人建明心盲院，早在光绪初年（1875 年）以后英圣公会蓝牧师扩建了地方政府建于元朝的麻风病院，1935 年郦医生来此地用新法注射治疗，扩建麻风病疗养院（Wm）。中华人民共和国成立后和 1958 年迁址后继续开设。

外国传教士立教堂办学校医院的一个重要结果是造就了一批本地牧师、医生、知识分子，他们携带着科学和基督教文化的种子继续传播。1986 年圣诞节，我在玉田县一个教堂圣诞演出会上，见到相当一部分唱诗班队员和与会者，他们曾接受地方教会、育婴堂、学校（包括护士学校）和医院的培养和训练，构成当前玉田医院和学校中医生和教员的重要力量，其中相当比例的教员，特别是医务人员早就皈依为基督徒。前革命时期基督徒信众主要来源为：1. 教堂礼拜听经者，2. 孤儿院收养者，3. 教会学校学生，4. 教会医院、学校人员和接受治疗者，5. 教徒介绍入教的农人。从 1863 年建第一个玉田教堂的 120 年以后之今日，玉田县各派基督教徒占全县人口 3.3% 左右，黄村基督徒 62 人，占总人口 4.6% 。玉田现有 6 位牧师，实际是，教会共培养过 150 余牧师，分布于全国各地传道，包括山东、河南省教会主席。然而以外国传教士在 20 世纪 50 年代初先后离华为分水岭，表明了基督教文明项目衔接的两个过程。一个过程是在上个世纪帝国主义强权时代，外国传教士在执着于取代中国民族传统信仰与文化过程中，自觉与不自觉地借助了炮舰的力量；同时，传教士中许多人既扮演了外来基督教的布道角色，又是近代科学知识与认识论的携带者。一个过程是 20 世纪 50 年代以后，当代基督教文明项目已转手，为本地牧师和信徒来继续这一为外国传教士开创的基督教传道过程。

第一个过程中，传统中国士大夫、农人只有依据儒家伦理为反基督教武器，人们忧国忧民、保家保种的意识之归宿只是对封建帝国、皇权、神权以及乡土社会“隆礼之治”的眷恋，其未曾开放过的乡土社会集体经验的保守性造成对新科学（医学、教育）的敬畏与排斥的混合心态。的确只有相当少的人能超越强大的乡土宗族势力与祖先崇拜传统而皈依基督教，但传教士留下的文明项目确具有深远的影响。

第一个过程中，教会传道必须适应环境，早期传教士利玛窦（Matteo Ricci）是尝试传道中国化的身体力行者。（罗光，1972）玉田的传教士除了实行医疗救助和宗教、教育外，还借助中国传统民俗与艺术形式唱颂基督箴言（如用福建方言、民歌曲调唱颂赞美诗），推动基督教中国化。这些传道形式一直流传至今。玉田教士还带来了蔬菜良种，如 Wu 区便是其后形成的蔬菜种植中心，以致 Wu 的 P 镇之种植业和商业较 Wm 的县城更为发达。在传布蔬菜种植之时，他们也带来了基督教民主思想。有趣的是二者都是从 Wu、Wm 向南传布，而首先接受外来思想与知识的是那些地方大姓之人，不少是受惠于教会教育与医疗的青年。后来，旨在推翻阶级压迫的共产主义思想的传播也是从这一带开始的，并与基督教民主思想、人伦等级制的儒学传统理念之间造成了强烈的竞对状态。

在第一过程中，乡绅、地方权势人物、商人面对基督教势力发生了分化，县镇官场社交场合，士绅、商界人士及大姓富豪接触教会人士机会多，部分思路开阔者认为参与教会事业“是用来和有影响力的洋人和教会打交道的好办法”。（林耀华，1977，第 56—57 页）如来自黄村的东林，商业发达时已成为地方大姓显要人物，他的儿辈有机会留洋，均与教会的培养分不开，但这一类农人如东林自己却没有决心成为基督徒。东林之家因卷入商业发迹而成县乡名人，并与基督教会保持良好联系。他有机会送小哥上谷口教会小学和三哥竞选美以美教会赞助的赴美留学机会。起初的动机是，认识到现代化教育对子女的重要性，“尤其在他们打过官司后，他更觉得重要”（林耀华，1989，第 49 页），那是希望成名的孩子能进一步帮助和继承父亲的事业。三哥的中选对乡里农人世界来讲实在是一件盛大的事，宗族举行盛大宴会并由族田里提出一笔钱奖励三哥，表达了传统宗族社区盼望自己有同宗人衣锦还乡、造福乡里的地方观念。然而抱有热望的父亲却不知儿辈未来获取的现代知识和基督教思想将拉大与传统农人思维方式与信仰的差距。三哥受洗后，已开始躲避新年祭祖仪式，不再为祖宗烧香了。（林耀华，1977，第 73 页）1989 年，志留告诉我，1918 年圣诞，他也在湖口一条小溪（Wd）边受了洗。很明显，黄村东林家属于较早有子女皈依基督教的人家，19 世纪末至 20 世纪初，在强大宗族与祖先崇拜仪式面前，黄村不过区区几个怯生生的教徒，因为乡里传统力量实在是太大了。东林不能深刻领悟，这是和他的强烈愿望相背离的，是另一种外来文化注入古老宗族与社会肌体，基督教文明项目不会支持一个血缘团体的希望，而是其存在的瓦解力量。

20 世纪 20 年代，中国发生的非基督教运动仍深深地与帝国主义对中国的侵略相联系。（刘心勇，1989，第 74—78 页）这一全国性运动在政治与文化上的双重结果是：收回教育权和不得将宗教科目列入教会学校的必修课程。（陈启天，1969，第 345 页）基督教（新教）全国大会提出“本色教会”主张和提倡三自：“自养、自治和自传”。这直接促进了基督教在中国传教地方化的进程，包括外国传教士对基督教文明项目的策略。传教士已经意识到：“基督教及其在中国的民间教育事业，不能总是作为外国人的事，一个持久的立场应该并且必须是本土化，就像把基督教从欧洲带到美国那样……如果基督教在中国取得永久性地位，它必须被扎根于中国人的真诚和信仰之中。”（Millard，1928，pp. 150－151）

考虑到历史的过程，笔者认为在中华人民共和国成立之后，从20世纪50年代起开始了基督教文明项目的第二期过程。当时一个新的社会环境出现了，玉田教会、医院和学校的外国人先后离去。1954年中国基督教（新教）三自爱国运动委员会成立，重新强调“自治、自养、自传”的独立自主方针，其主旨在于割断与西方国家教会势力的联系。20世纪50至70年代，从金翼之家的三哥到全中国的牧师、教徒都不得不接受经常性的共产主义意识形态再教育，“文革”中一些神职人员也受到迫害。

20世纪70年代，由于政治运动迭起，不仅基督教思想，而且儒家礼制、佛道思想均受到抨击，学校开始了以无神论批判有神论的教育过程。后革命时期来自苏联的科学技术的传播和1958年“大跃进”中人定胜天的大无畏精神教育，一度大大调动了人民群众的集体主义精神（尽管是一种热烈的盲从），促进了无神论思想和社会主义思想（或被认为是农业社区平均主义思想）的传播。可以说，20世纪50年代出生的中国新一代人正是在无神论思想熏陶下成长的，这一社会过程中，基督教、佛道教与民间信仰都相当孤立地存在于社会与公众活动之一隅，从学校教育中获得的传统儒学知识越来越少（1911—1976年中小学教科书中儒学思想渐渐减至零）。至“文化大革命”，“左倾”思想的泛滥完全中止了作为文化遗产的儒学的传播，同时，强行禁止信教（基督、道佛）群众的宗教生活。以“破四旧”为名，封教堂庙宇，烧《圣经》、佛经，湖口教堂就是在“文革”初损毁的。信众被当成“专政对象”，在宗教界造成大量冤案、错案。然而压制宗教信仰的结果却是从1971年起，乡村出现了自组织状态的“家庭星期聚会”（Md）。至1980年黄村山谷基督信徒骤增为60余人，加上邻村教徒，每礼拜日在林何昌家聚会常有百人之谱。可以说20世纪70至80年代黄村及至全国许多省，有一个多宗教“复兴”时期，包括非外国传教士参与的基督教本地化的新的发展过程，一个个基督教宗教认同团体隐没在广大的中国乡镇社会中间。

我下面将介绍和讨论这一时期的基督文明项目过程。

（一）林何昌的“星期聚会处”

1986 年 10 月的一个星期日，早晨 8 点多，已有基督徒一排排整齐地坐在黄村初二祖墓旁的林何昌家里，等待唱诗和祈祷了。旧式祖厅位置正中是十字架，贴有手抄圣歌词曲，使用闽南教会按西人乐曲与闽南民歌曲调印行的圣诗。林何昌的布道滔滔不绝，数十人（女人占 90%）齐声高唱圣歌，在冗长的讲道之中，大家依次传面饼，每人吃一口，再呷一口葡萄汁（酒），十分虔诚。但他们对陌生人显得颇有隔膜，是一个对外界的目光充满了疑惧和不信任的团体，然而这个基督教星期聚会团体在族群意识上相当齐心和具认同力。

当我在星期聚会处初次见到林何昌时，他显得非常警觉，我问起他：

“你们聚会处有多少人参加？”

“起初十几人，现在我们黄村就有 60 多人，还不算周围三保村、洋上村来的人。”

“你是从什么时候接受神的指引？”

“1972 年有人劝我读《圣经》，后来觉得很有道理，也很灵验，于是 80 年代起正式信奉主。”

“我可以为你们教会拍张照片吗？”

“不，我们对俗世的事不感兴趣，因为世上的事不是从神来的，我们只追求内心的世界。”

他的谢绝我有些不理解，其实他借用《新约全书·约翰一书》第 2 章第 15 至 17 节的含义原本并不是消极的，大概是对陌生人的警惕的搪塞用语吧。走出他家总会记得他有感染力的宣教，和会众们吃面饼和喝葡萄汁时对神的敬仰之态。这类聚会处多数是脱离政府登记的，正因为如此，县宗教局的官员希望他们到正式开放的教堂去做礼拜，但因教堂稀少，收效甚微。30 年来政治力量对宗教信仰的强力干预，造成一些教牧人员至今存在一种不信任感，虽说星期聚会处仪式上和上帝沟通的方式与其他教堂没有什么大的区别，但其强调自组织方式，仍可以说“文化大革命”后人们修复心理精神创伤、寻求思想寄托以及对政治意识形态的不信任，是“星期聚会处”产生的部分原因。当我走在黄村西路上，听到聚会处传来的整齐的唱诗声，不禁想到，自从外国传教士进入中国，进入玉田、黄村已过了一个世纪之久，现在外国传教士消失了，鸦片战争成了历史，山谷农人只简单地知道那个遥远的故事。现在新一代的本地教牧人员已成长起来，这说明，外来基督教文明项目已在中国乡土社会生根，尽管其力量非常微弱。一般来说，社会动乱年月及其恢复平静的初期，宗教会赢得相当多的信众。“文化大革命”以后，当政治对信仰的强力干预减弱后，关于神的信仰（以及佛道的信仰）在20世纪80年代的中国出现了信仰人数大大超过历史往昔的一次复兴。有时在解释教徒入教的原因上，教牧人员与社会科学学者有不同的观察，但基督教复兴的历史过程似有特征可循。林何昌的黄村“星期聚会处”就是由这一次宗教热潮席卷而来。

（二）黄村农人基督教

金翼之家添加了新一代基督徒，这不仅有东林一辈人与外国教士的接触和志山一辈人的皈依，现在新的一代人也进入信仰之列。比如大哥志一后代少台的儿子芳文、芳祥二子家均入教，并为他的两个儿子取名为恩和典，意思是感谢上帝恩典。二哥志鹅后代苏州也信奉基督教。三哥志山后代少扬，早就是不去教堂的、自读自祷的虔诚教徒，但他的儿子却参加民俗游神庆典，不信基督教。荣香家厅堂悬着祖父母大幅遗像，也贴着基督教会印制的年历，金翼之家在黄村是最先皈依基督教的，现在其后代入教比例亦较高，尽管不是人人信奉。于是对基督教义理解肤浅的黄村农人中，发生了文化交叉问题，这与一个世纪以前可有如下比较：

（1）在“文化大革命”这一遍及中国的社会动乱中，相当比例的家庭受到政治的冲击。为了寻找新的信念，医治内心创伤，压抑尚未调整好的心理不安，引发了这一广泛的宗教复兴现象。然而这一次并非只有一种宗教占上风，而是出现了宗教复兴多样化的特征。由于历史上传统家族主义在很长一段时期内被批判，这为这次基督教徒在青年中大发展减少了儒学思想与仪式上的障碍，这是与一个世纪前基督教来华时的情况对比而言。

（2）村里年轻人信基督教，日常诱因以求爱情顺利、升学就业顺利为主。年轻妇人在孩子不平安、公婆生病、家庭生计不振时，教牧人员会及时与之讲道、代为祷告，以实例见证讲入教受主恩典之灵验，是入教的常见过程。

（3）乡村中小学课程缺少对实际生活、信仰的讨论与解释，教育方式呆板，缺少音乐教师和活跃的文艺生活，而教堂唱诗使用的多数令人宽慰的外来音乐旋律、新奇而神化的"圣经传奇"，教徒团契的紧密认同感，对农村年轻人皈依基督教颇具吸引力。在笔者 20 世纪 80 年代初调查的云南省怒江山区亦有类同情况。

（4）黄村等地一共同现象是年轻妇女基督徒数量大大超过男人数量。教徒林元绍认为，因为《圣经》上记载了很多女人，她们爱心重，故多有信奉。这当然不完全符合社会科学中关于信仰诱因的分析。一项关于华人社会心理与行为的研究表明了中国人男女角色的差异，李沛良写道："在许多世纪以来，华人社会一直是男性占优势的社会，为了维持这优势地位，男性被期待表现坚强，而不可轻易向别人诉苦。有谚语这样说：'大丈夫宁死不屈'与'大丈夫流血不流泪'，因为男性必须向别人证明他是个真正的大丈夫，故努力压抑内心的感受，绝不可随便为任何身心毛病而诉苦。"（李沛良，1990，第 237 页）

"相反来说，女性在华人社会扮演被动的角色，她们被期待应该软弱和温柔，即使是女性本身也接受'女人是弱者'的想法……既然女人接受自己不如男人（的观点），而且自己的一生是不幸的，那么她就顺理成章地没有不承认自己的毛病或困难的理由了，总的来说，女性身心有毛病是很正常的现象。"（李沛良，1990，第 237 页）

其结论是："在华人社会，女性比男性更容许把自己的毛病或困难向别人倾诉。"（李沛良，1990，第 239 页）"这种两性在表现心理困难倾向上的差异，可能就是男女在心理征状量表上的差异的主要原

因。”（李沛良，1990，第 237 页）

基于这一分析，如果再考虑乡村妇女闲暇时间多，而且家务可以邻里妇女凑在一起做，便造就了女人易向姐妹、邻里诉说心中琐事的机会，这就是我在黄村农闲时看到洗衣打毛线的女人群现象，河边、路边、农舍、集市和民俗生活中，或大或小的妇女同侪团体是排解女人心中积郁的良好场合。带着生活中的叹息、挫折、悲伤、怨气以及归结于命不好的心情听取宣教，终于在引人入胜的《创世记》和令人同情的《路德记》中找到答案。女人罪的羞耻以及全心全意地听从神的命令才能受恩惠的宣教，使那些有软弱传统的中国妇女获得了力量。旧时闽东妇女“把会”各有自己的民间保护神，并形成大小不一的同侪团体，她们在神灵面前寻求寄托和保佑。现在这类同侪团体被视为迷信落后现象早被取消，而三大宗教的佛、道、基督教全是被政府认可的正式宗教。基督教倚重的团契活动如今刚好填补了一些妇女思想沟通场合的空缺，故今日星期聚会处中妇女团契已是最重要的力量。在团契中引证《圣经》、做物质与道义的互助支持、逢时互相感化，吸引了更多的妇女入教，即团契之结合刚好是一个“妇女倾诉过程”或“传道与信奉过程”，也是文化传统、女性心理和宗教有机结合的过程。

而玉田乡镇男人，他们外出工作的公开场合（农、副、商）仍主要是无神论的地盘。一般来讲，人都需要排解内心积郁，寻求心理的平衡，佛教和基督教义都有达到这一平衡的导引性作用。但中国男人信教往往被生活群体认为是个人懦弱而寻求外力的表现，故在基督教影响较大的医院、教育界和基督教团契外，人们视信耶稣的男性为“不合群者”和“异端”。顺便提到，尽管男性居士已信了佛教，其文化表现仍是不喜欢串门以诉说自己的心愁，而是独自深思佛理；而那些嗜酒的中国男人，显然是不相信宗教之外力的。一般来讲，家庭成员的苦恼和心理障碍，首先会在具有多元功能的强大的中国家庭巢穴里得到救助。中国家庭视嗜酒过度为不正常心态所致，故在家庭成员的压力下，嗜酒状态的恶性发展极难成功，而且中国的酒徒很少闹事，那只是借酒消愁、看破红尘和借酒埋葬幻想的个人行为选择。然而仍然是不依赖别人和宗教外力的自作自受的自我宣泄方式（这类人在乡村人数稀少）。可见，从中国男人的基督徒、佛教居士和不信教酗酒者的社会角色中均能发现共同的文化与心理特征。黄村像其他农村一样，宗族被削弱了，但传统父系制仍在，大小家族仍处在无形的宗族与房分之中，因此，多数家庭婚、葬礼与人生过程、四季民俗中儒家礼制恢复了相当的影响。这样，基督教与民俗生活方式的冲突也表现在家庭之中。如黄村党支部书记黄春柱患肿瘤在家，他太太是基督信徒。她对丈夫说："你只有信基督病才会好。"黄支书回答说："我是无神论者，我不信教。"他的太太不能说服他。黄村实际生活中多数情况是，以家长信奉为主，如果家长信基督，婚葬便多依基督教仪式。但这种情况不多，因为家长信徒比例颇低。如家长为传统信奉，葬礼请道士做道场，那么信基督教的家庭成员仍得依从。所以黄村农人说："媳妇的信仰要依公公。"媳妇的信仰在一些家庭仍没力量，虽说当代黄村妇女见世面多，并非处处受丈夫左右，而且前革命时期的父权、夫权大受抑制，但在公开的礼仪场合，媳妇的信仰在家庭中仍是软弱的。如荷洋镇一对年轻夫妇，女人李丽珠信基督教，男人不信，酿成家庭争吵，最后妻子不得不返回传统民俗方式。至于说到年轻人信基督教的比例占全部信奉者60%之多数，一个原因是后革命时期，学校教育和历次政治运动冲击了儒家学说与礼制，家族主义对年轻人思想控制力较百年前削弱了，于是接受基督教理念较前少受传统仪式束缚。只有老人仍恪守传统信仰，信耶稣者比例偏低，除非那几个上辈已皈依基督教的农户，后代常有继承性信奉。

（5）今日黄村农人的受教育水平一般只有小学程度（年轻人初中程度），其对基督教、佛、道教民间信仰的理解较肤浅，反映在无论敬佛、道和耶稣都表现有所求的通性，因此，农人精神信仰之选择和与不同宗教接触的方式与机缘有关，取决于不同宗教活动的吸引力，而就传道活动而言，以基督教之主动性最强。

我注意到黄村信仰现象中，20世纪80年代基督教之复兴刚好是在基督教、儒家思想、道教信仰一同被压抑的"文化大革命"之后出现的，而在基督教复兴的同时，儒学思想的社会基础——宗族认同力和家族主义也大大复兴，甚至再度强化起来。因此，基督教在刚刚得到一个 10 年左右的短暂复兴时期后，又将面对再度重新强化的农村家族主义势力和具有强烈认同性的民俗生活。所以我不认为在 20 世纪末到 21 世纪初，乡村基督教人数会急剧上升。而且，几十年的无神论对中青年的影响仍是强有力的，年轻人无神论者（不排除参加有佛道色彩的民俗节日）和传统本土信仰者仍占主导。顺便提到，在北美的现代大陆移民和留学生也证明了儒家传统和后革命时期无神论教育影响之大，表现为他们多数人对北美多种信仰与宗教活动（主要是基督教）的友好的参与和谢绝皈依。

（三）未来的牧师

我在玉田遇见了几位青年基督徒，其中一位叫林元绍（Wm），对神学有相当的研究，他不像星期聚会处的林何昌（Wd）有一种不合群的孤芳自赏性，而是相当开放地看待宗教与社会事务。

“小林，你今后的志向是什么？”

“我的理想是做一名称职的牧师，因为玉田乡下的牧师太少了。”

“你不认为这里的基督徒与农村民俗生活有一种疏离的感觉吗？”

“不应该这样的，基督教应积极面对社会与文化。我就对当代中国的宗教功能这一课题有兴趣。有的教徒认为只信上帝就够了，表现为教友内外有别，怕谈社会问题。包括今年圣诞节演出节目（指 1988 年玉田教会圣诞演出会）也只围绕《圣经》故事编排……”

“过于拘泥是吗？”

“是。”

“还有，农人信仰中的功利心恐怕不只是佛、道和民间宗教仪式上的问题吧？”

“信基督教的农民也有功利思想，如希望病治好，摆脱家里某种困难，就把上帝放在一边，像生产责任制那样让上帝‘承包’，而不是把心托付给主，让上帝引路。”

“果然如此。另外，基督教如何与传统农人生活协调，这一直是一个问题啊！”

“我们主引导的人要接触尽可能多的人，是为了改变他们的生活意义，是为了救他们，让他们在基督教里得到新生。”

“也让一种传统文化更新吗？”

“是的，因此不应同意与地方文化的隔绝性（discontinuity）态度。”

“这也是在两种文化之间寻求积极接触的‘联系化’（contextualization）的神学见解吗？”

“就是。”

“请问爱的文化含义如何联系和比较呢？”

“基督之爱仅仅是给予，不要求得到任何其他东西。”

“那么如何看待儒家文化父母之爱兄弟之爱的亲亲之爱呢？”

“不应有支配的爱，父子之爱之前应先爱上帝，并且要爱人如己，这是比血缘团体之爱更崇高的爱。”

“儒家也主张从亲亲之爱推衍出整个大世界的超越之爱，这和基督教之爱是一种反向的推衍之爱呀！”

“噢，我们可以再讨论教义的、理论的和实践生活中表现的爱的含义。不过基督教的父子之爱只是超越之爱的一部分。”

林何昌和林元绍的基督信仰与社会关联的看法有些不同，林何昌星期聚会团契只是一个稍稍打开门的信仰团体，缺少与地方民间信仰团体的对话与和谐状态。而林元绍则相当主动，并表达了在不同情况主动履行“场景化”的宣教努力。他所谈到的爱的方向的分辨，几乎是一个历史上重复的主题，但看来已不是是否有外国传教士的问题，而是源于爱来自于天父推及父母兄弟姐妹之爱，还是以中国五伦为中心的父子关系（敬祖、孝道之爱）推及天下之爱时的文化差异或冲突。农民层次的表现是，日常生活中因不参加民俗祭祖活动引起的主流文化对基督教文化的鄙视和口角，以及教徒对祖先崇拜的排斥。农人教徒囿于理解，仍死板地恪守教义条文，不存在对话的条件，而且强大的民俗传统力量也没有可能形成这一对话的条件。因此，现代基督徒向地方农人的宣教推进已不是因外国传教士引发的宣教“本土化”（indigenization）问题，而是新的社会发展时期基督教试图寻求有效的宣教“联系化”（contextualization）问题。这里，就高级神学人士来讲，神学的论坛相当变通。如董芳苑先生认为，宣教不能回避民间祭祖，他说：“虽然基督教和民间信仰‘天’‘祖’观念有显然的分歧，事实上两者也有共同之处，即都强调‘敬天’与‘孝祖’之道，基督徒一向先去‘爱天父’，而后来‘祭祖先’，台湾民间则先要‘孝祖先’，再配合‘拜天公’仪礼，所以两者之间的区别，只有‘神本’与‘人本’问题。”（董芳苑，1984，第310—311页）他并且认为基督徒“追思礼拜方式的‘孝祖’新苗，定能移植于民间慎终追远‘祭祖’的旧株上，两者生命一旦交流，就能够长出荣神益人的新果实来。”（董芳苑，1984，第321页）这是他以福音塑造新的文化伦理——新孝道观的模式。由于有不同的文化与宗教传统情境，我想，在美国的教会，如西雅图华盛顿大学左近十五街上的长老会，大概就不会接受容纳孝道的模式，因为在这里也没有接受的必要。另外的更深一层的解释是来自日本背景的非西方神学家：“可靠的contextualization是在被赋予的历史的文化环境中一个生活的预见的模式……它既不是一个简单的调节，也不是简单的预见，而是认真的调节和认真的预见，它旨在一个调节的预见和预见性的调节。”（Kosuke，1974，pp. 18－19；Anderson，1976，p. 5）这大概是今后地方社区人们基督教与非基督教人士都关注的最重要的基督教宣教推进理论，以及它如何从神学讲台上下到民间。林元绍虽然没有使用contextualization这个术语，但实际上是按这个原则做的。这一过程将再次把意识形态、宗教信仰和文化的主题以竞对的或协调的状态呈现在我们面前。

第十七章

文化与人事的过程

总之，本书第十三至十六章揭示了道佛儒和基督教几种信仰与哲学的不同的或关联的宇宙观和文化诠释，并尽可能阐述其传布的历史与现状的相互关系和地方性特征。现在，我转而变换一个角度借助玉田示意图（第十三章），做一综合的社区文化结构的解说，然后以一个系列人事事例说明一个镇的地方社会过程，从而提供该过程的理论概括。

一、文明项目的平面配置

从古至今，中国社会大体落实了依儒学原理勾画的道德与礼制的蓝图，大至帝国、省区，小至县镇形成了不同层级的大小不一的“一统的”社会系统。该系统既有自然地理与经济的背景，又有行政权力和人事中心主义的控制。在系统运作中，哲学、礼制与文化的因素与经济因素的关系总是需要放在这系统构成中考虑，而不是简单地考虑市场经济活动原理。中国人自“两汉以来宇宙观所处理的问题，虽然有国家的政治、社会的道德、个人的福祉不同，但是一直没有脱离以宇宙观处理人事的基本态度”。（吕理政，1990，第 49 页）这人事的确是中国人关注的重心，大体包括了涉及人际关系和社会生活的政治、教育、道德、礼制和社会组织诸方面。唯有信仰之人事，借助于道教、民间信仰和佛教，在基层社会，儒学人伦、道德、礼制与上述宗教良好地互补而生，并共同整合于“天人合一”的总体宇宙观解释系统之中。

传统农业是相对静止的，人事则是动态的，在崇本抑末的传统中国，人事活动总是儒家论及的主题之一。在某种意义上来讲，社会生活中人事的政治常常凌驾于经济效益的原则之上。因此，我注意到玉田县在儒学化民成俗的1000年间一直首要显示的是政治与文化的中心地位。玉田县治是县城一级的微型“一统天下”设置，是政令的中心，地方宗族人事与政治协调的中心；是儒学教化与礼制中心（县城明伦堂、孔庙和官方儒学礼仪排除异教是正统儒学政治的标志）和学校网络中心，并将道德礼俗推至乡间。而玉田县城在历史记录中从来不是经济的中心。示意图所示Wu、Wm和Wd区诸圆圈分别位处丘陵间平地、谷地和闽江中游低地，是人口密集处。这是地方人事活动的基底，而人口的文化含义便在于玉田若干大姓集团（7000人以上大姓8个）。这些大姓聚族或相对聚族而居，有由强大的理学和家礼强化的宗族组织与制度。虽说M、E区亦有自成一统的大姓，但E地属穷乡僻壤，M区D镇也是在20世纪50年代后期修公路后才兴起的新镇，因此20世纪初县境内姓氏集团政治与经济生活的重心，主要在西北至西南不甚宽阔的地域上。闽北诸县和闽江河运主要借助于Wu、Wm、Wd三区沟通，M、E区则处于不重要的经济与人事地位上。在Wu和Wm区，李、江、周等五六姓世代分片聚居或杂居，形成玉田县地方人事与政治运作的主要范围，故中国县城县境结构不能脱离姓氏集团的力量角逐与平衡。而关于这一点，在县级以下的文献中（包括县志，极少发现的乡村士大夫笔记）绝少有记录，应该说县城与周边乡村中姓氏关系的研究需要田野工作把地方文献、姓氏关系的历史与现状乃至与经济、商业和文化作综合研究，才能对中国血族团体在较低层县结构中的作用给予应有重视。这一层次的结构和血缘姓氏团体的关系，的确不同于大城市系统层级关系以及上层政治与权力的关系，因此在社区结构的解释上也必然会有区别。

在中国晚期帝国城市和农村结构的讨论中，尽管关于城镇及其起源的商业经济功能得到详尽的研究（Skinner G. W.，1977，pp. 275 -

276），然而贝克的着眼点是不容忽视的。他说："城市化级别越高，宗族越难合在一起。同样，越是乡土化的地方，利益便有更多的同质性，并容易使宗族联合起来。"（Baker，1977，p. 509）他还谈到若干种（按他的分类）血缘团体形态在基层镇、乡村存在的事实与特征，这使笔者有兴趣于扩大讨论中国宗族姓氏团体的多重功能，不仅有前面章节（第十章）强调的宗族在文化和制度上的职能，尚有经济与商业的制约职能以及对集镇城市形成的影响。显然，中国县、镇、村一端的社会系统运作中文化和经济的因素都应予以足够的注意。

宗族在中国基层乡镇的存在是南北方一致的现象，只不过在组织的强弱和形式上有所不同，然而均在地方社会与文化中处于重要地位，宗族的长久存在是中国传统农本社会和儒家思想与制度结合的产物。农业的循环生活使人民有以血缘团体固着乡土的特性，儒家理念和礼制更配合了维持世俗人心，即农业是生活之本，而宗族组织了人民，使社会发现了一种稳固的形式。然而早至春秋时期的国君就知道商业利于积累财富，但当商业市场行为威胁了古代"士农工商"的社会分层时，甚至要超出皇权之时，中国便出现了重农和贱商的漫长历史过程。所谓重农和贱商的实质就是"用政治压倒经济"。（袁方，1948，第 90 页）不然舍本逐末，一定会破坏农业生活和大一统的社会生活层位结构。

然而即使农本社会，商业交易行为并不能中止，当有的地方商业经济有了一定的发展的时候，抑制商业的行为便发生了。宗族集团或若干姓氏的联合体，有时具有相当大的势力（杨国桢、陈支平，1987，第 17—29 页），他们把对乡村经济的控制当作血缘团体的事务之一。例如 20 世纪 40 年代前，福建省福清县乡村规定六都附近所产薪柴，不许运出六都以外，而白云渡产木材方可运至县城。（傅衣凌，1946，第 25 页）这是乡族集团为自身利益而限定商业行为的距离（不顾距离成本的计算），控制物资流通的政治手段。更能说明问题的是福建多有乡族墟场，但不是建立在自由商业与自由手工业原则之上，而大半是为适应乡族集团利益而开设的，如顺昌县"清河"

张氏控制了“禾口墟”，该墟市为张氏族产，外姓不得染指。（郑振满，1985，第54—55页）因此，在乡族势力范围，墟之运作，立墟或废墟多取决于乡族利益或某种文化原因。（傅衣凌，1946，第25—26页）乡族集团还将产业扩展到县、镇，甚至控制县镇的劳力雇佣，如湖口镇脚夫团体中的大姓之人有优先于小姓脚夫的工作机会。乡族集团的抑商行为还反映在不遵守官方统一度量衡制。如包括玉田县在内福建省数十县（甚至县内也不统一），有不同的田亩、重量、容器单位。（郑行亮，1930，第32 031页，以及作者在玉田的调查）显然地方宗族姓氏集团要控制地盘和市场交易以抵御他姓团体力量冲击自身宗族生活，这说明有宗族团体干预的商业经济行为已打上了族群政治需求的烙印。故早有中国学者认为中国的墟场、集镇和城市的产生有相当的政治文化因素影响，而非单纯的自由商业和手工业的结果。（傅衣凌，1946，第25—26页）

那么，我们看看晚清至20世纪的几十年来，玉田县地方宗族姓氏集团的作用，若干重要城镇的功能以及县境文化景观是怎样的呢？

玉田县西北Wu区位于县城Wm区北面，Wu区的P镇是闽东和玉田县农副产品交换集市发展的产物，该镇比县城商业经济发达。P镇的大族势力举足轻重，控制土地并扩大至商业集镇组织，甚至在民国初年已有全县最早的商会和驻省城福州的机构，然而并未使P镇升为县治，因为县治结构的制约因素既有地理位置又有族政力量及人事考虑。玉田县城之地理位置的含义与其说是居西部中央而易于统领其诸镇经济，不如说是理想的地方政治、姓氏与人事协调中心。这根据历史上中央集权制塑造的国家、省、府、县大小不同的层级行政模式原则，这一原则注重权力和儒家人事的协调，常常凌驾于经济原则之上。玉田县周边，如繁荣的P镇商业经济、姓氏关系运作以及其他乡镇地方势力的角逐，最终必然集中到县城的舞台上去亮相。我在第十五章表达的儒学思想、道德、礼制与制度实施之理想，便是建立在宋代以后强化的地方姓氏集团分布基础上。就是说儒家思想和儒家政治的传统不是凌空的，而是扎根于农业社会千年造就的人伦关系与血缘力量之中。

中国4000年的“天人合一”观，2000年的儒学和1000年的理学、家礼，一直影响着中国基层社会的姓氏集团及其相互关系。这是一个思想制度和人事实体互动的过程。这当然要格外注重这个传统农本社会的哲学、政治、道德、教育、礼俗和族群利益等文化要素，以利于观察中国县治存在的本质，虽说有时并不能排除经济活动的重要影响。“在本世纪早期（20世纪），Wu和Wm区的姓氏力量（如江、周、李姓）相当活跃，许多政治上的风云人物都出于该地域的大姓之人。”福建省社科院的何约先生对我说。20世纪70年代他曾在玉田乡村工作，体会到地方宗姓力量至今仍是强有力的。他的进一步分析是有道理的。由于儒家理念制度化，其基础之一就是宗族组织，因此任何力量在玉田立足都不能不考虑这一背景。如50年代南下干部初来玉田，不得不重视分析区域大姓系统、族田、族政和行政区划问题。若干年后的“文化大革命”中，地方派性斗争及其日后消除矛盾的努力都在县城的舞台上出现，内含有宗姓势力、政治势力角力和相互协调的深刻背景。而那个时代的经济完全被政治所制约，看来研究中国城市集镇的商业经济活动不能不考虑背后的文化力量。

一般中国人十分相信同宗认同。一个人做官会照应祖籍的族人，这使得从古至今地方政府和基层领导人选都不得不考虑宗姓结构、实力部门与实力人物。例如现代杂姓村选举很难产生满意的结果，有时实在难产便只好搁置起来，社区超宗姓的一体化精神较难实现。除非是独姓或大姓所在乡村，然而这类社区同姓氏集团居地边际重合，有时包含有大姓的凌人气势。因此，独姓、大姓村并非是现代化社会意义上的社区认同的共同体。小农经济同姓氏集团结合，世代盘根错节，与儒家思想与制度有机地结合起来，既可以在利益冲突之后形成政治的协调，也可能用姓氏的政治裁决经济。因此可以说，玉田县城的中心地位的基础重在文化而非经济，这就是本书强调儒学礼制在地方社会结构运作中的历史性烙印。

直至近30年，玉田新县城（因修水库迁至左近立新城，其功能位置的含义不变）才渐渐变为经济的中心地位，那是后革命时期力图改变玉田历史上只有农业、土产交易而无工业的状态，“麻雀虽小，五脏俱全”地综合发展的结果。玉田新县治布局显示以县城为中心的小一统格局。在1958年人民公社至“文化大革命”时期，一元化的政治领导和封闭性的自力更生路线硬是割“资本主义经济的尾巴”，长时间人为地以政治文化扼制自由市场经济的发展。农业生产中的“政治工分”成为基层农村以政治文化标准裁决劳动行为的典型事例，本书前面诸多章节已叙述和讨论了中国经济发展过程中，一再表现出被传统的和现代的意识形态的强力干预。

近年来，玉田地区姓氏集团聚集的地方力量仅仅是潜在的、非公开的，不能如前革命时期乡族地主集团那样具有制衡力量。但随家族主义复兴，地方族群意识很容易由出身不同乡镇和姓氏的地方领导人表现出来，族群政治仍是地方诸多经济行为的干涉力量。如地方道路的走向设计与修建中，距离成本的优先原则常常被诸多地方与人事因素所阻碍，有时大大牵制经济的核算过程。

我再谈到Wd区的湖口镇，这是历史上由闽江河运和公路之便兴起的商业小镇，沟通了延平和省会的交通，成为闽北外出之枢纽，具有远离县府，相当独立的经济地位。该镇从农人中造就了一些如金翼之家东林那样的兼业商人。通过湖口，整个闽东的优秀才子、商贾、政客从此地向外发展，有独立的人文发展机会。湖口镇与周边村人为了祈求家庭与事业的平安递进，还选择了陈靖姑等主神信仰，进而形成临水宫下一个次信仰圈，是该县唯一由商业市场中心建立后带动起来的道教与民间信仰次中心。这里农人既要依存于传统家族制度和儒家人伦说教，又需要民间巫术和道教神明填补他们的信仰世界，应该说道教的信仰和护佑力与儒家哲学的伦理之整合是透过农人群体进行的，这就是玉田传统文化的本质。湖口船运、商业市场的发达也推动着Wd、Wm、Wu区乃至整个县境的文化繁荣。

虽说如此，在玉田县境旧镇湖口，乃至今日新镇荷洋和未来新镇皇口（因铁路改线、水坝建设而两次移镇），均不会成为全县商业经济的中心统领地位，尽管这里税收占全县第二位，人事与商业气氛宽松，生活富裕。那主要是因为玉田县城这一政治人事中心地位限制了湖口、荷洋、皇口和水口地位的升迁。何况居于县西南端的这 4 个镇也不适宜统领全境。有趣的是在玉田县城建立的千余年间，只有 8 年（980—988）曾将县治迁至 Wd 的 S 镇（水口），后永远复还旧县城。这是鲁莽的尝试，主要原因是 S 镇为玉田第一门户，省府第二门户，太过于前沿，其险要地势为兵家必争之地。历史上蒋介石 1933 年底、1934 年初在进攻福州中华民国人民革命政府时，曾先攻延平，再陷 S 镇。1934 年 1 月 7 日共产党抗日先遣队也先声夺人进入 S 镇。（余钟英《玉田县志》，1942；李士坦，1983）可见 S 镇之军事价值。但它的临江险境既不能取代湖口的商业枢纽地位，也不适于县治。历史事实表明，玉田县治主要是人事与政治协调为出发点，经济商业发达的 P、H 镇或军事要地 S 镇，均不能取代玉田县城的中心统领地位。

后革命时期除了突出县城的政治、行政统领地位以外，基层建制镇被削弱和减少，直至 20 世纪 80 年代后期才开始恢复一些建制镇，其中包括水口镇与荷洋镇分离，已是地方独立经济的需求。而回顾福建省在 1953 年曾有 394 个建制镇，然而 1958 年人民公社一成立，“一大二公”的公社总部所在镇成为政治、经济活动中心，一下子取消了相当多的建制镇，“文革”时期全省竟只剩下 70 个，至 1982 年才核定建制镇 119 个（吴维嵩，1987，第 31 页），仍远比不上 1953 年的状态。这一社会过程深刻地反映了政治和行政权力如何将一种意识形态化为一种制度，而这种制度可以支配经济的形态，支配集镇、市的立废与兴衰。

当 11 世纪初玉田县令循吏李堪（1005 年）推行儒学教化（辛竟可修《玉田县志》，卷五，清乾隆十五年），毁掉民间信仰偶像，其独尊儒术的努力并没有使人民的信仰消失，而是一直发展到今日，和儒学礼制微妙地共处着。孔子“务民之义，敬鬼神而远之，可谓知矣。”（《论语・雍也》）说明儒家道德礼制并不能代替宗教的需求（现代无神论和新意识形态也相当抵制道、佛、民间信仰，但均未能奏效)。旧时，玉田县城有文庙和明伦堂，供奉孔子、孟子、朱子，为了保持儒学的正统地位，在帝国县治环境的强大儒学影响下，这里很难发展成一个历史性非正统的民间信仰的中心。刚好，在偏离这一儒文化中心的M区，得以由陈靖姑传奇演变为一道教和民间宗教中心——临水宫，它不仅是玉田县，而且是整个闽东闾山派道教中心之一。实际上它也只有在偏离县治和正统儒学政治中心时，才有可能成为民间信仰的象征地。这就是儒道文化互补的文化景观。很有趣的是，闽东农人每年多次云集临水宫，香火大盛，却未曾见在千余年间促成一个市场商业中心的事实。也许是因为传统农业社会的M区商业经济实在太弱了，只是到了20世纪30年代和50年代新道路修通后，才在临水宫附近兴起一D镇（自然镇)，说明中国农人信仰系统和物质系统（商业市场经济）可以相当隔离地存在。

玉田县境的文化景观中，儒学和礼制的结合造就了根深蒂固的文化基础，再加上道教与民间信仰的宫观活动和道士师公的游乡活动深深地卷入了农人的生命和礼仪过程，千百年流行不可遏止。“文化大革命”以后，佛道寺宫渐得恢复，而僧者必须依赖于佛寺。古往今来人民虽接受释家报应的思想，但玉田县境的十余座佛寺（集中于W和E区）选址均在幽静的山林中，成了在俗世存在的相当隔离的信仰制度。显然，还是道教和农人的生活更为接近。

最后，我再次谈到基督教，Stevan Harrel 把它当作中国近代史上外来文明项目之一。(见第十六章）传教士进入玉田境一开始就表现了推进基督文明项目的意识，凡是县治和诸镇要地，都陆续有教堂树立，他们在文庙、明伦堂和佛寺宫观之间插入教堂，办学校和医院，从县境行政要地至穷山乡都可看到传教士的足迹。例如，连素称大东贫困山野的He、Sh镇都有西人抵达。因为儒家思想与制度太强大了，以至于我们明显看出玉田示意图的所有圆圈内甚至圈外，基督教文明项目的攻势都不得不针对儒家思想与制度作适应性的传道，但这种传道从未中止过。20世纪初同盟会时期，福建中华革命党有两大地区势力，一为闽北势力，以地方大族士大夫子弟与留学生为主流，一为闽南势力，由民族资产阶级、小资产阶级华侨知识分子构成。显然力量背景不同，正是教会在闽东玉田吸收和培养的士大夫子弟，留学或有机会就读科学知识，成为现代知识分子的基础，但基督教作为一种文化的力量与地方传统势力、儒学及其制度的力量相比仍很衰弱，被反唇相讥为“异端”。然而20世纪初由传教士带来的基督教民主思想，以及20世纪20年代后共产主义的传播，大大影响了由儒家思想熏陶和其礼制下生活的玉田读书人和贫苦农人。实际上这两种信仰和意识形态都来自西方。恩格斯很早就分析过基督教与社会主义工人运动的相同之点：“都宣传将来会解脱贫困，不过，基督教是在死后进入天国求得解脱，而社会主义是在这个世界里。”（恩格斯，1957，p. 525）在玉田基督教因锲而不舍的“人类之爱”观感化农人，使其相信上帝之国，把人们的欲念导向超越之爱并进入永恒的世界，而共产党人是用阶级分析的方法批判儒家人伦礼制思想与贫富不均的制度。20世纪20至30年代，他们相当成功地组织了农民，特别在中心县城以外的周边镇Wu区P镇展开对宗族地主的抗租运动（启发大姓聚集区之贫穷农人、知识分子），并在最贫困的E区建立了第一个乡苏维埃政权，尝试用马克思主义哲学改造思想与这个世界，并为1949年革命做了逼真的演习。近40年来，无神论和社会主义思想得到了普及性的传播，但社会文化传统的渐进性不会马上中断。宗族制度被批判，然而儒家经世致用，“天人合德”的非宗教性现世哲学仍有牢固根基。近现代社会政治进程的复杂性、不安定性和诸文明项目的交错必然影响农人的信仰选择，现在玉田黄村并存道、佛、儒和基督教四种信仰和哲学，仍在进行着各自的宇宙观与文化诠释的不停顿的竞赛，农人也在不断进行意识形态与信仰的重新判断。

现在我们已可以得到以下的小结：

1. 在中国城乡连续体底端，宗族、姓氏团体（含地方姓氏联合体和乡村集体单位）的血缘与地域观念具有持久的传统，上至政治文化，下至宗族文化都对集市、镇和城市的形成和发展起制约作用。在该连续体的底端，商业市场行为过程实质上是一种文化的经济。文化的经济显然排斥单纯经济行为的功能的意义。这是中国基层社会文化景观的特点之一。

2. 城镇的产生有其政治、文化、军事和经济诸原因，但政治文化的力量可以促成或约束城镇功能的选择。县城则提供了地方势力、姓氏集团角逐及其利益协调的舞台。

3. 历史上道教、佛教、民间信仰与儒家理念与制度相隔离或相避让地长久并存，也反映在县镇与宗教象征物平面配置的文化景观中。大多数情况下，基督教只是在近百余年间才抵达中国乡土社区，但其文明项目的进取性在县境文化景观中毕竟留下了清晰的印记。最近几十年来无神论意识形态和诸宗教信仰的关系变化表现为压抑，以及后来相互隔离与相互避让地并存的状态，是地方文化景观的新的变化。

二、地方社会的过程

对玉田县境诸文明项目历史而今的平面配置分析之后，有必要把地方社会的过程研究转向当代，一个具体的镇——包括黄村在内的荷洋镇事务的研究。这是由一系列场景对话、意识与直觉之理解、人际协调之过程以及笔者的分析组成的。

（一）渔政会议

荷洋镇的秘书陆井民邀我参加一个会议，是为明河渔政的事，而且这次有省里的渔政官员尚荣芳参加。

不久前，镇里造了一条渔政船。但明河的渔业开发既有国家和省的利益，又有地方上（地区、县、镇）的利益。如水面分配有公有的与地方的不同领域以及上下行政财政等联系。渔政船在未来履行公务中的收益和需要行政上的与物资上的进一步支持相互关联。因此，必须为省和镇之间这一新的业务渠道奠定好基础，这就是镇渔政会议的重要性所在。

“今晚我们开个座谈会，关于渔政船工作的事，明天有一个下水仪式，请来了省里的同志，他们对造这条船给了很多协助，我们表示感谢。”镇党委领导人丁子明说，与会的30多人热烈鼓掌欢迎远道的客人，小陆静静地记录。

（镇：发言内容与内心独白一致）

镇计划委员会的郑官涛接着讲：“今天的机会的确难得，连省的领导人都来了，正像丁书记讲的，上级关心我们造船。”他停顿了一下，又说：“不过，造船容易养船难，做一只船2万7，但维修要不断花钱，工资、零件、柴油七七八八的东西（福建地方口头语）很多，水产站根本没钱，所以今后得请上级多多指教才是。比如柴油历来供应紧张，省里过去对我们是有求必应，我想，今后每个季度请省里给我们再拨一些柴油吧。”

（镇：一个含义的转折：提出困难，求得支持）

“有了渔政船，毛蟹、鱼的捕捞容易管理，到1989年库区水位提高，我们镇的渔业前景更好。即使我们有更多的收益也请省里能有财政和物质支持，让渔政船发挥更大作用。是否能让我们的渔政管理范围扩大一些，比如让我们的权限扩大到杉口呢？此外，税收是否也能减少些？”镇长吴承玉说。

（镇：一个进一步的请求，代表镇发展利益）

“自从荷洋公社改成建制镇以后，经济活跃，今年会有多少渔产？”县里来的官员林开渠把话题转了。

（县：引导性问题，事前已知镇经济情况）

“五六十年代这里鱼产量20万斤，后来下降，现在可达100万斤，前景不错。”

（镇：回答经济成长状况）

“那很好，县里今年却有100万赤字。”

（县：意在表明县财政困难。）

“但我们仍有困难，省里县里各方支持才有1万多元，虽说我们镇的银耳很赚钱，但民富国穷。”

（镇：不得不转而解释）

“县里无论如何应找些钱来发展我们镇的渔业，比如今年省里下来贴息贷款3万，我们镇却没份，所以有人说，现在贷款经常是越有钱越能贷，穷反而贷不上啊！”

（镇：一个再说明：镇未享受省府下拨贷款，意即县未将省货款分与镇）

“我则希望明年涨水后省里能在荷洋投放一些鱼苗，因为水深了毛蟹生长不适宜，那时我们镇出动渔政船保卫水面资源，和省里两相得益。”

（镇：表明与省利益的共同性、依存性）

“1981年我们在水口成立船舶检查站，省里福州的渔港监督站要我们经常检查船舶，但实际上我们无法检验，还是镇里能把自己的工作做起来，我们管客货运，十多条大小船只还是镇里检验为好。”地区的林明先生认为他无力负起检验船只的责任。

（地区：提出镇可以承担自行检验工作）

“我坦率地说，我们镇也是无力承担这项工作的。”丁子明回绝了地区来人的建议，他停顿了一下说：“我们应该请省渔政负责人讲几句。”

（镇：表示不同意）

“昨天省府召开会议讨论渔政工作，从1979年建渔政站到今天已有60个岸上干部，差不多一县两个人员编制。虽说有发展，但经费不足，比如1984年有180万，今年只有160万，仍要挤出一些经费给内陆的县。然而仅大小船只修理费就得60万，所以保养船只经费来源十分困难。当然，今后要想办法强化县镇的渔政工作，现在罚款和税收都不统一，渔政事业既有公有性，又有地方性，还是想办法收一部分钱再还于民吧！仅靠上级弄点钱有时可以，有时的确困难，所以地方上应规划一下，争取自力承担渔政业务，今后再造更大的船。”省渔政负责人尚荣芳原则而谨慎地回答了地方上的请求，一些问题他避开了，但他给了地方以政策原则。

（省：确定地方渔政业运作的基调）

镇上的人无一不明了省里来人讲话的含义，所有与会的人都有这种贯通隐喻与直觉的能力，主要还得从渔政检查中搞一些钱养自己，发展自己，这本身就是一个可以接受的原则。同时，镇和省的初次对话基础良好，省里大体对镇的困难有所了解，何况县里也被将了一军呀！然而一切都还不错，上下沟通有了一个良好的开端。话题自然转到具体的毛蟹旺季收购的具体问题上。这件事较为简单，镇上渔政、工商、派出所之间容易合作。都是熟人，渔政站的新人其实也是从镇政府中抽调的。现在他们主要是讨论如何管理明河上的渔民、疍民了。

（镇：达到目的，明确了省、县、镇利益关系，有了婉转、依存、协调的基础）

第二天上午，天气晴朗，省地县镇各方人士参加了明河渔政船开船仪式，两个玉田姑娘手持红绸，由镇长吴承玉和省渔政官员尚荣芳剪彩，鞭炮齐鸣。

（上下级沟通的新渠道已开通）

杉口左近毛蟹放养多，近年来价格扶摇直上，鱼的价格也看好，在疍民的生活历史上从没有今日富足，而且生活水准已超过了玉田农人。当渔政船第一次开到杉口时，燃放的鞭炮声吸引了已在岸上建屋的疍民，男女老幼倾巢出动，聚集在坡顶到沿河的山路上，他们带着一种奇异的神情，望着船上不期而至的官员们。

首次明河渔政巡视，船三次靠近相遇的疍民的渔船，检查渔人的证件和捕获品，当一位右臂断掉的疍民单手驾小船离去时，井民告诉我，这位50多岁的疍民，曾用炸药炸鱼不慎将自己一只右臂炸掉了，险些丧命，可见生计之艰辛。他的双腿内曲，是因长年在狭窄的船上，又要保持身体重心，双足须居中，行船中力要往下用，久而久之，疍民的腿终成内弓形，这就是历史上贬称疍民为“曲蹄仔”的科学解释。

这些年捕捞、放养无序，渔民滥捕，电网和炸药一齐用上，渔业资源损失很大。疍民的确发了财。如今，那断臂人第一次感到，渔政船有权收税和罚款，从此不能无限制地捕捞了，这也正是岸边疍民脸上充满疑虑神情的原因。断臂人经历的被检查过程很快便传到荷洋和杉口的疍民之中。

中午是一个宴会，省地县镇与会人士一起敬酒，这个宴会表明省、地、县、镇联系的新渠道形成了。头一天上下级之间谨慎的暗示和婉转的回应都美好而具体地度过。未来的需求已可以期待，如果还有其他问题的话，坐上车见面晤谈也有了亲善关系的基础。实际上，一年以后我得知包括柴油的请求多多少少地解决了一些，因为这渔政工作是上下依赖的事。按中国人的习惯，靠打电话解决这一类需求是绝无仅有的。一般来讲，有所求的事，即使打电话可以解决的简单的事，有时也不选择电话，而改为叩见（面晤）。无疑，传统的中国礼法并没有中止，一直影响至今。要主动地建立良好的上下级关系。一项新开辟的工作项目（如渔政）本来就没有矛盾的背景，故应从一开始就连接好上下级的管道，有了这样良好的基础，在上级权威得到尊重的前提下，一般性利益的需求可以以婉转的方式提出并达成（其婉转之特征又见第二章，地方人士赴省府请减田赋故事，是半个世纪前与后的类似文化现象）。另外，在上下级关系的运作过程中，对某种试探性隐喻的理解以及当事者的直觉的能力十分重要。在某种意义上来说，失利是苦涩的，然而一般都不会溢于言表。

社区的运作与发展当然存在地方利益的前提，省、地、县、镇、村不同半径的社区之运作有时则较为复杂，因为行政区划和行政权限虽然大体是重合的，但各圈层社区的利益总是包含有交叉利益关系，如渔政工作。

过去，在1958年的时代，修建玉田水库，地方利益大受压抑。一切社会活动均纳入政治的和行政的任务之中，令而行之，军事原则贯彻到民间，一切行动听指挥，下级服从上级。随着时间的推移，由于大片良田被淹，移民的生产生活条件改变，限制了地方社区与家庭的发展。地方社区和家庭利益上的巨大损失，作为一种客观存在，促使人们相机提出要求补偿的质询和呼吁。玉田、湖口、荷洋人在如何看待地方与家庭利益问题上，几十年间有了一些改变。他们开始争取失去的利益，并在第二次新的水电站库区移民工作中吸取过去的教训，努力保护地方权益。

上面提到的渔政问题只反映了省、地、县、镇上下关联的一般利益问题，而玉田人30年间经历的两次巨大移民运动则是牵动整个县镇社区根本利益的大问题，人类学有兴趣的是社区利益关系纵向上下运作的全过程。

（二）移民问题

1. 1958年移民方式：上下运作的支配性关系

1958年在玉田县修建了巨大的玉田水库，水库面积为37.1平方公里，总库容5.7亿立方米，当时库区淹没耕地36 167亩，连同玉田旧城亦全部沉入水底。移民总户数801，共计43 154人。水库建成后，又有小湾亭、背洋、低洋、富湖4级梯级电站落成，总装机容量25.6万千瓦，供应福州、延平、三明工业生活用电，成为福建省最大的水库和电站之一。

水库修建和移民安置工作正值人民公社和“大跃进”时期，一切公有化，耕地是集体公有的，所以在那种“提前进入共产主义”、“插红旗，拔白旗”及1959年“反右倾”的政治形势下，一道行政命令足以使农人“无怨言”地搬迁。如何快速完成移民工作呢？省里把“大跃进”时代“多快好省”的口号精神落实在移民工作中，提出：“三年移民，一年完成”“建房速度放卫星”，即用全民大办公共食堂的合并模式安置移民。

在水库建设和移民安置过程中，借助了政治与行政命令，省和地方、县府和人民基本是上下支配性的方式过程。当时农人憧憬即将来临的共产主义天堂，充满了无限的自我牺牲精神。共产主义的无神论也吸引了不少村民放弃民间信仰和传统风水理论，在建筑和搬迁中削平祖坟和淹没庙宇并没有遇到抵制。只有经历了那种势如破竹的群众运动场面的人们才会明了当时每个家庭与个人的心态。无须解释，移民的主要担心变成了不过是怕不习惯新移民点的生计生活方式（在当时情况下，上升为首要考虑），然而一度流行的“人人为我，我为人人”的精神几乎感染了所有村人，互助蔚然成风。

1959 年旧城关郊区菜农 38 户，224 人分配搬迁到黄村谷地，《金翼》之中人丁零落的张芬洲家大房子刚好闲置，一下子挤入 28 户共 150 多人，楼上楼下，各户居住面积狭窄，很是拥挤。

谢义义是那一年从玉田城关搬到黄村斜对面新村的移民：“一晃 30 多年了，当年是党的号召我们就服从。只是我们经营了几代的大块平整菜畦淹没了，新村只有一点点平地，山田农作习惯完全不同，困难很多呀！”

“黄村人怎么样呀？”

“黄村人非常热情，我们种菜人不会耕田，黄村干部和农人就帮助我们。黄村的黄仁田、黄方定（黄姓族人）看到移民搬来时已误了育秧节气，于是就帮助我们在清明节抢种插秧，我们很感动，一直到现在，我们两个小村的关系很好，相互婚嫁的有好几对呢！”

“老人们适应吗？”

“老人们住惯了一个地方不易适应。当时我母亲有心脏病，插秧季节农人又热又累，半夜心口疼，我知道是犯病了。黄村人一面摇电话给湖口保健医院做安排，一面连夜送我母亲到湖口，黄村人的确是好。”

2. 家庭利益的追求：上下运作关系方式开始转化

“后来问题出在何处呢？”

“国家、地方、集体和个人利益是客观存在的。但如果大家都为公，怨言就少。一旦有人开始谋私，上行下效，人们也便不服气了，利益绕到了精神和传统中国人的‘义’的前面。”

“是的，运动总是轰轰烈烈，快刀斩乱麻，但忽略了个人、家庭、地方社区的利益。于是人们遇到某种机会就会开始发牢骚，跑到政府去评理。”

张芬洲旧居第二、三代移民都长大了，那么多的姑娘和小伙子，但楼居及其周围已无发展余地。若再占用仅有的几块菜地，生计就没有了，现代黄村和新村的人口与家族的膨胀仍然重重地压在一个没有变化的旧楼居址上，它再也背负不动了。

“生产发展的余地没有了，这是大问题。你知道他们分了平地，但没有分配山地，如今多种经营，黄村木阁各小村人纷纷上山种果树，收益很可观，但他们不能去种，这不公平。还有老问题也出来了，老一辈人死了，想修个坟，上山上别的家族地界上修坟人家不干呀。”干部黄作兴插话。

“‘迷信’又回来了？”

“被压抑的信仰又萌生，甚至连当年表示不信神鬼的人又信上了，谁也解释不清。所以，有人说，还是建阳的移民好，他们按同姓迁走，现在他们的墓地就好办多了。”

人类学终于可以在这里看到一种古老的传统信仰如何一度消失又再度复活的背景及其过程。

我得悉玉田水库移民最棘手的后遗症是搬迁补偿费问题。1959年的移民补偿费标准很低，总共614.59万元，平均到居民住房上，每平方米仅5.45元，由于补偿费低，移民新居无论住房面积和质量都大大降低。而当时的造价是，木结构民居22元/平方米，土木结构25元/平方米，砖木结构35元/平方米。移民前人均住房面积9.45平方米，移居后仅为4.5平方米。由于玉田水库移民30年间不断提出应再行补偿的质询和合理理由，造成省府和地方政府面对现实，选择新的上下级运作方式，其证明是地方库区办公室研究订立了“58”“62”“65”“70”四大移民房屋补偿方案，回应补偿地方农人利益的呼声，然至今未能了结全部问题。

3. 从家庭利益补偿后遗症到保护地方利益

以上为1958年第一次库区移民工作中忽视家族利益的后遗症问题。属于县、镇、社区的地方利益有哪些问题呢？在新的库区移民中上下级如何运作呢？

根据国家“七五”计划，已开始在福建省水口建设华东最大的水电站。装机容量将达140万千瓦，年发电50亿度，大大有助于华东生产生活之改善。1982年起勘察的结果，玉田县境多处乡镇再度处于淹没和搬迁位置，当最终水库蓄水位65米高程时，将淹没湖口旧镇、荷洋新镇和水口。受淹28 220亩农地和林地，120公里道路，64条水渠和24座山塘小水库（《玉田农业区划》（二），第210页），需再度移民3 272户，共17 145人，涉及住房面积约699 617平方米。由于移民家庭居住补偿问题几十年未获妥善解决，影响了这次新的水口电站移民安置工作，尤其是那些处于第二次搬迁地理位置的农人，反应强烈。地方上流行“谈迁变色”的口头语，表明了玉田和荷洋社区新的移民工作中业已存在的沉重的心理压力，这涉及地方社区人民的配合程度问题。如张芬洲旧居十数户旧城移民，仅有的室外菜地将淹没，只剩住宅，如何搞生计呢？谢义义家等是搬到山上去呢，还是派到皇口新镇内外呢？尚不得而知。旧的问题与新的问题都集中到新村男女老幼身上，他们的思想负担的确不小呢！

其次是1958年旧城选新址后，县城面积减少到原来的3/5，周边丘陵地，气候不好，市政建筑也过于简陋。20世纪60年代初玉田水库落成后，朱德来此地观察，居高望新县城，将简陋的民居误认为是猪舍，曾说：“你们的猪舍真整齐。”这句话流传下来了，人们常引用这句话批评玉田新城建设的毛病。新城河床浅，故多年以来水井相继报废，旱季常断水，遇暴雨又易淤塞，泛滥成灾。原旧城移民因而住在新城恋旧城，多因新城仓促上马，弊病丛集，居民的家族利益又未能及时得到弥补之故。

第三是因为居民的生产生活空间均骤减，玉田库区移民又在“大跃进”中被“平调”去41 800亩做防护林，直接损失粮食1亿斤，种菜种水稻的人迁到山垄边不适应，致富无手段，多年来损失大量收入。

这里的地方干部了解更多的移民工作细节，往往从全县、全镇的角度提出意见和批评。

“玉田人做出了贡献和牺牲，但电站是国家的，我们县每年要花120至150万元向电站买电，有时还买不到。所以是我们支援电站，国家受益，地方不利。‘大跃进’过去许多年了，现在又一次移民，将再次做出牺牲的地方人民应享受用电优惠，这一点国家应考虑到地方人民的利益。”县府的一位秘书对我说。

（从县的角度的质询与批评）

镇经委李宗洛性子直，也不客气地说：“县里的会议只是应付，因为县里能解决移民这么大的问题吗？我认为是省里转嫁于民，因为切块包干、固定补偿金的方式，等于把难题都推到下面。我想，切块包干方案，除非强迫命令，在80年代行不通！”

（从镇的角度的质询与批评）

“那你说症结何在，怎么办？”

“问题在解决库区人民生活出路上，上级没有按《国家建议征用土地条例》（1984年，国务院）精神办事。移民的新居址应为他们的生计留有余地。政策上说发展农林牧副渔是对的，但实际上容纳的劳力仍有限。比如荷洋并到皇口后剩余劳力390人，能解决一半已很可观了，那一半人地方上无能为力。”

荷洋处于江边，移民任务重，这对镇领导人是一个很大的负担，十分棘手，因为他们的位置处于省府和人民之间。

小陆让我读省里下发的《安置库区移民暂行办法》（征求意见稿，1986年10月13日），经委兼库区办的李宗洛早就读过了。他所说的省里“转嫁于民”的意见在于征求意见稿的一些条文明显责任下推，县、镇一级不可能承负。这和镇领导人丁子明先生的意见是一致的。老丁指着条文中关于“安置区选址和安置方式，生产门路和库区综合开发建设计划等工作，由库区所属县（市）人民政府负责”的条文质问：“县镇怎么能负责得了？”

丁先生认真阅读了《征求意见稿》，他考虑必须吸取上次玉田水库移民后遗症的教训。群众反映上来的意见细节，有些是省级方案中忽略的。

4. 质询与批评性的下对上运作方式

现在，这个新建设项目已将国家、省、地县镇直至移民（城镇居民、农人）一级一级、一层一层串联起来，实实在在的利益问题就摆在眼前。丁子明必须为民争利了。既然是征求意见稿，老丁也就认真用铅笔在油印稿空白处写上了一些重要意见。他告诉我，他如果不反映这些意见，荷洋人就会怪罪我们不关心他们。

阅读老丁的意见批文，深感当代中国社区发展过程中靠简单命令推进事业已困难重重，即使这样做了，也留下无穷后患。如玉田人悬而未决的民事补偿事那样，现在已开始了一个从婉转行事的上下级沟通方式兼以质询与批评方式的转变，尤其是那些利益攸关的大事件。丁子明是这样直率地提意见的，几乎全部涉及被忽略的地方利益，条文上所说和老丁批注如下：

“第3条：……被征用土地，凡有粮食订购任务的，应以核减。”

丁批：吃饭怎么办？

“第7条：……立足自力更生，开发创业，积极恢复和发展生产。”

丁批：农民失去土地，自力更生谈何容易，国家应重点帮助。

“第9条：1. 农业人口安置：立足农村，实事求是地改变生产结构，努力改变生产条件，在关注粮食生产的同时，大力发展农、林、牧、副、渔生产……”

丁批：应根据不同情况而定，我镇3个村基本失去土地，立足农村根本无出路，国家应考虑劳力出路，县和镇无能为力。

“第12条：移民拆迁安置工作必须与电站建设同步进行，按‘先安置，后拆迁’的原则……”

丁批：“先安置，后拆迁”的原则很好，但实际不可能，国家应出资临时搭盖。

“第15条：1. 水库征用土地淹没线以下的耕地和安置点占用的

土地补偿费和安置补助费原则参考水口电站移民规划报告的计算方法。"（指1983年标准）

丁批：1983年标准太低了。应利用做淹没区人民建电站投资，收益分成，让利于民。这样，既解决个人投资难题，又使淹没区人民有利可图。

丁子明写了这样一句话附在《征求意见稿》结尾：玉田人民在水库建设中损失很大，记忆犹新。人民对国家贡献理所当然，国家也不应牺牲人民的利益。

比荷洋镇大一级的玉田县对地方利益亦未掉以轻心。县库区办主任黄优山几乎同在10月提出了县移民工作的困难，等待上级回复。

他发了个简报，题目是"国家和省补偿经费不足"。并说明不足的理由，一是土地补偿费过低，二是应考虑到当前物价和劳力工资大幅度提高的现实。现在县镇都将移民出路难的文章印成简报，表明县镇的地方利益的一致性，这些简报不断地寄到上级。

在此后8个月内，地方的意见仍未受到重视，镇领导人很着急，因为库区淹没期早已规定，然而镇领导人运用组织渠道对上级该讲的都讲了，怎么办？

5. 扩充上下沟通的渠道

不料，1987年的一天，《明河日报》读者来信版公布了这样一则特别报导：《电站库区两镇补偿不足难于搬迁》的稿件：

据荷洋镇党委和政府领导反映，电站移民工作矛盾突出，影响荷洋、水口搬迁，吁请上级重视。

1. 原测算上述两镇补偿费1.1亿元，实际只收到60%，且建材、劳工、木材、建筑费大幅提高，群众说："补偿6000多万元只够在福州盖两座大厦，怎么够两镇移民搬迁建房？"

2. 荷洋镇中小学居高地，库水淹不到，因而不计补偿是不合理的。因为镇民搬迁后，这些单位存在已无意义，非迁不可，而县镇无法自筹资金，请上级补偿。

3. 荷洋淹没后，人均地不足 3 分，山林地尚有近 7 万亩被淹，势必影响库区开发性生产。剩余大批劳力，上级政府应有相应优惠政策，支持群众发展生产。

4. 离 1989 年 11 月前搬迁日只有两年多时间，但荷洋砍伐木材的补偿费用不落实，不能进行砍伐，公路改线投资也未落实，影响搬迁。部分二次移民（1958 年的部分移民此次将再度迁移）说："过去移民遗留问题至今 28 年尚未彻底解决，现在再次搬迁不能再不解决问题了。不要等到水库涨水，看你搬不搬。"

本报通讯员陆井民

本报记者赵冠章

其实，小陆本身就是镇领导班子成员之一，但他以另外的名义署名，当然是上下级关系艺术的一种表现。然而这篇小文行文扼要，情况属实，软中透硬。一般来讲，这类报导会转至省库区办、省府和与电站计划有关的国务院部门。小陆巧妙地更换上下信息传递的形式与渠道，意在提请各界注意，刺激上级重新审议荷洋地方社区的意见，并赢得地方民众的信任、支持与理解。

小陆心想，万一这类意见各沿江库区都大同小异，不是只有见诸报章才会引起特别重视吗！

小陆非常高兴，给我看已发表的文章，我问他："这是你的主意?"

"是的，我找到我认识的记者，他是玉田县的才子，让他帮助发稿。当然，内容是镇领导班子讨论过的。我想，这么大的国家和省，上级领导不一定能完全了解下情，所以我们实事求是地反映，希望省府顾及库区人民的利益、库区人民的生产和生活出路，解决困难，防止 1958 年的移民问题重演，并造福于玉田人。"

可见，上述移民问题的上下沟通方式不同于前述渔政工作会议。因为库区移民属地方利益之大事，其中不少事宜有时限，具有迫切性，又事关人民生计，利益攸关。在这类问题的运作过程中，地方政府和干部处于国家基层社会结构的网点上，他们视不同历史阶段的社会政治形势、组织形式特征，视地方利益之大小，选择不相同的社会沟通过程。我们可以见到的渔政会议地方运作方式，明显带有传统中国文化的烙印，其中包含有权威主义，“礼”和人伦关系原则，这是一种官场事务中常见上下级之间婉转的、依存的整合形式（下对上的主要表现形式）。第二种是上级对下级（中央对地方，地方对基层社区）的单向的支配的整合形式，如1958、1959年玉田水库移民安置过程所表现的。第三种是在近10年改革开放过程中，渐渐显露的下级对上级（基层社区对县镇、县镇对省和地区等）的质询与批评的整合运作形式，多见于保护地方与社区利益和为民争利，如丁子明意见批语以及小陆报章投诉，变换了下上沟通渠道的方式。

6. 地方社区的权力结构

1988年12月30日，小陆才有点时间坐下来和我聊聊，涉及的主题多属于乡镇组织结构和社区政治与权力的动力学内容。“现在提倡党政分开的努力在乡镇基层表现怎么样呢？”我问。

“基层流行的说法是：‘上面千条线，下面一条线（一个点）’，意思是说，不管党的政的，还有其他方面的，只要是上级下来的，我们都得做，至于抵达到乡村一级，已到底了，党政怎么分得开呢，或者说形式上分得开，实际上分不开。”

“组织形式上是如何分的呢？”

“镇党委9人，但党政两套班子实际加起来是11人。所以说只有两个人在党委会之外，9人是交叉人物。实权人物就是这11人，这种人物交叉的状态显然使党政事务合在一起。”

“决策的运作是怎样的呢？特别是大事。”

“首先是镇党委做决定，办公文下至基层。有时是党政两套班子开会，党政两套班子11人有时一同讨论，大多数同意就通过，并不一定用举手表决的方式。”

“遇到分歧的话呢？”

“一般来讲人们能感觉出哪种事易于决策，如春播、地方修志之类，很容易全部通过。但有些如工程介绍、人事调动、重要奖惩等不易决策、讨论又易于分歧的，往往在正式讨论会议之前先行私下疏通。假如丁书记怕某件事镇长不同意，就通过某个有力的中介人物搭桥，若获得了良好回应，就合成会议表决一下。”

“当然，任何地方只要有人群的地方就有矛盾，这不奇怪，重要的是公益原则和私利的目的……”

“你是说分不清，是的，这是当前的严重问题。刚才说两套班子实际为一套，原因还在于个人的分歧点并非划在党政之间，如丁书记和副镇长私交好，这种背景当然会影响决策。”小陆打断我接着说：“现在经济搞活，在工程投标、企业承包和办厂投资过程中，一方面仍受地方政府控制，一方面存在私利、私交的不同网络间常可以找到歧见所在，在地方经济的既得利益上表现明显。”

“干部捞好处引起内部分歧是否不明智呢？”

“只要有利可图的都干，但不是无法无天，原则是用正常手段（程序）干对自己有利的事。例如干部在投标选择的过程中起了决定性作用，承包得利人家可以想象得到，但拿多少无人知晓，只可意会。”

“这就是说，如果干部受到物质利益的引诱，他可以用政治的和行政的权力获得经济利益？”

“事实上，一些干部是这样的。”

伦斯基（Gerhard E. Lenski）在谈到农业社会的特权者时说：“用政治权力获得财富比用财富获得权力来得容易。”（Lenski，1966，p. 229）张仲礼在这方面也早有详尽的研究（Chag，Chung-li，1955）。但他们指的是传统农业社会，今日中国在一个从农业传统社会向现代社会的转型时期，这一权力与财富的交换方式仍不无明显地存在着，这大概就是所谓“正当的贪污”（honest graft）或小陆的新解释：“用正常手段干自己的事。”因此，玉田干部盖高标准住房的例子不是也不难解释吗？

7. 工作队形式及其功能

在福建省乡村最近数十年历史中，上级政府为贯彻某一指令而下派工作队已是社会上下不同层面沟通的一种重要形式，中心点指令并力求直达的原则明显。

“小陆，工作队似乎已是常设的了？”

“是的，但以前的工作队形式我不清楚，因为那时我很小。”

“通常谁可做工作队员呢？”我问。

“一般说镇政府（或县委）经委下有一些站和办公室人员，如计划生育办公室、渔政站人员，并非常务，站办人员多有空闲，因此工作队员多由站、办人员抽调组成。荷洋镇依地理、行政区划和公路通达状况划为四大片，每片都安排有镇党委成员做片长，每片工作队员8人左右，每两人管一村。如黄村、三保、上洋、香山，各村都有队员进驻，特别在贯彻计划生育指数、粮食及时征购和普及法律宣传工作中，工作队可能集中并下村指导。”

从历史上看，工作队的功能是多元的。在群众运动频繁的年代（如“四清”“文革”时期），工作队履行政治与路线原则落实基层的功能，起宣传者、组织者的作用。早年工作队有过从其他省、县和本县他镇而来，现在属建制镇后，经常由镇党委派员到村。在近来的政府与乡镇事务中，工作队员实际上是政府科员办事员的角色，如贯彻农村某个政策、推广良种等，目的是较为直接地将一个意志与生计活动贯彻到基层。只有常在基层乡村，才会明白今日工作队已是常设机构，但在机构系统表上并不存在。

“多重不相同的任务下如何协调呢？”

“比如，今年（1987年）荷洋镇工作队分成5路，分别是农业、财税、库区移民、后勤和经委企业。工作队分5路下达村镇各点直接指导，而工作队员还是那些站和办公室人。”

工作队实际上是由一个决策中心向周边各片基层村落径直推行群众运动、某种政策或技术的工具。派工作队被称作“一竿子插到底”，这有助于防止来自中央的指令通过诸多组织和大小社区圈层之后发生形变和弱化的问题。当然有时也存在麻烦，如果工作队员是外来者（如土改工作队员），若凌驾于原地方组织之上或包办代替，容易引发宗派摩擦，而由技术人员和干部参加的农业技术推广事务较为容易协调工作，因为不涉及影响地方组织结构。

8. 类蛛网式社会结构与新均衡论

小陆的介绍和上述说明，反映了基层社会过程的片段。来自于人类学经验和文化连续性的观察，我倾向于发现在一个原则之下的总体框架，缓慢变化的综合的中国社会过程解释模式——类蛛网式社会解说模式，但其比喻与 Shue 的商业蛛网的含义不是一回事（Shue，1988，pp. 147－152）。

1. 中心点原则，从大社会网的中心点到周边的联系呈放射状。社会各层级都有类似的类蛛网结构，只是网内条块空间大小不一。网内条块分布表现了与中心点的层级性关联的构架，越靠近中心点越可摆布下级机构以及平衡下级横向机构之间的关系。

2. 类蛛网模式从中心至周缘既有直达的、支配的、顺应的、依存的配合，近年又出现可选择的贯通隐喻的直觉的整合，以及反向质询与批评的运作形式。上级下级之间运作方式的类别反映了社会过程的变化。

3. 重要的是网模式各个层面有防止破损的功能，局部破损可以被重新修复和置换，这是类蛛网模式的韧性，也可以说是一种组织系统的不可变更性。

4. 一元化的组织系统使社会结构带着理想中的以及实践中的规定性。政治的原则及其诠释构成了以往存在的路线斗争与派性斗争的依据。近十年来，经济利益的原则走到了前台，强力嵌入每个局部网络。当中心点的地位和类蛛网模式尚可保持运作，只是添加了经济利益、新商阶层、社区（宗姓）利益、信仰及科技重组的新成分，其社会机体之整合已不能不考虑这些异军突起的要素的影响力。网络中力的结构变化是不得已的，但速度起初不是很快。

5. 局部网络的地方利益已成为趋向中心点的各层级利益制衡的条件与筹码，其间地方公众利益与层级领导者利益在向上回应中具有混合性。

6. 说到具体的团体与个人关系的文化特征，中根千枝认为："日本人的关系网的主要部分是以纵向关系为基础，关系网的功能和范围很容易被限定，而中国人在社会生活中则巧用各种各样的关系网。"（中根，1982、1988，第5页）的确，中国团体有时没有宗派招牌，团体边缘含糊，或纵或横，因时间、地域、政治、经济、宗姓、信仰、喜好、事件评价、观点与观念等不同依据而存在。团体在网络中之运作往往并不受意识形态和已认可的组织原则的牵制，呈现极大的变通性，并因社会的不流动性造成盘根错节的网状片断，易衍生历史性矛盾。在目标与利益变动的过程中，团体易于重组。

7. 从中国文化连续性上看，《金翼》第21章提供的新平衡论在得到完全更新的解释之后仍有其应用性，不妨认为社会类蛛网模式容纳了中国文化的平衡论。模式中心点总是在试图达成理想的完整的、纵向的与横向的均衡状态，然而，如金翼之家再次抓住新生的银耳科技实业，"察机"并率先打破三十年"平衡"的单一农业社会系统，应被认为是该家族进取性与智慧之跨时空重现。类蛛网模式总是一个破损、修补、编织、力求片断与整体达成整合与平衡的过程，却隐藏着不断打破平衡的新的运作动力。

第十八章

反观法和文化的直觉主义：一个扩展的讨论

上一章从金翼社区过程推导出相应的关于社会过程的理论要义之后，本书最后一章已可以有单独的篇幅扩展讨论中国人类学的两个方法论，这并不是说可以代替其他理论，而是说有时这些理论具有相当关键的意义，因为它们有助于人类学家在田野工作与文献分析中找到通达之路。

古往今来，由中国高层精英文化代表的大传统，和基层大众文化代表的小传统之间保持了历史性的关联。在我们所观察到的田野文化行为的背后，一方面，我们经常能找到源自中国人宇宙观、哲学、伦理和文化意识上的解释；一方面，关于上下文化过程的变异、协调、互补与关联性的认识——特别是对人类学家而言，一个反向的观察与探索的研究途径——反观法是经常可以奏效的。

此外，笔者提议中国文化的直觉主义理解论。文化的直觉是针对中国田野工作场景（包括处理第一手资料、文献）的一种体认的方式。当你有了文化关联的能力，当你有了对人伦相对性的理解（理念与实际生活两方面），田野工作者还必须有文化的体证的能力。隐喻之贯通和直觉之呈现有一个只可意会不可言传的过程，实现这一瞬间觉悟的直觉能力，构成中国人生活方式的组成部分，也是人类学家实现对中国文化整体性认识的思想来源之一。直觉主义，这是一个以往被忘却的文化的精灵。应该说没有领悟到直觉主义的某些调查素材和问卷结论很难被人信服，或者会在人类学论坛上感觉某些结论及其解释真伪难辨，使人不知所措。

一、中国文化的关联：人类学家与反观法

哲学家的古代经典含义分析与历史学家的正宗史料研究，经常是在解释完成了的思想与世事历程。相较而言，人类学家在进行田野调查时，却是面对当下的社会与文化。然而，每个族群都各有其特点。在中国的人类学家会遇到一个有悠久历史的文化共同体，这一文化共同体带有深厚的哲理和宇宙观体系、信仰传统和一般人难以理解、认知的高深的文字资料系列。这个时候学科间的隔离便会造成人类学探讨中国文化过程只是离谱地说明那些已被割断的、如无源之水的诸种文化行为。本章提倡改变中国俗语“隔行如隔山”式的基层社会研究，以相当篇幅跨越学科的壁垒，试图寻获田野工作（大众文化行为的参与观察）与书斋工作（对精英作品做哲学、历史与文化分析）的直接的或曲折的关联与变异。中国人类学一向缺少雅与俗、高层与基层、精英与大众文化的关联的分析，而且中国文化的综观、层级性和在一个大系统内的地方性文化特征决定了做这种关联的分析是十分必要的，源于这一见地的新方法将有益于人类学家透视中国文化本质的新契机。

在部落社会迈向农人社会研究的转型时期，雷德菲尔德在墨西哥乡村地区的开创性研究，提供了有使用价值的大小传统二分法的分析性框架。（Redfield，1956，p. 70）他的这一理论完善过程中曾极大地关注了中国文化（还有印度文化等）。如他还引证当时一本论文集（Derk Bodde，1953，p. 79），论述中国哲学中的道和大众宗教中的道的差别（Redfield，1956，p. 88）。雷氏在论述其大小二分传统时，交替使用了 elite/folklike people（p. 64），elite/peasant（p. 64），higher dimension/lower or peasant dimension（p. 66），high culture/low culture（p. 70），folk/classic culture（p. 70），popular/learned tradition（p. 70），hierarchic culture/lay culture（p. 70），level of the masses/level of the enlightened（p. 81），high tradition/common people（p. 81）诸种对应用语，都是为了强调其对比，当然他并非不谈相互影响，如他说“农民文化不能从正在运作的、孤立的村民思想中得到完整的理解”（p. 68），他还说：“在一个文明中，有一个具有思考性的少数人的大传统和一般而言是不属思考型的多数人的小传统。大传统是在学校和寺庙中有教养的人中的，小传统是在其外，并在他们的村庄社区中，不用书写文字的生活中存在。哲学家、神学家、文学家的传统是一个在意识上的培养的传统，并输送下去。而最大部分人民所属的小传统被认为是被赋予的，不用仔细推敲的或被认为要提炼和润色的文化。”（p. 70）“两个传统是互相依赖的，大传统和小传统相互之间有一个很长的影响和持续性。”（pp. 70－71）后来 Eric R. Wolf 从人类演化的一个阶段来看待农民社会。他指出，农民社会并不是杂乱无章的，并试图解释世界农民群体的持久性和变迁的原因。（Wolf，Eric R.，1966，Preface，p. 8）

被认为比雷氏大小传统立论更为恰当的 elite culture 和 popular culture 的对比研究，后来被用于早期现代欧洲史研究中。研究大众文化的欧洲学者因而修改雷氏的大小传统模式，认为：“他的定义太窄，因为他忽略了大众文化中的上层阶级参与，而这曾是欧洲人生活的事实。”（Burke，1978，pp. 24－25），并重新表述为，“早期现代欧洲曾有两个文化传统，它们不是和两个主要的社会团体——精英和大众人民相对应。精英参加了小传统，而大众没有参加大传统。这种非对称性大概是由于两个传统有不同的传播方式。大传统传播是正规地在语法学校和大学，这是一个封闭的传统，不对人民开放，故人民没有参加到其中而是被排除在外。在一个完全的文字的意义上，他们不说那种语言。另一方面，小传统则被非正式地传播，它向所有人开放，如教堂、小旅馆、市场，许多表演者出没其间”，“那种多数人说他们的方言，而精英说拉丁话，写拉丁文或使用本地话的书面语形式，其余人能说方言也是作为第二、第三语言去使用的。”（Burke，p. 28）这样雷氏原有理论作为一个文化分析的基本原则，在地区性研究中得到修正也是十分自然的事。

欧洲文化的地方差异与文字、语言（拉丁文）隔离突出了精英与大众文化的分野。事实上，仅就早期现代欧洲的大众文化范围而言，学者们也是将其作为一个文化复合体来研究的。正如格拉姆斯（A. Gramsci）指出的："人民不是一个文化上的同质单位，而是一个复合形式，并在该文化中再次分层。"（转引自 Burke，p. 29）或认为大众文化是一个混合体，强调其文化沟通。如举例："大众宗教在同时既被涵化也涵化其他"，因此他的结论强调："我们必须取代把一个文化看成社会的纯粹的形式去研究，而是视每个文化为一个混生体，其组成因素稳固地融合在一起"（Chartier，1984，p. 233）。因此，在一定的时空关联之中，人们研究文化采纳层次对比和复合体分解的观察方式。

那么回过头来说，遵循什么理论构架解析中国文化呢？雷氏理论与欧洲大众文化理论都是以一个或一类区域文化样本为基础的。因此中国文化研究应借助和发展一种适合于该文化特点的方法论，而不是盲目地追随某一时代某一地区流行的特定的理论。中国的文化实况是：其思想与制度体系的稳定性与长期性，以及该文化体系是世界上少有的不曾被大规模的其他文化冲击并打乱的族群文化实例，并不排除中国的地方文化诸特点，但你总可以发现其变化的形式是在一个总的原则下，整合了地方的文化要素。这是与欧洲大陆文化相当不同的历史背景。

古代中国曾有相当于精英文化的"雅"及其内涵，相反者为俗，如刘勰表达之雅俗之"势"不同。（《文心雕龙·定势》）雅为西周之音，以西周京都之音为"雅言"。《诗经》为当时受教育者的必读书籍，内容为雅言，而且雅言并非只是语音，还涉及用词、句法、体裁和义理。所以求知者必须学雅音，这一学习是使用方言的俗民上就士大夫精英层的必经之路。在古代社会生活之中，如先师孔子是鲁国人，他当会方言鲁语，但读先王法典、正规教育和礼制场合则必须用雅言，故而《论语·述而篇》说："子所雅言，诗书执礼，皆雅言也。”后来，汉儒继承先秦儒家雅正思想以及写作体裁恪守雅体，更是精英文化及儒学正统的表现。（孙克强，1991，第87—89页）这样，我们考察的古代雅言与俗民方言大体代表了大小传统的两个文化层。然而方言差异并未能隔断中国上下层文化的连接。首先，雅言不过是地方话的雅化并成为官话，但士大夫说雅言并不排除说本地方言。其次，虽说地方口语难于化一（北方方言间易沟通，北南之间则较为困难），但中文书面语和文字的发展从一开始便走上了李斯之后趋于统一的体系，周之雅言达于书便打开了中国文化上下开放和普及之路，因此中国没有前现代欧洲拉丁文带给俗文化层的坚硬的文字壁垒。正如缪钺所言："秦汉以降，凡著竹帛，悉用雅言，秦、吴、燕、粤之人莫能通话而达于书皆相悦以解，莫逆于心，其后口语随时变迁，而书词相承不易，吾国文与语所以相去较远至此。而二千年来，维系此广土众民以分为变，以合为常，始终为一大国，不致为欧洲之诸邦分立，此种雅言固亦有其贡献也。”（缪钺，1985，第186页）

中国文化的层次也是双向开放的。周代《诗经》中就有被雅化了的浅显的民间作品，并非雅化只见艰深一面的含义。文雅还是一种文化欣赏的高级能力与理解的感觉。另外一个明显的例子是："汉代的《尔雅》是释‘雅言’，而《方言》是释土语，各属大小传统。《尔雅》不但以今语释古语，而且还以俗名释雅名，尤可见汉儒对小传统的重视。”“这两部书是沟通大小传统的重要工具。”（余英时，1987，第172页）

儒家主张文化大一统，故而“以教为本”的德治思想导致了一系列大小传统贯通的做法。例如众所周知的汉代设乐府之官下到基层民众中“观风采谣”（《汉书·艺文志·诗赋家》），为了不惊动基层民众，使他们“无所顾忌地说出他们内心的感受和想法”（第174页），汉和帝时的官吏甚至穿老百姓服装悄然至乡间（《后汉书·方术·李郃传》），做“人类学家”式的参与观察，目的在于移风易俗，其实质仍是文化行动，即在通晓基层民情的基础上完成儒家礼乐教化（自上而下的濡化项目）。千余年来就教化的方式来说，官学传播

（以唐代为盛）、书院（如宋代讲学之风）和私塾（历朝至民国）都起到了把儒家做人的事（低级教育）与理（高级教育）推及社会的高、中和基层人民中去。自从教育以通经为科举考试标准确定后，濡化呈现了一致性导向。至宋代朱熹后更将教育和推行乡间礼俗紧密结合，终使精英文化精神贯彻至社会的基底。在社会之中下层，大小传统的文化的中人，如每一个县历史上的循吏，在一定意义上是推进儒学化约至乡间，并确立地方礼制的重要解说者和实行者。而民间先生、术士等另一类文化之媒，则既起了宣扬儒学，又起了整合儒道和地方风俗的功能。如果说循吏是大传统的解说者，那么民间杂家的先生则可称为是大传统的浪漫的诠释者和改编者。我考察儒学文化对现代基层社会之影响发现了两条不同的路线，一是儒学理念通俗化的结果，一是对儒家主旨认同的同时发生大小不同的偏离，形成一套广为流传的民间应世术。这一过程我们完全可以在运用文化的反观（反推）法中进行描述，并考察其文化成分何以能转换。（见第十五章）总之，我们完全能看到中国精英文化濡化与涵化过程中既保持了儒学的基本原则，又适应了地方文化的需求。

在中国历史上，技术、文字与诸种媒体的改变扩展了上下层文化沟通，我们记录了两次重要的变革。一是北宋毕昇活字排印法，一是20世纪初的白话文运动和20世纪中的汉字简化运动。活字排印发明的革命性效果表现在“若只印三二本，未为简易，若印数十百千本，则极为神速”（《梦溪笔谈》，卷十八，《技艺》），并改变了文化传播的结构，即精英文化透过印刷书籍，快速而大量达于基层，而且民间文字传播的横向渠道扩大了。古人也曾颇有体会：“余犹及见老儒先生，自言其少时欲求《史记》、《汉书》而不可得。幸而得之，皆手自书，日夜诵读，唯恐不及。近岁市人转相摹刻，诸子百家之书，日传万纸。”（苏轼《李氏山房藏书记》，转引自上书）从此儒家思想之达于基层和农人通经达于高层都增加了机会，高层对基层的文化控制也容易了。

明初商业以及印刷发展推动了大众文化传播。有几类填充民间余暇或冬闲时间的文艺形式。

如戏剧：中国的戏是“大众人民的娱乐，他们从看剧获得历史的知识，也从听戏获得道德观念的判断力”。（庄泽宣，1937，第368页）中国的戏剧唱段中，儒家忠孝伦常、敬祖敬业、重义轻利、立志自强、宽厚和平等信条可以在唱段中反复回味。在明初，高明（则诚）的《琵琶记》剧本和戏剧大流行，便和该作品教忠教孝并得皇帝倡导相关。（庄孔韶，1989，第188页）

如平话：和剧本一样，平话唱本的广为流传，发展了民间说唱艺术形式，借说书人之口将“文字的文化”转为了“言语的文化”，填补了基层城乡民众少有文字文化的空缺。这类说书人生涯一直延续到近现代，甚至不只下层村野童叟，而且上层皇族官宦都喜闻乐见。

戏剧、平话以外的小说亦同样重纲常大道，劝善惩恶，亦含佛道观念，但只有乡村儒士、先生才可能直接阅读，小说多通过戏剧、平话和乡村小知识者传播。此外，精英文化很好地利用了联语谚语形式，在基层社会的婚丧礼、新房落成式时张贴对联，并由乡村文人书写解说。谚语则完全流于口头，表现大传统的向下传递方式不仅有其规划，且利用了民俗形式，起到了文化濡化和人的转变的目的。

20世纪初的新文化运动废除文言文，提倡白话文，以胡适、陈独秀为其先行者。（胡适，1917年；陈独秀，1917年）1918年以后《新青年》和新文化界比较普遍地使用白话文，促进了新文化的传播。（彭明，1986，第22—23页）该运动将文字传布的大小传统障碍进一步化除，20世纪中开始的扫盲和汉字简化运动是在白话文基础上普及文化的重要措施，以方便“文字下乡”。从20世纪50年代后期普及至乡村的广播事业（80年代电视推广至乡村），成为后革命时期新意识形态与文化普及的重要措施。“文化大革命”中止前的现代中国文化体系更多地表现为思想意识的高层文化通达至基层，以单向传布为主，大众文化极为萎缩。在宗族、家族主义文化被大大削弱的情况下，有时对传统儒家文化的抨击的思想方法中仍可发现其儒文化的成分，如道德理想主义的“斗私批修”和新人伦制度。到了20世纪 80 年代，高层文化中的意识形态仍保持了形式上的原则性，但精英层思想已相当活跃。对乡土社会来说，政治已远没有经济与市场改革具有吸引力，于是较前宽松的社会生活渐渐获得了一个基层社会大众文化复兴、转换和发展的时期。压抑传统文化的力量稍有减弱时，我们看到大众文化发展的首选趋向是恢复传统节庆（伴随儒家道德说教，如婚礼唱词）与宗教活动，这本身即表明传统文化纽带的持续性与强大再生能力。

概言之，中国文化作为一个宇宙观、思想、知识、制度和行为系统总是有可以追寻的线索，高层文化与基层文化的历史性传递与关联过程，提供人类学田野工作反向观察，以及寻找文化解释的基础。其中，作为主流的儒家文化一统天下的目标达成千余年，政治、道德、教育和礼制融为一体，并主要是单向从高层输导至基层，故反观法的文化理解具有被优先考虑的田野工作方法论地位。中国文化体系与前现代欧洲文化体系有相当的差别，如果我们借助于人类学和欧洲史流行的术语且不再咬文嚼字的话，那么中国文化体系的构成中，高层—基层文化、大—小传统或精英—大众文化的对应性意义是大致雷同的。因此，我交替使用这些术语，尽管在前现代欧洲文化研究中它们似乎不完全被接受。

本书对中国高层—基层文化（双层或多层级）的解释，不过是便于分析一种文化，其要义在于借层化的分解找到文化关联的线索，因为中国雅俗文化一体化特征十分显著，因此人类学在田野工作中试图寻找中国大众文化（如行为、民间抄本含义）与精英文化的关联应是首先尝试的目的。我们可以看到大小传统之间单向畅通和双向畅通的时代差别，然而无论如何，都有或显或隐的连接线索，上下文化之沟通总是以文化的协调战胜隔离为特征，中国文化整体性的宇宙观、思维与行为方式是精英—大众文化长久联系的基础。

在这一反观法的构架中，并不会忽略上下层文化过程中的互补性与变异性，如基层民众精神与信仰需求同儒家道德理念与制度的互补性，或民众意识和行为与高层文化的差别或偏离，这一切都离不开反观法运用过程中，对高层经典、理念与制度要义的参照性对比。大众文化的某些需求就是与高层文化历史性协调而存在的，因此也可以说中国文化是一个存在主要成分的，具有兼容性、关联性、变异性的整合的过程，从而人类学的中国田野工作中，反观法可以提供基层文化意识与行为的解释途径。

笔者在福建的田野工作中乐于用中国精英文化的哲学、历史等知识探求文化层级的关联。反观法还有利于考察社区行为的意识、无意识与直觉的根源，考察礼俗制度的文化基础，这一方法也便于分析大众通俗唱本、民间宗教抄本、口头文学、谚语中的哲学与理念成分。例如在华盛顿大学人类学系研究生课程上，笔者选择了取自中国南北地方、内容混杂的民间唱词、经文和劝善书的8个片段，当场测验学生对其中儒、道、释、伊斯兰教、民间信仰和处世经验等交叉思想的识别能力。在对答中，几乎可以立即发现学生反向关联分析的能力，显然，该能力直接影响人类学田野工作的质量。其实这只不过是初步的鉴别力，反观或反推法实践还需要找到剥离文化诸要素的根据、可能的历史背景和理念解释，以及与民间诠释相关的思想形态差别。也因此，本书以相当的篇幅应用文化反观法获得解释。

1. 对儒学经典（如朱子著作）的思想阐释是中国高层学术圈研究的领域，但从民间礼俗、家庭生活、蒙塾教本、民居与田制、谚语和传说的田野调查中反向发现与朱子思想、礼制的关系，却未能得到应有的重视。笔者建议的文化关联的反观法的价值在于单纯文献研究难以观察精英思想对大众生活的渗透及其生命力。而田野观察辅以反观法则能加深对中国文化哲学与经典的理解，以及对一个上下层文化濡化与涵化过程的理解（非欧洲形态）。本书第二、十、十一、十二、十五、十七章涉及这类问题，可知人类学家同样要有中国哲学与历史的知识准备，否则，行为主义的观察与简单推论会相当不可靠。

2. 土地改革阶级政策的实施过程中，农人采纳的态度与行为刚好是传统宗族思想与制度被人为革除后的大众文化反应。这是一个困难却是重要的观察契机。实际上在激烈的阶级原则之下，旧的文化协调

方式仍微弱地和潜在地存在着，文化的关联并非全然消失。（第四章）

3. 在合作化、人民公社时代，人民的文化表现是自我牺牲精神（小家大国），向往大同理想，以及热忱、乐观、苦干、忍耐、平均与宽容的伦理。这些大众表现从传统文化中可以找到明显的人生理念线索。这时期的文化与政治意识形态的传递具有从上至下的单向性，国家指导者的社会改造思维与政策中也可发现古今精英文化中多种思想渊源：儒家、道家的理想世界、道德主义（政治的道德凌驾于科学、经济、社会和人的一切原则之上），以及儒家人伦秩序在当代阶级关系中的影响。（第五、六章）还有，重农抑商传统和农村社区主义的影响（外来意识形态主要是苏联的集体化思想）。而大众文化一度仅仅是高层文化的直接的与被动的反映，缺少活跃性与整合性。

4. 从人民公社制向以家为单位的生产责任制的转换，可看作是政治向文化的妥协，即承认文化的连续性，否认文化中断的可能性。（第八章）但随之而来的问题是家族主义复兴、低度社区公益心，以及细碎的土地如何向现代条块农业过渡，这又牵涉到人们“谈合色变”的担心。因此在人民休养生息的目标达到后，家族主义传统如何与现代化整合，将是文化关联的观察课题。这一观察将涉及目前尚不明了的上层思想对未来的整体性文化选择。这是容易被忽略的，因为经济的进步不意味着文化得到整合，我们也不明了大众接受外来文化和民间尚存的应世思想将在何种程度上偏离传统的儒家思想和现代意识形态。

5. 福建省远离皇朝与政治中心，近海且商旅便利。古代精英文化舆论总是要和大众的地方生计实践相配合，于是福建地方的文化特点是，一边儒学、朱子学和宗族、礼制牢固结合，一边容纳了重商趋利的经济观念。历史上人们入仕艰难就转而经商求富。于是这里既能找到中国文化的共通性，又能找到地方个性。金翼之家的故事与当代黄村银耳生涯同样具有反推至古代的可寻的文化关联性（第七至九章），也应同时看到生态环境、中国政治地理对地方文化及其个性的模塑作用。

6. 通行的人类学、社会学术语在一种文化中使用应同时给予文化上的修订。如核心、主干和扩大家族术语用在中国准一组合家族形态流行地区，其一般性统计只能看到家族形制的变化趋向，反映一个时间片段被统计家族内部的结构，却难分辨家族成员结合的变通形式。例如准一组合家族分布之事实，是中国人保持家族主义、房分父子联系原则的反映，又是大家族结构变通与家族成员关系协调的产物。可以说，准一组合家族的现代发展状态是观察中国家族组织古今变迁及其关联的一个重点。因为涉及该形态变迁的讨论可以发展出多类相关问题的解释（第十、十一、十二章），本书对宗族、房分、礼俗的分析，对政治文化强化家族生活方式及其维持下去的原因分析，提供了中国式的高层文化与基层文化关系的特征，表明文化的反观法有益于深入大家族形态的学术讨论，也是杜绝单纯环境论的有益的方法论。

还有，在对金翼之家当代房产纠纷事件的研究中追述了事件的历史背景，其目的在于揭示数十年前和今天一直活生生存在的传统家族主义原则。但当当代法律与传统文化原则对立时（在产权问题上），其相互运作过程告诉我们，传统文化的家族人际关系原则、家族主义价值观在这个问题上已不合时宜，需要新的文化原则的 instrumental linkage（Spindler，1987，pp. 57−59）。

7. 在中国文化中，儒学文明项目是整合了中国农本社会肌体的成功的文化范例。然而儒学内涵并不能取代农人的全部精神需求，故儒学在大陆西进与南下的濡化过程中，儒、释、道与民间信仰之间的互补关系及其历史性的整合，稳定了中国人宇宙人事关系——天人合一的解释系统。因此传统宗教和生活方式特征实在只是共同宇宙观的不同文化反映。这样，宇宙观—宗教—生活方式之系统无论从何种层次与角度观察都会发现其文化的通道。例如黄村内外至少有 4 类道士、宗教师与农人信众连接起来，一方面他们建造了这一信仰的多层位性，一方面其多层位性本身又在化解高层经典意义、道士和信众之间信仰层次的反差。这个一体化信仰的细密的层级性、互补性以及每一层次信仰思想之解释，反观法将提供其有益的帮助。（第十三、十四章）

8. 儒学借助于教育和政治，传递文化哲学与模塑人性，完善礼制，更为成功且持久地贯通于中国精英—大众文化两个层面，我们完全可以通过文化之媒和田野资料找到文化层级之间的交接点。传统宗教信仰对儒学具有补充意义，均一并纳入中国人宇宙解释系统之中，而基督教文明项目的推进（无论以竞对的方式还是取协调的方式）则是旨在切断传统文化的关联，于是，田野观察遇到了现代中国外来宗教力量和政治力量消除传统文化连续性的两个不同过程。（第十五、十六章）

9. 中国传统文化中，人事是中国人关注的重心。政治和人事同经济相比曾经常处于支配地位，因此地区性文化景观一定会打上这一历史与现实的烙印。同时要提到的是，地方的社会结构和社会过程中，笔者的类蛛网式结构与新均衡论原则是一个可用的分析模式。（第十七章）在改革开放的社会转型时期，新旧多种社会文化原则（如政治的、人事关系的、经济效益的、地方的、家族利益的、法律的、科学的等）交错存在，于是人类学的田野工作需要分辨和发现其运作程序，这时反观法之运用则处于思维与行为含义的比较研究之中。因此文化的反观法绝不是简单的文化线索追寻，而是对中国文化本质的学习与理解过程。文化的反观法还将在人们急于向前走的时候提供回头看的历史借鉴。这样，关心中国的人类学家便剩下田野经验与文化识别的能力问题了，即如何通晓中国人场合性文化意识的含义以及如何沟通文化直觉呈现过程中的暗喻连锁。

二、文化的直觉主义

直觉思维不仅是中国哲学的主要思维方式之一和古代众多哲人所取的认识方式，而且这种思维及其伴随的行为程序还构成中国民众的生活方式的重要成分，也是中国文化的一大传统特征。现代哲学家多注意直觉主义高度发达的中国先哲经典分析而少涉及民众直觉思维与行为之分析，这便给中国现代人类学研究之深化留下了空间。提出该问题之重要性在于调查者在文献取材和参与观察时，若不能感受到中国人的直觉主义，便不容易把握和理解一些田野工作场合所包含的重要信息及其含义，甚至会发生人类学观察、解释、发掘论证根据上的错误或为“科学地量化”所做的失败的努力。

中国人宇宙观与哲学因教育与教化之持久的传播，所推崇的是天人合一和知行合一的自觉境界，不认为宇宙是外在的，而认为宇宙本质和人的心性相通，因此中国人的最高理想是融合我与非我达天人一体之自觉。同时，中国人总是在生活实践中不断反省自己，无论思想家或老百姓都习惯于体悟，即透过身心之经验体察，长此以往得以了悟，了悟再加以进一步修养与行为的实践，以求至善、至真和天人和谐。一般而言，文献中展现出来的中国文化的直觉思维传统是由哲人记录下来的。

智与仁的直觉

孔子哲学认为必须发现一个大的原则以贯通所有知识，即所谓“一以贯之”（《论语·里仁篇》），而这一以贯之的大原则即是仁。一以贯之是思的功夫所达到的，而其直觉的基础是博学。孔子所说的“一以贯之”成为后世直觉法之渊源。（张岱年，1982，第530页）孔子的著作中，关于仁和礼的论述多达几十处逾百处，但他从未对这两个字做过明确的界说与完整的逻辑的论证。再加上中国传统哲学的概念习于类比和场合表现，以及在古文句式上缺乏系词来辅助判断，以致词的概念表现有很大的不确定性的朦胧特征。今人想获得对仁或礼的完整的逻辑论证与界定也是非常困难的，这是由于纯逻辑的论证过程不能完全复述体认的复杂的直觉思维过程。因为仁便是一种直觉过程的肯定，然而是一种文化的直觉。孟子重人生哲理，发挥了孔子的思想，认为仁义根于人性，“尽其心者知其性也，知其性则知天矣”。（《孟子·尽心》）尽心知性是人生活最高境界，也是反省内求以领会宇宙根本和进入万物皆备于我的玄远圆满状态的途径，这一途径亦是直觉。

现代有两位学者由孔孟之直觉引出新意。一是梁漱溟在《东西文化及其哲学》中，把孔子的仁、礼对民众的直觉训练点明了。他说：“人类所有的一切诸德，本无不出自此直觉，即无不出自孔子所谓仁，所以一个仁就将种种美德都可代表了。”（梁漱溟，1922，第127页）那么，孔子之礼乐意义是什么呢？“礼乐不是为别的，是专门作用于情感的，他从‘直觉’作用于我们的真生命。”（同上，第141页）故仁和礼乐制度的实质是模塑民众的相似的文化直觉思维与行为模式。一是牟宗三用直觉指康德的Anschauung，他是从康德的“智的直觉”（Intellektluelle anschauung，Intellectual intuition）出发而用孟子的思想来重新加以解释。他指出人可以成圣，人虽有限而可无限。由道德意识所呈现的道德本心，就是一自由无限心；而本心的明觉发用——德性之知，就是智的直觉。“当吾人说‘本心’时即是就其具体的呈现而说之，如恻隐之心、羞恶之心，是随时呈现的，比如孟子所说，见父自然知孝，见兄自然知悌（这不是从生物本能说，乃是从本心说）。当恻隐则恻隐，当羞恶则羞恶等等。此如象山所说，都是表示本心是随时在跃动在呈现的。当吾人说‘仁体’时，亦是当下就其不安不忍悱恻之感而说之，此亦是其具体的呈现，比如孔子所说以明道之所说，这亦表示仁心随时在跃动在呈现，感通周流而遍润一切的。润是觉润，以不安不忍悱恻之感这种‘觉’去润生一切，如时雨之润。是以本心仁体是一个随时在跃动的活动，此即所谓活动（activity），而此活动是以‘明觉’来规定。”（牟宗三，1971，第193页）如是，人在其有限的存在中，“智的直觉不但理论上必肯定，而且是实际上必呈现”。（牟宗三，第193页）牟先生不但使儒家传统中的德性之知得到进一步肯定，而且把产生于崇拜上帝精神源泉的国度的康德哲学中，没有被充分显示出来的人的智的直觉在中国哲学中做了发扬。牟先生关于智的直觉的解说脱离了纯粹的抽象性，把智的直觉的主体机能与中国人的文化实践结合起来，表现了中国精英与大众的共同哲学基础：“虽亦体证到人的有限性，然人心虽有限却通无限，乃无天人之间的暌隔。”（刘述先，1978，第755页）

道德的直觉

宋明人生哲学的道德原则论述颇为深透，这是和那个时代儒家思想制度化相配合的反映。有几类哲学方法论有异曲同工之特征。如北宋邵子（邵雍，1011—1077）讲观察事物非以目观之，而是“观之以心”“观之以理”（《皇极经世·观物内篇》），是一种深化之直觉法。而且他的方法“唯其是一种直觉法，所以能‘以一心观万心，以一身观万身，以一物观万物，以一世观万世’而无所不知”。（张岱年，1982，第544页）邵子乃至后来的张子（张载，1020—1077）都认为直觉法以道德修养为基础，邵子的“情则蔽”（《皇极经世·观物外篇》）和张子的“德盛而自致”（《张载集·正蒙·神化》）都是说道德修养推动了“穷神知化”的直觉，也可以说中国人的道德修养是自觉的天人和谐、知行统一的基础。从部分至整体之直觉观来自程颐（伊川，1033—1107）。他说，自“一身之中，至万物之理，但理会得多，相次自然豁然有觉处”。（《二程集·语录十七》）他的直觉主义是：“观察事物既多后，乃觉悟到通则，不是精密归纳，而是恍然的觉悟”。（张岱年，1982，第549页）朱熹也强调：“积习既多，当自脱然有贯通处，乃是零零碎碎凑合将来，不知不觉自然醒悟。”（《朱子语类十八》）这种从部分至整体的觉悟是程伊川、朱熹直觉方法论的共通之处，然直觉兼采用了理智、辨析。值得一提的是程朱无不重视道德修养和穷理的关系，尤其朱子是最著名的理学集大成者。

还有，内省和心的道德直觉法之阐述亦十分丰富。和观物直觉法不同，陆九渊（象山，1139—1193）纯粹强调义理之在人心，“思则得之”（《陆九渊集》，卷十一），“一是即皆是，一明即皆明”（卷三十五）的顿悟功夫。其思想源于禅宗的“内外明彻，识自本心”，他的直觉法“是以内省达到宇宙本根及人生准则之理的方法”。（张岱年，第522页）王守仁（阳明，1472—1529）的相似之处在于：“万事万物之理，不外于吾心，而必穷天下。”（《王文成公全书》，卷二）他深刻的推论在于阐明心与良知之关系，即：“心者，身之主也。而心之虚灵明觉，即所谓本然之良知也。”（《王文成公全书》，卷二）而不只依赖于外在之礼和圣人之言，这实际上是指内在的道德直觉境界之呈现。他们的直觉法与孟子相近，其内在道德之良知为近代知识分子修养的崇高觉悟之标志。可以说，道德修养直觉法既论及于哲人著作中，又融于民众生活之中，从而构成文化思维的主要范式之一。

当然不排除中国先哲直截体悟的影响，如老子《道德经》开篇便谈到道是不可以言说的，他是以体悟道为根本。庄子在《天下篇》中谓老子："以本为精，以物为粗。"是说老子实不看重对事物的知识，而专尊崇对宇宙本根的直觉认识。（张岱年，1982，第531页）而庄子的"体道"（《外篇·知北游》）和"睹道"（《杂篇》）不仅突出了直觉法，《外篇·知北游》还特别强调"无思无虑始知道"，这已是发展至高级的纯粹的直觉之道。

中华晚期帝国清朝开始出现反直觉思潮，与不依赖物的直觉体悟相对，王船山（1619—1692）强调由感官与外界事物相接触而引起的思维活动。（《礼记·章句·大学篇》）颜元（习斋，1635—1704）认为读书致知只是一端，主张习行并重的体验（《四存编·存学编》），他也反对直觉。戴东原（1724—1777）的冥心求理是直觉，但他却重"剖析至微"。（《孟子字义疏证》）这三人之方法论已反映了唯物观与近代思想在中国的影响。但直觉主义作为数千年的文化思维与行为方式已在文人乃至民间有相当的濡化与模塑，故在一个大社会的思想阵地前沿，在学术上文人的直觉方法论虽已开始不被公开接受，但为精英和大众共有的文化直觉主义仍一直存在于从古至今的日常生活之中，其中围绕着儒家道德之知的文化直觉是社会生活方式的习见形态之一。

以上古今文人论述的直觉主义因时代而有差异，但中国这个以天人合一宇宙观、道德与人伦秩序为精髓的文化系统中，相当多的哲人离不开探讨人生目的、道德修养实践、直觉的体认和觉悟的关系。而不同时代一脉相承的礼义的传播、教化与重新解释造就了中国人娴熟的"智的直觉"——文化直觉主义的生活方式。中国的文化直觉主义不仅是上述哲人的（哲人也是经世致用的实用哲学），也是大众的，人们数千年来不断充实的天人合一观，作为主流之一的儒家道德要义

（佛道在中国之存在均借助了儒家的道德要素），与严格的古代与现代人伦制度成为人们道德导向与个人修养的主要基础。人们习惯于以一种径直的主客融合的整体思维方式体认和顿悟周围的世界（自然界的、社会的和人事的）。由于中国道德传统之稳固性，故人民的直觉认知在相似的场合具有类同性反应，即传统的、恒定的道德体系（在不同意识形态下，传统道德哲学均变通地存在）旨在敦促人们在个人修养实践中确立人生意义，不断地融会贯通不同时代众多的道德知识和说教的含义，以致不断衍生出思维与言行上的意识、无意识、“觉悟”和直觉。还可以看到中国哲人和民众实践“道德原则的认知过程同时又是一个情感体验过程”（高晨阳，1991），强调价值选择而非真假判断。这是一种知情意一体化的道德与人生价值追求过程，这一过程是一个不断体验、不断解释、不断变通以及和周围世界不断协调的相对的过程，不是绝对的逻辑与原则的过程。

人伦相对性直觉

儒家人伦秩序的教化在于提倡君臣父子夫妇朋友等名分之间时刻保持相对的本分与态度。这个社会就是推崇这种相对的人伦秩序以求得角色与名分定位，以求稳定人际关系网络与安定社会。现代中国社会的上下级关系、大小组织系统和新人伦关系格局表现了实践的道德哲学与稳固的文化制度的一脉相承性，笔者称之为中国人伦相对主义（不同时代道德伦理知识、社会生活实践中的名分格局与生活体验），在此基础上造就的直觉是最基本的文化特征之一。

以人类学家最经常的村落调查为例。村人和来访外人（如人类学家或其他人）的隔膜是不可避免的，但中国村人因群体特有的人伦相对性的整合方式，陌生人和人类学家从村人口中得到的信息便有不同的结果。初来者看到的只是一个个孤立存在的面孔，你找不到其相对性的人际关系网络。由于村人不明了你的来历，故除非有如“你的孩子上几年级”之类的问题得到正确答案外，在相当大的范围内，特别是关于社会生活的敏感问题，有的调查者很难判断获得的信息的真实性和信息含量是否充分。这在很大程度上是村民的文化直觉不能为来访者所识别；也由于调查者身份、参与方式、对对方文化的认识以及直觉认知能力几方面尚待整合。因此，如若对中国历史哲学知之甚少，只运用非关联性的功能与行为的分析思维，不熟悉中国文化思维的展示方式，指望只花十天半个月就得到深入的问题答案是很困难的。

如笔者初到黄村和几个月后的三次访谈与问卷（关于妇女生育数量意愿与男嗣偏好），是在从生疏到熟识，从城市直觉体验，转换为熟悉乡村社会人伦关系与直觉表现（中国人城乡直觉转换较为容易）的变化过程中，曾先后有“只生一个好（男）”“一男一女较如意”“两男一女最过瘾”三个不同阶段的三种答案。其实，仍是同样的人，而且村人们不必事先沟通，便有类似的答案变化。应该说调查者与村人之间的关系是一个相对性整合的直觉过程。（第十一章）一个文化上的敏锐的直觉者，不但会感悟从一男到一男一女答案的直觉变化过程，而且会领会为什么超越了政府计划生育政策限制的两男一女答案仍是农民生活中可能实际获得的理想，然而又不会像民居四子设计格局那般无拘无束的奢望。这涉及一些要素，诸如农民对其生育愿望的政策限制、超生惩罚的规定与实际实行的可能、农民超生的比例、地方生育政策（包括惩罚）执行与农人生计、文化理想相互整合的状况。实际上，农人的体验之要素超乎上述几点，农人的回答是其共同性体验的直觉之呈现。然而在乡间短暂停留的急躁的问卷者，可能会以第一、二个答案为满足，尽管不真实。对调查者来讲，答案变化的时间过程中，村人和调查者人伦相对位置（外向内的某些层次变化）发生了认知上的渐变，当参与观察者与村人熟悉起来，且被认为外来者不会打扰地方人伦系统和角色名分均势，或不会带来不可预料的危害之后，答案便会发生变化，否则不会变化，因为直觉认知在变化的角色互动中发生了作用。实际上，我们只可能有限地指出发生直觉判断变化的一些因素，而不可能复述其直觉认知之全部运作，尤其难于只以逻辑论证说明直觉过程。还有，村人和外来者问询的回应在直觉认知上相当类似，其信息回应的变化也有一致趋向，而外来者对村人则有一个是否适应和识别其文化直觉的问题，这是人类学者能否大量地真实地获得来自村人的信息之关键所在，当农人的直觉之变化和调查者的直觉领悟相对合拍时，卓越的观察和体认便实现了。

中国人向外人（本群体之外的人，如考察者、人类学家和外国人）传递信息含量与质量是有差异的。陌生人和临时考察人员在其考察某文化群体内部信息时，因被调查者的直觉而表现不同之谨慎，于是所提供的信息量、真实程度、清晰与含糊程度因对象不同而异。此外，询问者的身份与熟悉程度、被询问者的地方角色名分都会带来综合的直觉认知的差异。一般性问题（如教育程度）和敏感问题（如政治、生育）回答之可信性便不会相同，其他由于人伦关系与政治因素混合存在而产生的警惕性直觉最为常见，这是一种持续性的政治文化使然。一般地说，我们看到中国人由内向相对的外人传达的信息含量之递减与趋向模糊的大体顺序：例如学生生活中，表现为，家庭 >同学 >教学班长 >老师；在成年人生活中，表现为，家庭 >朋友 >同事 >上级官员；乡村生活中，表现为，家庭 >宗族 >村人 >乡镇人 >外人。这种历史而今的人伦相对性附着于缺少相互开放的社会与文化条件，因此人伦相对性一直是一种较为稳定的共同道德文化本体的基础。无论城乡，人们习惯于对外人、记者和上级来访者“报喜不报忧”“家丑不可外扬”和选择性介绍的群体认同性直觉相当同一。对广泛的外人而言，中国家庭成员之间“很少有顾虑存在，能够表现较多的真诚行为”。（黄光国，1985，第131页）大而言之，记载中的中国大家族、宗族族群中则随其成员之间关系之亲疏造就了相当丰富的人伦层次性直觉。在现代社会中，因社会组织的层级性（及其名分）深入至基层，传统文化中的人伦关系（如宗族、房）原则同新人伦关系（如阶级、内部和外部人）原则交错存在，延续多年的带有政治化特征的社会生活使文化直觉的呈现得到发展和强化，例如有时外来者来到一个被事先安排的会见场合，他一般具有整体性的人伦相对性态势，于是类似的文化意识、无意识与直觉的反应是：因事先暗示与安排，人们不约而同地掩饰或放大某些信息。有时当调查者进入一个未被事先安排的场合，还可以发现文化直觉主义的两种反应：人们理会如何应付场面，即时直觉地放大或删除某些信息；或是人群中敏锐的直觉者压抑迟钝的直觉者的意见。乡村人对朋友是真诚的，但文化人类学家的学术研究实在是太深入了，以至于超越了一般客人该问的问题。因为文化的问题几乎无所不及，从人伦关系的互动乃至个人隐私，使刚刚开放的传统社会和曾谨慎生活的政治性社会的人们颇不适应。作为一种敏感的应对，于是被调查者娴熟的体悟——文化的直觉便出现了。人伦相对性是中国文化直觉产生的基础之一，因此可能的情况是人类学家一般需要相当长时间的体验才会“破译”被调查者的文化思维—行为系统的一些“密码”。

在人伦相对主义基础上的直觉呈现，本质上还是古今一贯的群体道德哲学之社会实践的反映。尽管不同时代使用的词汇不同，中国道德濡化的目的一直是维护群体的利益、调节好人伦相对位置以及个人与集团的关系。对个人来讲，只有约束自己，提倡忠、孝、礼、义和忍；其现代表现是“狠斗私心”和“提倡识大体顾大局”的政治性群体道德。独立思考、自我实现的进取性品质却得不到推崇。近几年翻阅“国内的伦理学教材，我们所构筑的仍是大同小异的群体伦理学体系”。（见 1986 年 8 月 18 日，《光明日报》）道德哲学教化和社会生活体验，培养和塑造了人们道德内省直觉和天人、主客一体化直觉思维的行为模式，这是由文化意识、文化无意识和内心直觉（个人在不同的集体范畴中，由人伦关系相对性、角色、名分和群体道德哲学唤起的当下之体认）连接起来的文化思维系统，其思维运作过程之言传与意会都是为了协调群体之整体性生活。有学者阐明了中国人是：“通过有意义的他人，自我获得了深化与发展。”（Tu Weiming，1985，p. 249）这不仅是儒家自我的意义，也依然是步入当代的中国人的自我的方式。一个良好的文化直觉者意味着他善于建立社会交往，游刃于复杂的人际关系网络中以表现自我，发展自我，虽然该自我之发挥十分艰难，这在某种意义上是一种人伦关系和礼的艺术，是经常需要呈现的文化直觉的艺术。

将道德、哲学、政治、教育和人伦关系整合实践熔为一炉是古今中国人思想与行为、修养与觉悟的几大促成要素。道德哲学中的人生论、内心反省、群体与社会一体化，乃至天人相谐之道是人性修养的主题；政治在中国社会的权威地位及其相配合的教育模塑与引导作用保证了道德哲学之社会实践性和思想制度化。人伦关系的整合实践则是一种体验，在不同社会文化场合它起着培养和巩固道德文化意识、无意识和文化之直觉的作用。因此这一综合修养将造就出做人的定向标准和类似的文化思维、行为方式。

作为一种转换的文化直觉——群体、场合和特征

人伦相对性直觉之发生是道德哲学的社会实践之反应。它是一种体认的社会性思维转换。一般来说，文化直觉的表现属于一种持久的、传统结构内的关联性直觉。中国人伦秩序的稳定性结构（尽管古今称谓有别），贯穿了古代的仁及其一脉相承的现代新道德原则，因此直觉的转换仅仅在结构之内。孝子和“忠于领袖”的典型人物，都是由古今密切相关的道德所濡化了的人形成的模范，其动人事迹、行为伴随的觉悟和一闪念的顿悟—文化直觉首先有教育模塑的基础，然后是思维的场合性转换。敏锐的文化直觉者常常是社会中具有强烈的合模要求的人，例如传统与现代道德说教均强调样板和榜样力量，如二十四孝图的主人公和因时因势涌现的当代英雄都是教育人类学上所说的模塑的“人的图像”。由一个时代政治、道德、教育和宣传推动的榜样的力量并不总是无穷的，而是有限定的，因为不包含人的发展之创新与推动社会文化结构之转型的意义，而仅仅在于其人的发展模式和社会行为的类比、模仿。实质上，上述榜样人物之文化直觉的产生仅仅是推动一种敏锐的场合性思维转换，敏锐的文化直觉含有群体性类似反应、场合性迁移的定势，人类学调查可能涉及城乡社区群体性、场合性的复杂的文化直觉表现，可以发现引人兴趣的一些特征。

知识分子之“先觉”

范仲淹《岳阳楼记》(《范文正公集》，卷八）说：“士当先天下之忧而忧，后天下之乐而乐。”这是宋代儒者规范自己道德行为的准则与先觉精神。儒家当时对自己的期待之高是与加尔文教徒一样的，加尔文教徒认为自己是独蒙上帝恩惠者，而新儒家以“先觉”自居。“他们是‘士’，主观上高度负责，这种士的‘宗教精神’是新儒的一大特色，这一思想影响了后世士的特殊精神。”（余英时，1987，第330页）中国古代士和当代知识分子的一个共同之处在于接受了张载的“利于民，则可谓利，利于身，利于国，皆非利也”(《张子全书》，卷十四）的宏大思想，即不但不许“士”本身谋利，也不许国家（即政府）与“民”争“利”。(余英时，1987，第330页）中国士对人生价值的追求并不只需人们记住道德信条，而是期待对道德哲学与原则的洞察与直觉，这包括对道德原则与社会生活实践的“一以贯之”的体认。不仅如此，士的“以天下为己任”还包含有情感体验成分，因此士之文化直觉是知情意整合的结果。在一定的社会历史形势下，当“利之于民”原则受到损害时，士之文化直觉便跃然而生。于是新儒家重建社会秩序先觉的呼声与经世表现，便是北宋“政治改革”的和南宋建书院和社会性讲学的教化行动。我们在20世纪80年代同样在中国看到了知识分子推动政治改革的大规模先觉性思维与行动之呼应，以及如南宋同样出现的遍布全国的带有自由学术空气的各类书院和讲座。不同的是，现代犹存的这一传统文化的先觉之直觉已从士的共鸣变为青年知识农民也能理解的觉悟，并从开启的现代民主思想中汲取了新的养分。中国士的文化直觉及其经世行为一直源于一个建立完美的群体社会的道德理想，然而知识分子对时弊之慧眼与直觉之共鸣之后，其“文化之修改”（墨子刻，1992，第69页）将怎样进行是一个大问题。我们已从在野与当政的士所追求的、饱含直觉主义的大胆转折的乌托邦社会实践看到了文化的回复，以及文化直觉的不可阻止的逢时跃升。我们也看到社会转型时期知识精英的文化直觉的积极意义在于提供新的文化选择途径。当科学与民主的思想融入一个民族的传统文化程式之中，文化的思维不是也会变迁吗？例如当前再度人为地进入修改文化的新时期，建立一个什么样的中国人现代群体原则才能适合每一个人的“自我实现”的需要，才能步入社会结构的转型呢？20 世纪 90 年代的中国社会又一巨大变化正在出现，于是人类学家将会在 20 世纪末开始面临更为复杂的中国人社会文化调查的场合特征问题，你一边要熟悉和体验中国人和知识分子传统的文化直觉、文化觉悟及其伴随的行为方式，又要剥离出新一代人开始呈现的反文化的思维—行为方式，其间有一个人们世界观、价值、人伦原则、思维与行为方式的新旧文化转换阶段，文化的意识、觉悟与直觉也将在其中得到改造。

写作与阅读的逻辑与直觉

前述中国古今哲人的直觉法反映在思想与写作上的特点之一是，只重生活之实证，或内心之神秘之冥证，而不注重逻辑的论证。体验久之，忽有所悟，以前的诸多疑难涣然消释，日常的经验乃得到贯通，如此即是有所得。中国思想家的习惯“即直截将此所悟写出，而不更仔细证明之”。（张岱年，1982，第 8 页）如对于“‘仁，人心也；义，人路也’这样的语句，我们不清楚它是一个判断抑或是一个比喻”。（胡军，1990，第 17 页）而后世哲人仍继续以类似方式一再阐述和注释仁、义和礼的非界定含义。东西文化交流中的现象之一是，作为文化直觉与体悟终极结论之“仁”字难以找到相应的西文对译，因此只能勉强译之。然而许多看不到严密论证与推导过程的精辟命题与术语，如仁、礼、道、心、理、气等却获得了数以亿计的“心领神会”的中国人崇信者，这大概就是直觉体认的魅力。林语堂认为顾炎武的《日知录》300 年间所得之盛名并非来自逻辑论证：“中国作家只给你一段或二段论辩，便下结论……不过你可以感到一刹那的幻觉，觉得它已达到结论了。”（林语堂，1977，第 79 页）顾炎武的著作即有这种无多论证，却有贯通知识的体证之所获，撰写者和阅读者都拥有在同一文化中体验、体认与直觉的自信。

20 世纪五四运动前后，随着西方科学输入，白话文之推行，文人的文章也从西方吸收了更多的逻辑论证方法。（孙中原，1992，第 80—85 页）但现代中国文人作品论说方式仍不失传统色彩。例如 40 年代著名学者吴晗、费孝通等 5 人关于中国社会结构的论文集《皇权与绅权》（1948 年）之写法，包含了古今中国社会来自书本的和社会经验的说明，其中一些篇目既采纳了逻辑的论述，又有中国人习惯的体会性直截说明。另外，写作上很少依赖或不过分依赖于众多的注释根据，在这类文章中，“有很多理论还没有足够的事实予以支持”（吴晗、费孝通，1948，第 175 页），却完全为生活在这一文化中的中国人所喜爱、接受和信服，尽管不是现代西方学术杂志上已成套式（洋八股）的论文结构。本书可以被认为是现代文人注意了论证逻辑又保持了体悟的写作方式。中国文人喜爱的散文、杂文更充满了含蓄、隐喻和直觉，如马南邨的《燕山夜话》（1979）相当典型，为一个时代的中国人所深刻理解，虽然有时并不点破题。该书是事实、隐喻、借喻和具有时代性的文化直觉相结合的著名作品，似乎关心中国的人类学家应该选读，看看是否能贯通其中的隐喻与获得直觉，这是一个文化理解的测验。

笔者现在回来谈谈人类学家。如果中国人呈现文化的直觉及其伴随的行为未被人类学家所意识和体认，其单纯行为的“逻辑性”分析，表面上看起来环环相扣，实为偏离思维的轨迹，常见的现象是强拉文化现象与要素试图构筑逻辑论证的大厦，看起来宏伟却是使人真伪难辨的海市蜃楼。因此涉及中国人思想与行为过程的人类学著作不能只有文化的“切片”，没有整体综合；只见逻辑，不见直觉；只求预设理论去寻找逻辑过程的填充物，而无敏锐的直觉观察，这便会混淆结论之真伪。笔者的信条是，学会寻找逻辑之存在以及善于以文化的直觉对直觉。因此，关于中国文化与社会研究的常见的学术论文结尾的“结论”理应既容纳逻辑的实证的结论，也要包含文化直觉的体证。笔者尝试在《金翼》的学术性续本里说明文化直觉思维的经常性及其社会生活意义，在一些章节做分析与逻辑的论述，也做直觉认知的记录、解说和撰写。笔者有兴趣于西方人和中国人撰写中国社会与文化的人类学作品产生观察差别的文化思维的原因，也有兴趣于向作者和读者提出文化直觉的问题。如很为流行的《陈村》(Chan, Anita, Richard Madson & Jonathan Unger, 1984) 中的访谈对答，以及其他关于中国的人类学著作，还有那些发自中国的报道中的采访问答，你是否发现了农人和市民运用敏锐的场合性文化直觉（依群体特征、访问地点和时间等而不同）？你能确认外来者和采访人能把握对一些回答做敏锐的反向直觉认知吗？

文化直觉的社会性记录

文化直觉是在一个具有共同文化传统的族群中发生的类同性瞬间觉悟的思维方式。当直觉的判定确定下来，随后尚有一系列的文化行为，可以成为不可复述的文化直觉思维过程的社会性记录。我在这里特别提到 Skinner 对 19 世纪四川省的人口统计分析中发现的饶有兴味的数据问题。他写道："我对 1812 至 1882 年不一致性的分析表明，对比 1812 年的人口数据的有意窜改是为了校正人口统计的异常现象，提高其合理性。"(Skinner, 1986, p. 46) 他还说："对绝大多数县份来说，对这种变化的比率和趋向中的规律性唯一的解释是，1882 年以后（至 1887 年）的所有数据都是拼凑而成的。"(Skinner, p. 14) 他在谈到数字窜改与拼凑的原因时写道："官员可以通过对以前的报告进行反馈得到一些理性知识。如果负责保甲数据统计的每个官员都知道他每年都须呈递报告，那么他主要关心的当然是怎样以恰当的方式去准备这一报告，即遵循某种模式或某种为人所接受的经验。"(Skinner, p. 27) 现在跨越文化的时间和空间，以 1958 年"大跃进"年代全国性从上到下公开的粮食产量超级浮夸风、虚报风（第五章）为例，以及再读第八和第十一章的粮食亩产编造与人口瞒报背景，我们可以进一步指明思维与行为的历史关联性，这一传统是农人的生活体验和官员的官场经验造就的具有古今传递性的共同的文化意识、文化无意识与文化直觉的文化思维丛。在这一文化思维丛运作之后随即完成了内外、上下级关系整体性整合过程，以及根据不同时代的政治背景、公务执行标准、官场哲学、人伦相对性制度与利益而发展出来的巧妙的有时是违心的不诚实行为。显然，由一种文化模塑出的体证与文化直觉是当下产生的，然而是有用的。随后则是根据这一直觉的判断而开始按照某种自圆其说的“逻辑”编造一个被别人（上级或外人）所接受的结果，尽管相当多的人在看到这一“杰作”之后心里早已凭反向的文化直觉判定这是杜撰的了，然而人们只是会意，“心有灵犀一点通”而少有言传。于是“统计”的数字便推出并被接受了。Skinner 关于 19 世纪四川人口夸大和编造的事实与推理分析，导致他不得不对他以往的研究中引用的数据与分析加以重新修正（Skinner，p. 75）。有鉴于一些人类学调查数据和材料可信性鉴别之困难，我总是愿意比较从不同方面得到的数字，这不仅是学者要有的科学态度，还涉及人类学家必须善于接受来自田野工作中尽可能使人满意的逻辑的或直觉的各类文化反应，如善于以敏锐的文化直觉对直觉，或从“逻辑的事实”中破译和发现文化直觉的痕迹。Skinner 对四川人口数字问题的发现是很重要的，他开始注意到和开始解释的现象既是社会的，又是文化的。笔者进一步注意的是人类学家如果能有长期深入的田野工作和对基层社会生活运作过程的体验，还会发现一种超越空间、时间的共同的承继性思维方式，如人伦相对性的文化直觉及其派生行为的本质的关联。这种关联的发现已经打破，并将继续打破那些一直被人信以为真的沉默的历史。这样我们需要在一种由古至今延续下来的文化思维丛中，对意识性的文化成分之外的直觉性文化成分给予特别考察与研究，只是这的确需要伴随人类学家的长期体验、哲学历史知识素养以及文化鉴别力才能成功。

教育过程之直觉

直觉之复制

使用在中国人的教育与教学上，孔子的博而约，有博学造就融会贯通之意。这里的关键是思考的功夫，在于发现知识的关联和促成直觉之省悟。然而，中国的士人古往今来，难得获得自由发挥见解的前提与鼓励，只是唯儒家经典和唯圣人言为是，其知识的关联、文化意识的模塑与直觉之顿悟均呈现在伦理定位与人际关系整合的理念前提下。孔夫子之后两千年间无论太学，还是私塾，均习惯于呆板背诵默写教学方式，四书五经教条背诵之后，只能做不失主旨的发挥与解释，不允行离经叛道，故行文只有文笔特色，不见创新精神。上述古代学习风气之现代反映是学校的注入式（填鸭式）教学，重思考功夫的自由问答和 seminar 式教学是稀少的。近 30 年来学校教师亦曾试图提倡启发式教学①，但由于受大的社会总体环境影响，启而不发的教室状态仍是普遍的。实际上自由探讨空气受多方面因素牵制，如影响教学的全国教材统一进度，或某些敏感问题难于启口（政治的、人伦关系的）、师生平等对话式教育与传统人伦原则不能合拍，以及有时教师知识水准不能应付广博提问等。在严峻的升学气候下，可以说若增多了教学讨论时间，便会影响系统性会考的成绩，因为考试在很大程度上是唯书（教科书）为纲（教学大纲），甚至圈定考题，故而个人思考和自由讨论常成为多余的事情或启发式教学不能广泛奏效，这是约束性传统文化习惯在现代社会中的延续。1984 年一位在中国学校做视察的外国学者认为：“中国大学的入学考试对有创造性和富于想象力的学生来说很少有显示才华的余地。70% 以上的中学考试试题都是根据教科书上的材料出的。”（列文，1987）在某些学校和场合，70% 的估计实际上要保守得多。近年来城乡流行的“题海”复习应考战术（多练多背，从数理化到社会科学课程），的确是一种试图达到从博至约的古老学习方式途径的变种。但现代教育的研究不赞成这种不经济的古老方式，因为教师只教学生做什么，而不教怎样思考，何况还受到先在思想原则的限制，当然会影响超结构的关联的

---

① 启发式教学：为传授知识进行的谈话。一般由教师根据教学目的提出一系列前后连贯的又富有开导性的问题，引导学生根据已有的经验知识，或眼前的观察进行积极思考以找到新的认识。

直觉思维的呈现。

那么，注入式教学、死背应考乃至“题海”与圈定考题是教育的实践活动吗？是，但不是创造性的教育实践，而是重复性实践活动。这种教育实践不会创造，因为这种教学方式是以已经完成了的形式存在着。此外，如果教育者在说教中提供有限的论点，受教育者只是寻找新的佐证，那也不过是仿效性实践。（庄孔韶，1989，第292页）因此，这种教育实践是不产生任何新质的文化传递行为，它长于培养人们掌握一种钦定的、刻板的知识系统、意识形态的信条，以及场合性迁移的政治意识与社会性、文化性直觉。我们可以看到形式与内容脱节的上述学校教育实践在学校外的社会生活中，反映了隐蔽的类似性的思维与行为方式。如某个会议的结论有时在会前先行斡旋与协调好，而会议举行过程本身不过是存在的形式，是一种先于实践而完成的观念的产物。有时一些会议并不都会提前安排好，但与会者清楚局内局外人伦关系秩序，同样可获得某种整合性的结论，这时的场合性、整体性的意识、觉悟与直觉是用得着的、即时性的思维方式，而创造性的意识、觉悟与直觉则极难呈现。我这里涉及的学校教育与社会生活尽是呈现同构的、重复性、仿效性、无新质的思维与行为方式，以及仅仅制造了场合性转换的意识、觉悟与直觉。

直觉：教育与文化的修改

自从西学东渐的百余年间，中国人一直提倡直觉与分析性科学的结合，因为在某种情况下，重内省、体悟与直觉影响了对自然界和人类社会的科学的、逻辑的认识。特别是在社会生活中，既然原则可以被相对性人伦关系及其情感所调节和变通，那么社会性思维的逻辑形式和界定的概念，便难以在该文化中得到肯定和推崇，于是直觉思维传统中的整体性、综合性、瞬间性的长处便得不到人们的正确认识。既然一种文化中的特定的思维方式能够长久延续下来，一定是有它存在的根据。对此，一些西方学者已有比较性观察，他们特别注意中国人思维中的关联性、整体性和综合性认知方式。如李约瑟（Joseph

Needham）认为："中国的哲学本源是有机唯物主义，每一种现象都是按一定等级次序与每一种其他现象相联系的观念，在中国思想家中间是很普遍的。"他用现代科学术语说："中国人是一个倾向于场理论的先驱。"（Needham，1981，p. 14）那么整体性、综合性、关联性的直觉思维方式的补充应是逻辑思维。爱因斯坦（Albert Einstein）中肯地论及这两种思维传统相结合的益处根源于："从特殊到一般的道路是直觉的，而这一般到特殊的道路则是逻辑的。"（爱因斯坦，1985，第491页）这大概也应是现代教育的重要思想原则之一。显然，中国未来的教育和学习"应是一种创造性的实践"（庄孔韶，1989，第249页），那就必须提倡对自然界、自然与人、人与人关系上的分析的、实证的和逻辑的认知，并与传统的文化的综合性、整体性和直觉性认知相结合，这是一项重要的结合性的文化修改。实际上，20世纪以来，许多中国人走出学校校门，在科学课题上把从他们的老师指导下获得的传统的综合性、直觉的认知能力与分析性、逻辑的认知手段加以结合，是相当出色的。然而在社会生活中，以人伦秩序为前提的关系的相对性、整体性直觉则继续作为一种人们娴熟的社会思维方式保存着，这是两种认识领域中正面或负面的不同的结果。于是我们从前者注意到中国传统"天人合一"思想在对待天、地、人生态系统运转中的巨大意义，也从后者看到教育与社会的一个共同课题是，提醒人们认识并实行将政治与人伦关系原则分割开来，由不断完善的立法来限制人事判断上的人伦相对性原则，以及排除人们对传统的文化直觉主义的单一依赖。

已有一些学者提倡以直觉的结构性思维来弥补西方人逻辑思维之不足。如布鲁诺（Jeromes S. Bruner）强调了直觉之转换的见解并应用于教育之中。

和中国文化相当不同的美国，如何寻找一种方法能有效地向新一代人传授那些迅速发展的知识呢？在20世纪40年代以前的美国学者，很少从事那种能训练学生掌握复杂知识的基本结构的研究工作。然而后来的研究证明，在最适宜的条件下做教材结构理解性的学习会使人“学会怎样去学习”。这已不是侧重于传统的“官能”（faculties）训练中的分析、判断与记忆能力，而是训练学生学习学问的结构，“就是以允许许多别的东西与它有意义地联系起来的方式去理解它。简单地说：学习结构就是学习事物是怎样相互关联的”。（Bruner，1977，p. 7）而理解基本的结构与关联的意义便在于学习一个模式，这个模式使学生通向训练“迁移”（transfer）的大路，从而学习不应只是知道把学生引向何处，做一般的习惯和一般的联想的伸延，而是做基本原理和观念的迁移，这才是教育过程的核心。

布鲁诺从如何教授基本结构或者如何提供形成基本结构的学习条件，谈到转换——处理知识使之适合新任务，以及直觉思维——一种仍是结构的直接认知方式，以重新激起人们（教师、学生、家长乃至教育的决策者）对教育的兴趣和热忱。他的“直觉思维总是以熟悉牵涉到的知识领域及其结构为根据，其思维者可能实行跃进、越级和以某些方式采取捷径”（Bruner，1977，p. 58），而所涉及的这类问题借助西方人熟悉的逻辑与分析思维是无法解决的。他强调结构的教育与学习过程旨在使教育者和受教者充分利用其智力，从而使一个国家在当代和今后复杂工艺与复杂社会的环境中处于有利地位。无疑，布鲁诺提倡的直觉的转换将作为一种文化的手段，弥补西方传统思维方式，以有效地认识自然与社会。总之，以教育与教学过程为起点，人们均意识到长于逻辑的、分析的和实证的西方文化，与长于综合与整体性直觉思维，以及场合性直觉转换的中国文化互补性的现代需求。笔者的确在布鲁诺的书和其他的美国教科书中看到了对学生直觉能力的新的肯定性强调（Bruner，1977；Ornstein，1977）也看到了无数中国教科书对科学、分析和立法界定的强调。十分有趣的是，前者对直觉主义（虽然和中国传统的体悟性直觉有某些差别）的倡导，并没有在他们的社会生活和人际关系方面表现出介绍与应用的兴趣，而后者的科学、分析与规定性的倡导却非要卷入这个具有深入的文化直觉与人伦相对性传统的社会生活范围不可。

隐喻（metaphors）与直觉

人们一般只是在研究文化中的自我时论及隐喻，而隐喻的意义实际上更为宽广，只不过具有泛文化表现的隐喻在每一种具体文化中有着不同的存在。Lakoff 和 Johnson 关于隐喻的理论为 M. Brewster Smith 所推崇，这是因为这里的隐喻已不只是作为语言现象和修辞手段，而是人类思维的基本特征之一。Lakoff 和 Johnson 举出许多日常例句说明“时间就是金钱”和“思想是脆弱的东西”等隐喻的概念迁移，从而使人能借助于彼一经验而理解此一经验，故“隐喻的本质就是通过彼一事物来理解和体验此一事物”。（转引自 Smith，1985，p. 80）可惜他们举的例子太片断化，这本身或许是长于切割式分析的文化原因。而笔者则注意中国文化中具有整体性关联的文化意识与文化直觉过程中如何发现隐喻的泛文化意义，以及中国式隐喻的链环如何关联。

Smith 列举爱情“一经产生就处于隐喻性关联的体系之中，它们与隐喻的关联可以被看成是由于内涵上的一致性，而不是由于逻辑的连贯性”（Smith，1985，p. 80），这是一个良好的抽象性表达。如果稍具体一点解释，可以说爱情一经产生就处于由隐喻性关联的体系之中，它导致了思维过程中可以用语言表达的爱的意识和难以复述其思维过程的爱的直觉。毫无疑问，爱情具有文化共性与文化个性。在共同的生理、心理、环境诸因素外，还有共同的文化隐喻，如某些显示忠诚的隐喻造就了不可言状的共同的文化直觉，而另一些爱的文化直觉则依赖于不同的文化价值标准特有的暗喻。如生辰八字和面相含义中的暗喻是被特定的中国文化理解的，算命先生的解释依照其文化规则连接了一系列相关的暗喻和体验的直觉性解说，而发生在男女当事人之间难以复述的爱情之贯通与直觉远比算命先生丰富得多。男女主客位相互交流而发送和接收的文化的隐喻，有时便导致了爱情生成的决定性的意识与直觉。

世界上诗的隐喻不是也具有文化的共通性吗？是的，然而中国古诗的隐喻的文化个性何在呢？由于中国古诗篇幅、句式、字数与音节的简洁特征（同时也是作诗的一个局限）造成根本就没有如英文诗那样长于描写细节的余地。（Tay，William 1978，p. 137）这就是说中国诗留给自己的回味的余地更为宽阔，诗人与诗意境（人与物）浑然一体，主客位整体性贯通的宇宙观意识、体悟与直觉便常常油然而生。“采菊东篱下，悠然见南山。山气日夕佳，飞鸟相与还。此中有真意，欲辨已忘言。”［陶渊明《饮酒》（其五）］陶渊明（或读者）不正是使自身处于对世界的直觉之中吗？中国诗人还善于透过用词的双关、多义的暗喻，引导出联想和内心感应的直觉，这种情感一体化共鸣也是中国诗的文化个性。例如，中国诗人惯用拟人与内心感应的隐喻入诗，如韦庄的“无情最是台城柳”（《金陵图》）的“无情柳”，和杜甫的“清辉玉臂寒”（《月夜》）的“玉臂寒”都是和自然意象（imagery）相关的诗，提供给读者明显程度不一的暗喻，以造成意识情感与直觉的共鸣。中国诗中暗喻的文化意义在译成另一种文字时，显得尤为突出，如以上杜甫诗句之“寒”字，目前所知几种译法虽然是英文中佼佼者，由于西方语言中较为严格而特殊的词语和句法结构，很难在译文中保留汉诗的这种多义现象，“译者往往不得不从几种可能的理解中选择一种”。（Tay，1978，p. 148）因此难于如汉诗那样反映出作者的全部文化寓意，包括暗喻的贯通与内心感应之直觉，就如同更为深奥的汉字“仁”的整体性文化直觉的意义不能单纯从一个角度揭示出那样。

其实，我在这里提到诗的隐喻不在于文人作品评论，而在于指出暗喻之贯通与直觉的觉解的训练，已是中国城乡可见的又很少讨论的文化濡化方式。例如，金翼黄村及所在玉田县镇从古至今（20世纪曾有中断）的诗社（多文人参加）活动和“盘诗”（以一村村民对另一村村民隔陌对诗）活动，虽诗句雅俗有别，但均善隐喻入诗，并成为限时贯通引喻、限时构造诗句的竞赛活动，（诗社、盘诗和正月十五灯谜多用诗形式）均是隐喻识别训练的群众性活动。谜语中隐喻使用的历史可以溯源于二三千年前的夏、春秋时代的廋词、隐语以及魏晋时期出现的间或使用隐语、隐喻的谜语。（赵濂，1985，第4—8页；钱南扬，1986，第1—17页）在我们的文化中，隐喻、暗示使用在文章和会话中，并不是少见的。

在中国历史上隐语、谜语游戏不妨认为是一种训练文化思维贯通的生活方式。夏商周廋词成为官宦文人的高级消遣游戏，春秋战国则在隐语基础上产生了一种进谏讽喻统治者的隐语。“在上者肆行贪虐，下民不敢明谤，则作为隐语，以寄怨怒之情。”（杨明照，1959，《文心雕龙校注》）“隐语的特点是不把本意直接说出来，借用具体生动的事物或故事隐喻或暗示，让人猜测意会，有的还含有深邃的寓意，较为费解、不易捉摸的廋词更容易被人们所接受。那时，群雄崛起，列国纷争，君权确立，有些政客游说各国均不直言，常用隐语劝说君王，有的当权者也以隐语测验自己的臣民的智慧。”（赵濂，1985，第5页）隐语是一种隐喻的语言，文字手法都是借言此而寄寓于彼，“大者兴治济身，其次弼违晓惑。盖意生于权谲，而事出于机急”以及“振危释惫”（刘勰《文心雕龙》，卷十五），可见隐语之重要的社会作用。似乎在现代中国社会中，这一功能仍能体现。后来的谜语则有些不同，谜语保持了隐喻暗示的特征，多为训练关联的智慧，以找到其中隐语的答案。如古今流传的老少皆知的“东一片，西一片，到老不相见”是“耳朵”的隐语，也是谜底。“远看山有色，近听水无声，春去花还在，人来鸟不惊”是“图画”的隐语诗谜，这是较流行的隐语诗。而“小时大，大时小，渐渐地，不见了”是人体“囟门”的隐语性谜语，则猜想略有难度。故中国人古今猜谜首先成为一种获得知识的智力开发活动，培养从众多隐喻的链环中发现逻辑、结构迁移以及意识和直觉呈现的文化能力。

笔者从爱情和诗说到隐语和谜语，贯穿了使用隐喻和直觉训练在中国文化中的广泛性。这种文化的训练和实践并不只限于此，从本书第十三章临水宫请香通俗诗签，以及中国节日遍布城乡的对联（句式类诗）中都能发现或明或暗，或难或易的隐喻诗句形式，这一概是中国人民俗化了的文化行为，甚至北美中餐馆中幸运饼干（fortune cookies）中的话语也是一种使大多数人愉快的隐语。

一个以人伦相对性为社会关系基础的社会，一个千百年来思维与言论不能开放的社会，在诗文、隐语、灯谜中隐喻运用以外，人们还会在不断有自我参与的群体生活中实践、体验隐喻在认识中的作用，因为信息不明朗、不全方位开放的无数社会性场合，隐喻以及隐喻觉解的能力具有必要性，隐喻结构转换和贯通无数隐喻的关联以达成意识与直觉都是文化适应的需要。现在如果我们追述一下本书诸章节的生活事实已不难看出，暗喻中意识与直觉（亦包括逻辑的关联的意识之呈现）的形态是多种多样的。以政治生活中最为常见，如第四章中提到的“亲不亲，阶级分”是当时排斥宗亲原则的隐喻性口头禅，为一般外人所费解；第五章“大跃进”时期“人有多大胆，地有多大产”，是试图用群众的主观决心超越科学事实；第六章，“文化大革命”初报刊和广播电台中产出的著名的政治隐喻：“揭发睡在我们身旁的赫鲁晓夫”，均得了相当多的群众在那种政治气候与文化背景交错中的或快或慢，或难或易的“体悟与诱导性觉解”。尤其是“大跃进”和“文革”中，亿万群众被动员起来，不仅有政治的力量，也有作为基础的文化体验，其中政治文化的诱导性直觉化成了“超越”科学与物质的一股不可遏止的力量。

第九章关于上下级事务过程的描述包含了前述人伦相对性、场景性暗示、话语之隐喻；第十二章金翼家族表现东林后裔荣香是一位敏锐的直觉者；第十七章渔政会议过程则较复杂地呈现一种连续性暗喻的发送与接收，其相互运作导致了会议整体性关系的整合。然而如果不理解中国文化的人伦结构、地方人际关系的具体状况（亦如第二章几十年前县官员因田赋问题去省城上访过程），一些社交程序与一些言说的句子的内外含义（隐喻）便难于识别，而人类学的观察能力便在于应能意会那些语言及其背后隐喻的含义。可见在某种社会场合下，我们总是在试图理解实际上比我们听到的和能说出来的更多的信息与含义，这其中包含着对明确的符号和不明确的隐喻的理解。因此，文化可以认为是超时空的符号与隐喻的关联。在文化直觉产生以前，在纷繁的信息成分互相运作过程中，有时呈现由暗示与隐喻构成的无数“中间站”现象，逻辑的与直觉的思维都需要整合主体所感受到这些或明或暗的信息。在中国古今一贯的伦理与组织性文化中，由传统道德哲学与文化制度模塑了一般性文化意识和直觉思维定势，但这需要群体长期体验而共同获得，对个人来讲也须长期做生活的体验才会获得良好的破隐（喻）能力和文化意识与文化直觉能力。中国大众社会，正是人人把自我当作群体的一个部分，从而总是在整体性关系中把握自我，并面对隐喻做出自己的相对性的反映的社会。

至于日常生活中，如第十章宗族与房在礼仪节日上不仅存在许多明显的象征性认同的事实外，还存在着民俗生活中的暗喻。在某种程度上讲，中国文化中显著性的象征有时只是形式上的、礼仪上的和可以用言语与文字表达的，而由含糊的暗喻中透露的信息才是实质上丰富无比的，只能心领神会。如果容纳中国人整体性思维文化特征，那么暗喻已不止于由彼理解此的一般性转换意义，而是人们意识与文化直觉的基础，“思维追随隐喻的指示，去寻找互不相干现象与事实之间的相互关系”。(Marks. L，1980，p. 252）这种关系则处于中国人小的场景、群体的整体性思维中，以及大的天人合一、宇宙依存的理念之中。由于中国文化直觉具有综合性体认的特征，那么，隐喻对于直觉的基础性意义远远超过在一般思维程序中的意义，直觉思维过程始终把思维主客体作为一个整体来思考和把握。当主体面临复杂环境时，它经过伴随着概念的关于场景与事物的完整形象、体验和体认做直接认知，迅速贯通暗喻关联完成事物本质的总体性结论。中国文化直觉并不排除逻辑思维的基础，有时有所谓逻辑推理程序的压缩与跳跃，是指主体在大量思维实践中，对某些推理规则模式的迁移运用非常娴熟，以致形成一定的思维定势，它和非逻辑性的、多项展开的整体性直觉思维相结合，而直接得到问题的答案。有人特别强调一般思维意义上的直觉思维和逻辑思维的互补关系（孙伟平，1991，第92页），这里如果考虑到文化的因素，如中国的传统道德哲学与制度为背景的另一种“逻辑”——文化的逻辑，其导致人们思路的文化的定势，是显然存在的。这是一种共同的文化体验，它为该文化多数人所理解并呈现类似的场合性判断。因此，对中国文化的人类学田野研究中都存在一个知识准备之后的新的训练课程，要善于发现文化的关联，要善于发现暗喻的关联（文化的谜语）和实现文化的直觉，要善于从中国人整体性思维方式中去寻找田野行为的综合的相关要素，这一方法论的意义是，在主要针对中国田野工作场合（亦含文献的关联等）的思维与行为研究中，文化的直觉同样是人类学探索的必不可少的组成部分。应该说，缺少文化的直觉发现便不能完成对中国人群体的一个完整的认识。

1993 年 12 月完稿于美国西雅图

参考书目

爱因斯坦·阿尔伯特

1985，《爱因斯坦文集》（中文版），商务印书馆，Vo1. 3。

班克（Banck，Werner）

1990，《从庙宇卜诗签评估传统中国人的价值观》，复旦大学历史系编，上海人民出版社。

波多野善大

1973，《中国近代军阀的研究》，河出书房新社，东京。

陈伯达

1957，《关于福建莲塘乡农业生产合作社的一些问题向中央和主席的报告》，1. 17。

1958，《在毛泽东的旗帜下》，《红旗》杂志，第4期。

陈独秀

1917，《文学革命论》，《新青年》，第2卷，第6号。

陈家莪

1986，《1986年荷洋镇总结报告》（打印稿）。

陈敏慧

1990，《来自民间口头传统的心声：以一场陈靖姑故事之转述为例》，《汉学研究》，Vo1. 8，No. 1。

陈其南

1985，《房与传统中国家族制度——兼论西方人类学的中国家族研究》，《汉学研究》，卷三，No. 1。

1990，《家族与社会——台湾与中国社会研究的基础理念》，联经出版事业公司，台北。

陈启天

1969，《近代中国教育史》，台湾。

陈书秀

1987，《钱光先生传略》，《玉田文史资料》，No. 7，玉田县政协编。

陈　文

1983，《玉田县土地清丈及评定定税经过》，No. 3，玉田县政协编。

陈正谟

1935，《各省农工雇佣习惯及需供状况》，南京中山文化教育馆。

陈志让

1979，《军绅政权》，三联书店，香港。

程　歉

1988，《民族意识与近代教案》，《广州研究》，No. 10。

达磨难陀法师

1993，《雄心壮志有错吗?》，《慧炬杂志》，No. 334/335。

P. P. 达尼洛夫

1987，《集体化的起源和教训》，《真理报》，1987. 8. 9。

《当代中国农业合作化》编辑室

1987，《当代中国农业合作化会议纪要》，1987. 12. 15。

1987，《当代中国农业合作化大事记》。

《当代中国》丛书编委会

1991，《当代中国》。

丁　钢

1987，《中国传统教育的结构：特性和特征及其与文化的关系》，《教育学》（中国人民大学报刊资料中心）。

丁湖广

1987，《玉田红曲史记》，《玉田文史资料》，No. 7。玉田县政协编。

董芳苑

1984，《就台湾民间信仰之认识论基督教宣教的场合化》，《台湾民间宗教信仰》，长青文化事业股份有限公司。

杜　敬

1987，《土地改革中的阶级路线》，《历史研究》，No. 2。

恩格斯

1957，《论早期基督教的历史》，《马克思恩格斯全集》，人民出版社，第22卷。

费孝通

1946，《内地的农村》，生活书店，上海。

1947，《乡土中国》，观察社，上海。

费正清（John K. Fairbank）编

1985，《剑桥中国晚清史（1800—1911）》下卷，中国社会科学出版社，第十章。

1991，《剑桥中华民国史》（第一部），上海人民出版社，第六章。

冯德华

1938，《农民田赋负担的一个实例》，见方显廷：《中国经济研究》（下）。

冯和法编

1934，《中国农村经济论》，黎明书局，上海。

1935，《中国农村资料》，黎明书局，上海。

冯正钦

1991，《南京国民党政府覆灭前夕的政治与经济》，《中国现代史》，No. 7，中国人民大学报刊资料中心；并援引1948年6月13日《东方日报》，《蒋区经济的暴风骤雨》有关数字。

福建省统计局

1989，《福建省人口统计资料汇编》（1949—1988）。

傅勤家

1937，《中国道教史》，商务印书馆，上海。

傅衣凌

1946，《论乡族集团对于中国封建经济的干涉》，《福建社会科学》，第二卷，第3/4期合刊。

傅祖德、陈佳源

1990，《中国人口——福建分册》，中国财政经济出版社，北京。

冈田镰

1937，《村落と家族——台湾北部の村落生活》，《社会学》（日本社会学年报），第五辑。

1938，《台湾北部村落に於はゐ祭祀圈》，《民族学研究》，4（1）。

高晨阳

1991，《论中国传统哲学的直觉思维方式》，《文史哲》，No. 3。

高令印、陈其芳

1988，《福建朱子学》，福建人民出版社，福州。

共产国际和中共中央

1990，《共产国际关于农村问题的信》（1928）和《中共中央关于接受国际对农民问题的指示的决议》（1928）见《第一、第二次国内革命战争时期土地斗争史料选编》，人民出版社。

顾长声

1981，《传教士与近代中国》，上海人民出版社，上海。

关辅伦

1988，《荷洋镇税务所年度报告》（打印稿）。

郭松义

1987，《清代人口问题和婚姻状况的考察》，《中国史研究》No. 3。

1991，《当代中国的福建》，当代中国出版社，北京。

国家统计局

1984，《中国统计年鉴》（1983），中国统计出版社，北京。

1959，《中国人口年鉴》。

国民党中央农民部土地委员会

1927，《全国土地占有概况》，见《第一次国内革命战争期间的农民运动》，人民出版社，1953，北京。

何清涟

1988，《人口：中国的悬剑》，四川人民出版社，成都。

胡长水

1989，《乌托邦荒原，“三面红旗”剖析》，《党史月刊》（太原），No. 1。

胡　军

1990，《试论中国传统哲学中的直觉思维方式》，《北方论丛》，No. 2。

胡梦华

1931，《中国军阀之史的叙述》，南京中央日报《大道副刊》，12月9日，见张玉法：《中国现代史论集（5），军阀政治》，1980，经联出版事业公司。

胡庆钧

1948，《两种权力夹缝中的保长》，见吴晗、费孝通：《皇权与绅权》，观察社，上海。

胡　适

1917，《文学改良刍议》，《新青年》，第2卷，第5号。

黄冠财

1986，《玉田县供销系统经济效益问题初探》（打印稿）。

黄光国

1985，《人情与面子：中国人的权力游戏》，见李亦园，杨国枢，文崇一，《现代化与中国化论集》，桂冠图书公司。

黄树民

1981，《从早期大甲地区的开拓看台湾汉人社会组织的发展》，载于李亦园、乔健：《中国的民族，社会与文化》，食货出版社，台北。

1990，《中国大陆农民家庭制度的发展——兼论中国大家庭制度的一些争论，庆祝芮逸夫教授九秩华诞论文集》，谢世忠，孙宝刚编，人类学研究，南天书局。

黄宗智

1988，《从十九世纪宝坻县刑房档案残卷看清代国家政权与自然村的关系，明清档案与历史研究》（下），中华书局，北京。

金邦秋

1991，《毛泽东对中庸思想的评注》，《复旦学报》，No. 6。

康有为

1935，《大同书》，中华书局，上海。

柯昌基

1980，《论中国封建社会的一种家族组织形式》，《社会科学研究》，No. 6。

1982，《宋代的家族公社》，《南充师院学报》，No. 3。

李　锐

1989，《庐山会议的教训》，《党校论坛》，No. 3。

李昌寅

1988，《试析农业合作化运动中党对中农政策的变化》，《党史研究与教学》No. 4，福州。

李成瑞

1987，《中国人口普查及结果分析》，中国财政经济出版社，北京。

李沛良

1990，《在香港的城市地区性别角色，社会地位与心理状况的关系》，见林宗义，Arthur Kleinman：《文化与行为，古今华人的正常与不正常行为》，中文大学出版社，香港。

李师颐

1939，《改良椴木育菇术》，出版社名称缺失。

李士坦

1983，《玉田南面的重镇——水口》，《古田文史资料》，No. 3，玉田县政协编。

李文治

1988，《明代宗族制的体现形式及其基层政权作用》，《中国经济史研究》，No. 1。

李湘敏

1990，《光绪年间福建玉田斋教述略》，《福建论坛》，福建。

李亦园

1985，《中国宗族与其仪式——若干观察的检讨》，《“中央研究院”民族学研究所集刊》，No. 59。

李友九

1958，《河南信阳来信》，《红旗》，No. 7。

里人何求（清）

1988，《闽都别记》（新版），福建人民出版社，福州。

梁漱溟

1922，《东西文化及其哲学》，太平洋图书公司，香港。

列　文

1987，《中国和科学教育：20 世纪 80 年代的改革与变化》，《教育学》中国人民大学报刊资料中心编，1987，No. 8，原载美国《比较教育评论》。

林克明

1990，《中国传统医学与精神疾病及精神医学的关系》，载《文化与行为，古今华人的正常与不正常行为》，林宗义，Arthur Kleinman 编，中文大学出版社，柯永河、萧欣义译本。

林美容

1986，《从祭祀圈来看草屯镇的地方组织》，《中研院民族研究所集刊》No. 62。

1990，《彰化妈祖的信仰圈》，《中研院民族研究所集刊》，No. 68。

林钦辰

1986，《福建地政概况》，福建文史资料 No. 3，福州。

林耀华

1977，《金翅——传统中国家庭的社会化过程》，桂冠图书公司，台北。

1935，《义序宗族的研究》，燕京大学影印本，北京。

1951，《从猿到人的研究》，耕耘出版社，北京。

1931，《拜祖》，《社会科学》，No. 2。

1936，《从人类学观点考察中国宗族乡村》，《社会学界》，第 9 卷。

1989，《金翼——中国家族制度的社会学研究》，三联书店，北京。

1990，《民族学通论》，中国亲属关系称谓详表（夹页），中央民族学院出版社，北京。

林语堂

1977,《吾土吾民》，远景出版社，台北。

刘少奇

1947,《在全国土地会议上的第一次总结报告》,《中共党史参考资料》，第 11 册。

刘守华

1988,《道教与中华民间文化》,《民间文艺季刊》，上海，No. 1。

刘书臻

1985,《试析出生性别比问题》。《山东人口》，No. 3。

刘述先

1978,《牟先生论智的直觉与中国哲学》，见牟宗三先生 70 寿辰论文集编辑组编：《牟宗三先生的哲学与著作》，学生书局，台北。

刘心勇

1989,《基督教运动述评》,《复旦学报》，No. 2，上海。

刘泽华

1987,《中国传统政治思想反思》，三联书店，北京。

刘　铮

1988,《中国人口问题研究》，中国人民大学出版社，北京。

柳田国男

1985,《传说论》(连湘译本)，中国民间文艺出版社，北京。

柳田国男等

1949,《比较社会学：日本和中国，以林耀华〈金翼〉为中心》(中译本)《思想的科学》，7 月号。

卢　云

1986,《论文化的传播与文化区域的变迁》,《复旦学报》，No. 3。

鲁德平

1990,《关于农村税收改革的思考》,《农业经济》(成都)。

吕理政

1990,《天、人、社会，试论中国传统的宇宙认知模型》，“中央研究院”民族学研究所，台北。

吕平登

1936,《四川农村经济》，商务印书馆，上海。

吕实强

1966,《中国官绅反教的原因》，“中央研究院”近代史研究所专刊（16），台北。

罗　光

1972，《利玛窦传》，先知出版社，台北。

马恩列斯著作编译局

1966，《共产党宣言》，人民出版社，北京。

1957，《列宁选集》，第一卷，人民出版社，北京。

1956，《企图用法令来共耕是荒谬的》，《列宁全集》中文版，Vol. 28，人民出版社，北京。

1957，《论早期基督教的历史》，《马克思恩格斯全集》，第 22 卷（中文版），人民出版社，北京。

马南邨

1964，《燕山夜话》，北京出版社，北京。

马晓宏

1988，《天，神，人——中国传统文化中的造神运动》，国际文化出版公司，北京。

毛泽东

1962，《在扩大的中央工作会议上的讲话》，1 月 30 日。

1965，《在一份蹲点报告上的批示》，1 月 29 日。

1966，致江青的一封信。

1972，《登庐山》《到韶山》，《毛泽东诗词》，外文出版社，北京。

1977，《毛泽东选集》第五卷，人民出版社，北京。

缪　钺

1985，《周代的雅言》，载《冰茧盦丛稿》，上海古籍出版社，上海。

末成道男

1985，《村庙と村境——台湾客家集落の事例から—》，《文化人类学》，No. 2。

墨子刻（Metzger，Thomas）

1992，《二十世纪中国知识分子的自觉问题，一个外国人的看法》，《当代》，No. 74。

木内裕子

1987，《庙宇活动与地方社区，以屏东县琉球乡渔民社会为例》，《思与言》，第 25 卷，第 3 期。

牟宗三

1971，《智的直觉与中国哲学》，商务印书馆，台北。

牧野巽

1980，《宋祠とその发达》，《牧野巽著作集》，第 2 卷，《中国家族研究》（下），东京。

农业合作化资料编辑委员会

1988，《农业合作化资料》，No. 4。

彭　明

1986，《中国现代政治思想史十讲》，河南人民出版社，郑州。

彭雨新

1945，《县地方财政》，商务印书馆，重庆。

钱南扬

1986，《谜史》，上海文艺出版社，上海。

清水盛光

1947，《中国族产制度考》，东京，宋念慈中译本，1949，中华文化事业委员会，台北。

邱汉生

1977，《宋明理学与宗法思想》，《历史研究》，1977 年合订本。

瞿同祖

1972，《中国法律与中国社会》，商务印书馆，北京。

全慰天

1948，《论王权与兵》，见吴晗、费孝通：《皇权与绅权》，观察社，上海。

《人民日报》社论

1958，《年底算账派输定了》，8 月 30 日。

1959，《人民公社万岁》，8 月 29 日。

任弼时

1948，《土地改革中的几个问题》，《中共党史参考资料》，第 11 册。

任　佳

1989，《改革农业税收刍议》，《中国农村经济》，No. 7。

萨伯森

1987，《福建清末以来书塾小史》，《福建文史资料》。

沈　鹏

1947，《县政实际问题研究》，正中书局，上海。

施振民

1975，《祭祀圈与社会组织——彰化平原聚落发展模式的探讨》，《“中央研究院”民族研究所集刊》，No. 36。

石田浩、江口信清、窪田弘

1979，《台湾の村庙にりいこ——庙を中心に见た村民の结合》，《季刊人类学》10（1）。

史　靖

1948，《绅权的本质》，见吴晗、费孝通：《皇权与绅权》，观察社，上海。

寺田隆信

1982，《关于“乡绅”》明清史国际学术讨论会论文集，明清史国际学术讨论会秘书处论文组编，天津人民出版社，天津。

苏东海

1989，《论1958年》，《团结报》，6月3日。

苏如凡

1985，《四十年代的国教基金》，《玉田文史资料》，No. 5，玉田县政协编。

苏晓康、罗时叙、陈政

1989，《乌托邦祭（庐山会议纪实）》，存真社，香港。

孙克强

1991，《论“雅”》，《复旦学报》，No. 6。

孙瑞鸢

1989，《对我国过渡时期国内主要矛盾问题的几点意见》，《中共党史研究》，No. 3。

孙伟平

1991，《论逻辑思维与直觉思维的互补关系》，《北京师范大学学报》，No. 6。

孙晓村

1934，《苛捐杂税的报告》，《农村复兴委员会会报》，No. 12。转引自章有义，《中国近代农业史资料》，No. 3，1957，三联书店，北京。

孙中原

1992，《论严复的逻辑成就》，《文史哲》，No. 3。

谭震林

1960，《为提前实现全国农业发展纲要而奋斗》，《人民日报》，北京，4月6日。

唐仁建、吴跃、杨启荣

1988，《启动税收杠杆调节粮食生产》，《经济研究》，No. 9。

田利军

1988，《土改后土地买卖不是两极分化的反映》，《四川师大学报》No. 6。

王贵宸、陆学艺

1987，《农村经济典型调查，陵县经济发展的回顾和展望》，社会科学文献出版社，北京。

王明伦

1984，《反洋教书文揭贴选》，齐鲁书社，山东。

王崧兴

1967,《龟山岛——汉人渔村社会之研究》,(“中央研究院”民族研究所专刊之十三)。

王铁崖

1957,《中外旧约章汇编》,第一册,《中法〈北京条约〉中文本》,第6款。

王孝泉

1936,《福建财政史纲》(上册)远东印书局,福州。

王寅生等编

1931,《中国北部的兵差与农民》,见南京中央研究院社会科学研究所制统计表。

魏　鹏

1988,《抗战时期黄澄渊县长印象》,《玉田文史资料》,No. 8,玉田县政协编。

乌廷玉

1991,《解放前河北省的租佃关系》,河北学刊 No. 3,石家庄。

巫宝三、张之毅

1938,《福建省食粮之运销》。

吴　晗、费孝通

1948,《皇权与绅权》,观察社,上海。

吴维嵩

1987,《对福建农村过剩人口转移问题的探讨》,《福建师大学报》,No. 1。

吴文晖

1947,《中国土地问题及其对策》(大学丛书),商务印书馆,重庆。

吴兴力

1987,《促进农村经济,继续稳定发展》(打印稿),1月5日。

吴燕和

1985,《中国宗族之发展与其仪式兴衰的条件》,《“中央研究院”民族研究所集刊》,No. 59。

向　阳

1985,《玉田文史资料》,No. 5。

1983,《玉田大事记》,《玉田文史资料》,No. 3。

谢继昌

1984,《仰之村的家族组织》,“中央研究院”民族研究所。

1985,《轮伙头制度初探》,“中央研究院”民族研究所集刊,No. 59。

谢循贯

1930,《闽北种制香菇之调查研究》。

徐天贻

1928,《福建历代之饥馑》,《福建文化》，第 1 卷，第 3 期。

许达生

1933,《苛捐杂税问题》,《中国经济》Vol. 1，No. 4，5，又见 1932 年 9 月 3 日《晨报》。

许嘉明

1978,《祭祀圈之于居台汉人社会的独特性》,《中华文化复兴月刊》11（6）。

学　知

1986,《关于朱熹的“学规”及其他》,《江西师大学报》，No. 3。

杨国桢

1987,《明清福建土地私有所有权内在结构的研究》，见傅衣凌、杨国桢:《明清福建社会与乡村经济》，厦门大学出版社，厦门。

杨国桢、陈支平

1987,《明清福建土堡补论》，见傅衣凌、杨国桢:《明清福建社会与乡村经济》，厦门大学出版社，厦门。

杨　立、丘吉士

1980,《关于卢兴邦部琐记》,《福建文史资料》，No. 4，福建人民出版社。

杨明照

1959,《文心雕龙校注》，中华书局，上海。

杨天石

1982,《朱子及其哲学》，中华书局，北京。

野上英一

1939,《福建考》，福州东瀛学校编。

叶中鸣

1985,《陈十四奇传》，浙江文艺出版社，杭州。

佚　名

1978,《中南区 35 个乡 1953 年农村调查》,《农村经济调查选集》。

易奇勋

1988,《大坪大队公共食堂解散的前前后后》,《湖南农业合作史资料》，No. 8。

余理民、余祖祥

1986,《蓝田书院旧日景观》,《玉田文史资料》，No. 6。

余新美

1986,《玉田县农村工作会议讲话》（打印稿）。

余英时

1987,《中国思想传统的现代诠释》，经联出版事业公司，台北。

《玉田通讯》编辑部

1988,《玉田食用菌能工巧匠》。

玉田县农业区划委员会办公室

1986,《综合农业区划》。

玉田县统计局

1954,《玉田县人口统计资料》(1953)。

袁　方

1948,《皇权下的商贾》，吴晗、费孝通:《皇权与绅权》，上海观察社。

查瑞传、季咏华

1987,《中国妇女生育状况分析》，国务院人口普查办公室,《中国第三次人口普查资料分析》，中国财政经济出版社，北京。

张岱年

1982,《中国哲学大纲》，中国社会科学出版社，北京。

张振霖

1987,《从森林资源消长变化看玉田县食用菌发展前景》(福建省地方资料)。

章有义编

1957,《中国近代农业史资料》，No. 3 (1927—1937)，三联书店，北京。

赵　濂

1985,《谜语浅说》，知识出版社，北京。

赵云山、赵本荣

1987,《徐水县共产主义试点始末》，保定《党史通讯》，No. 6。

郑　谦

1987,《对“文化大革命”发生原因的再认识》，谭宗级、郑谦编《十年后的评论——“文化大革命”史论集》，中共党史资料出版社，北京。

郑行亮

1930,《福建租佃制度》，萧铮主编:《民国二十年代中国大陆土地问题资料》，成文出版社有限公司和美国中文资料中心。

郑学檬、袁冰凌

1989,《福建文化内涵的形成及其观念的变迁》,《福建论坛》No. 4。

郑振满

1992,《明清福建社会家族组织与社会变迁》，湖南教育出版社，长沙。

1987，《明清闽北乡族地主经济的发展》，见傅衣凌，杨国桢：《明清福建社会与乡村经济》，厦门大学出版社。

1985，《试论闽北乡族地主经济的形态与结构》，中国社会经济史研究，No. 4。

郑志明

1986，《中国社会与宗教》，学生书局，台北。

中根千枝

1982，《日本社会》（许真、宋峻岭中译本序），天津人民出版社，天津。

1988，《中国人与日本人的关系网之比较》，（胡太山节译），《社会学》，No. 4，中国人民大学报刊资料中心，北京。

中共中央

1951，《关于划分农村阶级成分和补充规定》。

1958，《关于今冬明春在农村中普遍开展社会主义和共产主义教育运动的指示》，8月29日。

1958，《关于建立人民公社问题的决议》，中共中央北戴河会议，8月。

中共中央毛泽东著作编辑出版委员会

1966，《毛泽东选集》，人民出版社，北京。

1977，《中国农村的社会主义高潮一书的按语》，《毛泽东选集》第5卷，人民出版社，北京。

1977，《关于农业合作化问题》（1955），《毛泽东选集》，第5卷。

中国农村发展问题研究组

1984，《农村经济变革的系统考察》，中国社会科学出版社，北京。

中华人民共和国农业部政策法规司

1989，《中国农村40年》，中原农民出版社。

中华人民共和国统计局

1957，《一九五四年我国农家收支调查报告》，统计出版社，北京

钟大钧

1980，《闽北卢兴邦部史略》，《福建文史资料》No. 4，福建人民出版社，福州。

周承恩

1988，《人民公社和社会主义建设中的空想论》，《中共党史研究》，No. 5。

周　全

1950，《刘少奇关于土地改革问题的报告》，引自《学习土地改革法》，求实出版社。

周振鹤、游汝杰

1986，《方言与中国文化》，上海人民出版社，上海。

周祖英

1987，《一种不花钱的新磷钾肥源》，《福建日报》，2 月 3 日，第 4 版。

庄孔韶

1984，《基诺族家族公社的宅居类型》和《父系家族公社和长屋》，载《父系家族公社形态研究》（林耀华、庄孔韶合著），青海人民出版社，西宁。

1987，《人类学观点：中国文化的选择和分解》，《云南社会科学》，No. 6。

1989，《教育人类学》，黑龙江教育出版社，哈尔滨。

1989，《陈靖姑传奇及其信仰的田野研究》，《中国文化》创刊号，北京，香港。

庄孔韶、张小军

1984，《留民营——北方中国乡村的社会文化变迁》，中央民族学院民族研究所。

庄英章

1972，《台湾农村家族对现代化的适应——一个田野调查案例的分析》，《“中央研究院”民族研究所集刊》，第 34 期。

1981，《社会变迁中的南村家族——五个家族的个案分析》，《“中央研究院”民族研究所集刊》，第 52 期。

庄泽宣、陈学恂

1937，《民族性与教育》，商务印书馆，北平。

宗　力、刘　群

1986，《中国民间诸神》，河北人民出版社，石家庄。

Ahern，Emily M.

1973，*The Cult of the Dead in a Chinese Village*. Stanford：Stanford University Press，Calif.

Arensberg，Conrad M. and Solon T. Kimball

1961，*Family and Community in Ireland*. Gloucester，Mass. Peter Smith.

Arthur，F. Wright

1960，*Introduction of the Confucian Persuasion*. Stanford University Press，Calif.

Baker，Hugh D. R.

1977，“Extended Kinship in the Traditional City.” In *The City in late Imperial China*. edited by G. Willian Skinner，Stanford University Press，Calif.

1979，*Chinese Family & Kinship*. Columbia University Press，New York.

Banck，Werner

1990，“The Traditional Chinese Value-system as evaluated from Templeoracles.” Banck

博士对中国庙宇诗签有专题分类研究，其中文稿载复旦大学历史系编：《中国传统文化的再估计》，上海人民出版社。

Barth, Fredrik

1963, *The Role of the Entrepreneur in Social Change in Northern Norway*. Norwegian University Press, Bergen, Oslo. Preface.

Бобчев С. С.

1907, Бъдгарската-челядна Задруга в Селашно и Минало Время.

Bodde, Derk

1953, "Harmony and Conflict in Chinese Philosophy". In *Chinese Thought*. ed. by Arthur F. Wright, No. 46. University of Chicago Press, Chicago.

Bruner, Jeromes S.

1977, *The Process of Education*. Harvard University Press, Cambridge, Mass & London.

Buck, Pearl S.

1935, *The Good Earth & Sons*. Reynal & Hitchcock, New York.

Burke, Peter

1978, *Popular Culture in Early Modern Europe*. New York University Press, New York.

Chan, Anita, Richard Madson and Jonathan Unger

1984, *Chen Village, The Recent History of A Peasant Community in Mao's China*. University of California Press, Berkeley & Los Angeles & London.

Chang, Chung-li

1955, *The Chinese Gentry, Studies on Their Role in Nineteenth-Century. Chinese society*, University of Whashington Press, Seattle & London.

Chapple, Eliot D.

1942, *Principles of Anthropology*, H. Holt & Company, New York.

Chartier, Roger

1984, "Culture as Appropriation: Popular Culture Uses in Early Moden France". In *Understanding Popular Culture, Europe from the Middle Ages to the Nineteenth Century*. by Steven L. Kaplan Ed. Moution Publishers, Berlin & New York.

Chen, Jerome

1969, Historical Background. In *Modern China's Search for A Political Form*. ed. by Jack Gray, Oxford University Press, London, New York.

Chu, Godwine C.

1985, "The Changing Concept of Self in Contemporary China". In *Culture and self, A-*

sian and Western Perspectives. Edited by Anthony J. Marsella. George Devos and Francis L. K. Hsu, Tavistock Publications, New York & London.

Chu, Tung-tsu

1972, "Han Social Structure". In *Han Dynasty China*, Vol. 1. University of Washington Press, Seattle & London.

Cohen, Myron L.

1976, *House United, House Divided: The Chinese Family in Taiwan*. Columbia University Press, New York.

Davis, Richard L.

1986, "Political Success and the Growth of Peasant Groups: The Shih of Ming-Chou during the Sung" . In *Kinship Organization in late Imperial China, 1000 – 1940*. Edited by Patricia Buckley Ebrey and James L. Watson, Eds., University of California Press, Berkeley, Los Angeles & London.

De Groot, J. J. M.

1972, *The Religious System of China*. Reprinted by Ch'eng Wen Publishing Company, Taipei. Vol. 6.

Duara, Prasenjit

1988, *Culture, Power, and the State, Rural North China*. (1900 –1942) Stanford University Press, Stanford, California.

Ebrey, Patricia Buckley and James J. Watson

1986, *Kinship Organization in Late Imperial China (1000 – 1940)*, University of California Press, Berkeley.

Faure, David

1986, *The Structure of Chinese Rural Society: Lineage and Village in the Eastern*. Oxford University Press, New Territories, HongKong.

Fei, Hsiaotung

1946, "Peasantry and Gentry: An Interpretation of Chinese Social Structure". *American Journal of Sociology*. 52, No. 1.

Feuerwereker, Albert

1968, *Modern China*. Prentice-Hall Inc., Englewood Clifts, N. J.

Freedman, Maurice

1958, *Lineage Organization of Southeast China*. Athlone, London.

1963, "The Chinese Domestic Family: Models". In *The Study of Chinese Society*. William Skinner, Ed. , Stanford: Stanford University Press, Calif.

1966, *Chinese Lineage and Society: Fukien and Kwangtung*. Humanities Press, New York.

Fried, Morton H.

1952, "Chinese Society: Class as Subculture". Transaction of the *New York Academy of Sciences, 14*.

Gallin, Bernard

1966, *Hsin Hsing , Taiwan: A Chinese Village in Change*, Berkeley: University of California Press.

Geertz, Clifford

1960, *The Religion of Java*, Glence: The Free Press.

1973, "The Integrative Revolution: Primordial Sentiments and Civil Politics in the New States". In Geertz, Ed. , *Interpretation* of *Culture*. Basic Books Inc. Publishers, New York.

Gittings, John

1969, "The Chinese Army". In *Modern China's Search for a Political Form*. ed. by Jack Gray. Oxford University Press, London, New York.

Harrell, Stevan

1976, "The Ancestors at Home: Domestic Warship in a Land-Poor Taiwanese Village". In *The Ancestors*. Edited by W. Newell, The Hague Aouton Publishers.

1995, "Civilizing Project and Reaction to them" (Introduction) . In Stevan Harrell, Ed. , *Cultural Encounters on China's Ethnic Frontiers*. University of Washington Press, Seattle and London.

Натан жак

1955, Ст оπанска ист орня на България. София

Heilbroner, Robert

1962, *The Making of Economic Society*. Englewood Cliffs, Prentice-Hall N. J.

Hinton, William

1966, *Fanshan*, Vintage Books.

Hsiao, Kong-Chuan

1960, *Rural China: Imperial Control in the Nineteenth Century*. University of Washington Press, Seattle and London.

Johnson, Kay Ann

1983, *Women, the Family and Peasant Revolution in China*. University of Chicago Press,

Chicago & London.

Keupers, John

1977, "A Description of The Fa-Ch'ang Ritual as Practiced by the Lü Shan Taoists of Northern Taiwan". In *Buddhist and Taoists Studies I.* edited by Michael Saso and David W. Chappell, The University Press of Hawaii.

Kleinman, A. M.

1975, "The Symbolic Context of Chinese Medicine. A Comparative Approach to the Study of Traditional Medical and Psychiatric Forms of Care in Chinese Culture". *American Journal of Chinese Medicine*, *3*. (1975).

Kosuke, Koyama

1974, "Reflections Association of Theological School in South East Asia". *South East Asia Journal of Theology*, *XV*, *2*. 转引自 Gerald H. Anderson Ed. and with an Introduction. *Asian Voices in Christian Theology*, 1976. Orbis Books, Maryknoll, New York.

Косвен М. О.

1968, Семейная Общиа и Патронимия. Москва

Lang, Olga

1946, *Chinese Family and Society.* Yale University Press, New Haven.

Latourette, Kenneth Scott

1929, *A History of Christian Mission in China.* New York.

Lavely, William, James Lee and Wang Feng

1990, "Chinese Demography: The State of the Field". *The Journal of Asian Studies 49*, No. 1.

Lenski, Gerhard E.

1966, *Power and Privilege, a Theory of Social Stratification* McGraw-Hill Book Company, New York & London.

Marks, Lawrence E.

1980, *The Unity of the Senses.* Academic Press, New York.

Martin, Emily

1988, "Gender and Ideological Differences in Representations of Life and Death". In James L. Waston and Evely S. Rawski, Eds., *Death Ritual in Late Imperial and Modern China.* University of California Press, Berkeley, Los Angeles & London.

Mead, Margaret

1970, *Culture and Commitment, A Study of the Generation Gap.* Natural History Press/ Doubleday & Company Inc. Garden City, New York.

Michie, Alexander

1990, The Englishman in China during the Victorian Era. as Illustrated by the Career of Sir Rutherford Alcock, Many years Consul and Minister in China and Japan, 2 Vols. Edinburgh & London.

Millard, Thomas F.

1928, *China: Where it is today and why.* Harcout, Brace & Company, New York.

Miyakawa, Hisayuki

1960, "The Confucianization of South China". In Arthur F. Wright, Ed., *The Confucian Persuasion.* Stanford University Press, Calif.

Murdock, G. P.

1957, World Ethnographic Sample. *American Anthropologist.* vol. 59. No. 4.

Nathan, Andrew J.

1976, *Peking Politics*, 1918 – 1923, "Factionalism and Failure of Constitutionalism". University of California Press, Berkeley.

Needham, Joseph

1981, *Science in Traditional China, A Comparative Perspective.* Harvard University Press, Cambridge, Mass.

Ong, S. J. Walter J.

1967, *The Presence of the word, Some Prolegomena for Cultural and Religious History.* Yale University Press, New Haven & London.

Ornstein, Allan C.

1977, *An Introduction to the Foundation of Education.* Rand McNally College Pub. Co., Chicago.

Parish, William L. and Martin King whyte

1978, *Village and Family in Contemporary China.* University of Chicago Press, Illinois.

Pasternak, Burton

1972, *Kinship and Community in Two Chinese Village.* Stanford: Stanford University Press, California.

Perry, E. J.

1980, *Rebels and Revolutionaries in China 1845 – 1945.* Staford University Press, Stanford, California.

Potter, S. H. & J. M. Potter

1990, *China's Peasants, the Anthropology of a Revolution*. Cambridge University Press, Mass.

Redfield, Robert

1956, *Peasant Society and Culture, An Anthropological Approach to Civilization*. The University of Chicago press, Chicago.

Reid, James

1940, *Facing life with Christ*. Student Christian Movement Press, chapter 12. (《基督精神》，蒋庆中译本，1989，上海三联书店)

Ruey Yih-Fu

1961, "Changing Structure of the Chinese Family". *Bulletin of the Department of Archaeology and Anthropology. No. 17-18.*

Sahlins, Marshall D.

1977, *Culture and Environment: the Study of Cultural Ecology* In Tax, Sol. Horizons of Anthropology. Aldine Publishing Company, Chicago.

Shue, Vivienne

1988, *The Reach of the State, Sketches of the Chinese Body Politic*. Stanford, Stanford University Press, Calif.

Siu, Helen F.

1989, *Agents and Victims in South China, Accomplices in Rural Revolution*. Yale University Press, New Haven and London. Chapter 13.

Skinner, G. W.

1977, "Cities and the Hierarchy of Local System". In *The City in Late Imperial China*, edited by G. Willian Skinner, Stanford University Press, Calif.

1986, Sichuan's Population in the Nineteen Century: Lessons from Disaggregated Data. Vol. 7, No2.

Smith, M. Brewster

1985, "The Metaphorical Basis of Selfhood". In *Culture and Self, Asian and Western Perspectives*. edited by A. J. Marsella, G. DeVos and F. L. K. Hsu Tavistock Publications, New York & London.

Snow, Edgar

1944, *Red Star Over China*, Random House, Inc. New York.

Spindler G. D.

1987, *Education and Cultural Process. Anthropological Approaches.* (second edition). Waveland Press, Inc. Illinois.

Tay, William

1978, "The Substantive Level Revisited: Concreteness and Nature Imagery in Tang Poetry" In Special Issue on East-West comparative literature. *New Asia Academic Bulletin*, Vol. 1.

Tsao Hsueh-Chin

1958, *Dream of the Red Chamber*, Translated by Chi-Chen, Wang, Twagne Publishers, New York.

Tu, Wei-ming

1985, "Selfhood and Otherness in Confucian Thought". In *Culture and Self, Asian and Western Perspectives.* Edited by Anthony J. Marsella, George Devos and Francis L. K. Hsu, Eds., Tavistock Publications, New York & London.

Unger, Jonathan

1993, *Urban Families in the Eighties: An Analysis of Chinese Surveys.* In *Chinese in the Past-Mao Era.*. University of California Press, Berkeley, by Deborah Davis, Stevan Harrell Eds.

Weber, Max

1946, *Essays in Sociology.* Trans. and ed. by H. H. Gerth and C. Wright Mills. Oxford University Press, New York.

Wilbur, C. Martin

1991, " The Republican Period, China ". *The Encyclopedia Britannia.* vol. 16. Encyclopedia Britannia, Inc., London, Chicago.

Williams, Frederick Wells

1889, *The Life and Letters of Samuel Wells Williams, Missionary, Diplomatist, Sinologue*, New York. G. P. Putnam's sons.

Wolf, Arthur

1985, "Chinese Family Size: A Myth Revisited". In Hsieh and Chung, Eds., *the Chinese Family and its Ritual Behavior.* Institute of Ethnology, Academic Sinica, Monograph Series B. No. 15.

Wolf, Eric R.

1966, *Peasants.* Prentice-Hall Inc. Englewood Cliffs, N. J. Preface.

Wolf, Margery

1968, *The House of Lm*. Appleton Gentury Croffs, New York.

Wright, Marry C.

1964, "Modern China in Transition 1900 – 1950". *in Modern China*. ed. Albert Feuerwerker, Prentice-Hall Inc., Englewood Clifts, N. J.

Yang, C. K.

1961, *Religion in Chinese Society, A Study of Contemporary Social Functions of Religion and Some of their Historical Factors*. University of California Press, Berkely.

Yang, M. C.

1948, *A Chinese Village, Taitou, Shangtung Province*. Kegan Paul, Trench, Tribner & Co., Ltd.

Yinger, J. Milton

1970, *The Scientific Study of Religion*. The Macmillan Company. London.

Zhuang, Kongshao

1992, *The Dragon Boat Festival* (video production). University of Washington Press, Seattle.

今日人类学的思路与表现实践

——《银翅》简体字版后记

（一）

想起完成这本书的初稿，转瞬就是9年。定稿前略有些补充，做了关于中国社会研讨必要的背景性知识铺垫，显然，当时这本书顾及了海外读者对学术与乡土情感的同样细腻的需求。数十年来中国发生了多次巨大的社会变故，我的导师描写过的黄村山谷内外的人民是怎样生活过来的呢？（林耀华，1977）东林家后裔和他们所在的乡镇邻人有怎样的命运呢？历史的、哲学的、政治的、经济的，乃至处世方式的古今文化关联性是怎样呈现和转换的呢？《银翅》或许可以向国内新一代青年提供一些解说。借此契机，让我们来共同观察20世纪中国社会与文化的演化历程，以及讨论中国人类学调研的思路与表现实践问题。

（二）

20世纪的人类学逐渐发展了一系列理论，从早期的功能论到今日的族群理论，例如说文化是为满足社会生存或个体之需，说文化是某族群的特殊行为趋向，说文化是人类适应环境的手段，说族群是社会文化建构的一种事实，这里文化成了族群认同的感受、族群象征和族群之间关系等观念的复合体，等等。然而，上述几乎每一个理论产生过程都是在尝试酝酿出一个个关于文化的新的概念，大多也代表了一个个不同的认识视角，并且常常是互不可比的。这里，数辈学人田野耕耘与智慧之积累是理论不断进步的基础，至今，人们还在试图发展新的更完善的理论，以求达到尽可能圆满的（也许永远也达不到）人类自身认识之综观。过去的、今日的和未来的理论的积淀、修正与创新就是构成这一伟大综观的组成部分。

从福建地方文化的调研谈到文化中国与中国文化，其本质究竟如何表述呢？当我们设定一个古今关联的知识视角之时，我们可以看到一个崇化导民、以国统族的持续性过程，因此，今日人类学推崇以反观的与关联的方法做研究。如果说文化变迁过程的一端是停滞，而另一端是面目全非的话，那么，文化中国与中国文化之“分享的意义”（shared meaning）与“文化实践”（emphasis on cultural practices）（Hall，1997，Introduction，p. 2，p. 3）的过程不可能是上述两端，而是展示了一个文化的历史旅程，尽管它始终带着变化的某种尺度、角度与速率。本书涉及的福建地方文化研究便是这类例证。

对从中心到地方的文化濡化与涵化过程观察，以往的人类学偏重文化的同质性，现在看起来，1. 即使对同质性的内涵，也缺少对深层“文化的逻辑”的体认，其难处还在于文字表现的缺陷，即困于对不可言说之事理的书写与诠释。2. 缺少对文化变异细部的田野关注。反之，若从边缘看所谓文化中心，显然是族群理论的长处。的确，该理论提供了反省文化中心主义的机会。然而动态的边缘族群的集体记忆、地方观念及其“历史建构”，虽然可以成为族群认同的依据，但也可能仅仅是中心与边缘文化涵化与互动的一种反映而已。

一个边缘与地方社会的田野调研有益于显示各类族群关系及其认同的某些个性（如福建人重礼俗亦重商），但不构成解构中国文化的根据。需要关注的是中国文化的历史性多重关联细部，特别是那些被包裹在“现代时装外衣”下的意义、目标与事件等的关联性。这是因为“过去的社会关系及其残余，不管是物质的、意识形态的或其他形式的，都会对先前的社会关系产生约束，而先前社会关系的残余也一样会影响到下一个时期。”（Tilly，1990，p. 16）同样需要明了的是：“人类不可能在他们自己选择的条件下创造历史和地点，人类只能在既存的脉络中，直接面对社会与空间的结构。”（同上）这就是在中国古典文本和田野工作中实践文化关联性的人类学价值。

于是，我们在大文化与地方文化的研讨中，还是可以看到中国古今文化关联的旅程图景：1. 一个崇化导民、以国统族的历史—地理的时空范畴（关联的、印象派画似的）；2. 精英哲学与大众思维的贯通性，以及行为方式的传承（如直觉思维、风水实践等）；3. 统一文字的文化认同意义（方言和汉字的文化意义不在一个水平上，前者被后者所涵摄）；4. 家族主义与人伦关系的持续性，儒学要义与道佛、民间信仰的必然互补性；5. 地方性与小传统的民俗认同、个性及自主性之相对存在。显然，眼下这幅文化图景仍处在一个不能脱离过去的、正在描绘（imagining）和把握的文化旅程（the circuit of culture）（Hall，1997，Introduction，p. 1）之中。

（三）

人类认识所走的弯路之一是对知识制造过程一致性的迷恋，这首先是针对所谓“统一科学”的理论。这是说自然科学的认知系统以其历史而于今获得的优势地位，压抑和排斥了伦理、宗教、文学、艺术和不同思维系统的知识，或说科学理性的“认知—工具性”模式对“道德—实践性”、“审美—表现性”（Weiler，1993，p. 10）知识具有竞对强势。科学理性主义观念对人文学和所谓社会科学、行为科学有有力的影响，实证主义是最明显的例子之一。然而有人发现，像社会学的发展“始终是在科学定向（倾向于自然科学）和释义学态度（将其引向文学领域）之间摇摆不定”（Weiler，1993，pp12 -13；Lepenies，p. 1）。而近邻学科人类学的田野参与观察本应带着更细腻的感悟，但撰写文化论文程式的规定仍然有利于科学与实证的“发现”。

所谓“客观性叙述”的古老说法早已在学术界受到挑战，但“量化”的本质及其运作空间仍处在不同的理解之中。人文学科包括人类学研究中对科学理性原则普遍性的怀疑是多方面的。例如在现代世界，许多人把科学与宗教对立，或以前者批判后者。但是，科学涉及的是经验因果关系的问题，而宗教涉及的是意义问题，“宗教的主要方面是不受科学证明或反驳的各种非经验命题。科学对于这些非经验命题既不能予以证实，又不能予以驳斥”。（Yinger，1970，p. 62）显然，自然科学范式的优越性及其对社会研究的适宜性在许多方面受到动摇。人们能看到的将是传统的单一的科学标准被更特殊和更多样化的标准所取代。

文人写作的另一个约束性问题在于知识生产体系与权力结构有密切关系，它表现在出版利益、研究经费和撰写系统等多方面。在国家和地区内部，也表现为政治权威使知识审查合法化，包括行政控制。例如建立录用人员的选择条件，学术评估附加政治标准，以及把学术研究项目作为先在决策的注脚等。与知识生成和政治权力相关的还有现代知识制造的商业化过程，可以说事例不胜枚举。众所周知，经济利益和政治利益经常是不可分割的。

学者的学术生涯受到文化、政治、世界观与知识结构诸因素的影响，其著述过程中选择论据和因素分析时，或因未能发现，或因政治意识形态和行政压制，或因文化与族群认同，或因科学认知的职业性套用，或因学术圈环境与人际依附关系，或因人性之怯懦与偏激等，经常表现为主动或被动删除一些撰述根据和扭曲知识的生产过程。由此，我们反省：人们是在制造不完全的知识吗？伟勒指出一些“知识分子期望得到比他们已经得到的更多的尊重与名望，但他们求助于现存权势对他们的评价却导致了对其保守价值的承认”（Agassi，1993，p. 88；Weiler，pp. 26－27），就是明显的事例。

然而，批评使人进步的教育原则同样适用于对待社会，知识分子通常是社会和文化进程的主张者和批评家，而上述约束性却导致他们环顾左右而言其他，并造成他们在既得利益和理想之间总是倾向于前者。事实上，在当代世界的普遍性改革浪潮中，“对于权威和传统应该存疑”（Said，1993，Chapter 5），而积极地提出问题和质疑正是摈弃保守价值标准的前提，也是社会改革得以进行下去的必备条件。人类学的研究本质上也是质疑，是设问，是不断创新和提出主张，而不是迷信和遵命。今日人类学从纯学理的论辩到社会文化运作的质疑，都会展现当代文人的角色分配。人类学家兼收并蓄不同文化的胸怀和涵养，决定了他们无论在哪里都应始终携带着批判性的卓然特立的风骨。

（四）

今日人类学研究的文化表现手段是多种多样的。笔者从 1988 年付诸实施，到 1995 年 6 月在北京大学人类学高级研讨会上倡导的“不浪费的人类学”，实际是人类学文化表现的新方法实践。所谓“不浪费”的人类学，是指人类学家个人或群体在同一个调查点上将其学习、调研和理解的知识、经验、体悟以及情感用多种手段表现出来。著书立说以外，尚借助多种文学形式，如小说、随笔、散文、诗、现代影视、影像作品，以从该地族群文化获得某种综观。作为人类学者，我们对文化和衬在文化底色上的人性之发掘充满热忱，似乎有点不满足本学科写论文的单项收获，好比农田上功能欠缺的收割机过后，还需要男女老幼打捆、脱粒、扬场，乃至用各种家什跟在后面拣麦穗一样，尽使颗粒归仓。

从 1986 到 1989 年期间，我在福建黄村山谷内外做了累计一年多的田野工作，每每往返于城乡之间，那累积的文本和田野知识得以互渗并酿出学术新知，这惬意好像是喝了福建红曲老酒之后的悠然感觉。记得有两个春节我都是在那山谷内外度过的。除夕，每家的年轻母亲都在为长者、丈夫和守岁困倦的孩子们准备新衣服。那放在枕边一叠叠的衣服是准备大年初一清晨穿上迎新的，男女老幼不同年龄组的人站在山谷的阳光下，使新衣新人新气象得以展现。中国人不就是这样从古代走到今天追求新的生活吗？几年间，我拍摄了山谷人家的大量照片和反转片，随时随地做笔记。当有一天我得知水口电站工程将把和我的研究联系密切的两个古老小镇淹没时，我萌生了拍摄那里最后一次端午节的心思。我知道金翼山谷唯一受淹的仍是芬洲遗弃的大房子时，我想我需要保存这里人和物的文化遗产。尽管是影像保存，但已不至于将来用巨大的花费去做水下考古。在地方人民积极支持下，笔者摄制了这部片子。此后，每逢观看这部片子时，我深知哪一幕场景现在已沉入水下。那是我看见过的、触摸过的、欣赏过的和永在记忆中的。

今年初，是我 9 年后第一次回金翼山谷看朋友，发现芬洲家的大房子真的消失了，我在记忆中山谷的同一个位置拍照，那里只剩下一小片平地被一层浅水浸泡着。我总是记得风水先生 10 年前的断语："湖口春风花落地，荷洋秋水浪滔天。"我们今天能用影视的手段记录他言中了的人事过程，真是值得，那是文字撰写不可替代的呀！后来笔者还发表了摄影随笔多篇，多是关于山谷里的民俗故事，是在《银翅》这本书里没有写过的。我还把山谷里的民俗生活照片在美国展出。那是 10 年前，一位老奶奶拿出 50 年前的嫁衣穿上让我拍照，那黑洞洞的农舍房间是仅有的背景，谁知在西雅图，人们偏偏喜欢这幅带着新古典主义油画效果的东方农妇身影。在同一地点制作的影视片也在海外的中国文化课堂上放映了，8 家专业杂志做了热情的评论。这部片子荣幸地入选法国今年的人类学电影节。可以反观农人自己民俗生活的影视片是地方人民的一大乐趣，尤其是他们不知道若十年前自己已经进入镜头时。当然，这也是影视人类学作品回馈的愿望。人类究竟是怎样相互理解的呢？从影像和文字作品中可以各得其所，也会得到一些不可比拟的答案。

从 1995 年起，笔者把"不浪费"的人类学转向长江三峡文化遗产保护与研究的工作实践中去，因为我们（同行和相邻学科的几位身体力行者）的信心在于：在人人努力参与的同一个田野调查点上，尝试记录学者和他人的理念与思想流程，尝试使用不同的文字写作形式，尝试影视的与影像的语言表现，尝试和相邻学科学者的“跨界”讨论，一旦多元化的作品完成并集合在一起，很明显，它们对该地方文化本质之综观将会大大优于单一论文形式。现在，几位志同道合的朋友更扩大了作品的选择形式，从吸纳古今地方文人笔记，到居住空间的数字机全息摄影，总共不下十种。在同一个地点，把文字与影视制作的多种形式以及永恒的文化和人性的主题最终归结到人类学的视角中去，这便容易把人类学者和地方人民的全部理解与智慧尽可能地焕发出来。这就是“不浪费”的人类学的宗旨，这也是一个总是充满求知欲的、朝向综观的文化实践旅程。

中国文人的创见如何最终体现呢？笔者一直是想把那些在田野中没有见诸文本的新鲜知识带进文字系统与影像的世界中去，同时携带着文化的历史关联与意义关联。承蒙三联书店的创新努力，在学术作品的出版工作中率先推出影视光盘，使文字和影像两大互相不可替代的文化表现形式得以兼顾，在此谨致谢忱。目前，专著《金翼》《银翅》以及影视光盘《端午节》① 已经构成同一地点百年社会文化变迁的文本与图像系列面世，相信能对中国人类学的发展提供一个学术构想及其付诸实施的路径，并诚挚地希望听到广大读者的宝贵意见。

庄孔韶

1999 年 2 月 27 日于北京

---

① 1992 年，《端午节》的英文版 *The Dragon Boat Festival* 在美国华盛顿大学出版社（University of Washington Press）已先行出版。

Agassi, Joseph, 1993, Financing Public Knowledge, in *Knowledge Across Cultures: Universities East and West*, edited by Ruth Hayhoe, Hubei Education Press and OISE Press, p. 88.

Hall, Stuart, 1997, *Representation, Cultural Representations and Signifying Practices*, Introduction, SAGE Publications, London. p. 1, p. 2, p. 3.

Said, Edward W. , 1993, *Representations of the Intellectual: The* 1993 *Reith Lectures*, New York: Pantheon Books, Chapter 5.

Tilly, Charles, 1990, Future History, in *Interpreting the Past, Understanding the Present*, edited by S. Kendrick, P. Straw and D. McCrone, The British Sociological Association, p. 16.

Weiler, Hans N. , 1993, Knowledge, Politics and the Future of Higher Education: Elements of A Worldwide Transformation, in *Knowledge Across Cultures: Universities East and West*, edited by Ruth Hayhoe, Hubei Education Press and OISE Press, p. 10, pp. 12–13. pp. 26–27.

Wolf Lepenies, 1988, *Between Literature and Science: The Rise of Sociology*, Cambridge: Cambridge University Press, p. 1.

Yinger, J. Milton, 1970, *The Scientific Study of Religion*, The Macmillan Company, London, p. 62.